북한의 시장화와 정치사회 균열

북한의 시장화와 정치사회 균열

초판 1쇄 발행 2015년 7월 31일
초판 2쇄 발행 2016년 1월 22일

편 저 │ 최대석 · 장인숙
펴낸이 │ 윤관백
펴낸곳 │ 🅺도서출판선인

등 록 │ 제5-77호(1998.11.4)
주 소 │ 서울시 마포구 마포대로 4다길 4(마포동 324-1) 곳마루 B/D 1층
전 화 │ 02)718-6252 / 6257
팩 스 │ 02)718-6253
E-mail │ sunin72@chol.com

정가   22,000원
ISBN   978-89-5933-910-5   93340

· 잘못된 책은 바꿔 드립니다.
· www.suninbook.com

북한의 시장화와 정치사회 균열

최대석 · 장인숙 편저

 도서출판 선인

지난 20년간 북한의 변화를 다루는 연구자들이 품어 온 화두는 단연 시장화(marketization)였다. 북한주민들은 국가계획체계의 붕괴를 경험하는 한편 시장을 통해 생계를 꾸려왔다. 2009년 말에 단행한 화폐개혁이 실패로 돌아가면서 시장화는 더 이상 거스를 수 없는 흐름으로 정착된 듯하다. 그러나 시장화가 정치·사회 전반의 변동을 어떻게 추동하고 있는지, 기성 권력과 시장이 어떤 영향을 주고받고 있는지에 대한 해명은 여전히 불충분하다. 특히 시장 확산이 북한의 정권 및 체제에 위협이 될 것인지에 대해 많은 연구자들이 관심을 쏟아 왔으나 이에 관한 전망도 쉽지 않다.

이 책은 북한의 정치·사회변동을 시장화를 중심으로 해명하기 위해 여러 연구자들이 지난 3년간 관찰하고 분석해 온 결과물들을 담고 있다. 이 작업은 한국연구재단의 지원을 받아 진행되었으며, 개별 연구자들의 논문이 주요 학술지들에 발표되기도 하였다. 그러나 여러 연구의 결과를 종합하고 체계적으로 정리하여 단행본으로 출간하는 것은 의미가 적지 않다.

이 책은 총 4부로 구성된다. 제1부에서는 북한학계의 대표적 이론가인 박형중 박사가 북한 변화의 핵심에 자리하고 있는 시장화에 대해 고찰한다. 나아가 시장화와 함께 북한체제 성격의 유지와 변화에 영향을 미치는 요소들을 체계적으로 규명한다. 제2부는 새롭게 떠오르는 걸출한 북한연구자인 박영자 박사가 중심이 되어 시장화로 야기된 북한의 권력구조, 통치 행태, 지배연합의 변화 양상을 네트워크 이론을 통해 분석한 결과를 담고 있다. 특히 행위자와 권력구조, 그리고 양자의 상호작용을 분석하는, 북한 연구의 새로운 접근이 시도되었다. 제3부에서는 북한의 정치 균열과 맞물리는 사회 균열의 양상과 구조를 탈북민 조사를 통해 밝히고 있다. 특히 북한의 지역 균열과 계층 균열이 상호 중첩되어 북한사회의 불평등과 갈등의 구조를 증폭시키고 있다는, 주목할 만한 발견을 제시한다. 이는 이화여대가 배출한 인재 장인숙 박사가 박영자 박사와 함께 노력한 결실이다. 제4부에서는 북한연구방법론과 독일통일 연구 분야의 권위자인 충남대 김학성 교수와 장인숙 박사가 중심이 되어, 북한사회 변화에 관한 자료 부족과 이로 인한 방법론적 문제를 해결할 수 있는 대안으로 독일 사례의 창조적 적용 가능성을 검토하였다.

이상의 결과물들은 1990년대부터의 변화 과정에서 이전 시기와는 다른 원리에 따라 형성 및 변화하고 있는 북한의 정치·사회질서를 이해하는 데 적지 않은 도움이 될 것이다. 특히 북한에서 나타나고 있는 균열의 구조를 규명하는 데 크게 기여할 것으로 본다. 또, 이론적 논의와 실증적 분석을 결합하여 북한 정치·사회변동 관련 논의의 확장에 기여하는 연구 성과로 평가받을 것으로 기대한다.

3년 동안의 연구를 마무리하는 시점에서 고마운 분들이 적지 않다. 공동연구원으로 참여하여 많은 영문 논문을 발표하신 캐나다 브리티시 컬럼비아 대학교(University of British Columbia)의 박경애 교수께서 이번 단행본 출간에 참여하지 못하신 것이 못내 유감이다. 박 교수께서는 수년 째 김일성대학교 경제, 경영 전공 교수들의 UBC 경영학 연수 과정을 진행하느라 눈코 뜰 새 없이 바쁘시다. 좋은 결과를 거두시기를 기원한다. 20여 년 전 통일연구원 초창기에 고락을 함께한 김학성, 박형중 두 분과는 본 연구를 통하여 우정을 더욱 돈독히 할 수 있어서 좋았다. 두 분께서도 같은 마음이시리라 믿는다. 이대 통일학연구원에서 함께 고생한 박영자 박사는 본 연구가 진행되는 도중에 통일연구원에 자리를 잡게 되어 모두를 기쁘게 했다. 나를 도와 프로젝트를 총괄한 장인숙 박사에게는 마음으로부터의 감사를 전한다. 본 연구에 참여했으나 마지막까지 함께하지 못한 김화순 박사께도 감사드린다. 프로젝트를 진행한 3년은 결코 짧은 기간이 아니다. 3년 내내 탈북민 설문조사와 자료 수집을 꼼꼼히 수행한 나의 자랑스러운 제자들인 이대 북한학과의 이정원, 손명희, 심사라, 임수경, 이혜선에게도 고마운 마음을 전한다.

2015년 6월 15일

최 대 석

제2부 정치사회 균열현상

제1부

북한의
시장화

제1장

북한은 왜 "붕괴"도 "개혁개방"도 하지 않았을까?*

박형중(통일연구원)

I. 서론

분명한 것은 지난 20여 년간 북한은 변화했다는 것이다. 그러나 마찬가지로 분명한 것은 북한의 변화는 한국이 통상적으로 기대하고 예상했던 것과는 다른 방향으로 전개돼 왔다는 것이다. 한마디로 북한은 '개혁개방'하지도 않았고 '붕괴'하지도 않았다. 1990년대 초 우리가 북한 변화에 대해 가졌던 시각에서 현재를 진단한다면, 북한은 이미 붕괴했어야만 한다. 현재와 같은 수준으로 시장이 확대돼 있고 외부 사조와의 접촉이 증가했음에도 불구하고 존속하고 있는 북한을 1990년대 초에는 상상할 수 없었기 때문이다. 역으로 시장이 확대돼 있고 외부 사조와의 접촉도 과거와 비교할 때 현저히 증가했지만, 현재의 북한을 놓고 '개혁개방'했다고는 할 수 없다. 북한 내부의 심대한 변화가 반드시 '개혁개방'의 양상을 띠지 않을 수도 있다는 것, 다시 말해 북한의 변화가 우리의 통상적 상상을 넘어서 어떤 방향으로 전개될 수 있는 가능성이 대두됐다. 과거에 그러했다면 미래에도 그러할 수 있을 것이다.

* 이 글은 2011년도 정부재원(교육과학기술부 사회과학연구지원사업비)으로 한국연구재단의 지원을 받아 연구되었으며,『현대북한연구』제16권 제1호(2013)에 개재되었음 (NRF-2011-330-B00020).

북한과 관련하여 변하지 않은 것도 있다. 한국 사회에서 북한 전망에 대한 양분법적 인식이다. 한국 사회에는 지난 20여 년 동안과 마찬가지로 여전히 '개혁개방'론과 '붕괴'론이 갈등하고 있다. 2012년 김정은정권의 출범은 이러한 갈등을 재생시켰다. 일부는 김정은정권의 출범, 김정일의 연설에서 몇 구절, '6·28방침' 및 기타 동향 등을 근거로 북한의 '개혁개방'이 박두했다고 주장했다. 그러나 다른 일부는 김정은정권 이후 변화 징조는 없으며, 당분간 안정되어 있더라도 3대 세습의 김정은정권은 중장기적으로 반드시 불안정해질 수밖에 없다고 주장했다. 김정은의 권력 기반 취약성, 김경희의 건강 악화, 내부적인 정책의 갈팡질팡 등이 근거로 제시되었다. 북한 전망에 대한 이러한 양분법적 인식 구도는 앞으로도 지속될 가능성이 높다. 한쪽은 항상 그러했던 것처럼 북한이 비핵화와 개혁개방이라는 새로운 미래의 입구에 서있는 것을 확신하는 방향으로 상황을 해석할 것이며, 다른 쪽은 역시 항상 그러했던 것처럼 북한이 불안정 진입 직전의 낭떠러지에 위태롭게 서있는 것으로 상황과 증거를 해석할 것이다.

이 글은 북한이 "붕괴"도 "개혁개방"도 하지 못했던 이유가 무엇인지를 중심으로 논한다. 여기서는 비교정치학 및 정치경제학에서 최근 제시된 독재체제의 특성 및 변동에 대한 여러 연구를 응용한다. 또한 '붕괴'도 '개혁개방'도 하지 못한 이유를 북한의 정치적, 경제적, 사회적 특성으로 나누어 설명한다. 제Ⅱ장은 북한정권의 내구성에 대한 정치학적 설명이다. 여기서는 2000년대 이후 비교정치학계에서 활발히 진행된 독재(또는 권위주의)정권의 성격과 내구성에 대한 연구의 개념과 이론을 활용한다. 이러한 독재에 대한 비교정치학적 연구를 배경으로 보면, 북한정권은 다른 경우에 비해 내구성이 강할 수 있는 일련의 특징을 가지고 있다. Ⅲ장은 북한정권의 내구성에 관한 정치경제학적 설명이다. '독재의 경제논리'를 중심으로 독재정권 안정과 변동의 경제적 기반을 분석하는 여러 정치경제학적 발상과 개념을 현하 북한에서의 정치경제를 분석하는 데 사용한다. 독재 지지 집단에 대한 경제특권 배분을 배경으로 전개되는 시장 확장, 그리고 다양한 외래지대 공급의 가능성이 북한정권의 내구성을 강화시킨다는 것을 규명한다. IV장은 정권의 사회 장악에 관한 정치변동론적 설명을 전개한다. 지도부 내부 분열 부재, 조직화된 저항그룹의 부재, 그리고 공안기관 강화와 본보기적 국가폭력 활용 증가 등이 정치변동의 발생을 억제했다는 것을 규명한다.

이러한 설명을 종합한다면, 북한은 개혁개방하기 어려운 이유 때문에 붕괴하기 어려우며, 역으로 붕괴하기 어려운 이유 때문에 개혁개방하기 어렵다는 결론을 내릴 수 있다. 이러한 상황을 지탱하고 있는 구조와 여건에 아직까지 큰 변화가 나타나지 않고 있다. 이러한 변화가 발생하지 않는 한에서, 여기의 명제는 타당할 것이다. 여기서는 지면의 한계를 감안하는 동시에 기본 주장을 부각하기 위해, 주로 이론적·개념적 차원에서 논리를 전개한다. 북한과 관련한 구체적 차원의 역사적·묘사적 서술은 꼭 필요한 것에 한정할 것이다.

II. 정치: 개인독재와 일당구조

일반적으로 독재에는 두 종류의 핵심 정치갈등이 존재한다.[1] 그 하나는 최고통치자 대 이너써클 엘리트 간의 갈등관계이다. 다른 하나는 독재정권 대 주민들 간의 갈등관계이다. 독재자가 교체되고 또는 정권이 붕괴하는 것은 이러한 두 가지의 핵심 갈등 전개 양상과 밀접한 관련을 가지고 있다.

독재자와 주변 엘리트 관계, 그리고 정권 대 사회 관계는 개별 독재마다 다양한 양상으로 나타나며, 독재자와 독재정권의 안정성에 상이한 영향을 준다. 경험적으로 보았을 때 이 중에서 어떤 특정 양상은 독재정권의 내구성을 다른 경우보다 더 강하게 만들어주었다. 이러한 경우는 다음과 같은 경우이다. 첫째, 독재자가 주변의 엘리트들을 확고하고 일방적으로 장악하면서 동료가

---

[1] Milan Svolik, *The Politics of Authoritarian Rule*, Cambridge: Cambridge University Press, 2012.

아니라 부하로 부리는 경우이다. 이러한 상황을 지탱하려면, 최고통치자가 구사하는 권력의 크기가 이너써클 개별 엘리트의 권력 총합을 능가해야 한다. 이는 주변 엘리트 전체가 단합하여 반대하더라도 현존 지도자를 갈아치울 수 없다는 것을 의미한다. 이러한 상황에서 주변 엘리트가 현존 통치자에 역모를 꾸미는 것은 너무 무모한 짓이 된다. 따라서 이 경우 상층 권력의 불안정성이 제거된다. 둘째, 정권 대 주민 간의 관계가 단일 정당을 기초로 하는 선별-포섭(co-optation)에 의해 형성되는 경우이다. 경험적으로 보면, 일당체제는 다른 유형의 독재보다 존속기간이 가장 길었다.[2] 북한은 이와 같은 두 가지 특징을 동시에 보여주는 흔하지 않는 경우이다. 이를 구체적으로 설명해보자. 먼저 독재자 대 주변 엘리트 관계 그리고 정권 대 사회 관계의 두 가지 관계 중에서, 전자가 독재자 또는 독재정권의 변동에 더 중요한 변수이다. 경험적으로 볼 때 압도적 다수의 독재자는 대통령궁 바깥의 다수 대중의 봉기가 아니라, 이너써클 내부자의 역모 때문에 권력을 상실했다.[3] Milan Svolik에 의하면 1946년부터 2008년까지 하루라도 권력을 잡았다가 비헌법적 방법으로 권력을 상실했던 지도자는 모두 303명이다.[4] 그중에서 205명의 독재자, 즉 전체의 3분의 2가 정권 이너써클 내부자에 의해 제거되었다. 대중 봉기나 민주화 압력에 의해 권력을 상실한 경우는 62명으로 5분의 1에 지나지 않는다. 그밖의 경우는 암살, 그리고 외국 간섭에 의해 제거되었다.

이러한 사정을 감안하면 독재자에게 있어 일차적 경계 대상은 바로 자기 자신 주변의 엘리트들이다. 그렇다고 독재자가 국가를 홀로 통치할 수는 없

---

[2] Geddes는 독재정권을 군사정권, 개인독재, 일당독재로 분류하고 각각 평균 존속기간을 조사했다. 이에 따르면 1946~1998년간 존재한 독재 중에서 군사정권의 존속기간은 평균 9년, 개인독재는 15년, 일당독재는 23년이었다. Barbara Geddes, "What Do We Know about Democratization after Twenty Years", *Annual Review of Political Science*, Vol.2, June 1999, pp.131~132.

[3] 이에 관한 고전적 논의는 Gordon Tullock, *Autocracy*, New York: Springer, 1987; 고든 털럭, 『전제정치』, 황수연·황인학 옮김, 경성대학교출판부, 2011. 참조.

[4] Svolik, Ibid., p.4; 유사한 통계는 다음도 참조. Natasha Ezrow and Erica Frantz, *Dictators and Dictatorships: Understanding Authoritarian Regimes and their Leaders*, New York: The Continuum International Publishing Group, 2011, pp.81~94.

다. 독재자는 행정, 억압, 조세, 국방 등을 담당해줄 엘리트를 반드시 필요로 한다. 독재자는 엘리트가 자신에게 역모하지 않고 협조하도록 포섭해야 한다. 독재체제와 독재자의 존속은 독재자가 주변 엘리트와의 관계를 안정시킬 수 있는가의 여부에 달려있다. 독재자는 공동통치에서 발생하는 이득을 분점하겠다고 약속하면서 주변 엘리트와 함께 통치연합을 구성한다. 여기서 통치연합이란, 독재자를 지지하며 독재자와 함께 정권의 생존을 보장하는 데 충분한 권력을 가진 한 패거리의 개인들을 뜻한다.[5]

독재자와 통치연합 간의 권력 분점에는 두 가지 유형이 있다. 그 하나는 비확고한 독재(contested autocracy)와 확고한 독재(established autocracy)이다.[6] 비확고한 독재의 전형은 공산 정권에서 정치국원을 중심으로 하는 집단지도체제이다. 이 경우 독재자와 그 동맹자 사이에 견제와 균형이 존재하며, 독재자가 엘리트 역모에 의해 제거당할 가능성이 상존한다. 확고한 독재의 전형은 스탈린, 모택동, 그리고 김일성과 김정일 등이라 할 수 있다.[7] 이 경우에는 독재자가 충분한 개인 권력을 축적하여 통치연합 내의 엘리트를 확고하게 장악한다. 통치연합의 구성원은 독재자에게 완전하게 복종적인 행정요원에 불과하며, 어떠한 의미에서도 독재자와 권력을 분점하는 것은 아니다.[8] 한국의 북한 연구에서 '수령제'라는 개념이 묘사하고 있는 권력 상태의 특징은 확고한 독재에서의 권력 상태 특징과 일치한다. 장수한 독재자일수록 확고한 독재자일 가능성이 많고, 이와 같은 독재자가 권력을 상실하는 경우는 매우 드물다. 권력을 상실하더라도 그것은 이너써클 엘리트의 역모와는 상관없는 방식으로 발생한다. 다시 말해 자연사, 대중봉기나 외국의 간섭에 의해 권력을 상실한다. 그런데 앞서 지적했듯이 일반적으로 독재정권 정변에서 대중봉기나 외국의 간섭이 차지하는 빈도가 5분의 1에 불과했다. 다시 말해 확고한 독재, 또는 북한식 '수령

---

5) Svolik, Ibid., p.5.
6) Svolik, Ibid., p.5.
7) 이밖에도 이른바 술탄주의 정권들이 이에 속한다고 할 수 있다. H. E. Chehabi and Juan J. Linz eds., *Sultanistic Regimes*, Baltimore: The Johns Hopkins University Press, 1998.
8) Svolik, op. cit., p.61.

제'는 독재일반에 비해 불안정해질 확률이 5분 1이라는 것이다.

다음으로 북한정권의 내구성을 강화시킨 것은 단일 정당 체계를 바탕으로 정권이 주민집단들을 선별 포섭할 수 있었기 때문이었다. 일반적으로 다른 유형의 독재 또는 권위주의 정당체제와 비교할 때 일당체제의 존속기간이 가장 길다.[9] 그 이유는 일당체제가 가지고 있는 조직상의 세 가지 특징 때문이다.[10] 첫째, 당원으로서 행해야 하는 봉사는 초급 당원일 때 하게 하고, 당원으로서의 이득을 고급당원이 되어야 누리는 식으로 봉사와 이득을 위계적으로 배정하는 것이다. 이렇게 되면 상급 당원이 될수록, 현존 정권의 영속성에 강력한 이해관계를 공유하게 된다. 둘째, 임명되기 위해서는 당원인 것이 필수적으로 요구되는 직책의 숫자가 많아질수록, 당원이 되고자 하는 욕구, 당원과 현존 정권과의 운명공동체 일체감이 높아진다. 북한은 독재국가들 중에서도 유별나게 거의 모든 (간부) 직책 임명을 당적으로 통제하고 있는 국가였으며, 아직도 그러하다.[11] 셋째, 현존 정권은 당원 및 간부로의 신규 채용에 있어서 정권과 이데올로기적으로 더 가까운 주민 집단을 선별-포섭하며, 거리가 있는 주민집단에 대해 선별 배제와 억압을 행사한다. 북한정권의 경우 정치적 성분제[12]를 바탕으로 친정권 주민집단과 잠재적 반역집단을 단계적으로 뚜렷하게 구별하고, 그에 상응하게 차별적

---

9) Geddes, op. cit.; Svolik, Ibid., p.187.

10) Svolik, Ibid., pp.167~183; Walder는 중국을 사례로 대체로 동일한 방향의 논리를 전개한다. Andrew G. Walder, "The Decline of Communist Power: Elements of a Theory of Institutional Change", *Theory and Society*, Vol.23 No.2, Special Issue on the Theoretical Implications of the Demise of State Socialism, April 1994, pp.297~323.

11) 이와 같이 직책에 대한 포괄적 정치통제가 강해질수록 이에 대한 정치적 저항이 증가하며, 따라서 이를 제어하자면 억압 수준이 증가해야 한다.

12) Robert Collins, *Marked for Life: Songbun-North Korea's Social Classification System*, Washington D.C.: The Committee for Human Rights in North Korea, 2012; 현인애, 「북한의 주민등록제도에 관한 연구」, 이화여대 대학원 석사논문, 2008; 중국의 경우에 대해 Andrew G. Walder, "Career Mobility and the Communist Political Order", *American Sociological Review*, Vol.60 No.3, January 1995, pp.309~328; Andrew G. Walder and Songhua Hu, "Revolution, Reform, and Status Inheritance: Urban China, 1949-1996", *American Journal of Sociology*, Vol.114 No.5, March 2009, pp.1395~1427.

으로 대우해 왔다. 또한 북한정권은 전 주민에 대한 주민등록을 통하여 개인에 대하여 가장 철저하게 정치적 평가를 하고 그에 따른 차별적 포상을 제공해왔다.[13]

결론적으로 비교정치적 차원에서 볼 때, 북한정권의 내구성이 독재정권일반의 평균 내구성에 비해 보다 상당히 강고할 것이 분명하다고 예측하게 만드는 두 가지 특징이 존재한다. 그 하나는 최고통치자의 권력이 주변 엘리트 권력 총합을 능가하여, 전자가 후자를 확고히 장악하고 동료가 아니라 부하로 다룰 수 있는 상황이다. 최고지도자와 주변 엘리트의 세력관계가 유사하면 엘리트 간 분쟁이 발생할 확률이 높아지지만, 최고지도자가 주변 엘리트를 압도한 경우 독재는 엘리트 분쟁이 아니라 주민봉기나 외부 간섭에 의해서만 붕괴했다. 그런데 이러한 경우는 독재정권 정변의 5분의 1에 불과했다. 둘째, 조선노동당 일당통치에 기반하여 엘리트와 주민에 대해 효과적인 권위주의적 선별 포섭 그리고 선별 배제와 억압을 시행했다는 것이다.[14] 이러한 메커니즘 덕택에 개인독재, 군사독재, 일당독재 등 여러 독재 유형 중에서 일반적으로 일당독재의 존속기간이 가장 길었다. 북한에서 확고한 독재, 다시 말해 수령제 때문에 독재자와 엘리트 간의 분쟁 개연성이 현저히 낮아졌다면, 정권 대 주민 간의 관계에서는 단일 정당에 의해 정권이 주민을

---

[13] 민주정권이든 독재정권이든에 상관없이 주민등록이 철저할수록 국가의 개인에 대한 통제능력은 증가한다. 다만 민주정권은 조세 특히 직접세를 거두기 위해 개인의 소득을 모니터링하지만, 독재정권은 개인의 정치 성향을 모니터링하는 경향이 강하다. Dan Slater and Sofia Fenner, "State Power and Staying Power: Infrastructural Mechanism and Authoritarian Durability", *Journal of International Affairs,* Vol.65 No.1, Fall/Winter 2011, pp.21~22.

[14] 한국의 북한 연구는 북한의 정치적 안정성을 평가하는 데서 흔히 이데올로기 내면화, 충성도 변화 등 심리적 지표를 중시하는 경향이 있다. 비교정치학적 독재 연구는 독재의 안정성 여부에서 정치적 정당성 여부를 중요한 것으로 간주하지 않는다. 독재라는 개념 자체가 정당성이 부재하다는 것을 전제하고 있기 때문이다. 독재는 물질적 이득의 선택적, 편파적 배분을 통해 정권 지지 계층의 충성을 확보하는 한편, 이와 같은 편파적 체제 존속에 대한 주민 저항을 분쇄할 수 있는 억압 능력에 의해 지탱된다. 대표적으로 Ronald Wintrobe, *The Political Economy of Dictatorship,* Cambridge: Cambridge University Press, 2000. 참조.

선별 포섭한 것이 북한정권의 내구성을 높였다.

III. 경제: 독재의 경제논리와 지대 국가

독재에는 독특한 경제논리가 있다. 홀로 권력을 유지할 수 없기 때문에 독재자는 통치연합을 구성하고, 공동통치의 이득을 분점한다. 이득 분점의 핵심은 통치연합을 구성하는 소수 집단을 경제적으로 부유하게 만드는 것이다. 이렇게 하자면 독재자는 다수 주민으로부터 경제잉여를 추출하여 핵심 지지 집단에 재분배해야 한다. 이와 같은 경제가 구성되고 운영되는 목적은 경제성장도 주민 복지의 증진도 아니며, 정권지지자에 특혜를 제공하는 것은 경제성장이나 주민 복지라는 목표와 충돌한다. 따라서 이러한 경제에서는 장기경제침체와 주민 생활수준 정체가 자연스러운 일반적 특징이다. 이러한 경제의 또 하나의 특징은 경제 침체 속에서 부익부 빈익빈 현상이 악화되는 것이다. 그렇지만 통치연합 구성원의 충성을 유지하는 데 충분한 잉여를 확보하고 배분할 수 있다면, 경제가 침체하더라도 독재정권은 위협받지 않는다. 이것이 독재의 경제논리이다.[15]

사회주의 계획경제를 포함하여,[16] 독재국가의 경제체제는 바로 이와 같이

---

[15] Bruce Bueno de Mesquita and Hilton L. Root, "The political roots of poverty: the economic logic of autocracy", *The National Interest*, 2002, p.1; 비슷한 내용을 함축하고 있는 개념으로서 이 밖에도 '추출적 정치경제' 그리고 '자연국가'가 있다. 전자는 Daron Acemoglu and James Robinson, *Why Nations Fail: The Origins of Power, Prosperity, and Poverty,* New York: Crown Business, 2011[최완규 역, 『국가는 왜 실패하는가?』(시공사, 2012)]; 후자는 Douglass C. North, John Joseph Wallis, and Barry R. Weingast, *Violence and Social Order: A Conceptual Framework for Interpreting Recorded Human History,* Cambridge: Cambridge University Press, 2009.

[16] Ronald Wintrobe, op. cit., pp.131~138; Andrew G. Walder, "Property Rights and Stratification in Socialist Redistributive Economies", *American Sociological Review,* Vol.57 No.4, August 1992, pp.524~539; David R. Henderson, Robert M. Mcnab, and Tamas Rozsas, "The Hidden Inequality in Socialism", *The Independent Review,* Vol.IX No.3, Winter 2005, pp.389~412.

주민들로부터 잉여를 추출하고, 이를 정권지지자에게 나누어주는 것을 핵심 과제로 하여 구성되고 운영된다.[17] 여기서 얼마큼의 경제잉여가 주민으로부터 추출되는가, 그중에서 독재자가 차지하는 부분, 핵심 집단이 차지하는 부분의 비율이 어떠한가는 독재자-통치연합-주민 사이의 정치적 권력관계를 반영한다.[18] 일반적으로 한 사회의 권력 구조는 경제제도에 반영되어 나타나는데, 그 이유는 경제제도가 뒷받침하는 이득의 분배가 사회 내의 권력분배와 일치해야 하기 때문이다. 다시 말해 "만약 강력한 그룹이 이득의 분배에서 자신의 상대적 권력에 비해 너무 적은 이득을 얻을 경우 이 그룹은 자신이 만족할 때까지 또는 포기할 때까지 갈등을 포함하여 다른 수단을 통해 제도를 바꾸고자 노력할 것"[19]이기 때문이다.

이는 정치권력의 집중도가 심할수록 기회와 재부의 분배가 권력집단에 유리하게 편파적일 것이라는 것을 시사한다. 따라서 북한 정치의 특징이 권력이 극도로 개인집중되어 있는 '수령제'라고 한다면, 이는 동시에 권력 집중 수준에 상응한 수준으로 기회와 재부의 분배도 편중되어 있을 것임을 의미한다. 오랜 기간 동안 북한정권은 한국의 관찰자에게 이를 은폐하는 데 상당한 성공을 거두었다. 또는 한국의 관찰자는 여러 가지 편견과 문제인식 부재로 이를 관찰하고자 하지 않았거나, 역으로 생각했다. 그렇지만 독재의 경제논리, 그리고 사회 내의 자원배분구조가 사회집단 간의 정치권력을 반영한다는 것은 북한 경제에도 반영되어 온 논리였다. 1980년대 말까지 고전적 스탈린주의

---

[17] Douglass C. North, John Joseph Wallis and Barry R. Weingast, *Violence and Social Orders: A Conceptual Framework for Interpreting Recorded Human History*, Cambridge: Cambridge University Press, 2009. 이들이 설정한 '자연국가'라는 개념이 여기에서의 의미에 부합한다. 이러한 국가는 서방형 민주주의 시장경제 국가가 발생하기 이전의 국가 그리고 현재 병존하고 있는 독재국가를 포괄한다. 사회주의는 '자연국가'의 한 유형이라 할 수 있다.

[18] Jonathan Di John and James Putzel, "Political Settlements", *Issues Paper,* GSDRC Emerging Issues Research Service, June 2000, p.4; Jennifer Gandhi, *Political Institutions Under Dictatorship,* Cambridge: Cambridge University Press, 2008, pp.73~101.

[19] Mushtaq H. Khan, "Political Settlements and the Governance of Growth-Enhancing Institutions", *Working Paper*, 2010(unpublished), Electronic copy avaliable at: http://eprints.soas.ac.uk /9968/), p.4.

경제하에서 이러한 논리는 계획체계와 배급체계, 정치적 신분제 및 폐쇄적 당원체계에 기초한 편파적 자원 및 기회의 배분을 통해 관철되었다. 독재자가 선정한 자원 우선 투입 원칙에 따라 특정 경제 분야와 그 종사자가 우대를 받았고, 그 분야에 특권적 정치 신분의 주민고용이 집중되어 있는 경향이 존재했다. 또한 정치적 신분위계, 간부위계 및 주민집단위계에 따라 국가가 엄격히 관리하는 차별적 배급과 차별적 출세 기회가 제공되었다.[20] 현금 소득은 평균적이었다고 해도, 배급 격차, 각종 사회서비스 접근, 입학 및 취업, 승진에서 주민의 정치 성분에 따라 현저한 차별이 존재했다.

이러한 독재의 경제논리는 1990년대 경제난을 거치면서 변모되었다. 국가의 중앙 재정이 붕괴하면서, 독재자와 국가는 과거처럼 계획 및 배급 체계를 직접 활용하여 정권 핵심 집단에 경제적 특혜를 배분하여 충성을 확보하는 방식에 제약을 가했다. 물론 계획과 배급은 완전히 철폐되지 않았지만, 이것의 불완전성을 보완하기 위해 두 가지 장치가 추가로 동원되었다. 그 하나는 독점적·특권적 사업권을 배분하여 정권 기관 운영 및 충성 집단의 소득을 보장하는 것이다. 다른 하나는 광물 수출이나 원조유입과 같은 외래지대수입을 증가하여 투자와 생산을 하지 않고서도 정권 유지 자금을 벌 수 있는 방법을 강구하는 것이다.

먼저 사업권 배분을 보자. 이는 정권 유지를 위해 긴요한 특권기관에게 독점적 사업권, 특히 무역권을 배분해 상업 활동에 참여하게 하고, 스스로 독과점적 이윤을 벌도록 만드는 것이다.[21] 벌어들인 이윤은 해당 기관의 운영자

---

[20] 차별적 식량배급체계에 대해 김보근, 「북한의 '차등적 식량 분배 모형'과 2008년 식량위기」, 『통일정책연구』 제17권 1호, 2008; 홍성국, 「차등분배현실을 고려한 북한 일반주민의 실질 식량 수급량 추정」, 『통일정책연구』 제16권 1호, 2007.

[21] 이러한 방식은 독재정권이 충성집단을 확보하는 일반적 방식이다. Gordon Tullock, "Industrial Organization and Rent Seeking in Dictatorships", *Journal of Institutional and Theoretical Economics*, Vol.142 No.1, 1986, pp.4~15; Roger D. Congleton and Sanghack Lee, "Efficient mercantilism? Revenue-maximizing monopoly policies as Ramsey taxation", *European Journal of Political Economy*, Vol.25 No.1, 2008, pp.102~114; Bruce Bueno de Mesquita and Alastair Smith, *The Dictator's Handbook: Why Bad Behavior is Almost Always Good Politics*, New York: Public Affairs, 2012.

금, 간부의 부정 축재 및 종업원 소비 특권 유지, 그리고 김정일에의 '충성자금' 상납에 사용하도록 하는 것이다.

북한에서 이러한 체계를 수립하는 선구자는 다름 아닌 1970년대 후계 추진 과정에서 정치자금이 필요했던 김정일이었다. 이는 이후 점차 당과 군의 특권 기관을 중심으로 확대되었다. 1980년대 후반 서해갑문, 북부철길과 같은 대규모 토목공사 발주, 1989년 세계청소년평화축전을 준비하며 본격적으로 확대하였고, 1990년대 중반 경제난 속에서 전면적으로 확대되었다.[22] 독재자가 분배하는 독점적 사업권 특히 무역권은 각종 기관과 집단이 정권 유지에 얼마나 긴요한가에 따라 차별적으로 배분되었다.[23] 1995년 이후 선군 정치 시대에는 군대가 정권 유지에 가장 중요한 집단으로 대두하면서 군대는 가장 많은 특혜를 차지했다. 2009년 김정은 후계체제 수립 과정에서는 새로운 주류로 등장한 장성택과 최룡해 등의 민간당료 그룹 그리고 인민보안부와 국가보위부와 같은 내부 정치치안 기구가 득세했다.

이처럼 북한정권의 재정체계는 조세수입이 아니라 특권기관의 자체 벌이에 바탕한 자체 운영자금과 상납('충성자금')에 의존하는 체계로 점차 진화했다. 이러한 재정체계는 다차원적으로 투명성이 결여되는데 이러한 불투명성은 결국 권력을 가진 자에게 유리하다.[24] 따라서 경제 구조 자체가 부익부 빈익빈 촉성 기능을 내장하고 있다. 또한 독재자가 가장 큰 재력가가 되고, 개별적 특권 기관과 그 연루 집단은 부유하지만 국가재정은 영속적 붕괴 상태가 지속된다. 따라서 국가는 경제성장과 인민생활 향상을 실현시키는 데 필요한 공공재 공급 기능을 상실한다. 국가가 재정을 바로 세우자면 특권기관에 독점 부여 및 그에 대한 보상으로 김정일/김정은에의 상납체계를 철폐해야 한

---

22) 박형중, 「북한에서 1990년대 정권 기관의 상업적 활동과 시장 확대」, 『통일정책연구』 제 20권 1호, 2001.

23) 박형중, 「북한 시장에 대한 정치학적 분석」, 『한국정치학회보』 제46집 제5호, 2012, 213~217쪽.

24) Konstantin Sonin, "Why the Rich May Favor Poor Protection of Property Rights", *William Davidson Working Paper*, No.544, December 2002.

다. 다시 말해 북한에서 '개혁'을 하자면 가장 강력한 기득권 특권 집단들의 특권을 철폐해야 하며, 이는 이들의 저항에 직면할 수밖에 없다.

추가적으로 이러한 체계에는 네 가지 특징이 있다. 첫째, 충성집단에 경제적 특혜를 부여하는 데 정권 차원에서 또는 독재자의 직접적 지출이 필요하지 않다. 독재자는 단지 무역허가권 등 독점권을 설정하고 분배하면 된다. 둘째, 특혜를 받아 실제로 소득을 얼마나 올리는가, 얼마나 상납할 수 있는가는 독점권을 부여받은 당사자 책임이 되며, 따라서 통치자는 충성그룹 멤버 중에서 유능자와 무능자를 구별해 낼 수 있다. 셋째, 권력자가 충성 집단들에게 사업권을 배분하기 때문에 충성집단들은 자기들끼리 다른 집단에 비해 상대적으로 대규모의 독과점 특혜를 허가받기 위해 경쟁하게 된다. 넷째, 이러한 경쟁 때문에 권력자는 자신의 정치적 필요에 부합하고 자신의 수입을 극대화하는 방향에서 독과점권을 충성집단에 분배할 수 있고, 권력자는 언제든지 독과점권 배분을 철회할 수 있는 권한을 보유함으로써, 충성집단의 자신에 대한 의존을 극대화할 수 있다.

이러한 정치경제체제에서 시장확대는 정권 기관이 영토 내의 재부를 정권 유지 자금으로 동원하는 데 기여하는 장치로서 기능한다. 독재자가 정치적 필요에 따라 배분한 독점적 사업권, 주로 무역권을 기초로 정권 기관들은 '무역회사'를 설립하여 상업적 활동에 참여했고, 이들이 북한 시장확대에서 '시장지배적 행위자'로 등장했다. 북한에서 '무역회사'는 권력기관의 자회사로서, 정치권력의 배려에 의해 독과점의 특혜와 초과이윤을 보장받고 정권 유지에 필요한 다양한 사업에 궁극적으로 자금을 제공하는 정치경제 단위이다.[25] 무역회사는 정치권력에 의해 정치적 목적에 봉사할 목적으로 설립되어 북한 시장의 독과점 위계의 최상층에 군림하면서 초과이윤을 보장받고 있다는 점에서, 다른 시장참여자와 비교할 때 월등한 구조적 우세를 태생적으로 보상받고 있다. 정권 기관의 무역회사들은 시장의 상층구조를 형성하며, 상업적 유통

---

25) 박형중, 앞의 글, 2012, 213~220쪽.

및 직접 생산의 하부구조를 직접 지배하거나 또는 자생적으로 발생한 시장적 활동과 행위자를 포섭하여 하부 구성 요소로 종사시켰다. 국가기관들의 외화벌이 관련 부서들이 시장의 상품유통 피라미드의 맨 꼭대기에 위치해 있고, 그 밑에 큰 돈주들이 있고, 그 아래 몇 단계를 거쳐 맨 밑바닥에 소매장사와 원천 생산자가 존재한다.

다음으로 생산적 노력을 하지 않고서도, 또는 내부경제의 생산성을 증가시키는 조치 즉 '개혁개방'을 하지 않고서도, 정권 유지 자금을 확보하고자 하는 외래지대 유입 증가 노력을 보자. 독재자가 경제적으로 당면하는 문제 중의 하나는 앞서 서술한 독재의 경제논리 때문에 경제의 생산성이 매우 낮다는 것이다. 그러나 만약 내부경제 생산성을 증가시키는 정책을 취하고자 한다면, 특권기관에의 독점권 배분 철폐, 각종 크고 작은 관료적 인허가의 폐지, 재산권 보장과 계약 준수 보장과 같은 정책을 시행해야 한다. 그런데 이는 독재의 경제논리를 지탱하고 있는 구조와 조치를 해제해야 한다는 것을 의미한다. 이는 독재정권의 존속을 정치적 경제적으로 위험에 빠뜨릴 수 있다. 따라서 독재자는 내부 생산성 증가 없이도 독재정권을 유지하는 데 필요한 자원, 특히 외환을 조달하는 방법을 찾아내야 한다. 그러한 방법 중에서 대표적인 것인 자원수출과 원조유입이다.[26] 이처럼 내부경제의 생산성이 아니라 자원수출과 원조유입 등에 의해 지탱되는 국가를 외래지대 의존 국가[27]라고 한다.

---

[26] 북한은 '자립경제'론을 이데올로기로 내세우면서 북한 경제 전개를 설명해왔다. 대부분의 한국 학자들은 이러한 논리를 대체로 수용하면서 북한 경제를 이해하고자 했다. 그러나 1990년대 이전에도 북한 경제가(자원 수출과 원조에 의존하는) 외래 지대 의존국가로서의 특성을 보여왔다는 명제는 긍정적 검토가 필요하다.

[27] 외래지대의존 국가는 원래 중동의 석유수출국가에서 독재의 안정적 존속을 설명하기 위해 탄생했다. 그 후 이 이론은 자원수출 또는 원조유입에 의존하여 지탱하는 지구상의 여러 지역의 다양한 독재국가의 정치경제를 설명하는 데 활용되고 또한 논쟁되고 있다. Hazem Beblawi and Giacomo Luciani eds,, *The Rentier State: Nation, State and Integration in the Arab World*, New York: Croom Helm, 1987; Douglas A. Yates, *The Rentier State in Africa: Oil Rent Dependency and Neo-colonialism in the Republic of Gabon*, Trenton, N.J.: African World Press, 1996; 이 이론을 북한에 적용한 것으로서, 박형중 외, 『독재정권의 성격과 정치변동: 북한 관련 시사점』, 통일연구원, 2012. 참조.

여기서 지대란 석유 부존처럼 '자연의 산물로부터 벌어들인 수출 또는 획득된 소득' 또는 '비생산적 경제행위를 통해 재부를 획득할 수 있도록 정치적으로 만들어진 기회'라는 뜻을 가지고 있다.

북한은 1990년대 이래 외래지대 의존 국가의 길을 밟아왔다. 그 결정적 계기는 1990년대 초반 사회주의 우호무역과 국내 제조업이 붕괴한 것이다. 북한은 앞서 서술한 정권 기관의 무역회사가 중추가 되어 또한 밀무역을 통해 온갖 종류의 자연자원과 골동품과 같은 역사적 보물 및 파철 등을 수출하고 동시에 외국으로부터의 원조유입에 의해 정권과 경제를 지탱시켜 왔다. 이러한 외래지대에 대한 의존 추세는 시간이 지나면서 더욱 강화되었다. 최근의 외래지대의 추세를 보면 이렇다.[28] 첫째, 원자재 지대이다. 2010년 이래 북한에서 원자재가 수출에서 차지하는 비중은 거의 70%에 이른다(석탄 50%, 기타 광물, 가공도가 낮은 광물 상품 및 농수산 일차산품 포함). 둘째, 위치지대이다. 나진 선봉 및 청진 등 항만을 중국 또는 러시아에 임차하고 임대수입, 러시아로부터 한국으로 가스관을 설치하고 통과 수입을 확보하는 계획 추진, 금강산 관광을 포함 관광 진흥 정책, 한국과 인접한 개성에 특구설치 등이 있다. 셋째, 전략적 지대이다. 중국의 북한 원조, 한국의 '평화보장'을 위한 대북원조, 대량살상무기 개발 및 외교적 활용을 통해 확보한 대외원조이다. 넷째, 정치적 지대이다. 각종 대북 인도지원 및 개발지원을 확보하는 것이다. 다섯째, 이민자 지대이다. 여기에는 탈북자의 대북 송금, 중국을 비롯한 해외로 노동력 수출 등이 있다.

이러한 외래지대 수입의 특징은 다음과 같다. 첫째, 그 수입이 대부분 국가에 의해 독점되며, 둘째, 내부경제 생산성을 높이지 않고서도 정권이 생존할 수 있는 자금을 마련해주며, 셋째, 비생산적 활동을 통해 벌어들인 돈이기 때문에 또는 투자와 생산 노력을 하지 않아도 소득을 벌 수 있다고 생각하기 때문에 생산을 위해 재투자되지 않는 경향이 있으며, 넷째, 이러한 수입에 습

28) 박형중, 「북·중 경제관계 증대와 북한정권의 미래: '외래지대 의존 국가(rentier state)'론적 분석」, 통일연구원 Online Series CO 11-19, 통일연구원, 2011.

관을 들이게 되면 노력과 성과, 비용과 효용 사이의 인과관계를 이해하지 못하고 공짜를 당연하게 생각하게 되는 경향(rentier mentality)이 있다.

여기서 말하는 독재의 경제논리는 독재국가의 일반적 경향이다. 그런데 이러한 일반적 경향은 해당 국가가 처한 상황에 따라 그 발현 정도가 다르다. 북한의 경우는 그 부정적 효과가 두드러진 경우이다. 그렇지만, 어떤 국가의 경우에는 독재의 경제논리에도 불구하고 반드시 경제침체가 발생하지 않은 경우도 있다. 일부 독재국가는 경제성장 궤도에 진입하고, 궁극적으로 민주주의를 성취한다. 독재국가에서 경제성장 촉발에 관한 여러 논의가 있지만, 여기서의 주제와 관련하여 두 가지를 언급한다. 첫째, 자원수출이나 원조유입과 같은 외래지대 유입을 기대하기 어려운 조건에 있는 나라들의 경우이다.[29] 이러한 나라는 경제 위기에 직면하면 불가피 내부경제의 생산성을 증가시키는 정책을 선택할 수밖에 없다. 이는 통상 내부 고용 증가에 기초한 수출 제조업을 진흥하는 정책으로 나타난다. 이러한 정책이 성공하는 기초는 우수한 노동력 양성과 민간기업 진흥이기 때문에 국가는 교육과 보건을 비롯하여 재산권보장과 계약 준수, 법치와 같은 공공재의 공급에 주력한다. 이러한 선택은 경제가 성장 궤도에 진입하면서 국가재정이 확충되고 이를 바탕으로 국가의 공공재 공급 능력이 더욱 증가하며, 그리고 제도품질을 고양하는 선순환이 촉발된다. 이러한 대표적 경우가 한국과 대만이었다. 두 나라는 1960년대 초 미국 원조유입 중단과 함께 수출 제조업 발전 궤도를 선택했다. 중국과 베트남의 경우도 인구 대비로 보면 자원 빈국에 속한다. 북한에 부존되어 있다는 막대한 지하자원은 흔히 '축복'이라 간주되고 있다. 그렇지만, 경험적으로 볼 때 자원 부국이라는 것이 그 나라의 정치와 경제 발전에 '재앙'으로 작용한 경우가 더 많다.[30] 이는 북한의 경우에도 마찬가지이다. 지하자원 수출이라는

---

29) Richard M. Auty, "Aid and Rent-Driven Growth: Mauritania", Kenya and Mozambique Compared, *Research Paper*, No.35, 2007.

30) 이른바 '자원의 저주'와 관련한 논쟁이 존재한다. 일반적 결론을 보면 이렇다. 양질의 거버넌스를 가지고 있는 국가는 자연자원으로부터의 '공짜' 소득을 생산적으로 사용할 능력을 가지고 있다. 이러한 나라에게 지하자원 발견은 '축복'이다. 거버넌스 품질이 나쁜

손쉬운 외화획득 대안이 존재하기 때문에 국내 경제 생산성을 올릴 수 있는 내부 개혁을 등한시 하는 것이다. 둘째, 독재자와 통치연합 구성원이 특권과 부패를 통해 집중한 재부를 어떻게 사용하는가에 따라 경제가 성장하는가 침체하는가가 결정된다.[31] 경험적으로 보면 세 가지 경우가 있었다. 첫째, 한국의 군사독재하에서 친정권 집단은 특권과 부패를 통해 재부를 축적했는데, 이는 궁극적으로 국내 경제에 재투자되었다. 이는 경제성장에 긍정적으로 작용했다. 둘째, 필리핀의 마르코스와 같은 경우, 독재자와 친정권 집단은 경제정책을 왜곡하여 축재한 다음 이를 해외에 도피시켰다. 경제정책 왜곡과 투자 부진이 경제를 망쳤다. 셋째, 자이레의 모부투와 통치그룹은 국민경제를 말 그대로 닥치는 대로 약탈한 다음, 이를 해외도피시키고 사치적 생활에 탕진했다. 이를 보면, 독재자와 통치연합 구성원이 축재한 재부를 어떻게 사용하는가가 그 나라 경제의 운명에 매우 중요하다는 것을 알 수 있다. 북한의 경우는 독재자와 통치집단에 집중된 재부가 재투자되지 않고 사장되거나 비생산적으로 사용되는 경우이다. 집중된 재부에서 첫째, 그 상당 부분이 합법적 투자 기회의 부재 때문에 아예 구들장 밑으로 퇴장하며, 둘째, 나머지 상당 부분이 대량살상무기 개발 그리고 평양 가꾸기 및 각종 기념비적 건설과 같은 정치적 정당화 등에 비생산적으로 투자된다. 마지막 상당 부분은 특권층의 사치적 생활을 위해 지출된다.

국가의 경우 자연자원으로부터의 '공짜' 소득을 부패한 독재자와 통치연합 구성원이 독점한다. 이 때문에 그 나라의 사정은 오히려 더 악화된다. 이 나라들에게 자연자원은 '저주'이다. 여러 다양한 관련 논의를 최근 정리한 것으로 다음을 참조. Ivar Kostad and Arne Wiig, "It's rents, stupid! The political economy of the resource curse", *Energy Policy*, Vol.37, 2009, pp.5317~5325; 생산적 활동을 통해 얻어진 소득은 생산적으로 재투자되어야만 지속가능하지만, 지하자원 수출에 의해 획득된 소득은 생산적으로 재투자되지 않아도 지속가능하기 때문에 독재의 억압기구를 강화시키는 데 사용된다. 이 때문에 독재가 영속한다는 주장으로 Eva Bellin, "The Robustness of Authoritarianism in the Middle East: Exceptionalism in Comparative Perspective", *Comparative Politics*, Vol.36 No.2, January 2004, pp.139~157.

[31] Andrew Wedeman, "Looters, Rent-Scrapers, and Dividend-Collectors: Corruption and Growth in Zaire, South Korea, and the Philippines", *The Journal of Developing Areas*, Vol.31 No.4, Summer 1997, pp.457~478.

결론적으로, 북한의 정치체제는 독재자 및 중앙 권력 집단에 권력이 극도로 집중된 체제인데, 이러한 정치체제의 특징은 북한 내부의 자원배분에도 그대로 반영되어 있다. 물론 독재의 경제논리가 구체적으로 실현되는 양상은 1990년대 초 경제난을 전후로 하여 상당히 변모를 겪었다. 1980년대 말까지는 계획 및 배급 체계가 그 근간이었다고 하면, 1990년대 후반에는 정권 유지에 긴요한 정권 기관에게 특권적 사업권, 특히 무역권을 배분하는 체계로 바뀌었다. 각종 정권 기관이 설립한 무역회사는 상업적 활동에 개입했고, 확대하는 시장에서 지배적 행위자가 되었다. 시장확대는 정권이 새로운 방식으로 정권 유지에 필요한 자원과 자금을 조달하는 수단으로 활용되었다. 그런데 이러한 경제의 가장 큰 문제는 내부경제 생산성이 너무 낮다는 것이었다. 따라서 내부경제 생산성은 올리지 않지만, 외환을 벌어들일 수 있는 다양한 시도가 증가했다.

이와 같은 정치경제의 특성은 국민경제의 붕괴가 반드시 정권 유지에 필요한 정권 재정수입의 붕괴를 의미하지 않음을 의미한다. 북한정권은 강력한 정치 권력 자산을 활용하여 변모해가는 경제 상황에서 '개혁개방'을 하지 않고서도 다양한 방식으로 정권 재정수입을 확보할 수 있었다. 지난 20여 년 동안 지속적 경제난 속에서도 정권 지지 집단의 생활상의 특권이 유지되고 있다는 것, 그리고 경제난 속에서도 아래로부터의 치명적 도전에 직면하지 않았다는 것은 북한정권의 적응과 변모의 시도가 성공했다는 것을 보여준다.

Ⅳ. 사회: 정치변동 주체의 부재 및 정권의 대응 능력 강화

이상에서 서술하였듯이, 북한의 독재는 그 정치적 구성에 있어서 그리고 경제적 구성에 있어서 다른 경우에 비해 보다 강한 내구성을 보여줄 수 있는 조건을 갖추고 있다. 이에 추가하여 지적해야 할 것은 정치변동 주체의 부재 그리고 정권의 강압 능력 강화이다.

Richard Snyder는 독재정권 정치 변화 여부에 영향을 주는 요소로서 행위자 요소와 구조요소를 구별하고 있다.[32] 행위자 요소는 네 가지이다. 정권 강경파, 정권 온건파, 온건 야당과 과격 야당이 그것이다. 구조요소는 세 가지이다. 첫째, 통치자의 국가제도에 대한 관계, 둘째, 통치자의 국내 사회 엘리트에 대한 관계, 셋째, 언급된 네 가지 국내 행위자와 외부 국가와의 관계가 그것이다. 행위자 및 구조가 상이하게 구비되고 조합됨에 따라 개인독재정권은 안정을 유지하거나, 혁명에 의해 붕괴하거나, 군부독재를 발생시키거나, 민간 통치로 이행하거나, 또는 치명적 도전을 극복하고 재안정화된다.[33]

북한이 1990년대 재앙적 경제위기가 발생했을 시기에 국내 정치 동요 없이 지탱할 수 있었던 이유 중의 하나는 북한 내 정치 행위자 분포의 특징 때문이었다. 독재정권에서 등장 가능한 정치행위자인 정권 강경파, 정권 온건파, 온건 야당과 급진 야당 중에서 1990년대 현실적으로 북한에 존재했던 것은 정권 강경파뿐이었다. 이는 1980년대 말까지 지도자의 국가와 사회에 대한 강력하고 광범위한 침투의 결과였다. 따라서 치명적으로 보이는 위기의 도래에도 불구하고, 정권 강경파는 시간을 벌면서 재안정화를 모색할 수 있었다.

아울러 김정일은 정권 재편을 통해 노골적 강압기구인 군부를 통치의 근간으로 삼았다. 김정일은 급작스레 악화된 경제난으로 마비에 빠진 당기구와 국가기구를 대신하여 1995년부터 핵심 무력기구인 군부를 체제 유지의 근간으로 설정하고 선군정치를 시작했다. 개인독재정권의 궁극적 보루는 강압기구인 군대이기 때문에, 지도자가 군대를 사병된 상태로 유지하는 데 성공하는 한편 군대 유지에 충분한 재정을 공급할 수 있는 한, 정권은 유지될 수 있다. 이는 북한정권이 과거의 일당통치를 주축으로 한 개인독재로부터 군부를 주축으로 한 개인독재로 전환한 것을 의미한다.

---

32) Richard Snyder, "Paths out of Sultanistic Regimes: Combining Structural and Voluntarist Perspectives", H. E. Chehabi and Juan J. Linz (eds.), *Sultanistic Regimes,* Washington D.C.: The Johns Hopkins University Press, 1998.

33) 북한과 관련한 자세한 분석은 박형중, 「김정은 후계 체제의 안정성 및 정권 변화 가능성 평가」, 통일연구원 조선일보 주최 공동학술세미나 발표논문, 2010.

아울러 북한은 정권 위기를 무자비한 탄압 및 공안기구의 대대적 강화를 통해 대응했다. 무자비한 탄압을 보여주는 대표적 사례가 공개처형이었다.[34] 공개처형의 빈도수는 1990년대 초부터 점차 증가하기 시작하여 1995년이 되면 122회로 전년도의 2.5배로 증가하며, 1996년에는 227회로 다시 1.9배가 증가하고, 1997년에 229회로 정점에 도달한 이후 1998년 151회로 0.7배로 감소, 1999년 93회로 0.6배, 2000년에는 90회, 2001년은 42회로 다시 감소한다. 이후 2000년대에는 대체로 약간 줄어든 수준에 머물고 있다. 어쨌든 공개처형의 숫자로 보면 북한의 내부 위기는 1995~1998년에 정점에 달했으며, 2001년 이후 상대적으로 안정된 것으로 판단할 수 있다.[35]

아울러 공안기구가 현저히 강화되었다. 과거 내부 치안의 핵심은 당기구의 정치적 기능이었던 것이 이제 공안기구와 형벌을 주축으로 활용하는 체제로 변화한 것이었다.[36] 과거 당기구는 방대한 조직체계와 강력한 조직 생활에 기반하여 충성창출, 노동기강, 사회적 일탈방지를 정치적 작업을 통해 직장과 거주지 현장에서 보장했다. 그러나 1990년대에는 당기구의 기능이 현저히 약화되고, 당과 국가 영역 바깥에서 발생하는 행위가 증가하게 되었다. 북한 당국은 이를 통제하기 위하여 비사회주의 투쟁, 형법개선 및 형벌체계 강화, 공안기관 강화, 정치범 수용소 강화, 노동단련대 신설 그리고 무엇보다도 공개처형 등 국가폭력기구의 체계와 기능을 대폭 강화하는 동향을 보여주었다. 다시 말해 당기구를 통한 사전 예방적 성격의 정치적 통제로부터 사후 대처적 사회 공안 통제로 이행하였다.[37]

---

34) 북한인권정보센터 제공 자료, 2010.8.24. 여기의 숫자는 탈북자 증언, 기타 여러 보도를 종합하여 만들어진 것이다. 따라서 절대 숫자의 정확성은 신뢰할 수 없지만 적어도 개략적 증감의 추세를 보여주는 데는 무리가 없다.

35) 공개처형의 빈도는 정권 불안정성이 강화되는 시기 증가하는 경향이 있다.

36) 박형중, 「북한에서 1990년대 정치체제 변화: '극도의 개인독재와 결합한 전체주의'로부터 '탈전체주의와 극도의 개인독재하에서의 폭정'로의 이행」, 『정책연구』 통권 168호, 2011년 봄, 103~130쪽.

37) 류경원, 「조선의 정치형세와 '화폐개혁 고난' 및 '천안함사태'」, 『임진강』 8호, 2010년 여름, 21~29쪽.

2012년 김정은체제 출범에 즈음해서도 위에서 서술한 정치변동 주체의 부재 및 공안기구의 현저한 강화 추세는 지속되고 있다. 북한정권 내에서는 여전히 강경파가 강세를 보이는 가운데 가시적으로 등장해 있는 온건파는 존재하지 않는다. 아울러 북한사회 내부에서도 강경파든 온건파든 조직화된 저항 세력은 존재한다고 볼 수 없다. 또한 김정은은 2009년 후계자로 등장하면서 당이 아니라 국가보위부와 인민보안부 같은 공안기구를 우선적으로 관장했다. 또한 김정은 후계체제 구축 과정에서 공안기구의 위상과 역할이 증대되는 것이 관찰되며, 국경 통제 역시 현저히 증강되었다. 아울러 김정은으로의 권력 승계 과정에서 중앙당이 재정비되었으며, 2012년 김정은정권 공식 출범 이후에는 당조직과 각종 군중 조직을 재차 강화하려는 시도가 진행되고 있다.

V. 결론

지난 20여 년 동안 한국의 북한 연구는 북한의 '개혁개방' 또는 '붕괴'가 조만간 발생할 것이라는 강한 기대를 가지는 경향이 있었다. 이러한 기대에 서게 되면, 한국이 정책적으로 '개혁개방' 또는 '붕괴'에 대한 준비를 갖추고 있어야 한다는 정책 결론을 내리게 될 수밖에 없었다.[38] 그런데 '개혁개방'도 '붕괴'도 하지 않을 북한에 대한 정책을 세우면서, 북한이 조만간 '개혁개방'이나 '붕괴'할 것이라는 기대하에서 정책을 세우게 되면 그러한 정책은 패착할 수밖에 없을 것이다.

---

[38] 이런 실수는 한국만 하는 것이 아니다. 민주화의 제3의 물결(1974~1995)에 고무되어 국제 정치학계는 독재가 붕괴하면 민주주의가 성립하는 것으로 간주했다. 그리하여 연구의 핵심 화두를 (독재로부터) "민주화"로 잡았다. 그런데 2000년대 초반부터 이러한 화두에 무엇인가 문제가 있다는 자각이 등장했다. 붕괴된 독재 중에서 절반 이상이 민주주의가 아니라 새로운 독재로 전화했다. 또한 새로 등장한 독재는 상당히 안정되고 장기간 존속했다. 이에 '민주화'라는 화두가 '독재 연구'로 바뀌었다. '독재 연구'의 화두는 독재의 내구성을 설명하는 것이었다. 이에 대해 박형중 외, 『독재정권의 성격과 정치변동: 북한 관련 시사점』, 통일연구원, 2012, 13~17쪽.

북한이 '개혁개방'도 '붕괴'도 할 수 없었던 것은 북한의 독재가 가지고 있었던 일련의 체제적 특징 때문이었다. 우선 정치적으로 북한은 최고 통치자에 대해 상층 엘리트가 도전할 수 있는 가능성이 제거된 확고한 일인독재체제였다. 따라서 독재정권 정치 변동의 가장 큰 비중을 차지하는 주변 엘리트에 의한 독재자 축출 가능성이 거의 없었다. 아울러 북한은 일당독재체제였다. 권위주의적 단일 정당은 세 가지 독특한 방식의 권위주의적 선별 포섭 체계를 통해 당원의 정권 존속에 대한 이해관계를 강화시켰다. 그것은 초급 당원 시절에는 당에 고비용의 봉사를 하게 하고 상급 당원 시절에 그 이득을 챙기도록 하는 것이었다. 또한 당원 자격이 거의 대부분의 직책 임명에서 고려사항이 되도록 했다. 아울러 북한주민을 정치 성분에 따라 분류하고 선별적으로 포섭하고 억압했다.

경제적으로 보면, 북한 경제는 독재자에 충성하는 집단에게 경제적 특혜를 제공하는 방식으로 구성되어 있었다. 다시 말해 경제의 주목적은 경제성장이 아니라 특권집단에 대한 특혜 제공이었다. 이는 1980년대 말까지는 계획 및 배급 체계, 정치적 신분제에 따른 노동력 배분을 통해 실시되었다. 1990년대 이후에는 정권 기관에게 상업적 무역특권을 분배하는 방식으로 수행되었다. 이 방식을 통해 1990년대 경제가 붕괴한 상황에서도 정권 기관이 유지되는 한편, 정권 기관의 무역회사가 시장확대에서 지배자적 역할을 하게 되었다. 다시 말해 시장확대 역시 정권이 정권 유지에 필요한 자금을 확보해주는 기능을 수행했다. 그런데 이러한 경제는 내부경제 생산성이 매우 낮지만 정치적 이유로 내부 생산성을 높이는 조치를 취할 수 없었다. 이에 따라 광산물 수출과 외국 원조유입과 같이 내부경제 생산성 증가 없이도 정권 유지에 필요한 외화를 확보할 수 있는 다양한 방법이 강구되었다.

정치변동의 측면에서 보면, 정치변동을 야기할 수 있는 행위 주체가 지도부 내에도, 주민 사이에도 존재하지 않았다. 지도부 내에서 강경파가 압도적 주류를 이루며, 주민 내부에서는 조직화된 반대파가 존재하지 않았다. 아울러 정권은 1990년대 후반의 위기를 공개처형의 극적 증대와 같은 방법으로 돌파했고, 이후 내부 장악을 위한 공안 기구를 점차로 강화시켜 왔다.

이상에서 서술한 것은 2012년 김정은정권의 출범에 즈음해서도 그다지 변화된 것이 없다. 경제가 침체한다고 해서 반드시 정권 유지 생존자금 조달이 위기에 빠지는 것은 아니다. 오히려 경제침체는 독재자와 통치연합 구성원의 특권 보장을 위해 의도적으로 감수된다. 이러한 정치경제체제는 정권 유지 자금을 조달할 능력이 있기 때문에 망하지도 않지만, 전반 경제 침체가 구조화되어 있기 때문에 흥하지도 않을 가능성이 크다. 북한정권이 생존을 위해 구사하고 발전시켜 온 여러 정치 경제 메커니즘은 북한이 경제성장과 민생 개선을 위해 필요한 공공재를 공급하는 능력을 현저히 약화시켰다. 북한에서 가장 강력한 여러 집단은 지난 20여 년 동안 발생한 이러한 정치경제 구조에 강력한 기득이권을 가지고 있다. 북한 국가를 공공재 공급을 증가시키는 체제로 변모시키려면 불가피하게 정치적으로 가장 강력한 집단의 기득권을 재편해야만 한다. 따라서 현재의 체제가 기득권 집단의 다수에게 불만족스럽지만 상당히 편안한 상태를 의미할 수 있으며, 그것을 개편하는 것은 기득권 집단의 다수에게 더 위협적인 상황을 초래할 수 있다고 간주될 것이다.39) 일반적으로 이와 같은 악질 내부 균형을 변화시키는 것은 내부 정치 변화 말고는 존재하지 않는다.40) 이것이 의미하는 바는 앞으로도 상당 기간 동안 우리가 당면해야 하는 북한은 '개혁개방'도 '붕괴'도 하지 않을 북한이라는 것이다.

---

39) 사회주의 개혁 과정에서 보면, 초기 개혁 과정을 추동하고 이득을 얻은 집단은 부분적 개혁 상태에서 가장 많은 이득을 챙길 수 있기 때문에 추가 개혁에 저항한다. Joel S. Hellman, "Winners take all: The Politics of Partial Reform in Communist Transitions", *World Politics*, Vol.50 Issue 2, January 1998, pp.203~234.

40) Daron Acemoglu and James Robinson, op. cit., 2011 [최완규 역, 『국가는 왜 실패하는가』 (시공사, 2012)].

【참고문헌】

고든 털럭, 『전제정치』, 황수연 · 황인학 옮김, 부산: 경성대학교출판부, 2011.

김보근, 「북한의 '차등적 식량 분배 모형'과 2008년 식량위기」, 『통일정책연구』 제17권 1호, 2008.

대런 에스모글루 외, 『국가는 왜 실패하는가』, 최완규 옮김, 서울: 시공사, 2012.

류경원, 「조선의 정치형세와 '화폐개혁 고난' 및 '천안함사태'」, 『임진강』, 2010년 여름.

박형중 외, 『독재정권의 성격과 정치변동: 북한 관련 시사점』, 서울: 통일연구원, 2012.

박형중, 「김정은 후계 체제의 안정성 및 정권 변화 가능성 평가」, 통일연구원 조선일보 주최 공동학술세미나 발표논문, 2010.

박형중, 「북 · 중 경제관계 증대와 북한정권의 미래: '외래지대 의존 국가(rentier state)'론적 분석」, 통일연구원 Online Series CO 11-19, 통일연구원, 2011.

박형중, 「북한 시장에 대한 정치학적 분석」, 『한국정치학회보』 제46집 제5호, 2012.

박형중, 「북한에서 1990년대 정권 기관의 상업적 활동과 시장 확대」, 『통일정책연구』 제20권 1호, 2001.

박형중, 「북한에서 1990년대 정치체제 변화: '극도의 개인독재와 결합한 전체주의'로부터 '탈전체주의와 극도의 개인독재하에서의 폭정'로의 이행」, 『정책연구』 통권 168호, 2011년 봄.

현인애, 「북한의 주민등록제도에 관한 연구」, 이화여대 대학원 석사논문, 2008.

홍성국, 「차등분배현실을 고려한 북한 일반주민의 실질 식량 수급량 추정」, 『통일정책연구』 제16권 1호, 2007.

Andrew G. Walder and Songhua Hu, "Revolution, Reform, and Status Inheritance: Urban China, 1949-19961", *American Journal of Sociology*, Vol.114 No.5, March 2009.

Andrew G. Walder, "Career Mobility and the Communist Political Order", *American Sociological Review*, Vol.60 No.3, January 1995.

Andrew G. Walder, "Property Rights and Stratification in Socialist Redistributive Economies", American Sociological Review, Vol.57 No.4, August 1992.

Andrew G. Walder, "The Decline of Communist Power: Elements of a Theory of Institutional Change", *Theory and Society*, Vol.23 No.2, Special Issue on the Theoretical Implications of the Demise of State, April 1994.

Andrew Wedeman, "Looters, Rent-Scrapers, and Dividend-Collectors: Corruption and Growth in Zaire, South Korea, and the Philippines", *The Journal of Developing Areas*, Vol.31 No.4, Summer 1997.

Barbara Geddes, "What Do We Know about Democratization after Twenty Years", *Annual Review of Political Science*, Vol.2, June 1999.

Bruce Bueno de Mesquita and Alastair Smith, *The Dictator's Handbook: Why Bad Behavior is Almost Always Good Politics*, New York: Public Affairs, 2012.

Bruce Bueno de Mesquita and Hilton L. Root, "The political roots of poverty: the economic logic of autocracy", *The National Interest*, 2002.

Dan Slater and Sofia Fenner, "State Power and Staying Power: Infrastructural Mechanism and Authoritarian Durability", *Journal of International Affairs*, Vol.65 No.1, Fall/Winter 2011.

David R. Henderson, Robert M. Mcnab, and Tamas Rozsas, "The Hidden Inequality in Socialism", *The Independent Review*, Vol.IX No.3, Winter 2005.

Douglas A. Yates, *The Rentier State in Africa: Oil Rent Dependency and Neo-colonialism in the Republic of Gabon*, Trenton, N.J.: African World Press, 1996.

Douglass C. North, John Joseph Wallis, and Barry R. Weingast, *Violence and Social Order: A Conceptual Framework for Interpreting Recorded Human History*, Cambridge: Cambridge University Press, 2009.

Eva Bellin, "The Robustness of Authoritarianism in the Middle East: Exceptionalism in Comparative Perspective", *Comparative Politics*, Vol.36 No.2, January 2004.

Gordon Tullock, "Industrial Organization and Rent Seeking in Dictatorships", *Journal of Institutional and Theoretical Economics*, Vol.142 No.1, 1986.

H. E. Chehabi and Juan J. Linz (eds.), *Sultanistic Regimes*, Baltimore: The Johns Hopkins University Press, 1998.

Hazem Beblawi and Giacomo Luciani (eds.), *The Rentier State: Nation, State and Integration in the Arab World*, NewYork: CroomHelm, 1987.

Ivar Kostad and Arne Wiig, "It's rents, stupid! The political economy of the resource curse", *Energy Policy*, Vol.37, 2009.

Jan Winiecki, *Resistance to Change in Soviet Economic System: A Property Rights Approach*, London: Routledge, 1991.

Jennifer Gandhi, *Political Institutions Under Dictatorship*, Cambridge: Cambridge University Press, 2008.

Joel S. Hellman, "Winners take all: The Politics of Partial Reform in Communist Transitions", *World Politics*, Vol.50 Issue 2, January 1998.

Jonathan Di John and James Putzel, "Political Settlements", *Issues Paper*, GSDRC Emerging Issues Research Service, June 2000.

Konstantin Sonin, "The Rich May Favor Poor Protection of Property Rights", *William Davidson Working Paper*, No.544, December 2002.

Konstantin Sonin, "Why the Rich May Favor Poor Protection of Property Rights", *William Davidson Working Paper,* No.544, December 2002.

Mushtaq H. Khan, "Political Settlements and the Governance of Growth-Enhancing Institutions", *Working Paper*, 2010(unpublished), Electronic copy avaliable at: http://eprints.soas.ac.uk/9968/).

Natasha Ezrow and Erica Frantz, *Dictators and Dictatorships: Understanding Authoritarian Regimes and their Leaders*, NewYork: The Continuum International Publishing Group, 2011.

Richard M. Auty, "Aid and Rent-Driven Growth: Mauritania, Kenya and Mozambique Compared", *Research Paper*, No.35, 2007.

Richard Snyder, "Paths out of Sultanistic Regimes: Combining Structural and Voluntarist Perspectives", H. E. Chehabi and Juan J. Linz (eds.), *Sultanistic Regimes,* Washington D.C.: The Johns Hopkins University Press, 1998.

Robert Collins, *Marked for Life: Songbun-North Korea's Social Classification System*, Washington D.C.: The Committee for Human Rights in North Korea, 2012.

Roger D. Congleton and Sanghack Lee, "Efficient mercantilism? Revenue-maximizing monopoly policies as Ramsey taxation", *European Journal of Political Economy*, Vol.25 No.1, 2008.

Ronald Wintrobe, *The Political Economy of Dictatorship*, Cambridge: Cambridge Press, 2000.

Svolik, Milan, *The Politics of Authoritarian Rule*, Cambridge: Cambridge University Press, 2012.

제2장

북한 시장에 대한 정치학적 분석*

박형중(통일연구원)

Ⅰ. 서론

북한에서 1990년대 중반 이래 시장이 매우 빠른 속도로 팽창했다. 그 이래로 북한의 시장을 이해하고자 하는 많은 노력이 있었다. 시장 및 그와 관련된 현상에 대한 연구는 경제학자들에 의해 가장 많이 수행되었다. 경제학이 북한 시장 연구를 주도하게 된 이유는 시장이라는 것은 본질적으로 경제 현상으로 인식되었기 때문이었다. 통상적으로 경제학적 분석은 '아래로부터의 시장화'론에 입각하여 시장의 확대가 계획 및 정권 안보에 위협을 주는 것으로 평가한다. 이러한 관점은 시장확대에서 권력과 정치의 역할을 도외시하지 않는 경향을 보인다. 이와 같은 명제는 북한에서 시장확대에 대한 세간의 일반 평가의 주축을 이루고 있다.

그런데 일부 정치학적 분석은 앞서의 경제학적 분석과 대조적 관점을 발전시켰다. 일반적으로 시장에 대한 정치학적 분석은 시장을 기본적으로 정치적 단위로서 간주하고 분석한다. 즉 시장의 구조와 작동은 권력과 권력관계에

* 이 논문은 2011년도 정부재원(교육과학기술부 사회과학연구지원사업비)으로 한국연구재단의 지원을 받아 연구되었으며, 『한국정치학회보』 제46집 제5호(2012)에 게재되었음 (NRF-2011-330-B00020).

의해 다양한 방식으로 영향을 받는다는 것이다.[1] 이러한 정치학적 분석은 북한 시장 분석에도 응용될 수 있다. 이러한 분석은 북한 시장확대에서 정권 기관의 역할을 중시한다. 이 분석은 시장확대와 관련된 현상이 정치 및 국가 권력의 심대한 관여에 의해 조직화되고 구조화되어 있다는 것을 보여주고자 한다.

이 글의 목적은 경제학적 분석과 비교하면서 북한 시장에 대한 정치학적 분석의 가능성과 특징을 보여주는 것이다. 2장은 시장 연구에서 정치학적 분석이란 무엇인가에 대해 설명한다. 여기서는 정치제도가 경제제도를 결정하며, 이에 따라 경제 실적 및 시장의 성격이 규정됨을 서술한다. 3장은 북한 시장에 대한 경제학적 분석의 주요 명제와 특징을 서술한다. 4장은 정치학적 분석을 중심으로 시장 연구의 주요 논점을 제시한다. 북한 시장의 정치적 특징의 여러 측면을 부각시키며, 북한 정치체제의 특징 즉 권력구조가 개인지도자에 초집중된 성격이 경제제도와 시장의 구조와 작동에 반영되어 나타나고 있다는 점을 밝힌다. 5장은 이상의 연구 성과를 요약 정리한다.

II. 시장 연구에서 정치학적 분석이란 무엇인가?

시장 연구에서 정치학적 분석은 '권력과 권력관계가 현실 시장의 구조와 작동에 어떠한 방식으로 다양하게 영향을 미치는가'에 관심을 둔다. 이러한 관심은 경제학적 시장 분석이 통상적으로 (북한의) 현실 시장에서 권력의 존재를 무시하거나 주변적 현상으로 치부하는 경향을 가지는 것에 대한 비판이자 대안이다.

일반적으로 시장에 대한 정치학적 분석에서 핵심 출발점은 두 가지이다. 첫째, 정치제도가 경제제도를, 그리고 정책 선택과 경제 실적을, 그리고 여기

---

[1] Gordon White, "Towards a Political Analysis of Markets", *IDS Bulletin* Vol.24 No.3, July 1993, p.2.

서의 관심인 시장의 성격을 결정한다. 둘째, 겉보기에는 동일한 제도(여기서는 시장)라고 할지라도 나라마다 매우 다르게 작동한다. 그 이유는 그 나라마다 그 제도가 기능해야 하는 정치적 맥락이 다르기 때문이다.

첫째 사항을 보자. 일반적으로 정치제도가 경제제도를 결정한다는 '제도의 위계성'이 존재한다.[2] 즉 게임의 규칙을 정하고 집행하는 정치체가 경제적 실적을 결정하는 일차적 원천이다.[3] 관련하여 한 사회 내의 권력 구조는 경제제도에 반영되어 나타나야 한다. 그 이유는 경제제도가 뒷받침하는 이득의 분배가 사회 내의 권력분배와 일치해야 하기 때문이다. 다시 말해 "만약 강력한 그룹이 이득의 분배에서 자신의 상대적 권력에 비해 너무 적은 이득을 얻을 경우 이 그룹은 자신이 만족할 때까지 또는 포기할 때까지 갈등을 포함하여 다른 수단을 통해 제도를 바꾸고자 노력할 것[4]"이기 때문이다. 따라서 대체로 안정적 사회질서에서는 그 사회가 기반하는 권력분배 상태에 조응하는 경제이득분배 상태가 성립한다. 즉 권력분배의 차이에 부합하게 일련의 사회 행위자가 다른 행위자보다 더 많은 분배상의 이득을 획득하게 해주는 재산권, 지원수취자격(entitlements)의 구조 그리고 국가의 규제구조가 성립한다.[5] 마찬가지 맥락에서 시장 역시 정치 및 권력과 독립하여 존재하는 단지 순수한 경제적 기구(mechanism)가 아니라 권력에 의해 패턴화된다. 시장의 구조와 교환관계에는 권력관계가 관여하고 있으며, 경쟁하는 이익들 간에 갈등과 협

---

[2] Daron Acemoglu, Simon Johnson and James Robinson, "Institutions as the fundamental Cause of Long-run Growth", *NBER Working Paper 10481*, National Bureau of Economic Research, 2004, p.6.

[3] Douglass C. North, *The Role of Economic Institutions in Economic Development*, UNECE Discussion Paper Series, February 2003, p.7; Douglass C. North, *Understanding the Process of Economic Change,* Princeton: Princeton University Press, 2005, p.57.

[4] Mushtaq H. Khan, "Political Settlements and the Governance of Growth-Enhancing Institutions", *Working Paper,* 2010(unpublished), Electronic copy avaliable at: http://eprints.soas.ac.uk /9968/, p.4.

[5] Jonathan Di John and James Putzel, "Political Settlements", *Issues Paper*, GSDRC Emerging Issues Research Service, June 2000. p.4; Gerhard Lenski, *Power and Privilege,* New York: McGraw-Hill, 1966.

력, 지배와 종속의 정치적 관계라는 정치적 과정을 내장하며 표현한다.[6] 시장 가격 역시 정치적 형세로부터 결과한다.

이러한 '제도의 위계성'에 대한 통찰은 북한 또는 독재국가에 국한된 것이 아니라, 민주적 시장경제 국가에도 적용되는 일반적 통찰이다. 이와 관련하여 Acemoglu와 Robinson은 경제 번영을 초래하는 포용적 (정치·경제)제도와 경제침체를 초래하는 추출적 (정치·경제)제도를 구별한다. 그들은 "어떤 나라는 가난하고 어떤 나라는 번영하는가를 결정하는 것은 경제제도이지만, 정치와 정치제도가 어떤 나라가 어떤 경제제도를 가지게 되었는가를 결정한다.[7]"는 것이다.

그러면 추출적 (정치·경제)제도와 포용적 (정치·경제)제도는 어떻게 구별되는가? Acemoglu와 Robinson의 논지를 요약하면 이렇다.[8] 추출적 정치제도에서는 소수 엘리트의 손에 권력이 집중되어 있고 권력의 행사에 거의 제한이 없다. 여기서 추출적이라는 것은 그러한 제도가 사회의 일부로부터 소득과 재부를 추출하여 다른 일부에 이득을 주도록 고안되어 있기 때문이다.[9] 여기서 정치가는 사회적 복지를 극대화하는 것이 아니라 자신들의 이기적 목적을 추구하며, 이러한 정치가가 움직이는 정부는 '약탈하는 손'[10]의 기능을 한다. 권력 집중 때문에, 엘리트는 사회의 여타 부분으로부터 자원을 추출할 목적으로 경제제도를 구조화하더라도 제한이나 반대를 받지 않는다. 추출적

6) Gordon White, op. cit., p.3.

7) Daron Acemoglu and Robinson James, *Why Nations Fail: The Origins of Power, Prosperity, and Poverty,* New York: Crown Publishers, 2012, p.43.

8) Ibid., pp.73~76, 80~82; North, Wallis와 Weingast는 '접근이 열려있는 질서'와 '접근이 제한된 질서'(또는 '자연국가')라는 두 개의 개념을 구별하고 서술한다. '열린 접근 질서'는 여기서 말하는 포용적 제도와 거의 동일하다. '자연국가'는 '열린 접근 질서' 등장 이전에 역사적으로 존재했던 거의 모든 국가형태를 포괄한다. Douglass C. North, John Joseph Wallis and Barry R. Weingast, *Violence and Social Orders: A Conceptual Framework for Interpreting Recorded Human History,* Cambridge: Cambridge University Press, 2009.

9) Daron Acemoglu and James Robinson, Ibid., p.76.

10) Andrei Shleifer and Robert W. Vishny, *The Grabbing Hand: Government Pathologies and Their Curse,* Cambridge: Harvard University Press, 2002, p.3.

경제제도는 엘리트를 부자로 만들며, 그들의 경제적 재부와 권력은 그들의 정치적 지배를 공고화하는 데 기여한다.

이에 대해 포용적 정치제도는 권력을 사회 내에 광범하게 분산하며 자의적 권력 행사를 제한한다. 이러한 정치제도는 어떤 사람들이 권력을 찬탈하여 포용적 제도의 기반을 붕괴시키는 것을 어렵게 한다. 포용적 경제제도에서 국가는 안전한 사적 재산, 공정한 법체계, 사람들이 교환하고 거래함에 있어 균등한 경기장을 제공하는 '도우는 손'[11]의 역할을 한다. 여기서 안전한 재산권이 핵심인데, 이러한 권리가 존재해야 사람들이 투자하고 생산성을 높이고자 하기 때문이다. 포용적 경제제도는 포용적 시장을 창출한다. 포용적 시장은 진입 장벽이 없고, 경쟁을 보장하며, 재산권과 계약준수를 보장함으로써 거래비용을 낮추고 지대추구를 방지하며, 투자와 노력의 증대를 조장하고 생산성을 향상시킨다.

추출적 제도에도 포용적 제도에 존재하는 시장, 선거, 정당, 언론 매체가 존재하지만, 그 기능은 매우 다르다.[12] 여기서의 주 관심은 시장이다. 시장 역시 추출적 제도와 포용적 제도에 공히 존재한다. 그런데 포용적 제도에의 경제조직은 통상 시장에 현저하게 집중하여 정치에는 부수적으로만 관여한다.[13] 기업이 경제에만 집중할 수 있는 능력을 가지고 있기 때문에 표면상 시장과 정치제도(민주주의)가 분리된다. 그러나 추출적 제도에서 정치와 경제는 한층 더 밀접하게 통합되어 있다. 또한 포용적 제도의 시장에서는 진입과 경쟁의 개방, 공간과 시간을 초월하여 재화와 개인의 자유 이동, 경제적 기회

---

11) Andrei Shleifer and Robert W. Vishny, *The Grabbing Hand: Government Pathologies and Their Curse,* Cambridge: Harvard University Press, 2002.

12) Douglass C. North, John Joseph Wallis and Barry R. Weingast, *Violence and Social Orders: A Conceptual Framework for Interpreting Recorded Human History,* Cambridge: Cambridge University Press, 2009; Holger Albrecht, "Political Opposition and Authoritarian Rule in Egypt", Ph.D. dissertation University of Tübingen, 2008.

13) Douglass C. North, John Joseph Wallis and Barry R. Weingast, *Violence and Social Orders: A Conceptual Framework for Interpreting Recorded Human History,* Cambridge: Cambridge University Press, 2009, p.146.

를 추구하는 조직을 창조할 능력, 자원과 재화를 획득하기 위해 폭력을 사용하거나 타인을 강제하는 것의 금지가 보장된다.[14] 그러나 추출적 제도에서의 시장은 접근이 현저하게 제한되어 있고, 현저히 많은 명백한 특권과 지대 창출에 종속되어 있어 현저히 덜 경쟁적 시장이다.[15] 경제구조는 1차 산품 수출을 통한 외화획득 및 특권과 지대 창출에 적합하게 되어있고, 그리하여 정권 및 특권집단의 재부를 증가시킨다. 그러나 이러한 경제에서 국가는 국내 고용의 증가, 주민 생활 개선, 제조업 발전을 위한 공공재 공급과 관련해서 적절한 기능을 하지 않는다.[16] 다른 구성 요소와 상호 연계 및 작용하는 가운데, 포용적 제도에서 (포용적) 시장은 정치 영역으로부터 상대적으로 독립하여 존재하면서 경제성장과 번영의 추동력으로 역할을 한다. 그러나 추출적 제도에서 (추출적) 시장은 정치와 경제가 현저히 밀접히 결합된 추출적 제도체계의 일부로서 정치권력에 의해 특권과 지대 창출에 기여하도록 관리된다. 이러한 상황은 정권은 안정시키지만 경제침체와 빈곤을 촉진한다.[17]

북한은 위에서 언급한 추출적 제도에 입각한 나라이다. 그런데 일반적으로 우리가 '시장'이라고 하면, 포용적 제도에서의 시장을 떠 올린다. 이러한 시장은 안전한 사적 재산권, 공정한 법체계, 사람들이 교환하고 거래하는 데서 균등한 경기장이 국가의 '도우는 손' 역할을 통해 보장되는 것에 기초하여 성립한다. 그러나 북한에서의 시장은 사적 재산권 보장 부재, 법치 부재, (국가에

---

[14] Ibid., p.2.

[15] Ibid., p.139.

[16] Thomas Callaghy, "The State and the Development of Capitalism in Africa: Theoretical, Historical, and Comparative Reflections", Donald Rothchild and Naomi Chazan (eds.), *The Precarious Balance: State-Society Relations in Africa,* Boulder: Westview Press, 1988, pp.67~99; Paul D. Hutchcroft, *Booty Capitalism: The Politics of Banking in the Philippines,* Ithaca: Cornell University Press, 1998; Richard M. Auty, "The political economy of resource-driven growth", *European Economic Review* Vol.45 Issues4-6, 2001, pp.839~884.

[17] 추출적 제도에 기반한 나라에서도 경제성장이 발생하기도 한다. 그 이유와 한계에 대하여, Daron Acemoglu and James Robinson, *Why Nations Fail: The Origins of Power, Prosperity, and Poverty,* New York: Crown Publishers, 2012, pp.437~445; Mancur Olson, *Power and Prosperity: Outgrowing Communist and Capitalist Dictatorships,* New York: Basic Books, 2000.

의한 대내외 교역에서의 각종 장애 설치와 편파적 인허가 때문에 발생하는) 교환과 거래에서의 기회불균등과 함께 국가가 '약탈하는 손'으로 기능하는 데 기초하고 있다. 이러한 의미에서 북한의 시장은 '유사시장'[18]이라 하는 것이 더 적절할 것이다. 그것은 마치 북한의 최고인민회의와 한국의 국회가 편의상 흔히 동일선상에서 '입법부'라고 하지만, 양 기관의 배경과 기능이 전혀 다른 것과 마찬가지이다.

이처럼 북한의 시장은 추출적 제도에 존재하는 시장이 갖는 기본 특징을 공유한다. 그럼에도 불구하고 북한의 시장이 다른 추출적 제도 국가와 완전히 동일한 것은 아니다. 그 이유는 권력분배 상황이 나라마다 다르고 이에 따라 그 나라의 추출적 제도의 양태가 형성되기 때문이다. 권력분배 상황과 사회 내의 이익분배 상황은 시장을 포함한 경제제도를 매개로 하여 일치를 지향해야 한다.[19] 따라서 각 나라의 시장은 그 나라에 독특한 다른 권력분배 상황을 반영하도록 나라마다 다르게 형성될 수밖에 없다. 이러한 의미에서 모든 시장은 "특정한 자체적 권력 형세를 포함하는 사회적 관계 패턴의 집합체[20]"이다.

III. 북한 시장 연구에서 경제학적 분석

그간 한국에서의 북한 시장 연구에서는 경제학적 분석이 주류를 이루어 왔다. 경제학적 분석이 대세를 이루게 된 것은 북한과 관련해서도 시장이라

---

18) Victor Nee, "A Theory of Market Transition: From Redistribution to Markets in State Socialism", *American Sociological Review* Vol.54 No.5, 1989, p.664.

19) Mushtaq H. Khan, "Political Settlements and the Governance of Growth-Enhancing Institutions", *Working Paper*, 2010(unpublished), Electronic copy avaliable at: http://eprints.soas.ac.uk /9968/; Jonathan Di John and James Putzel, "Political Settlements", *Issues Paper*, GSDRC Emerging Issues Research Service, June 2000.

20) Gordon White, "Towards a Political Analysis of Markets", *IDS Bulletin* Vol.24 No.3, July 1993.

는 것은 일차적으로 경제학적 분석 주제로 인식되었기 때문이다. 그간에 많은 성과가 있었고, 경제학적 분석이 제기한 명제는 북한 시장에 대한 일반적 인식의 중요 구성 부분이 되었다. 경제학적 분석은 주제별로 다양화되고 심화되는 경향을 보이면서, 시장규모 추정, 시장성숙도, 가계와 시장의 관계, 분야별 시장의 특성, 시장확대와 계획 침식 및 정권 저항 잠재력 증가 등 다양한 주제에 대한 연구를 진행했다.[21] 경제학적 분석은 다음과 같은 특징이 있다.

첫째, 계획경제와 시장경제, 공식경제와 비공식경제라는 식으로 북한의 경제구조를 이분법적으로 판단한다. 김병연은 시장활동을 비공식 경제활동과 동일시하면서, (농작물 자가소비를 제외하고) '중앙계획 밖에 존재하거나 법적인 보호를 받기 어려운 소득창출 경제활동'으로 정의한다.[22] 양문수는 2002년 7·1 경제관리개선 조치 이후, 계획경제와 시장경제의 이중구조가 공식화되었다고 한다. 국가가 책임지는 계획경제는 엘리트경제(당 경제), 군 경제, 내각경제를 포괄하는 한편, 주민경제와 일부 내각경제는 국가가 책임을 방기하고 시장경제의 영역으로 허용했다고 한다.[23] 임강택은 한편에서 공식적인 계획경제와, 다른 편에서 국가의 통제와 규제를 받지 않는 경제활동 즉 비공식 부문을 구분한다. 그는 시장화는 비공식 부문에서 지배적이지만, 공식적인 계획 부문에서도 시장화 현상이 증가하고 있는 것으로 판단한다.[24]

둘째, 계획경제 및 배급제의 붕괴에 따라 '기업과 가계 등 말단 경제주체들

---

21) 한국에서 경제학적 분석에 대한 기존 연구의 포괄적 소개와 검토는 김병연·양문수, 『북한경제에서의 시장과 정부』, 서울: 서울대학교출판문화원, 2012, 4~5쪽, 19~22쪽; Stephen Haggard and Marcus Noland, *Witness to Transformation: Refugee Insights into North Korea*, Washington D.C.: Peter G. Peterson Institution for International Economics, 2011; Hyung-min Joo, "Visualizing Invisible Hands: The Shadow Economy in North Korea", *Economy and Society* Vol.39 No.1, 2010. 참조

22) 김병연·양문수, 『북한경제에서의 시장과 정부』, 서울: 서울대학교출판문화원, 2012, 16쪽.

23) 위의 책, 67쪽.

24) 임강택, 『북한경제의 시장화 실태에 관한 연구』, 서울: 통일연구원, 2009, 93~98쪽; 김병연·양문수, 『북한경제에서의 시장과 정부』, 서울: 서울대학교출판문화원, 2012.

의 자력갱생 차원에서'25) 추진된 계획 외적 활동의 확산이 시장 확산을 주로 추동하였다는 '아래로부터의 시장화'론을 견지한다.26) 대표적으로 김병연에 따르면, 시장활동은 두 유형으로 이루어져 있다. 첫째, '등록되어 있거나 조세를 부담하는 시장활동(예: 매대, 기업소 자산을 임차하여 영업)', 둘째, '등록되지 않고 조세를 부담하지 않는 시장활동(예: 텃밭, 뙈기밭 경작물의 시장 판매, 메뚜기장, 밀수)27)'이다. 다시 말해 시장이라는 것의 개념 자체가 말단 소규모 경제주체의 활동으로 정의되고 있으며, 연구 역시 그에 초점을 맞추고 있다.

경제학적 분석의 이러한 첫째와 둘째 명제에서 북한에서의 '시장'이라는 것을 ('기업과 가계 등 말단 경제주체들이 자력갱생 차원에서 벌이는') "개인 간 교환의 수많은 사례로 구성된 것"으로 인식하는 것으로 볼 수 있다. 시장을 이렇게 인식하면 시장은 정치제도의 상이성과 상관없이 어디서나 동일한 내용과 법칙에 의해서 작동되는 것으로 인식하게 된다. 이러한 '시장'은 국가의 통제와 관리를 받는 공식경제 또는 계획경제와 상대적으로 분리된 영역으로, 또한 사회 내의 권력관계와는 분리된 영역으로 발생하고 전개하는 것으로 인식된다. 따라서 비공식 부문 또는 시장은 국가의 통제와 관리로부터 상대적으로 자유로운 영역으로 수요와 공급의 법칙과 같은 (정치로부터 자유로운 순수 경제적인) '시장법칙'이 관철되는 영역으로 상정된다.

셋째, 시장의 확대 또는 비공식경제의 확대가 계획경제를 침식하며, 또한 정권에 대해 위험과 위협을 제기하는 것으로 판단하는 경향이 있다.28) 비공식 부문의 규모는 시간이 흐를수록 증가하여 계획경제를 침식하며, 계획경제의 시장경제 의존도가 높아지고 있어 시장화가 불가역적이며, 북한정권의 시장통제능력이 훼손되고 있다는 것이다.29) 또한 시장확대는 정경유착형 부익

25) 양문수, 『북한경제의 시장화』, 서울: 한울, 2010, 269쪽.
26) 임강택, 『북한경제의 시장화 실태에 관한 연구』, 서울: 통일연구원, 2009, 93쪽; 김병연 · 양문수, 『북한경제에서의 시장과 정부』, 서울: 서울대학교출판문화원, 2012, 98쪽.
27) 김병연 · 양문수, 『북한경제에서의 시장과 정부』, 서울: 서울대학교출판문화원, 2012, 15쪽.
28) 임강택, 『북한경제의 시장화 실태에 관한 연구』, 서울: 통일연구원, 2009, 115쪽; 김병연 · 양문수, 『북한경제에서의 시장과 정부』, 서울: 서울대학교출판문화원, 2012, 17쪽.

부 빈익빈 구조를 심화시키고, 부정부패와 범죄를 증가시켜 정치사회적 불안을 증대하고 국가시스템의 기능을 저하시킨다고 한다.[30]

이와 같은 주요 명제는 앞서 지적했듯이 시장에 대한 정치학적 이해의 출발점이 되는 두 가지 사항과 상반한다. 첫째, 경제학적 분석은 북한의 시장은 북한의 정치권력과는 상대적으로 독자적으로 존재한다고 하는 데 비하여, 정치학적 분석은 시장을 포함한 북한의 경제제도가 정치적 권력 양상을 반영한다고 주장한다. 둘째, 경제학적 분석에서는 북한을 비롯하여 그 어느 곳에서든지 시장이 존재하면 그 시장이 작동하는 방식은 대체로 동일하다는 관념에 입각하고 있지만, 정치학적 분석은 나라마다 배경이 되는 권력관계가 다르기 때문에 겉보기에 동일한 제도라고 할지라도 나라마다 작동이 상이하다고 주장한다.

IV. 북한 시장 연구에서 정치학적 분석의 주요 명제

시장 연구에서 정치학적 분석이라 하면, '시장의 구조와 작동은 권력과 권

---

29) 김병연·양문수, 『북한경제에서의 시장과 정부』, 서울: 서울대학교출판문화원, 2012, 24~25쪽, 51~52쪽

30) 양문수, 『북한경제의 시장화』, 서울: 한울, 2010, 97쪽; 중국과 관련해서도 시장체제 이행 논쟁이 존재한다. Nee는 시장이 궁극적으로 국가의 권력을 감소시킬 것이며, 시장교환에서의 개인의 자유가 중국에서 변화의 핵심이라 한다. 그의 이러한 명제는 중국의 변화가 발전된 서방 자본주의로 수렴될 것이라는 것을 의미하는 것을 내포한다고 비판받는다. Victor Nee는 Andrew G. Walder가 대표하는 국가중심적 시각을 비판하고 거시사회중심적 접근을 강조하며 중국의 시장경제 이행을 '아래로부터'의 자본주의화라고 분석한다. Victor Nee, "A Theory of Market Transition: From Redistribution to Markets in State Socialism", *American Sociological Review* Vol.54 No.5, pp.663~681, 1989; Victor Nee and Rebecca Matthews, "Market Transition and Societal Transformation in Reforming State Socialism", *Annual Review of Sociology* Vol.22, pp.401~435, 1996; Victor Nee and Sonja Opper, "Political Capital in a Market Economy", *Social Forces* Vol.88 No.5, 2010, pp.2105~2132; Doug Guthrie, "Understanding China's Transition to Capitalism: The Contributions of Victor Nee and Walder", *Sociological Forum* Vol.15 No.4, 2000.

력관계에 의해 다양한 방식으로 영향을 받으며, 이러한 의미에서 시장은 정치적 단위'라는 관점에서 출발한 연구이다. 북한 시장에 대해서도 정치학적 분석이라고 분류할 수 있는 일련의 연구가 존재하며 이들 연구는 앞서 서술한 경제학적 분석과는 다양한 측면에서 상이한 결론을 내리고 있다. 여기서 북한 시장 연구에서 경제학적 분석과 비교하는 가운데 정치학적 분석을 구사하는 연구의 주요 명제가 무엇인지를 살핀다.

1. 시장확대의 주역은 주요 정권 기관

시장확대 추동 세력에 대한 인식을 보자. 경제학적 분석은 시장확대의 주요 원동력을 대체로 '기업과 가계와 같은 말단 경제주체의 자력갱생적 차원에서 추진된 계획 외적 활동의 확산' 즉 '아래로부터의 (자생적) 시장화'론에 입각한다. 이에 대해 정치학적 분석은 이러한 측면이 존재한다는 것을 긍정하지만 공통적으로 시장확대의 주요 원동력을 정권 기관의 상업적 활동, 다시 말해 상층 권력 기관이 주도했던 상업적 활동의 확대에서 찾는다. 그 기원은 1970년대 중반 김정일 후계체제 확보를 위한 자금 마련을 목적으로 당기관이 외화벌이 활동을 시작한 것이다.[31] 이러한 활동은 송이, 사금 등 외화벌이 원천을 확보하는 노동력의 동원과 보상의 과정, 그리고 외화 원천의 수집과 외화상품의 판매의 과정에서 장마당 경제를 활성화시켰다.[32] 이는 1980년대 후반 다른 권력 기관으로 확대되었으며, 1990년대 중반 전체 정권 기관으로 확대했다.[33]

이러한 인식을 배경으로 박형중은 북한 시장전개에서 주역은 "권력의 비호와 특혜를 배경으로 시장확대 과정에서 지배자적 지위를 누렸던 정권 기관들 및 정권과 결탁한 개인상인들"[34]이라고 주장한다. 최봉대는 "시장화를 추동

---

31) 김광진, 「북한 외화관리시스템의 변화와 외화의존도의 증대」, 『수은경제』, 2008년 봄; 차문석, 「북한 경제의 동학과 잉여의 동선」, 『통일문제연구』 상반기, 2009.

32) 최진이, 「경제난 이후 북한 내부변화」, 이대우 편, 『탈북자와 함께 본 북한사회: 북한문제의 딜레마와 해법』, 서울: 오름, 2012, 146~148쪽.

33) 림근오, 「2000년 혜산 비사검열과 그 잘못」, 『임진강』 7호, 2010, 22쪽.

하는 주된 힘은 중앙당 38, 39호실과 주요 부서들, 제2경제, 그리고 중앙당의 특수부서들, 호위사령부, 무력부의 국 단위 조직들, 보위부, 보안부 등 '특수 단위'들에 의한 수출입 외화벌이 사업의 전방위적 전개에서 나온다"고 주장한다.[35] 홍민도 "시장의 활성화는 … 당, 정, 군 기관과 회사의 개입과 활동, 이해관계를 통해 그 동력을 만들어 왔다고 볼 수 있다"[36]고 주장한다.

2. 북한 시장의 위계적 독과점적 구조

정치학적 분석은 북한에서 시장이 정치권력의 배분과 구조를 반영하여 시장지배력이 상이한 참여자에 의해 구성되는 위계적 독과점적 구조를 가지고 있음에 주목한다. 이는 경제학적 분석에서 '시장화가 기업과 가계 등 말단 경제주체들의 자력갱생 차원에서 추진되는 것'으로, 다시 말해 권력이나 시장지배력에서 별 차이가 없는 '(대체로) 평등한 개인 간 교환의 수많은 사례'로 간주하는 것과 대비된다. 경제학적 분석에서는 북한 시장의 위계적 또는 독과점적 구조는 거의 언급되지 않는다. 예를 들어, 한 경제학적 분석은 '북한의 시장화 진전에 무역회사의 역할이 매우 중요하다'고 서술한다. 그런데 여기서의 '무역회사'는 단순 유통 매개자로서 수출입 업무를 사무적으로 수행하는 기능적 측면에서만 이해되고 있다.[37]

경제학적 이해에서와는 달리 북한에서 '무역회사'는 권력기관의 자회사로서, 정치권력의 배려에 의해 독과점의 특혜와 초과이윤을 보장받고, 정권 유지에 필요한 다양한 사업에 궁극적으로 자금을 제공하는 정치경제 단위이다. 즉 '무역회사'의 존재와 작동은 권력의 개입과 정치적 목적을 배제하고 이해

34) 박형중, 「북한에서 1990년대 정권 기관의 상업적 활동과 시장 확대」, 『통일정책연구』 제20권 1호, 2011, 215쪽.
35) 최봉대a, 「북한의 시장활성화와 시장세력 형성 문제를 어떻게 보아야 하나」, 『한반도 포커스』 제14호, 2011, 13쪽.
36) 홍민, 「북한경제 연구에 대한 위상학적 검토: 수령경제와 시장세력을 중심으로」, 『KDI 북한경제리뷰』 1월호, 2012, 50쪽.
37) 김병연·양문수, 『북한경제에서의 시장과 정부』, 서울: 서울대학교출판문화원, 2012, 116쪽.

될 수 없다. 무역회사는 정치권력에 의해 정치적 목적에 봉사할 목적으로 설립되어 북한 시장의 독과점 위계의 최상층에 군림하면서 초과이윤을 보장받고 있다는 점에서 다른 시장참여자와 비교할 때 월등한 우세를 태생적으로 보상받고 있다.

이러한 인식에서 박형중은 북한의 시장전개에서 시장 지배자적 지위를 차지해 온 "정권 기관의 무역회사들은 시장의 상층구조를 형성했고, 상업적 하부구조를 직접 지배하거나 또는 자생적으로 발생한 시장적 활동과 행위자를 포섭하여 하부 구성 요소로 종사시켰다"[38]고 주장한다. 최봉대는 국가기관들의 외화벌이 관련 부서들이 시장의 상품유통 피라미드의 맨 꼭대기에 위치해 있고, 그 밑에 큰 돈주들이 있고, 그 아래 몇 단계를 거쳐 맨 밑바닥에 소매장사와 원천 생산자가 있다는 것을 밝히고 있다.[39] 홍민은 최상층에 당·정·군 기관들의 외화벌이 사업회사, 그 아래 이 회사에 소속하여 자금과 인원을 동원하고 현장에서 무역활동을 하는 돈주, 그 아래 도당, 시·군당 인민위원회, 보안서 등 지역 권력기관들과 현장일군, 마지막으로 생계 차원 시장활동하는 다수 주민이라는 위계적 구조가 존재함을 구별한다.[40]

3. 시장 구조의 위계성과 구조화된 약탈

북한 시장이 정치권력과 시장지배력이 상이한 주체들에 의한 독과점의 위계적 피라미드 구조로 구성되어 있다면, 이와 같은 시장에서는 강자의 지대 수취 및 약자에 대한 수탈 관계가 특징적이다. 다시 말해 빈익빈부익부 경향은 시장 구조 자체에 제도적으로 내장되어 있는 것으로 간주할 수 있다. 물론

---

[38] 박형중, 「북한에서 1990년대 정권 기관의 상업적 활동과 시장 확대」, 『통일정책연구』 제20권 1호, 2011, 215쪽.

[39] 최봉대a, 「북한의 시장활성화와 시장세력 형성 문제를 어떻게 보아야 하나」, 『한반도 포커스』 제14호, 2011, 13쪽.

[40] 홍민, 「북한경제 연구에 대한 위상학적 검토: 수령경제와 시장세력을 중심으로」, 『KDI 북한경제리뷰』 1월호, 2012, 59~61쪽.

경제학적 분석도 북한에서 '정경유착형 부익부 빈익빈 구조'가 만들어 졌음을 확인한다.[41] 그러나 그 원인 인식에서는 북한 시장 구조 자체가 아니라 시장 전개에서의 상황적 요인을 강조한다. 다시 말해 2007년 이후 시장단속의 강화가 돈과 권력의 결탁을 현저히 강화시켰고 이에 따라 '정경유착형 부익부 빈익빈 구조'가 발생했다는 것이다. 다시 말해 결국 시장단속 강화라는 상황적 요인이 북한 시장을 구조적으로 변화시켰다는 것이다.

이에 대해 정치학적 분석은 시장참여 주체들 사이에 존재하는 권력과 시장 지배력의 불평등, 그리고 이 때문에 성립한 시장 구조 자체의 위계성에 주목한다. 북한에서 시장확대 추동의 주역으로 간주되는 권력기관은 수출입 분야별로 무역 독점권('와크')을 김정일로부터 배정받고 있다.[42] 김정일은 주요 기관에 대해 수출입권을 정치적 기준에 따라 배정하고 있는데, 이는 허가된 기관 이외에 해당 무역 업무에 대한 종사를 금지하는 것이다. 최고권력자가 이처럼 독과점권을 선별적으로 부여하는 것은 정치적 개입을 통해 해당 기관에게 초과이윤 획득을 보장해주는 것이나 다름없다. 이를 통해 김정일은 정권의 입장에서 배려해야할 기관과 집단에게 개별적이고 사적인 물질 특혜를 선사하는 대신 충성을 보장받는다.[43]

권력기관이 운영하는 무역회사는 독과점 구매업자와 독과점 판매업자라는 시장지위를 향유하면서, 이중의 독과점 초과이윤을 보장받고 있다. 권력기관이 설립한 회사들은 수출업무에서 대부분 수산물, 임산물, 광산물, 기타 동식

---

[41] 김병연·양문수, 『북한경제에서의 시장과 정부』, 서울: 서울대학교출판문화원, 2012, 101~103쪽.

[42] 임강택·양문수·이석기, 『통일 비용·편익 추계를 위한 북한 공식경제부문의 실태 연구』, 서울: 통일연구원, 2011, 83~110쪽.

[43] 독재자가 주요 권력집단에게 특권을 배분하고 충성을 받는 것은 일반적으로 독재 권력 유지를 위한 주요한 수단 중의 하나이다. Gordon Tullock, "Industrial Organization and Rent Seeking in Dictatorships", *Journal of Institutional and Theoretical Economics* Vol.142 No.1, 1986; Bruce Bueno de Mesquita and Alastair Smith, *The Dictator's Handbook: Why Bad Behavior Is Almost Always Good Politics,* New York: Public Affairs, 2011; Andrew Wedeman, *Double Paradox: Rapid Growth and Rising Corruption in China,* Ithaca: Cornell University Press, 2012.

물과 같은 자연자원의 수출권에 대한 분야별 독과점 구매권자라는 시장지위를 차지하고 있다. 또한 이들은 이와 같은 상품의 생산, 수집, 수출과 관련한 생산과 유통의 수직 과정을 장악하고 있는데, 경제적 접근이 말하는 바의 '아래로부터의 시장확대'라는 것의 근간 또는 주요 내용은 이와 같은 채취 일차 상품의 생산 및 수집과 관련한 상업적 활동의 확대에 다름없다. 이들은 해당 물품의 국내가격과 국제가격의 현격한 격차를 활용하여 막대한 초과이윤을 올리고 있다. 또한 이렇게 획득한 외화의 일부는 김정일에 상납되고 다른 일부는 독과점 수입에 사용된다. 권력기관이 설립한 회사들은 독과점 수입업자라는 시장지위를 활용하여 국제가격과 국내 판매가격의 현격한 격차를 통해 초과이윤을 올리고 있다.

이처럼 위계적 시장구조에 바탕하여 권력기관의 무역회사들은 '아래'의 생산자 및 유통업자에 대해 시장지배적 독과점력을 누리고 있다. 이러한 비대칭의 힘의 관계는 양측이 상업적 활동을 통해 거둘 수 있는 이윤 수준의 비대칭에 반영된다. 따라서 박형중은 "이러한 체계는 김정일/김정은과 특수기관들이 국유재산과 일반 주민의 희생을 바탕으로 독과점 초과수익을 올리도록 안전하게 보장한다"고 주장한다.[44] 홍민은 다양한 권력기관은 자신들의 권한을 이용하여 시장의 잉여를 전유하는 데서 공생하고 있고, 각 기관별로 위계적 수평적 관계를 통해 시장을 약탈적으로 이용하는 데서 협력적인 체계를 공식 또는 비공식으로 구축해왔다고[45] 주장한다.

4. 공식과 비공식의 혼합경제로서 북한 경제

이상의 서술에서 보면, 경제학적 분석이 북한 경제를 이중구조로 보고 있

44) 박형중, 「북한의 '6·28 방침'은 새로운 '개혁개방'의 서막인가?」, 통일연구원 Online Series CO 12-31, 2012, 3쪽.
45) 홍민, 「북한경제 연구에 대한 위상학적 검토: 수령경제와 시장세력을 중심으로」, 『KDI 북한경제리뷰』 1월호, 2012, 62쪽.

는 관점은 성립하기 어렵다. 이중구조란 즉, 북한 경제를 한편에서 '계획경제' 또는 '공식 부문' 다른 편에서 '비공식 부문' 또는 '시장 부문'의 두 개의 상대적으로 독립한 영역으로 구성된 것으로 구별하는 것이다. 그러나 이러한 구별은 현실에서 지탱되기 매우 어려우며, 북한 경제는 오히려 공식과 비공식의 '혼합경제'[46]로 파악해야 한다.

그 이유는 무엇인가? 첫째, 각종 당-군-정의 권력기관이 자체 예산 벌이를 위해 계획체계 바깥에서 설립했고, 계획 명령 달성이 아니라 상업적 이윤 추구를 통해 생존하는 '(무역)회사'가 북한 경제와 시장의 중추로 등장했다.[47] 다시 말해 당-군-정 권력기관의 활동과 생존 자체가 국가예산과 계획에 의거하는 것이 아니라 특권적인 상업적 활동을 통한 자력갱생형 재원조달에 의존하고 있다. 이렇게 되면 경제학적 분석의 구분 즉 '국가가 책임지는 계획경제(공식경제)는 엘리트경제(당 경제), 군 경제, 내각경제를 포괄하고, 가계·기업과 같은 말단 경제주체의 계획 외적 자력갱생 활동이 시장활동이자 비공식경제'라고 하는 구분은 성립할 수 없다. 둘째, '계획경제' 또는 '공식 부문' 자체에 시장적 상업 활동이 침투해 있기 때문에 '공식'과 '비공식'이 섞여 있고 별개로 구분하기 어렵다. 셋째, '공식 부문'은 원래 의미의 '계획' 관련 활동만 내포하는 것인지, 아니면 각종 권력기관이 설립한 회사와 각종 기관·기업소가 벌이는, 다시 말해 공적 기관이 벌이는 독자적 상업적 활동까지 모두 포함하여 '공식'이라 하는 것인지 불분명하다.

위의 세 가지 사항을 좀 더 자세히 보자. 먼저 권력기관이 설립한 '(무역)회사'에 관한 것이다. 정치학적 분석에서 '회사'는 북한 경제의 핵심 기업으로 인지되고 있는데 비해, 경제학적 분석에는 개념상 아예 등장하지 않는다. 당과 군의 각종 권력기관이 설립한 '회사'는 북한의 대표급 간판 기업체를 망라하고 있으며, 북한 수출입 업무의 대부분을 수행하는 가운데, 수출 원천의 발굴,

---

46) 개혁 과정의 중국경제를 혼합경제로 파악하는 논의는 Nee, 1992; Nee and Cao, 1999 참조.
47) 박형중, 「과거와 미래의 혼합물로서의 북한경제: 잉여 점유 및 경제조정기제의 다양화와 7개 구획구조」, 『북한연구학회보』 제13권 1호, 2009, 48~50쪽.

채취, 수집 과정 그리고 수입 물자의 유통 과정을 장악하고 있다. '회사'는 국가계획의 지배를 받지 않지만 공기업의 성격을 띠고 있으며, 그 기본 업무 형태는 정치적으로 보장되는 독·과점권에 바탕하여 민간업자를 활용한 상업적 활동이다. 다시 말해 북한 시장 전개의 주체는 (경제학적 분석에서 말하듯이) '말단 경제주체'가 아니며, 북한 경제의 핵심 기업은 계획의 지배를 받는 국영기업이 아니라 각종 권력 기관이 설립한 '(상업적 무역) 회사'이다. '회사'는 권력기관이 자체 예산 또는 액상계획을 독자적인 상업적 활동을 통해 조달하거나 달성할 목적으로, 상부 기관의 허가를 받은 것을 기초로 권력기관의 공적 권한 및 국가자산과 인원을 민간업자의 사적 자본과 경영 능력에 혼합한 것이다. 권력 기관은 달리 투자할 곳이 없는 민간업자에게 투자기회와 정치적 보호를 제공하며, 역으로 권력기관은 민간업자에게는 공적 직책을 부여하여 그의 상업적 활동이 공무의 일환이 되도록 만든다. 이러한 활동을 통해 얻어진 수입은 권력기관과 민간업자가 사이에 분배됨으로써, 기관유지자금과 함께 민간업자의 사적 축적자금이 마련된다. 이와 같은 과정에서 자본을 축적한 준-민간업자 그룹이 등장하더라도 이들의 생존은 시장적 경쟁력보다는 정치권력에 의해 보장받기 때문에, 정권에 대항하는 세력이기보다는 친-권력 세력일 가능성이 높다.[48]

다음으로 '계획경제' 또는 '공식 부문' 자체에 시장적 상업 활동이 침투하여 있기 때문에 '공식'과 '비공식'이 섞여 있고 별개로 구분하기 어렵다는 측면을 보자. 형식상 계획을 수행하고 있는 국영기업도 명목상 계획 달성을 위해서 앞서 언급한 '회사'와 크게 다르지 않는 활동을 전개한다. 다시 말해 국영기업은 형식상 계획의 지배받지만 이미 계획 원칙(계획 지시 하달과 함께 생산 원천을 제공하는 대신 생산물을 국가가 일괄 수매 및 처분)은 깨져 있으며, 단

---

48) 이와 같은 논리에서 급속한 경제성장 및 사회 변화에도 불구하고 중국 정치가 안정적인 것을 설명하는 것으로 Eva Bellin, *Stalled Democracy: Capital, Labor, and the Paradox of State-Sponsored Development,* Ithaca: Cornell University Press, 2011; Richard McGregor, *The Party: The Secret World of China's Communist Rulers,* London: Harper Collins Publishers, 2010.

지 일방적인 국가납부금 납부의 측면에서만 계획상의 의무를 지고 있다. 따라서 국영기업은 형식상 '공식 부문'이지만 실질상 '비공식적' 활동을 통해서만 '공식' 업무를 충족한다. 예를 들어 형식상 계획의 지배를 받고 있는 크고 작은 생산기업의 경우 계획 외적 방법으로 액상계획을 달성하는 경우가 많다. 형식상 국영기업은 민간업자의 자본투자를 수용하여 생산활동을 진행하거나, 기업 시설의 일부를 민간업자에게 임대하여 소득을 올리고 이를 액상계획 달성에 포함시켜 상부에 보고한다.[49] 또는 소속 노동자들이 기업 외부의 돈벌이 기회에 참여할 수 있는 것을 허가하는 대가로 일정한 수수료를 납부하도록 하고('8·3입금제'), 이를 기업의 액상계획 달성 보고에 활용한다. 협동농장의 경우는 휴경지를 다른 국유기업에 대여하고 그 임대 소득을 자신의 액상계획 수행 일부로 보고하고 있다.[50] 또는 생산기업은 기업 운영을 위해 계획달성용 국가 납품 제품과 시장 판매용 제품을 구별하여 생산한다.[51] 국가납품용 제품은 품질을 낮추고 개수를 늘려 형식상 수량과 금액을 맞추지만, 시장 판매용은 시장에서 실제로 판매될 수 있는 수준을 고려하여 제작한다.

다음으로 '공식'과 '비공식'의 구분이 애매모호하다는 것을 보자. 경제학적 분석은 '비공식 부문' 또는 '시장활동'이라는 것을 '가계·기업과 같은 말단 경제주체의 자력갱생형 활동'으로 국한해서 정의하고, 그 이외 부문을 '공식부문' 또는 '계획경제'로 정의하고 있다. 그러나 '말단 경제주체'뿐 아니라 권력기관이 설립한 훨씬 규모가 큰 '회사'도 '자력갱생'을 위한 상업적 활동을 벌이고 있다. 즉 경제학적 분석이 '공식 부문'이라고 이해하고 있는 상층 경제주체들도 시장활동을 통해 '자력갱생'하고 있는 것이다. 그러면 여기서 '공식'이라는 것은 무엇을 의미해야 하는가? '공식 부문'이라는 것을 각종 권력 기관의 '회

49) 양문수, 「북한에서의 시장의 형성과 발전: 생산물시장을 중심으로」, 『비교경제연구』 제12권 2호, 한국비교경제학회, 2005, 1~53쪽

50) 최진이, 「경제난 이후 북한 내부변화」, 이대우 편, 『탈북자와 함께 본 북한사회: 북한문제의 딜레마와 해법』, 서울: 오름, 2012, 137~145쪽.

51) 탈북자 면담, 2012년 7월 12일

사'와 국영기업의 활동을 포함하는 공공기관의 활동을 모두 포함하는 것으로 이해해야 하는 질문이다. 이 경우 이들 기관은 계획 외적으로 자체 상업적 활동을 전개하여 스스로 예산을 벌고 있는데, 국가 차원이 아니라 기관 차원에서 기관의 이익을 위한 계획 외적 활동을 벌이는 이것이 '공적기관'의 활동이기 때문에 '공식 부문'에 포함시켜야 하는가 하는 의문이 제기된다. 다시 말해 공식과 비공식이 섞여 있고, 계획과 시장은 분리할 수 없는 것이 북한의 현실이다.

5. 정권 안보와 시장에 대한 정치적 개입과 조절

정치학적 분석에서 보면, 시장확대와 정권 안보가 반드시 상호 갈등하는 것은 아니다. 물론 시장확대는 정권에게 어려운 도전을 제기하기도 하지만, 전체적으로 볼 때 오히려 시장확대는 정권 안보에 기여하는 차원에서 활용되고 있다. 이와 반대로 경제학적 분석은 "북한의 시장을 전통적 국가권력에 맞설 수 있는 신흥권력[52]"으로 인식하는 경향이 강하다. 보다 구체적으로 보면 비공식경제는 공식경제를 약화시키며, 시장적 가치관의 확대에 따라 사회주의의 이념적 토대가 훼손되며, 궁극적으로 사회주의 계획경제를 붕괴시킨다는 것이다.[53]

그렇다면 정치학적 분석에서 시장확대가 정권 안보에 기여한다는 것이 어떻게 설명되고 있는가? 그것은 기본적으로 정권 유지 또는 각 정권 기관 유지를 위한 자금 조달이 '계획경제'보다는 앞서 언급한 (무역) 회사를 앞세운 권력기관의 특권적 상업 활동을 통해 이루어지고 있기 때문이다. 박형중에 따르면, 북한정권은 정권 유지에 긴요한 기관과 협조적인 세력에게 상업적 특혜와 보호를 정치적으로 배분하며, 당-군-정의 각종 기관은 이를 활용하여 자체 예산을 충당한다.[54] 최봉대는 "특권적 국가기관들의 외화벌이는 독재자에

52) 김병연·양문수,『북한경제에서의 시장과 정부』, 서울: 서울대학교출판문화원, 2012, 145쪽.
53) 위의 책, 17쪽.

의한 지대 할당과 재분배라는 틀 안에서 이루어지고, 시장은 수출입을 통한 이런 지대 실현을 매개해주는 경제적 공간의 일부를 구성한다[55]"고 주장한다. 다시 말해 "외화벌이에 의해 주도되는 시장 활성화의 핵심이 정권 안보와 결합된 체제 안보를 위해 복무하는 특권적 국가기관들의 지대 실현에 있다"[56]고 본다.

그런데 만약 시장확대가 이처럼 정권 안보에 기여한다고 하면, 왜 북한정권은 시장 전반에 대해 또는 개별 시장 주체들에 대해 주기적으로 억제와 통제 정책을 취하고 있는가? 그 이유는 다음과 같이 설명할 수 있다. 북한정권이 시장확대를 허용하여 활용하는 기본 이유는 기본적으로 시장 기구를 통해 국가경제로부터 지대추출을 극대화한 다음, 이를 정치적으로 재분배하여 핵심 지지집단을 유지시킬 수 있기 때문이다. 그런데 시장이 이러한 방향으로 지속되도록 만들자면, 정권은 시장 전개에 대해 끊임없이 개입하고 간섭하여 시장확대가 정권이 의도하는 방향으로 흘러가도록 조작해야 한다. 북한정권은 내부적으로 거의 도전받지 않고 있기 때문에 시장확대의 성격과 방향을 정권 친화적으로 만들기 위해 필요한 정책 및 강압 조치를 취하는 데서 정치적으로 거의 거리낌이 없었다. 이와 관련하여 세 가지를 지적할 수 있다.

먼저 정권이 시장활동을 억제하는 정책을 강화하면, 이와 같은 업무를 수행하는 정권 기관과 관료의 뇌물 수입이 증가할 수 있다. 일반적으로 시장이 규제되고 간섭되면 경제적 장사능력보다 정치적 연줄이 더욱 중요해지기 때문이다.[57] 따라서 시장 억제책은 권력 친화적 기관과 관료의 시장활동적 개

---

54) 박형중, 「북한에서 1990년대 정권 기관의 상업적 활동과 시장 확대」, 『통일정책연구』 제20권 1호, 2011, 214쪽.
55) 최봉대a, 「북한의 시장활성화와 시장세력 형성 문제를 어떻게 보아야 하나」, 『한반도 포커스』 제14호, 2011, 13쪽.
56) 위의 글, 14쪽.
57) Victor Nee and Sonja Opper, "Political Capital in a Market Economy", *Social Forces* Vol.88 No.5, 2010, pp.2105~2132.

인에 대한 협상력을 현저히 증가시키며, 권력 친화적 기관과 관료의 뇌물 수입이 증가할 수 있는 여건을 조성한다. 결국 시장 억제책은 시장참여자 중에서 정권 친화적 세력에 유리한 자원분배 상황을 만들기 위한 것이다. 실제로 2007년 중반 이후 북한에서 시장억제책이 본격적으로 강화된 이후, 가장 부유해진 직업은 '법 기관' 사람들이며 또한 단속을 피하기 위한 권력과 돈의 결탁이 증가했다는 사실이 이를 보여준다.[58] 또한 이 시기는 장성택이 행정부장으로 임명되고(2007.10), 이후 장성택의 득세 및 김정은 후계체제 과정에서 각종 국내 보안 기관의 위세가 강해진 것과 무관하지 않을 것이다. 이러한 개입 활동은 주민 측의 재부 증가를 억제하는 한편 권력 측 기관으로 재부를 재분배하는 효과가 있다.

두 번째로 시장확대 과정에서 기관, 지방, 개인의 경제력이 비대해져 정권에서 자립성을 보일 수 있는 잠재력이 생기는 것을 방지하며, 또한 정권이 주민들이 축적한 재부를 추가적 개입을 통해 약탈하고자 하는 목적이 있다. 북한의 경제 및 시장 구조가 매우 수탈적임에도 불구하고, 정권의 탐욕스러운 지출 수요가 소득을 항시적으로 초과한다. 이 때문에 정권과 개별 기관이 끊임없이 극심한 재정위기에 봉착하게 된다. 이와 같은 상황이 지속되는 경우, 정권에 비해 상대적으로 주민이 부유해지는 상황이 도래할 수 있다. 또한 일부 외화벌이 정권 기관, 개인 거상(巨商), 또는 일부 지방의 경제력이 지나치게 비대해져 정권에 대한 자립 현상이 강화될 수 있다. 이 모든 것은 정권에 대한 도전 잠재력을 증가시킬 것이다. 따라서 정권은 정치적 예방 차원에서 해당 단위에 대해 주기적으로 '비사검열'을 실시하는 한편, 때때로 추가 지출 재원 확보를 위해 주민의 재부를 대대적으로 강탈하고자 시도할 수 있다. 기관, 지방, 개인이 재부를 축적하여 중앙에 자립성을 가지는 것을 방지하는 개입 사례로 지적할 수 있는 것이 1996년 6군단 사건, 2000년 혜산에 대한 비사

58) 김병연·양문수, 『북한경제에서의 시장과 정부』, 서울: 서울대학교출판문화원, 2012, 55~104쪽; 최대석·박영자·박희진, 「북한 내 '비사회주의 요소'의 확산실태 및 주민의식 변화」, 『통일부 용역 보고서』, 2010년 10월 22일, 35~48쪽.

검열,59) 그리고 특히 군부 무역회사에 대한 주기적 억제 및 통폐합 조치이다. 주민 재부에 대한 대규모 강탈의 사례는 2009년 11월에 시행되었던 화폐교환 조치이다.

셋째, 특권 집단 내에서 지대배분 상태를 바꾸기 위한 것이다. 이는 김정일 주도하에 각 기관별로 특권(지대) 배분의 주기적 변화, 각종 무역회사의 주기적 통폐합에서 나타난다. 기관들 사이에 독점적 특권을 서로 차지하려는 경쟁을 치열하게 만들수록, 특권배분자(북한의 경우 김정일)의 수입은 증가한다.60) 김정일 또는 김정은은 어떤 특정 시점에 정권 유지를 위해 가장 긴요하다고 간주되는 정권 기관에 외화벌이 특권 배분을 증대시키는 경향이 발견된다.61)

6. 개인독재의 정치구조와 경제제도 및 시장의 특성

북한 시장에 대한 정치학적 분석은 북한 시장이 보여주는 특성을 북한의 정치구조로부터 도출하고 있다. 최봉대에 따르면 북한 정치체제는 '사인독재 신가산제'(personal dictatorship with neopatrimonial characteristics)라고 할 수 있는데, 독재자는 산하 특권기관에게 무역특권 다시 말해 지대를 자의적으로 할당할 수 있는 배타적이고 독점적 시스템을 구축하여, 산하 특권 기관과 주요 엘리트에 대한 지배력을 유지한다. 이를 위해서는 사인독재의 경제적 토대가 되는 지대 추출 원천에 대한 배타적이고 독점적 통제권의 확보가 핵심적이다.62) 홍민은 기존에 다른 뜻으로 사용되던 '수령경제'라는 용어를 새롭게 정

59) 림근오, 「2000년 혜산 비사검열과 그 잘못」, 『임진강』 7호, 2010; 박형중, 「북한에서 1990년대 정권 기관의 상업적 활동과 시장 확대」, 『통일정책연구』 제20권 1호, 2011, 231~232쪽.

60) Roger D. Congleton and Sanghack Lee, "Efficient mercantilism? Revenue-maximizing monopoly policies as Ramsey taxation", *European Journal of Political Economy* Vol.25 No.1, pp.102~114, 2008.

61) 박형중·조한범·장용석, 『북한 '변화'의 재평가와 대북정책 방향』, 서울: 통일연구원, 2009, 23~72쪽; 좋은벗들, 「무역성 간부들, 사실상 전원교체」, 『오늘의 북한소식』 제420호, 2011년 9월 14일; 『중앙일보』, 2012년 7월 27일.

의하여 북한에 존재하는 "모든 경제관계의 총체성을 담는 개념"으로 사용할 것을 제안한다.[63] 그에 따르면, 수령경제는 "정치와 경제가 결합된 절대적 독점력을 가능하게 하는 체계의 모든 것이 결합된 메커니즘에 해당된다[64]"고 한다. 박형중도, "정치권력 구조에서 권력이 개인독재자에 극도로 집중되어 있는 것과 하부 권력체계가 '유일적' 위계적 성격을 갖고 있는 것이 경제 및 시장 구조에 그대로 반영되어 나타난다[65]"고 주장한다.

V. 결론

북한에서도 시장이란 경제적 현상으로 간주되었다. 따라서 북한 시장에 대한 연구는 경제학에 의해 주도되었으며, 많은 생산적 성과도 창출하였다. 이와 같은 경제학적 연구는 북한 시장에 관한 일반적 인식에서 주류를 이룬다. 그런데 이러한 분석에는 일련의 약점이 존재했다. 시장에 대한 정치학적 연구는 경제학적 연구와 대비되는 분석과 시각을 제공한다.

정치학적 연구가 경제학적 연구와 다른 핵심 이유는 네 가지로 볼 수 있다. 첫째, 경제학적 분석이 북한의 시장은 북한의 정치권력과는 상대적으로 독자적으로 존재하는 것으로 보는 데 비해, 정치학적 분석은 북한에서의 시장은 권력 현실과 경제구조를 반영하는 내생적인 것이며, 그 바깥에 독자적으로 존재하는 외생적인 것이 아니다. 시장을 포함한 경제구조 및 경제자원 배분 상황은 기본적으로 해당 사회의 정치권력 분배 상황을 반영

---

62) 최봉대b,「북한의 지역협력 접근 방식의 특징: 신가산제 사인독재정권의 '혁명자금 관리 제도'와 대외경제협력의 제약」,『현대북한연구』제14권 1호, 2011, 209쪽.
63) 홍민,「북한경제 연구에 대한 위상학적 검토: 수령경제와 시장세력을 중심으로」,『KDI 북한경제리뷰』1월호, 2012, 57쪽.
64) 위의 글, 57쪽.
65) 박형중,「북한의 '6·28 방침'은 새로운 '개혁개방'의 서막인가?」, 통일연구원 Online Series CO 12-31, 2012, 3쪽.

한다. 권력배분이 불평등한 만큼 경제구조 또는 시장의 구조 및 그에 의한 자원배분도 불평등해진다.

둘째 경제학적 분석은 어느 곳에서든지 시장이 존재하면 그 작동 방식이 대동소이한 것으로 파악하는 경향이 있다. 예를 들어 북한에서 시장이 작동하는 방식은 한국에서 시장이 작동하는 방식과 다르지 않다고 인식하는 경향이 있다. 이에 비해, 정치학적 분석은 나라마다 배경이 되는 권력관계가 다르기 때문에 겉보기에 동일한 제도(여기서는 시장)라고 할지라도 나라마다 작동이 상이하다고 했다. 한국의 시장은 포용적 제도의 일부를 이루고 있다면, 북한의 시장은 추출적 체계의 일부를 이루면서 정치적 진입 장벽을 토대로 기본적으로 특권과 지대 창출에 기여한다.

셋째, 경제학적 분석에서는 시장활동의 주체가 (가계와 기업과 같은) "말단 경제주체"로 상정되어 있고, 시장활동이란 이들이 벌이는 생계형 유통 및 생산활동을 의미한다. 그러나 정치학적 분석에서는 시장확대의 주역은 가계와 기업과 '말단 경제주체'라기보다는 권력기관이 자체 예산확보를 위한 상업적 활동을 도모하기 위해 설립한 특권적 회사들이다. 북한 시장은 수출입을 독과점하는 이들 특권적 회사가 몇 단계의 위계를 통해 밑바닥의 수출 원천 생산자와 소매장사를 장악하는 구조로 되어 있다. 이러한 독과점 위계 시장은 강자의 약자에 대한 수탈 관계, 다시 말해 빈익빈부익부 경향을 시장 구조 자체에 제도적으로 내장하고 있다.

넷째, 경제학적 분석이 시장을 정권과 계획경제에 대한 위협으로 인식하는 경향이 강한 데 비하여, 정치학적 분석은 시장확대가 정권 유지 및 정권의 경제 장악에 기여하는 측면에 주목한다. 이러한 견해를 따르면, 북한의 지도자와 정권 기관은 자신이 가지고 있는 압도적 권력과 권능을 활용하여, 북한의 경제구조 특히 시장확대를 정권 유지와 권력 특권층에 봉사하도록 구조화하고 간섭하고 조작했다. 이러한 조건과 이유에서 북한에서의 시장(확대)는 결국 독재자의 이익에 봉사하고 특수기관에 우호적일 수 있는 위계적 구조로 형성되며, 시장확대 과정에서 이를 교란할 수 있는 경향이 등장하는 것을 방지하기 위해 끊임없는 정치적 간섭을 통해 시장구조는 지속적으로 수정되고 재편성된다.

　마지막으로 지적한다면, 북한 시장에 대한 경제학적 분석과 정치학적 분석이 상호 배제하지는 않을 것이다. 다만 지금까지는 양 분석이 별개로 발전해 왔기 때문에 일련의 주제에 대해 상반된 명제가 제시되었거나, 상대방 분석이 발전시켜놓은 성과가 제대로 활용되지 못했다. 일반적으로 볼 때, 경제학적 분석에도 정치적 요소를 고려하여 시장을 연구하는 시각도 존재한다. 만약 북한 시장에 대한 분석이 이러한 시각을 보다 적극적으로 수용한다면, 한국에서 정치적 및 경제적 양 시장 분석 간에 상호 토론 및 비판과 생산적 협력이 가능해질 수 있을 것이다.

【참고문헌】

김광진, 「북한 외화관리시스템의 변화와 외화의존도의 증대」, 『수은경제』, 2008년 봄.

김병연·양문수, 『북한경제에서의 시장과 정부』, 서울: 서울대학교출판문화원. 2012.

림근오, 「2000년 혜산 비사검열과 그 잘못」, 『임진강』 7호, 2010.

박형중, 「과거와 미래의 혼합물로서의 북한경제: 잉여 점유 및 경제조정기제의 다양화와 7개 구획구조」, 『북한연구학회보』 제13권 1호, 2009.

박형중, 「북한에서 1990년대 정권 기관의 상업적 활동과 시장 확대」, 『통일정책연구』 제20권 1호, 2011.

박형중, 「북한의 '6·28 방침'은 새로운 '개혁개방'의 서막인가?」, 통일연구원 Online Series CO 12-31, 통일연구원, 2012.

박형중·조한범·장용석, 『북한 '변화'의 재평가와 대북정책 방향』, 서울: 통일연구원, 2009.

양문수, 「북한에서의 시장의 형성과 발전: 생산물시장을 중심으로」, 『비교경제연구』 제12권 2호, 한국비교경제학회, 2005.

양문수, 『북한경제의 시장화』, 서울: 한울, 2010.

이영종, 「군 돈벌이 주도권 이관하고 세대교체… 이영호, 김정은 조치에 반발하다 숙청」, 『중앙일보』, 2012년 7월 27일.

임강택, 『북한경제의 시장화 실태에 관한 연구』, 서울: 통일연구원, 2009.

임강택·양문수·이석기, 『통일 비용·편익 추계를 위한 북한 공식경제부문의 실태 연구』, 서울: 통일연구원, 2011.

좋은벗들, 「무역성 간부들, 사실상 전원교체」, 『오늘의 북한소식』 제420호, 2011년 9월 14일.

차문석, 「북한 경제의 동학과 잉여의 동선」, 『통일문제연구』 상반기, 2009.

최대석·박영자·박희진, 「북한 내 '비사회주의 요소'의 확산실태 및 주민의식 변화」, 『통일부 용역 보고서』, 2010년 10월 22일.

최봉대a, 「북한의 시장활성화와 시장세력 형성 문제를 어떻게 보아야 하나」, 『한반도 포커스』 제14호, 2011.

최봉대b, 「북한의 지역협력 접근 방식의 특징: 신가산제 사인독재정권의 '혁명자금 관리 제도'와 대외경제협력의 제약」, 『현대북한연구』 제14권 1호, 2011.

최진이, 「경제난 이후 북한 내부변화」, 이대우 편, 『탈북자와 함께 본 북한사회: 북한문제의 딜레마와 해법』, 서울: 오름, 2012.

홍 민, 「북한경제 연구에 대한 위상학적 검토: 수령경제와 시장세력을 중심으로」, 『KDI 북한경제리뷰』 1월호, 2012.

Andrei Shleifer and Robert W. Vishny, *The Grabbing Hand: Government Pathologies and Their Curse*, Cambridge: Harvard University Press, 2002.

Andrew Wedeman, *Double Paradox: Rapid Growth and Rising Corruption in China*, Ithaca: Cornell University Press, 2012.

Bruce Bueno de Mesquita and Alastair Smith, *The Dictator's Handbook: Why Bad Behavior Is Almost Always Good Politics*, New York: Public Affairs, 2011.

Daron Acemoglu and James Robinson, "Economic Backwardness in Political Perspective", *American Political Science Review* Vol.100 No.1, February 2006.

Daron Acemoglu and James Robinson, *Why Nations Fail: The Origins of Power, Prosperity, and Poverty*, New York: Crown Publishers, 2012.

Daron Acemoglu, Simon Johnson and James Robinson, "Institutions as the fundamental Cause of Long-run Growth", *NBER Working Paper 10481*, National Bureau of Economic Research, 2004.

Doug Guthrie, "Understanding China's Transition to Capitalism: The Contributions of Victor Nee and Walder", *Sociological Forum* Vol.15 No.4, 2000.

Douglass C. North, John Joseph Wallis and Barry R. Weingast, *Violence and Social Orders: A Conceptual Framework for Interpreting Recorded Human History*, Cambridge: Cambridge University Press, 2009.

Douglass C. North, *The Role of Economic Institutions in Economic Development*, UNECE Discussion Paper Series, February 2003.

Douglass C. North, *Understanding the Process of Economic Change*, Princeton: Princeton University Press, 2005.

Eva Bellin, *Stalled Democracy: Capital, Labor, and the Paradox of State-Sponsored Development*, Ithaca: Cornell University Press, 2011.

Gerhard Lenski, *Power and Privilege*, New York: McGraw-Hill, 1966.

Gordon Tullock, "Industrial Organization and Rent Seeking in Dictatorships", *Journal of Institutional and Theoretical Economics* Vol.142 No.1, 1986.

Gordon White, "Towards a Political Analysis of Markets", *IDS Bulletin* Vol.24 No.3, July 1993.

Holger Albrecht, "Political Opposition and Authoritarian Rule in Egypt", Ph.D. dissertation University of Tübingen, 2008.

Hyung-min Joo, "Visualizing Invisible Hands: The Shadow Economy in North Korea", *Economy and Society* Vol.39 No.1, 2010.

Jonathan Di John and James Putzel, "Political Settlements", *Issues Paper*, GSDRC Emerging Issues Research Service, June 2000.

Mancur Olson, *Power and Prosperity: Outgrowing Communist and Capitalist Dictatorships*, New York: Basic Books, 2000.

Mushtaq H. Khan, "Political Settlements and the Governance of Growth-Enhancing Institutions", *Working Paper*, 2010(unpublished), Electronic copy avaliable at: http://eprints.soas. ac.uk/9968/.

Paul D. Hutchcroft, *Booty Capitalism: The Politics of Banking in the Philippines*, Ithaca: Cornell University Press, 1998.

Richard M. Auty, "The political economy of resource-driven growth", *European Economic Review* Vol.45 Issues4-6, 2001.

Richard McGregor, *The Party: The Secret World of China's Communist Rulers*, London: Harper Collins Publishers, 2010.

Roger D. Congleton and Sanghack Lee, "Efficient mercantilism? Revenue-maximizing monopoly policies as Ramsey taxation", *European Journal of Political Economy* Vol.25 No.1, 2008.

Stephen Haggard and Marcus Noland, *Witness to Transformation: Refugee Insights into North Korea*, Washington D.C.: Peter G. Peterson Institution for International Economics, 2011.

Thomas Callaghy, "The State and the Development of Capitalism in Africa: Theoretical, Historical, and Comparative Reflections", Donald Rothchild and Naomi Chazan (eds.), *The Precarious Balance: State-Society Relations in Africa*, Boulder: Westview Press, 1988.

Victor Nee and Rebecca Matthews, "Market Transition and Societal Transformation in Reforming State Socialism", *Annual Review of Sociology* Vol.22, 1996.

Victor Nee and Sonja Opper, "Political Capital in a Market Economy", *Social Forces* Vol.88 No.5, 2010.

Victor Nee and Yang Cao, "Path dependent societal transformation: Stratification in hybrid mixed economies", *Theory and Society* Vol.28, 1999.

Victor Nee, "A Theory of Market Transition: From Redistribution to Markets in State Socialism",

American Sociological Review Vol.54 No.5, 1989.

Victor Nee, "Bottom-Up Economic Development and the Role of the State: A Focus on China", *Sociologica* No.1, 2010.

Victor Nee, "Organizational Dynamics of Market Transition: Hybrid Forms, Property Rights, and Mixed Economy in China", *Administrative Science Quarterly* Vol.37 No.1, 1992.

제2부

정치사회
균열현상

제3장　독재정치 이론으로 본 김정은체제의 권력구조
: 조선노동당 '파워엘리트' 실태와 관계망을 중심으로

박영자(통일연구원)

I. 들어가는 말

2012년 전 세계 이목을 집중시킨 평양의 젊은 지도자 김정은은 북한 정
치체제(regime)를 어떻게 이끌어 갈 것인가? 한동안 아버지 김정일의 선군
정치와 유훈에 기반 하더라도, 새로운 절대권력자로서 권력을 장악 및 지
속하고 자기 주도 통치구조를 구축해야 하는 김정은, 그를 중심으로 한 북
한 파워엘리트들의 실태는 어떠한가? 김정일 시대 주축이었던 '노회(老獪)
한 관료들'에 의해 둘러싸인 젊은 수령은 그들과 어떠한 관계망을 형성하
고 있는가? 그리하여 김정은체제의 권력구조를 어떻게 진단하고 전망할 수
있는가?

이 같은 문제의식으로부터 출발한 본 논문은 독재정치 이론과 역사적으
로 "어떤 통치자도 유일적이지 않다(No leader is monolithic)"[1]는 시각에 따
라, 겸직과 장기지속성으로 북한체제 운영의 중심에 있는 조선노동당 '파워

* 이 논문은 2011년도 정부재원(교육과학기술부 사회과학연구지원사업비)으로 한국연구
재단의 지원을 받아 연구되었으며,『국방정책연구』제28권 제4호(2013)에 게재되었음
(NRF-2011-330-B00020).

1) Bruce Bueno de Mesquita and Alastair Smith, *The Dictator's Handbook,* New York: Public
Affairs, 2011, p.1.

엘리트(The Power Elites)'의 실태와 관계망(networks)을 중심으로 김정은체제의 권력구조를 분석하려 한다. 연구 시기와 범주는 2000년대 김정일 시대를 포괄하며 김정은이 후계자로 공식화된 2009년 이후, 당·군·내각 모두에 최고직책을 가지고 적극적인 행보를 보이고 있는, 2012년 12월 현재까지 드러난 북한체제의 파워엘리트 실태와 관계망, 그리고 권력구조 변동성 등이다.[2]

연구 목적은 김정은체제 북한 지배연합(the ruling coalition)의 핵심인 조선노동당 파워엘리트들을 중심으로 그들의 실태와 구조, 그리고 김정은과 파워엘리트 관계망 구조를 규명하는 것이다. 구체적으로 첫째, 당기관별 핵심 정치 엘리트들의 세대, 지위, 겸직, 이력, 출신 학교－지역 등 관계분석을 위한 속성에 기반하여 북한체제를 움직이는 파워엘리트들의 구체적 실태를 밝히는 것이다. 둘째, 이에 기초하여 김정은체제 파워엘리트의 구조적 특성을 분석하는 것이다.

셋째, 당·군·정 권력구조 변동을 주목하며 김정은체제 1년의 "승자연합(the winning coalition)"[3] 구조를 밝히고, 넷째, 혈연과 세대연 등 독재정치 세습의 주요 관계망을 규명하며, 다섯째, 이 분석들에 기초하여 김정은체제 파워엘리트 관계망 구조의 변동가능성을 전망하는 것이다. 마지막으로 결론에서는 본문의 정리와 함께 북한 독재체제의 민주화를 위한 한국의 대북통일 분야의 정책적 제언을 다룬다.

---

2) 집중적 분석 대상 시기는 2009년~2012년 12월 현재까지이다. 북한주민들에게 김정은이 공식후계자로 선전되기 시작한 2009년부터, 김정일 사망 후 연이은 장례행사와 2012년 2월 16일 김정일탄생 70회 행사, 4월 11일 제4차 노동당 대표자대회, 4월 13일 최고인민회의, 4월 15일 김일성탄생 100주년 기념행사, 4월 25일 조선인민군 창건 80해 기념 경축행사를 치른 후, 7월 군부 최고 실세 엘리트인 리영호 해임 및 김정은 측근인 현영철 임명, 그리고 '6·28 조치(새로운 경제관리개선조치)' 등등을 선포 및 조절하며 빠른 속도의 파워엘리트 구조조정과 파격적 행보를 본격화한 12월 말 현재까지의 김정은체제 권력정치를 기초로 한다.

3) Bruce Bueno de Mesquita and Alastair Smith, op. cit., 2011, p.4.

II. 이론과 방법론

1. 개념 · 이론 · 분석틀

본 연구의 이론적 출발은 북한 독재정치의 권력구조와 작동원리를 밝히기 위한 행위자(agents)와 그들 간 상호작용(interactions)의 역사적 경험을 중시하는 체계(system)와 구조(structure), 그리고 행위자 관계(relationships) 및 관계망(networks) 시각이다. 김정은과 조선노동당 파워엘리트를 중심으로 그 실태분석에 기초하여 김정은체제의 '고유한 동학(eigen dynamics)과 상호작용'[4]이 어떠한 권력구조 양상으로 드러나는지, 세습 독재정치의 작동원리는 무엇이고 변동가능성은 어떻게 전망할 수 있는지를 규명하기 위해서이다.

체계이론의 기본 인식은 하나의 세계는 각 요소들의 단순한 집합체가 아니고 각 요소들을 초월한 추상적 총체도 아니며, 상호 연관되어 작용하는 요소들에 의해 구성된 통일체라고 보는 것이다.[5] 체계의 성질은 각 요소들의 상호 연관 및 작용에 의해 생겨났으나 개별 요소들의 성질과는 다른 것으로, 체계이론은 현상들이 연계되어 있다는 인식론에 기초하여 한 사회 역시 생태계처럼 유기적으로 연결되어 진화하는 시스템이라고 파악한다.[6]

이 시각에 기초하여 본 연구에서는 김정은체제를 1인 지도자와 소수지배연합(a leader and the small ruling coalition)이 공생하는 정치시스템(political system)으로서 '수령-독재 시스템'으로 개념화한다. 이론적으론 권력행위자 시각에서 북한을 포함한 풍부한 비교 연구로, 현대 비민주적 국가와 권력체들의 독재정치 작동원리를 규명한 부에노 데 메스키타와 스미스(Bueno De Mesquita and Alistair Smith) 외에 독재정치의 생존논리(The Logic of

---

[4] Niklas Luhmann, John Bednarz and Dirk Baecker, *Social Systems,* Stanford University Press, 1996, pp.158~176.

[5] Donella H. Meadows, *Thinking in Systems,* LONDON · STERLING, VA: Earthscan, 2009.

[6] John H. Miller and Scott E. Page, *Complex Adaptive Systems,* New Jersey: Princeton University Press, 2007.

Dictatorship's Survival),[7] '독재의 정치경제',[8] 그 외 독재정치 유형과 정치심리 적 특성까지를 다룬 연구물들[9]의 경험 사례 분석과 이론에 기초한다.

다양한 권력구조와 정치시스템의 경험 사례 연구에 따르면 역사적-동시 대적 측면 모두에서 정치의 논리는 복잡하지 않다. 정치를 제대로 이해하기 위해서는 가장 기본적으로 지도자가 유일적으로 통치할 수 있다는 생각을 멈 춰야 한다. 이는 독재정치 분석에 더 큰 의미를 갖는다. 1인 절대권력자가 한 정치시스템 작동에 막대한 권한과 영향력을 행사한다 할지라도, 그 1인에 의 한 통치는 불가능하다. 정치는 공동체 운영과 작동을 위해 탄생하였고, 존재 하기 때문이다. 따라서 "일인에 의한 지배(rule by one)란 가능하지 않으며 존 재한 적도 없고 가능할 수도 없다."[10]

그러므로 독재정치를 포함한 권력 연구에서 지도자의 리더십보다 구조 연 구가 더 중요한 주제가 된다. 구조는 일반적으로 상호 의존적인 관계에 의하 지 않고는 존재할 수 없는 현상들의 전체를 의미한다. 구조주의 이론에 따 르면 구조는 체계의 구조이고, 체계는 기능하지만 구조 자체는 기능하지 않 는다. 또한 구조는 단순히 현상적으로 드러난 요인이나 속성들에서 추상화 된 형식이 아니며 체계를 의미화한 내용이다. 구조의 묘사는 한 시스템이 어떻게 존재하는지 등 그 정체(identity)를 설명하는 것으로, 개별 요인의 속성

---

[7] 게임이론에 기초한 권력행위자 각각의 행태와 상호작용에 대한 Bruce Bueno de Mesquita, Alastair Smith, Randolph M. Siverson, and James D. Morrow, *The Logic of Political Survival*, The MIT Press, 2003. 와 Bruce Bueno de Mesquita and Alastair Smith, *The Dictator's Handbook*. 등 참조.

[8] 이는 독재자가 정권을 지켜줄 핵심 충성세력을 어떻게 형성하는가? 라는 문제의식으로, 북한의 수령 독재정치가 국가정책의 수행주체인 관료와 평양시민으로 대표되는 정권의 지지집단을 어떻게 충성하게 만드는가? 에 대해 "정치적 렌트(rents)"와 "생산성을 초과하 는 수입"의 불균등한 분배가 이 역할을 수행한다고 답한다. 특히 "정치적 후견(patronage)" 을 중시한다. Ronald Wintrobe, *The Political Economy of Dictatorship*, Cambridge University Press, 1998, pp.20~39.

[9] 앞의 저서들 외에 Juan J. Linz, *Totalitarian and Authoritarian Regimes*, Boulder and London: Lynne Rienner, 2000; Zevedei Barbu, *DEMOCRACY AND DICTATORSHIP: Their Psychology and Patterns of Life*, ROUTLEDGE, 1998. 등 참조.

[10] Bruce Bueno de Mesquita and Alastair Smith, op. cit., 2011, p.2.

(attributes) 파악을 넘어서 그들의 연고 등 관련성과 관계망 특성 등을 규명하는 것이다.[11]

이는 '독재정치의 생존논리'와 연계된다. 권력을 잡은 1인 지도자가 그 권력을 유지하기 위해 파워엘리트들과 어떠한 관계를 맺고 있는지를 해석할 수 있는 보편적 논리는 다음과 같다. 첫째, 인식적 출발로 권력행위자들에게 정치란 권력을 확보 및 유지하는 일이고, 둘째, 정치적 생존은 공직을 얻고 유지하려는 소규모 측근연합에 의존할 때 가장 효과적이라는 것이다. 셋째, 이 측근연합은 최고 지도자의 지출 및 세금 부과방식과 정치적 렌트(rents)의 결정권에 대해 알고 있으며, 넷째, 이 측근연합에 의존하는 지도자는 이권을 조정해서 자신의 통치에 이롭게 활용할 수 있다는 것이다. 이 중 셋째와 넷째 요인, 즉 1인 지도자와 소규모 측근연합 간에 조세-렌트 결정권 인지(認知)와 통치를 위한 활용이 이들의 공생관계와 권력구조 해석의 열쇠이다. 이것이 독재정치의 장기화와 도둑정치 · 부패정 · 폭정으로 해석되는 클렙토크라시 (kleptocracy)의 현실화에 대한 합리적 분석을 가능하게 하기 때문이다.[12]

그러므로 독재정치 분석에 중요한 이슈는 그 권력의 구조(The Structure of Power), 1인 지도자와 함께 정치시스템을 운영하는 지배연합으로서 파워엘리트들의 실태와 관계, 그리고 권력의 배열양상(arrangements)을 밝히는 것이다. 한정된 자원인 권력의 구조를 파악하기 위해선 먼저 한 공동체 내에서 다른 사람들보다 더 많은 권력을 소유하고, 중앙집권화된 3가지 영역인 정치 · 군사 · 경제 분야에서 중요한 영향력을 행사하는 고위직 파워엘리트들이 누구이며 어떤 속성을 가지고 있는가 등 그 실태를 파악해야 한다.[13]

정치권력이 불균등하게 배분되는 사회에서 "타인보다 더 많은 정치권력을 가진 파워엘리트"[14]는 '중요한 결정을 도출해 낼 수 있는 고위직 성원'을 지칭

11) Wendy Pullan, *Structure,* Cambridge: Cambridge University Press, 2000.
12) Bruce Bueno de Mesquita and Alastair Smith, op. cit., 2011, pp.4~15.
13) Charles Wright Mills, *The Power Elite,* Oxford: Oxford University Press, 1956.
14) Robert D. Putmam, *The Comparative Study of Political Elites,* Englewood Cliffs, N.J.: Prentice-Hall, 1976, p.5.

하나, 그 범위와 유형에 대해선 의견 차이와 논쟁이 존재한다.[15] 보편적으로 20세기 현실 사회주의 국가에서 상층부 파워엘리트 구조는 단일−전위정당인 공산당 내 직책 위계에 따라 경제와 군사 분야를 중심으로 집행−행정을 책임지는 국가기관의 간부를 겸직하며 밀집된 양상을 보였다. 북한 역시 당−국가 일체화 및 수령 시스템이 형성된 후 당·군·정에 이중적인 직위를 가지고 북한체제를 주도하는 지배연합은 수령과 조선노동당 고위직 엘리트들이다.

따라서 본문 3장의 1절과 2절에서 북한의 고위직 파워엘리트들 중 정치·군사·경제 분야에서 2개 이상의 겸직을 기본으로 집중적인 권력을 행사하는, 조선노동당 기관별 책임자들의 실태를 분석한다. 이때 분석의 틀은 그들 각각의 연령, 직위와 겸직 등 경력, 출신 학교와 지역, 혈연 등 속성(attributes)을 파악하는 '파워엘리트 분석틀(power elite approach)'이다. 다음으로 3절에서는 실태 분석에 기반하여 김정은체제 파워엘리트들의 역사 구조적 특성을 다룬다. 권력구조는 단일하고 고정된 것이 아니라, 합리적인 권력행위자들의 상호작용과 관계를 통해 형성되는 역사적 과정에서 만들어진다는 정치권력 분석의 역사적 구조 개념에 기초한다.[16]

세부적으론 중첩성과 지속성을 주요 분석 도구로 하여 김정은체제 파워엘리트들의 역사−구조적 특성을 규명한다. 중첩성이란 한 파워엘리트가 다른 파워엘리트와 맺는 관계의 중복성을 의미한다. 개념적으로 중첩성은 행위자 및 네트워크 간 결합 강도나 거리를 보여주는 관계분석에 해당하며, 이를 통해 한 체제 내 권력구조의 기초 지형을 확인할 수 있다.[17] 지속성은 파워엘리

---

[15] John Higley and Michael G. Burton, "The Elite Variable in Democratic Transitions and Breakdowns", *American Sociological Review* 54, 1989, pp. 17~32.

[16] Charles Wright Mills, "The Structure of Power in American Society", *The British Journal of Sociology* Vol. 9 No. 1, Mar. 1958, pp. 29~41.

[17] 구체적으로 두 정치 엘리트의 관계가 친척이며, 같은 대학−지역 출신이라면 이들의 관계는 삼중 네트워크가 중복되어 있기에 아주 높은 중첩성을 가지고 있다. 반면 혈연이나 학연도 없고 출신 지역도 다르다면 아무런 연고가 없는 것으로 네트워크가 형성되지 않았거나 약하다고 할 수 있다. Mustafa Emirbayer and Jeff Goodwin, "Network Analysis, Culture, and the Problem of Agency", *American Journal of Sociology* 99 No. 6, 1994, pp. 1419~1422.

트들이 권력을 행사하는 시간 정도, 즉 영향력을 행사하는 정도를 개념화한 것이다. 대표적 측정 지표는 연령과 경력 기간이다. 파워엘리트들의 지속성이 강한 구조일수록 권력의 소수 집중성과 불균등성이 높다.[18]

다음으로 4장에서 김정은을 포함한 조선노동당 파워엘리트들 간의 주요 관계망과 그 구조를 분석한다. 구조 분석의 핵심이 한 사회를 개인들보다 그들의 관계망을 통해 해석하는 것이기 때문이다.[19] 이로부터 본 연구의 또 다른 분석틀인 파워엘리트들의 '네트워크 분석'이 도출된다. 네트워크 분석이란 개별 행위자들이 관계 맺는 연결망을 통해 그들의 행위나 과정을 해석하는 방법이다.[20]

사회적 네트워크 분석(social network analysis)의 권위자인 화이트(Harrison C. White)에 따르면, 권력 연구에서 지도자와 그 속성을 중심으로 리더십을 연구한 수많은 저서들이 있으나, 이 연구들이 범하는 흔한 오류는 어떤 지도자도 추종자들 없이 존재하지 않는다는 보편성을 외면하거나 부차화시킨다는 점이다. 특히 권력구조 분석의 핵심은 그들 간의 관계(the relationships)를 묘사하는 것이다. 이런 측면에서 권력구조는 권력행위자 간 관계들의 패턴으로서 이해되어질 수 있다.[21]

4장의 1절과 2절에서는 독재정치 이론과 네트워크 분석틀에 기초하여, 김정은체제 1년의 승자연합과 독재정치 세습의 주요 관계망을 분석한다. 1절에

---

18) 특히 한 조직에 지위가 상승하면서 오래 있을수록 엘리트의 권력과 네트워크는 강화된다. 그러므로 지속성은 파워엘리트들의 권력집중성 정도를 보여주는 것이며, 보다 직접적인 권력관계를 드러내 준다. John Skvorets and David Willer, "Exclusion and Power: A Test of Four Theories of Power in Exchange Networks", *American Sociological Review* 58, 1993, pp.801~803.

19) Barry R. Weingast, "Structural analysis: from method and metaphor to theory and substance", *Social Structures: A Network Approach*, B. Wellman and S. D. Berkowitz, Cambridge: Cambridge University Press, 1988.

20) Mustafa Emirbayer and Jeff Goodwin, op. cit., 1994, p.1417.

21) Harrison C. White, *Identity and Control: A Structural Theory of Social Action*, Princeton, N.J.: Princeton University Press, 1992; Harrison C. White, *Identity and Control: How Social Formations Emerge*(Second Edition), Princeton, N.J.: Princeton University Press, 2008.

서는 독재정치의 승자연합(the winning coalition)[22] 시각에 기초하여, 김정은 체제 1년의 권력정치 과정에서 당·군·정의 권력 구조조정으로 드러난 새로운 지배연합의 주요 계열을 밝힌다. 2절에서는 독재정치에서 혈연으로 이어진 세습(inheritance)이 지도자뿐 아니라 소수측근의 지배연합 모두에게 유리하다는 이론에 기반하여,[23] 독재정치 세습의 주요 관계망을 규명한다.

네트워크 분석은 전통적 엘리트 연구로 신엘리트주의자(neo-elitist)들에게까지 엘리트 연구에서 보편적으로 사용되고 있다.[24] 그 특징 중 하나는 행위자 개개인의 개별 특징보다 그들 사이에 구조화된 관계를 중시하는 것이고, 또 다른 하나는 사회 전체를 하나의 거대한 '네트워크들의 네트워크'로 보고 미시적 수준과 거시적 수준을 연결하여 분석하는 것이다.[25] 네트워크 분석틀은 엘리트 개인의 능력 또는 특성보다는 관계망에 따라 이들의 임용 및 교체 등을 설명하거나 예측하곤 한다. 따라서 네트워크 분석은 미래를 전망하는데 적실성 있는 엘리트 분석틀로 평가된다.

엘리트 네트워크 분석은 크게 관계분석(relational analysis)과 지위분석(positional analysis)으로 분류할 수 있는데,[26] 본문에서는 이 중 관계에 초점을 맞춘 관계분석을 활용한다. 전통적 엘리트 네트워크 분석틀인 관계분석은 혈연, 학연, 세대연, 지연 등 연고에 초점을 맞추어 네트워크의 결합력과 권력구조의 개방성 또는 폐쇄성을 진단하며, 이들 연고 관계망이 어떠한 양상으로 드러나는지, 그 주요 계열과 구조적 특성은 무엇인지 등 상호작용하며 만들어내는 권력구조를 분석하는 것이다. 또한 관계분석은 파워엘리트 상호 간 결합력을

22) Bruce Bueno de Mesquita and Alastair Smith, op. cit., 2011, p.4.

23) Ibid., 2011, pp.31~32.

24) George Moyser and Margaret Wagstaffe, "Studying Elites: Theoretical and Methodological Issues", in Moyser and Wagstaffe (eds.), *Research Methods for Elite Studies,* London: Allen & Unwin, 1987, pp.5~6.

25) Mark S. Granovetter, "The Strength of Weak Ties", *American Journal of Sociology* 78 No.6, 1973, pp.1360~1380.

26) Emirbayer and Goodwin, "Network Analysis, Culture, and the Problem of Agency", pp.1419~1424.

중시하며 그들의 네트워크 구조를 해석하는 것으로, 결합력의 정도에 따라 '강한 연계(strong ties)'와 '약한 연계(weak ties)'의 의미를 규명한다.[27]

4장의 3절에서는 이에 더하여 파워엘리트 관계망 구조의 변동가능성을 진단하기 위해 정치사회학 분야의 사회운동 접근법(an approach of social movements)에서 발전한 정치적 기회구조(political opportunity structure) 시각을 결합한다. 정치적 기회이론(political opportunity theory) 또는 정치과정론(political process theory)으로도 알려져 있는 정치적 기회구조는 만약 현실 정치시스템이 도전에 공격받기 쉽다면, 사회적 변화 과정에서 다른 사람/집단/관계망들을 위한 정치적 기회를 창출하는 구조적 변동이 가능하다는 인식과 그 반대의 명제에 기초한 이론이다.[28]

정치적 기회구조는 정치적 지형 또는 정치판(a political landscape)을 둘러싼 환경으로 개념 정의할 수 있다. 그리고 이 분석틀은 구조와 행위자 논쟁에서 행위자 행동들을 정치적 기회들의 구조(political opportunities' structure) 맥락에서 해석할 수 있다는 측면에서 주목받고 있다.[29] 이는 파워엘리트 관계망 구조의 안정성 또는 불안정성이 정치체제 변동에 중요한 요인이라는 논리와 연계되기 때문이다.[30]

27) Mark S. Granovetter, 1973, pp.1360. 반면 지위분석은 조직 내 엘리트가 차지하는 지위를 기초로 엘리트행위의 구조적 유사성과 함께 조직네트워크 속에 자리 잡힌 엘리트들의 위계적 직위에서 도출되는 상호 작용과 관계, 그리고 구조 등을 밝히는 것이다. John F. Padgett and Christopher K. Ansell, "Robust Action and the Rise of the Medici, 1400-1434", *American Journal of Sociology* 98 No.6, 1993, p.1275.

28) Tarrow S., *Power in Movement,* New York: Cambridge University Press, 1998.

29) David S. Meyer, "Protest and Political Opportunities", *Annual Review of Sociology* Vol.30, August 2004, pp.125~145.

30) 이와 관련해서는 R. D. Putnam, *The Comparative Study of Political Elites,* Englewood Cliffs: Prentice-Hall, 1976; G. L. Field and J. Higley, *Elitism,* London: Routledge, 1980; E. Etzioni-Halevy, *The Elite Connection: Problems and Potential in Western Democracy,* Boston: Basil Blackwell, 1993. 등 참조.

2. 방법론과 자료

본 연구는 질적 조사방법론에 따라 첫째, 김정은체제 북한체제를 움직이는 파워엘리트들의 실태와 특성을 최근 선행 연구[31]와 신문기사 등 각종 자료를 통해 문헌 및 자료 분석을 한다. 둘째, 핵심적으로 조선노동당 기관별 파워엘리트들을 주요 분석 대상으로 하고 김정은과 그들의 행보를 살펴본다. 구체적으로 분석 대상의 인구사회학적 특성, 직위, 경력 등은 북한 당국이『로동신문』2012년 4월 12일자를 통해 발표한, 4월 11일 제4차 조선노동당 대표자대회를 통해 보선된 최룡해 포함 12인의 당 정치국 위원 및 후보위원들 이력들,[32] 7월 15일 리영호 해임 이후 2012년 12월 현재 확인 가능한 통일부의 북한 주요 인물 정보,[33] 그리고 북한권력기구도(2012년 10월 5일 현재 기준)[34]에 기초한다.

셋째, 김정은과 파워엘리트들 간의 연고 및 관계 긴밀성 등 관계망 특성을 파악하기 위해, 통일연구원이 발행하는 월간『북한동향』[35]과 주간『통일정

31) 본 연구의 기초가 된 최근 주요 선행 연구는 박형중, 「북한 권력구조와 정책방향 전망」, 『통일연구원 세미나 자료집』, 2012년 1월 18일; 백승주, 「김정은 체제와 대남정책: 전망과 대응」, 『민주평화통일자문회의 · 평화문제연구소 공동세미나 자료집』, 2012년 4월 20일; 이기동, 「김정은 시대의 개막과 '유일지배체계' 균열 가능성 검토: 권력 엘리트 간의 수평적 균열 가능성을 중심으로」, 『국가안보전략연구소 세미나 자료집』, 2012년 4월 23일; 김갑식, 「김정은 정권의 출범과 정치적 과제」, 『통일정책연구』 제21권 제1호, 2012; 이정철, 「조선로동당 3차 당대표자회의와 김정일 후계체제」, 『유라시아연구』 제8권 제1호, 2011; 정성장, 「북한의 노동당 규약 개정과 후계문제 및 권력체계 변동」, 『정세와 정책』 제179호, 2011; 정영태, 「김정은 세습후계체제의 특성과 대내외 정책 전망」, 『전략연구』 제18권 제2호, 2011; 한기범, 「권력승계 시기 북한의 지배구조와 대내외 정책 전망」, 『통일정책연구』 제19권 제2호, 2010; 박영자, 「북한의 집권엘리트와 Post 김정일시대」, 『통일정책연구』 제18권 제2호, 2009 등이다.
32) 「제4차 조선노동당 대표자대회 시 보선된 당 정치국 위원 및 후보위원 약력」, 『로동신문』, 2012년 4월 12일.
33) http://unibook.unikorea.go.kr/?sub_num=54(검색일: 2012년 7월~12월).
34) http://unibook.unikorea.go.kr/?sub_num=382(검색일: 2012년 7월~12월).
35) http://www.kinu.or.kr/report/report_02_01.jsp?category=13(검색일: 2012년 7월~12월).

세』[36] 2012년 12월 발행분까지에 기초하여 김정은 현지지도의 수행 빈도가 높은 당엘리트들을 파악한다. 넷째, 생생한 작동 실태에 근접하기 위해 탈북민 심층면접을 활용한다. 본 연구 범주가 북한체제의 상층부이기에, 북한통일연구기관의 협조를 받아 최근 북한의 파워엘리트 구조 및 작동에 대해 상대적으로 정통하고 신뢰할 만한 평양의 상류층－중앙 엘리트 출신 8인에 대한 심층면접을 2012년 6월~8월 간 실시하였다.[37] 이어 심층면접 녹음자료를 전사(transcribing)한 후 텍스트로 재구성하여 질적자료 분석법과 절차에 따라 텍스트의 내용과 주제 및 경향을 파악한 다음, 북한 정치체제 작동 실태 및 변동을 설명하는 범주에 의해 자료를 재구성하는 자료변환 과정(data transforming)을 거쳤다.[38]

자료 수집 방법과 활용 절차는 먼저 각종 북한 실태자료와 문헌을 비교분석하고, 다음으로 필자가 다양한 북한 연구 과정에서 직접 획득한 탈북민 심층면접 내용을 교차 확인한다. 그리고 이 정보를 관련 선행 연구와 신문기사, 최근 입국한 평양 출신 고위직 탈북민들의 증언 등과 교차 비교하여 타당성 높은 자료를 활용한다. 이처럼 다양한 수위의 질적 자료와 텍스트 내용을 비교 및 교차 분석하는 이유는 본 논문의 학술적 적합성과 타당성을 높이기 위해서이다.

---

[36] http://www.kinu.or.kr/issue/index.jsp?category=2(검색일: 2012년 7월~12월).
[37] 면접자 코딩과 주요 인적사항은 다음과 같다. 탈북민 A씨(남성, 30대 중반, 대졸, 내각중앙 외무성 책임부원－평양 출신, 2009년 탈북); 탈북민 B씨(남성, 40대 후반, 대졸, 내각중앙 노동성 책임부원－평양 출신, 2011년 탈북); 탈북민 C씨(남성, 40대 초반, 대졸, 내각중앙 체육성 소속 평양시 외화벌이식당 사장－평양 출신, 2011년 탈북); 탈북민 D씨(남성, 40대 후반, 대졸, 내각중앙 무역성 특수기관－평양 출신, 2008년 탈북); 탈북민 E씨(남성, 50대 중반, 대졸, 인민보안성 대외자재무역국－평양 출신, 2005년 탈북); 탈북민 F씨(남성, 40대 후반, 대졸, 내각중앙 외무성 간부－평양 출신, 2006년 탈북); 탈북민 G씨(남성, 40대 후반, 대졸, 내각중앙 관리간부－평양 출신, 2011년 탈북); 탈북민 H씨(남성, 40대 초반, 대졸, 내각부서 관리간부－평양 출신, 2007년 탈북)
[38] A. M. Huberman and M. B. Miles, *Qualitative Data analysis methods*, C.A.: Sage, 1994.

III. 파워엘리트 실태와 구조: 기관별 당엘리트

본 장에서는 김정은체제 조선노동당 기관별 파워엘리트들을 주요 분석 대상으로 권력구조와 관계분석의 기초가 되는 실태와 주요 속성을 살펴본 후, 김정은체제 중단기 구조를 전망하는 데 주목해야 할 당엘리트들을 밝힌다. 그리고 중첩성과 지속성을 분석 도구로 김정은체제 파워엘리트의 구조적 특성을 규명한다.

구체적으로 1절과 2절에서는 북한의 고위직 파워엘리트들 중 정치·군사·경제 분야에서 2개 이상의 겸직을 기본으로 집중적인 권력을 행사하는, 조선노동당 기관별 책임자들의 실태를 분석한다. 분석틀은 그들 각각의 연령, 직위와 겸직 등 경력, 출신 학교와 지역, 혈연 등 속성(attributes)을 파악하는 '파워엘리트 분석틀(power elite approach)'이다. 3절에서는 권력구조는 권력행위자들의 상호작용과 관계를 통해 형성되는 역사적 과정에서 만들어진다는 정치권력의 역사적 구조 분석법에 기초하고,[39] 중첩성과 지속성을 주요 분석 도구로 활용하여 김정은체제 파워엘리트들의 역사 구조적 특성을 규명한다.

1. 정치국: 상무위원과 위원, 후보위원

김정은 후계체제를 공식화한 2010년 9월 28일 제3차 당대표자회를 거쳐 김정일 사망 후인 2012년 4월 11일 제4차 당 대표자회와 6~7월 두드러졌던 김정은 권력장악 과정에서 숙청·탈락·조정·등용·충원 등을 거치며 임용 정비된, 2012년 12월 현재 조선노동당 정치국은 상무위원 4인(김정은, 최룡해, 김영남, 최영림)과 위원 16명, 후보위원 15명 등 총 35명으로 구성되었다. 그들의 속성은 다음의 〈표 1〉 및 〈표 2〉와 같다.

---

39) Charles Wright Mills, 1956, pp.29~41.

〈표 1〉 조선노동당 정치국 상무위원과 위원

이름	출생년도 (연령)	겸직과 직위	출신 학교 / 주요 혈연	출신 지역
김정은*	1984(29)	당제1비서 · 국방위1위원장 · 당중앙군사위원장 · 군최고사령관, 원수	스위스베른공립중학교(유학) · 김일성군사종합대학/백두혈통 직계	평양
김영남	1928(85)	최고인민회의상임위원장	김일성종합대학 · 모스크바대학	평양
최영림*	1930(83)	내각총리 · 국가비상방역위원장	만경대혁명학원 · 김일성종합대학 · 모스크바대학	함북
최룡해*	1950(63)	총정치국장 · 당중앙군사위부위원장 · 국방위위원, 차수	만경대혁명학원 · 김일성종합대학/전 인민무력부장 최현 아들	황남
강석주	1939(74)	내각부총리	평양외국어대학 · 국제관계대학	평남
김경희	1946(67)	당경제비서, 대장	김일성종합대학 · 모스크바대학/백두혈통 직계	평양
김국태	1924(89)	당중앙위 검열위원장	만경대혁명학원 · 김일성고급당학교 · 김일성종합대학 · 모스크바대학	함북
김기남	1929(84)	당선전비서 · 당선전선동부장	만경대혁명학원 · 김일성종합대학 · 모스크바국제대학	함남
김영춘	1936(77)	당부장 · 당중앙군사위원 · 국방위부위원장, 차수	만경대혁명학원 · 김일성군사종합대학 · 소련프룬제군사아카데미	양강
김원홍	1945(68)	당중앙군사위원 · 국방위원 · 국가안전보위부장, 대장	김일성정치군사대학	함경
김정각	1941(72)	당중앙군사위원 · 국방위원,[40] 차수	김일성군사종합대학	평남
리명수	1934(79)	당중앙군사위원 · 국방위원 · 인민보안부장	김일성군사종합대학	함북
리용무	1925(88)	국방위부위원장, 차수	제2중앙정치학교 · 김일성군사종합대학 · 김일성고급당학교/백두혈통 방계(김일성사촌매제)	평남
박도춘	1944(69)	당군수비서 · 국방위원, 대장	김일성고급당학교	자강
변영립	1929(84)	인민회의대의원 중앙선거지도위원회서기장	김일성종합대학	황남
양형섭	1925(88)	최고인민회의상임위부위원장 · 인민회의대의원 중앙선거지도위원장	중국칭다오중학교 · 김일성종합대학 · 모스크바대학/백두혈통 방계(김일성 사촌매제)	함남
장성택	1946(67)	당행정부장 · 당중앙군사위원 · 국방위부위원장, 대장	만경대혁명학원 · 김일성종합대학 · 김일성고급당학교 · 모스크바대학/백두혈통 방계	함북

이름	출생년도 (연령)	겸직과 직위	출신 학교 / 주요 혈연	출신 지역
전병호	1926(87)	내각 정치국장 · 당책임비서	만경대혁명학원 · 김일성종합대학 · 모스크바대학	자강
최태복	1930(83)	당과학교육비서 · 최고인민회의 의장	만경대혁명학원 · 김일성종합대학 · 동독라이프치히공대	평남
현철해	1934(79)	당중앙군사위원 · 인민무력부제1부부장 · 후방총국장, 차수	만경대혁명학원 · 김일성종합대학 · 루마니아공대	미상

※ * 상무위원회 위원(상무위원).

〈표 2〉 조선노동당 정치국 후보위원

이름	출생년도 (연령)	겸직과 직위	출신 학교 / 주요 혈연	출신 지역
곽범기	1939(74)	당경제비서 · 당계획재정부장	김일성종합대학	함남
김락희	1933(80)	국가수의방역위원장	인민경제대학	평남
김양건	1942(71)	당대남비서 · 통일전선부장	김일성종합대학	평남
김영일	1947(66)	당국제비서 · 당국제부장 · 최고인민회의법제위원	국제관계대학 · 평양외국어대학 · 해주혁명학원/전 국가검열위원장 전문섭 사위	평북
김창섭	1946(67)	국가안전보위부정치국장, 상장	김일성고급당학교	평남
김평해	1941(72)	당간부비서 · 당간부부장 · 최고인민회의법제위원	만경대혁명학원 · 사범대학	자강
로두철	1950(63)	내각부총리 · 국가계획위원장	김책공업대학	함남
리병삼	1935(78)	조선인민내무군 정치국장 겸 당책임비서, 상장	김일성군사종합대학	평남
리태남	1938(75)	전 내각부총리	평양기계대학	평북
문경덕	1957(56)	당지방비서 · 평양시당책임비서	김일성종합대학	평양
오극렬	1930(83)	국방위부위원장, 대장	만경대혁명학원 · 공군대학 · 소련 프룬제군사아카데미/대외문화연락위부위원장 서호원 장인	길림
우동측	1942(71)	국가안전보위부제1부부장 · 당중앙군사위원, 대장	김일성종합대학	평남
조연준	1937(76)	당조직지도부 제1부부장	김일성종합대학	함남
주규창	1928(85)	당기계공업부장 · 당중앙군사위원 · 국방위원, 상장	김책공업종합대학	함남
태종수	1936(77)	당총무부장 · 함경남도당책임비서	만경대혁명학원 · 동유럽유학/전 부수상 정일룡 사위	함북

---

40) 최근 보도에 따르면 김정각이 인민무력부장직에서 6개월 만에 경질되고 강경파 김격식이 그 직위에 임명되었다고 한다. 안용수, 「靑 "김정은, 충성심 따라 군 수뇌 대거 교체"」(종합), 『연합뉴스』, 2012년 11월 29일.

이 중 특히 주목할 김정은체제 북한정치의 지배연합 엘리트들은 2012년 4월 11일 제4차 당 대표자회에서 정치국 상무위원으로 신임된 최룡해, 정치국 위원으로 신임된 현철해, 김정각, 장성택, 박도춘, 김원홍, 리명수, 그리고 정치국 후보위원으로 보선된 오극렬, 곽범기, 리병삼, 로두철, 조연준이다. 북한 당국이 밝힌 이들의 세부 약력은 다음과 같다.[41]

정치국 상무위원회 위원 최룡해는 1950년 1월 15일 황해남도 신천군에서 출생하여 1967년 9월 인민군대에 입대하였고, 김일성종합대학 졸업 후 정치 경제학 전문가의 자격을 받았다. 이후 사로청중앙위원회 부부장, 부장, 부위원장, 김일성사회주의청년동맹 중앙위원회 1비서, 당중앙위원회 부부장, 황해북도당 책임비서, 당중앙위원회 비서를 거쳐 2012년 4월부터 조선인민군총정치국장으로 사업하고 있다. 정치국 위원 장성택은 1946년 1월 22일 함경북도 청진시 청암구역에서 출생하여 김일성종합대학 졸업 후, 평양시당 지도원, 당중앙위원회 지도원, 부과장, 과장, 부부장, 제1부부장, 부장을 거쳐 2010년 6월부터 국방위원회 부위원장, 당중앙위원회 행정부장으로 사업하고 있다.

정치국 위원 김정각은 1941년 7월 20일 평안남도 증산군에서 출생하여 1959년 8월 인민군대에 입대하였고, 김일성군사종합대학 졸업 후 대대장, 군단부사령관, 훈련소 참모장, 소장, 인민무력부 부부장, 총정치국 제1부국장을 거쳐 2012년 4월부터 인민무력부장으로 사업하다, 11월 이 직위에서는 해직된 것으로 보도된다.[42] 정치국 위원 박도춘은 1944년 3월 9일 자강도 랑림군에서 출생하여 1960년 10월 인민군대 입대하였고, 김일성고급당학교 졸업 후 광산 당비서, 당중앙위원회 지도원, 부과장, 과장, 도당비서 겸 부장, 자강도당 책임비서를 거쳐 2010년 9월부터 당중앙위원회 비서로 사업하고 있다.

정치국 위원 현철해는 1934년 8월 13일 함경북도 경성군에서 출생하여 1950

41) 「보선 정치국 위원 및 후보 위원 약력」, 통일부 내부자료,『로동신문』, 2012년 4월 12일.
42) 김정각 인민무력부장이 6개월 만에 경질되고 강경파 김격식이 임명된 것으로 보도되었다. 안용수, 「靑 "김정은, 충성심 따라 군 수뇌 대거 교체」(종합),『연합뉴스』, 2012년 11월 29일.

년 7월 인민군대 입대하였고, 대학졸업 후 선박기사의 자격을 받았다. 이후 조선인민군총정치국 담당지도원, 조직부장, 군단정치부장, 후방총국장, 총정치국 부국장, 국방위원회 정치부장 겸 총무국장을 거쳐 2012년 4월부터 인민무력부 제1부부장 겸 후방총국장으로 사업하고 있다. 정치국 위원 김원홍은 1945년 7월 17일 황해북도 승호군에서 출생하여 1962년 11월 인민군대에 입대하였고 김일성고급당학교 졸업 후 조선인민군총정치국 지도원, 과장, 부부장, 군단정치위원, 사령관, 총정치국 조직부국장을 거쳐 2012년 4월부터 국가안전보위부장으로 사업하고 있다.

정치국 위원 리명수는 1934년 2월 20일 함경북도 명천군에서 출생하여 1950년 7월 인민군대에 입대하였고, 김일성군사종합대학 졸업 후 군단 작전부장, 참모장, 사령관, 총참모부 제1부총참모장 겸 작전국장, 국방위원회 행정국장을 거쳐 2011년 4월부터 인민보안부장으로 사업하고 있다. 정치국 후보위원 곽범기는 1939년 11월 20일 함경남도 리원군에서 출생하여 김일성종합대학 졸업으로 계획경제사의 자격을 받은 후, 희천공작기계공장 분공장 지배인, 기계공업부 제1부부장, 부장, 내각부총리, 함경남도당 책임비서를 거쳐 2012년 4월부터 당중앙위원회 비서로 사업하고 있다.

정치국 후보위원 오극렬은 1930년 1월 7일 함경북도 온성군에서 출생하여 1949년 5월 인민군대에 입대하였고 공군대학 졸업 후 공군사령부 부사령관, 공군대학 학장, 공군사령관, 총참모장, 당중앙위원회 부장을 거쳐 2009년 2월부터 국방위원회 부위원장으로 사업하고 있다. 정치국 후보위원 로두철은 1950년 10월 2일 함경남도 함흥시 흥덕구역에서 출생하여 김책공업대학 졸업으로 류체기계기사 자격을 받은 후, 국가계획위원회 지도원, 부국장, 국장, 부위원장, 내각부총리를 거쳐 2009년 4월부터 내각부총리 겸 국가계획위원장으로 사업하고 있다.

정치국 후보위원 리병삼은 1935년 7월 1일 평안남도 문덕군에서 출생하여 김일성군사종합대학 졸업 후, 군단 정치부 지도원, 부부장, 정치부장, 정치위원, 총정치국 부국장, 당중앙위원회 부부장을 거쳐 2009년 5월부터 조선인민내무군 정치국장 겸 당책임비서로 사업하고 있다. 정치국 후보위원 조연준은

1937년 9월 28일 함경남도 고원군에서 출생하여 1954년 8월 인민군대에 입대하였고 김일성종합대학 졸업으로 정치경제학전문가의 자격을 받은 후 김일성종합대학 상급교원, 당중앙위원회 지도원, 부과장, 과장, 함경남도당 조직비서, 당중앙위원회 부부장을 거쳐 2012년 1월부터 당중앙위원회 조직지도부제1부부장으로 사업하고 있다.

권력 및 통치 전망과 관련하여 주목할 점으론 이들의 주요 이력과 겸직이 군부와 군수물자 관련 제2경제, 통제시스템, 그리고 통치 자금 마련 부서와 관련되어 있다는 점이다.

2. 비서국과 전문부서, 당중앙군사위원회

북한 권력기관의 위상은 당대회와 당중앙위원회 전원회의를 실질적으로 관장하는 정치국과 정치국 상무위원회가 위계의 최고위 자리를 차지하고 있고, 다음으로 현실정치 차원에서 비서국과 조직지도부를 중심으로 한 전문부서가 자리 잡고 있다. 비서국은 당 내부 사업 문제와 그 밖의 실무적 문제들을 토의－결정하고 그 집행을 조직지도하는 기관이고, 조직지도부는 그에 대한 총체적 실무를 담당하는 전문부서의 중심이다.

따라서 선행 연구와 고위직 탈북민들에 의해 공히 논해지듯, 현실 권력구조 측면에서 북한 파워엘리트 내 실권은 비서국 책임비서들과 조직지도부를 중심으로 당중앙위원회 산하 전문부서 부장들이 틀어쥐고 있다. 또한 비서국 책임비서들은 상당수 전문부서의 부장 역할을 겸직하고 있기 때문에, 비서국과 전문부서는 각 기관을 대표하는 파워엘리트를 중심으로 실질적으로 융합적인 사업을 책임지고 있다.[43]

2곳 이상의 권력기구에 겸직을 기본으로 하는 당엘리트들에게 정치국 위원

---

43) 이와 관련해 중앙관료 출신 탈북민은 "북한에서 제일 큰 실체라고 보면 비서국입니다. 당의 실체는 비서국입니다, 비서국의 결정입니다. 간부사업도 비서국에서 결정, 비서국 합의 이렇게 돼있다 말입니다. 북한에서의 기본 그 권력 실체는 이 비서국으로 봅니다."라고 증언한다. 탈북민 G씨(남성, 40대 후반, 대졸, 내각중앙 관리간부－평양 출신, 2011년 탈북).

은 상징적 권력서열이며, 집행단위에서 실질적 권력을 행사하는 중요 직책과 인물은 비서국과 함께 조직지도부 부부장들 외 전문부서 부장들이다. 특히 비서국은 김정일 시대에 비해서도 당의 핵심 엘리트들이 전진 배치되어, 김정은체제의 권력구조 특징으로 당비서국 역할 재강화와 충성 및 실무 능력이 결합된 파워엘리트 배치로 평가할 수 있다. 김정은이 제1비서로 추대되면서 김경희와 곽범기가 당비서로 보선되고, 그 위상이 김정일 시대에 비해 높아졌기 때문이다. 비서국 당엘리트들의 속성은 다음 〈표 3〉과 같다.

〈표 3〉 당비서국 책임비서

이름	출생년도 (연령)	직위(주 담당 업무) / 겸직	출신 학교 / 주요 혈연	출신 지역
김정은	1984(29)	당제1비서/당중앙군사위원장 · 군최고사령관 · 국방위1위원장	스위스베른공립중학교 · 김일성군사종합대학/백두혈통 직계	평양
김경희	1946(67)	경제업무비서(수령 가계와 통치자금 관리 추정)	김일성종합대학 · 모스크바대학/백두혈통 직계	평양
곽범기	1939(74)	경제업무비서/당계획재정부장	김일성종합대학	함남
김기남	1929(84)	선전업무비서/당선전선동부장	만경대혁명학원 · 김일성종합대학 · 모스크바국제대학	함남
김양건	1942(71)	대남업무비서/당통일전선부장	김일성종합대학	평남
김영일	1947(66)	국제업무비서/당국제부장	국제관계대학 · 평양외국어대학 · 해주혁명학원	평북
김평해	1941(72)	간부업무비서/당간부부장	만경대혁명학원 · 사범대학	자강
문경덕	1957(56)	지방업무비서/평양시당책임비서	김일성종합대학	평양
박도춘	1944(69)	군수업무비서/국방위원회위원	김일성고급당학교	자강
최태복	1930(83)	과학교육업무비서/최고인민회의 의장	만경대혁명학원 · 김일성종합대학 · 동독라이프치히공대	평남

〈표 3〉에서 절대적 운명공동체로 백두혈통 직계의 김정은과 김경희를 제외하고 주요 겸직 경력에 기초하여 김정은체제 당비서국 파워엘리트들의 주요 역할을 보면 다음과 같은 권력구조의 특징 및 의도를 확인 또는 추론할 수 있다. 첫째, 곽범기, 김기남, 김양건, 김영일, 김평해 5인은 당위원회 산하 전

문부서 부장으로 비서국과 동일한 업무를 수행하고 있다. 즉, 비서국과 전문 부서 주요 업무가 이들 핵심 엘리트를 통해 통합되어 있다는 점이다.

둘째, 평양시 당위원회 책임비서인 문경덕이 지방업무비서라는 점이다. 이는 북한 파워엘리트의 역사구조적 특징인 평양친위대 중요성과 함께, 평양을 기준으로 평양시 당위원회 책임비서가 북한의 각 도·시 단위 지역 책임비서를 지도관리하고 있는 지역위계의 권력구조를 보여준다. 넷째, 군수업무비서인 박도춘이 법제도적으로 국내외 정치권력을 행사할 수 있는 국방위원회의 국방위원으로 김정은을 직접 보위한다는 추론이다. 셋째, 과학교육업무비서인 최태복은 최고인민회의 의장이며 80대 중반의 나이로, 국제적으로 주권국가의 입법부 대표성과 과학교육업무의 국가정책 중요성을 상징하는 엘리트로서, 실질적 측근보좌−비서 역할보다는 상징적 보좌−비서 역할을 하는 것으로 추론된다.

다음으로 조직지도부를 중심으로 한 당중앙위원회 산하 전문부서 부장들은 당사업뿐 아니라 내각 및 군을 지도 관리한다. 이들의 속성은 다음 〈표 4〉와 같다.

〈표 4〉 당중앙위원회 산하 전문부서 부장

이름	출생년도 (연령)	직위(담당 전문부서) / 겸직44)	출신 학교	출신 지역
김경옥	미상	당중앙위 제1부부장으로 조직지도부 제1부부장(당지도관리 추정)/당중앙군사위원, 인민군 대장	미상	미상
조연준	1937(76)	당중앙위 조직지도부 제1부부장(당지도관리 추정)/당정치국후보위원	김일성종합대학	함남
황병서	1949(64)	당중앙위 조직지도부 부부장(군지도관리)/당중앙위후보위원, 인민군 상장	미상	미상
장성택	1946(67)	행정부장으로 조직지도부(행정지도관리 추정)/당중앙군사위원·국방위부위원장, 대장	만경대혁명학원·김일성종합대학·김일성고급당학교·모스크바대	함북

곽범기	1939(74)	계획재정부	김일성종합대학	함남
김기남	1929(84)	선전선동부	만경대혁명학원 · 김일성종합대학 · 모스크바국제대학	함남
김양건	1942(71)	통일전선부	김일성종합대학	평남
김영일	1947(66)	국제부	국제관계대학 · 평양외국어대학 · 해주혁명학원	평북
김영춘	1936(77)	○○부 (업무 내역 미상)	만경대혁명학원 · 김일성군사종합대학 · 소련프룬제군사아카데미	양강도
김정임	미상	당역사연구소 소장	미상	미상
김평해	1941(72)	간부부	만경대혁명학원 · 사범대학	자강도
리영수	1946(67)	근로단체부	김일성종합대학	미상
박봉주	1940(73)	경공업부	덕천공업대학	미상
오일정	1944(69)	군사부	김일성종합대학 · 김일성군사종합대학	미상
주규창	1928(85)	기계공업부	김책공업종합대학	함남
채희정	1924(89)	문서정리실	김일성종합대학 · 모스크바대학	함남
최희정	1946(67)	과학교육부	김책공업종합대학	미상
태종수	1936(77)	총무부	만경대혁명학원 · 동유럽유학	함북

당중앙위원회 산하에 현장권력을 행사하는 전문부서 부장으로 제4차 당 대표자회를 통해 확인 가능한 인물은 15명이다. 이 중 김정일체제에서 '당 중의 당'이라고 평가된 조직지도부는 방대한 조직과 권한을 가진 부서로, 과거 김정일이 맡았던 조직지도부 부장은 공석인 것으로 파악된다. 역사적으로 조선노동당 조직지도부는 내부에 중앙당, 지방당, 행정, 군사 4영역 지도관리 책임의 4명의 부부장을 두고 있다.[45] 이들 중 김경옥은 북한 파워엘리트 중 가장 베일에 싸인 인물로 2012년 12월 현재 당중앙위 제1부부장 · 당중앙 군사위 위원 · 당중앙위위원 · 인민군대장 직책을 맡고 있는데, 2008년 12월 김정일과 함께 국립교향악단 공연 관람 시 배석하여 처음 공식석상에 나타났고, 2008년 말 조직지도부 제1부부장으로 지방당 지도관리 업무를 맡은 것으로

----

44) 겸직 서술이 중복되므로 지면 관계상 조직지도부 업무 책임자 겸직만 다룬다.
45) 그러나 김정은체제에서 그들 4인의 정확한 실체와 담당 업무 분담 실태가 아직 명확히 밝혀지지 않고 있다.

확인 및 보도되었다.[46]

2009년 말 조선노동당 조직지도부 부장은 김정일이고 '조직지도부'에는 4개 주요 업무가 있는데, 제1부부장들은 리제강(중앙당 책임), 리용철(군사), 김경옥(지방당) 그리고 장성택(공안 및 행정)이 업무를 수행했고, 김경옥은 정치 상황과 임명 시기 및 배경 등으로 볼 때 후계체제와 관련이 깊은 것으로 평가되었다.[47] 그리고 2010년 초까지 조직지도부를 분할 관장하는 제1부부장으로 리용철(군사 담당), 리제강(중앙당), 김경옥(지방당 및 내각) 3명이 있었지만, 리용철은 2010년 4월 심장마비로, 리제강은 같은 해 6월 교통사고로 사망해 김경옥만 남았다.[48]

이후 김경옥은 승승장구하여 군부 출신이 아님에도 인민군 대장 칭호를 받고, 2012년 말 현재까지 당중앙 군사위원·당중앙위원일 뿐만 아니라 노동당 조직부 제1부부장으로 활동하고 있다.[49] 김정일 시대 말기, 더 구체적으

46) http://unibook.unikorea.go.kr/?sub_num=54&state=view&idx=495&sty=I&ste=%25A4%25A1(검색일: 2012년 11월 25일).

47) 노동당 조직지도부는 북한의 당·군·정 모두를 통제하는데, 제1부부장으로 김경옥이란 이름은 국내언론에서는 2009년 처음 보도되었고, 공석이던 지방당 조직 총괄임무를 맡은 것으로 전해졌다. 『연합뉴스』, 2009년 1월 3일; 박영자, 앞의 글, 2009.

48) 조민정, 「北 당조직지도부 제1부부장에 최룡해 기용될 듯」, 『연합뉴스』, 2010년 9월 24일.

49) 2012년 10월 30일자 로동신문에서 김일성군사종합대학에서 전날 열린 김일성·김정일 동상 제막식 소식을 전하면서 1면에 행사 주석단에 참석한 김정은 국방위 제1위원장과 고위 간부들의 모습을 담은 사진을 내보냈다. 사진에 나타난 장 부위원장은 계급장이 없는 노농적위군 군복을 입고 일명 '항일유격대 모자(김일성 빨치산들이 썼다는 모자)'를 쓴 모습이어서 관심을 끌었다. 장 부위원장뿐 아니라 이날 행사에 참석한 김경옥 노동당 조직부 제1부부장(인민군 대장), 주규창 당 기계공업부장(인민군 상장), 김영춘(인민군 차수)·리용무(인민군 차수)·오극렬(인민군 대장) 국방위 부위원장 역시 장성 계급이면서도 계급장이 없는 노농적위군 군복을 입고 주석단에 등장했다. 하지만 이들과 대조적으로 최룡해 인민군 총정치국장, 현영철 총참모장, 김정각 인민무력부장, 현철해 인민무력부 제1부부장, 박재경 총정치국 선전선동담당 부국장 등 현역 군 장성들은 모두 계급장을 단 군복을 입고 주석단에 섰다. 통일부 관계자는 "장성택, 김경옥, 주규창 등은 대장이나 상장의 군사 칭호를 받긴 했지만 전형적인 노동당 출신 인사이며, 김영춘 전 인민무력부장도 현재는 현역 일선에서 물러나 노동당 부장의 직함을 갖고 있다"며 "이들은 현역 군인과는 거리가 있다"고 전했다. 또한 그는 "김영춘, 리용무, 오극렬 등이 부위원장으로 몸담고 있는 국방위원회는 군부의 사령탑이라기보다는 국가기구로 보는 것이 맞다"고 말했다고 한다. 윤일건, 「北 장성택, 軍행사서 대장군복 못 입은 까닭은」, 『연합뉴스』, 2012년 10월 30일.

로는 김정일이 뇌졸중으로 쓰러진 이후 회복하여 다시 현장에 복귀하고 김정은을 후계자로 세우는 과정에서 드러난 그는 그 이력이 전혀 언급되지 않은 채 집행 권력의 핵심 요직인 조직지도부 제1부부장 지방당 담당으로 임명된 후 당의 요직을 차지하고 있다.[50]

조연준은 연도 미상이나 확인 가능한 주요 경력인 김일성종합대학 상급교원, 당중앙위 지도원, 부과장, 과장, 함경남도 조직비서, 당중앙위원회 부부장 등의 경력으로, 2012년 1월 당중앙위원회 조직지도부 제1부부장에 임명되었고, 2012년 4월 당정치국 후보위원으로 임명된 것으로 보아 중앙당 또는 지방당 업무를 책임지는 것으로 추정된다. 당에서 군을 통제지도하는 조직지도부 부부장 황병서는 김정은의 측근으로 알려져 있다.[51] 그리고 조직지도부 행정 분야 제1부부장 업무는 당행정부장 장성택이 겸직하고 있는 것으로 판단된다.

그 외 북한 당국이 책임자를 드러내지 않는 신소실, 재정경리부, 38호실, 39호실은 수령-독재 시스템과 자금을 직접 관리하는 곳으로 비밀리에 운영되고 있다. 집행권력의 실세 당엘리트들인 전문부서 부장들 중 김정은체제의 중단기 행보를 예측 및 전망하기 위해서는 새로 선임된 박봉주, 김영춘, 곽범기의 담당부서 업무와 그들의 직위 및 겸직 등 그 경력을 주목할 필요가 있다. 김경희의 후임으로 경공업부장에 임명된 박봉주와 계획재정부장 곽범기는 경제-재정사업 실세이며, 담당부서명이 확인되지 않는 국방위원 김영춘은 이력으로 보아 군부통제 및 세력 재편 사업과 관련될 가능성이 있다.

당중앙군사위원회 또한 군부를 통제 및 견제하기 위한 당기구로 그 위상이 높아졌고, 김정은의 측근들이 대거 배치된 것으로 판단된다. 2012년 4월 제4차 당대표자회에서 김정은이 당 중앙군사위 위원장으로 추대될 때 신임 임명된 위원이 현철해, 리명수, 김락겸이고, 7월 17일 차수 칭호를 받은 현영철이

---

50) 이 때문에 한 고위직 탈북민은 평양의 간부들이 김경옥을 김설송을 대리하는 인물로, 실제는 '백두산 혈통의 직계'인 것으로 추론하는 소문이 있다고 한다.

51) 안용현, 「명령 제0051호는 김정은 시대 실세명부」, 『조선일보』, 2012년 7월 18일, 6면.

진급 직후 리영호의 후임으로 당중앙군사위 부위원장을 맡게 되었다. 2012년 말 현재, 김정은을 비롯 당중앙군사위원회 위원들 중 10명 이상은 당정치국, 비서국, 전문부서 책임 엘리트들이 겸직하는 상태이고, 그 외 위원인 정명도·리병철·최부일·김영철·윤정린·최경성·김락겸·최상려 등은 출생년도·출신 지역·출신 학교 등의 정확한 이력을 확인할 수가 없다. 이들의 확인 가능한 속성은 다음 〈표 5〉와 같다.

〈표 5〉 당중앙군사위원회 위원

이름 (직위)	출생년도 (연령)	겸직과 직위	출신 학교 / 비고	출신 지역
김정은 (위원장)	1984(29)	당제1비서·국방위1위원장·정치국상무위원·군총사령관, 원수	스위스베른공립중학교·김일성군사종합대학/백두혈통 직계	평양
최룡해 (부위원장)	1950(63)	총정치국장·정치국상무위원·국방위원, 차수	만경대혁명학원·김일성종합대학/전인민무력부장 최현아들	황남
현영철 (부위원장)	60대 초반 추정	북한군 총참모총장, 북한군8군단(폭풍군단) 군단장 출신, 차수	미상(이하 /)/리영호 대체	/
김정각	1941(72)	정치국위원, 국방위원, 차수	김일성군사종합대학	평남
장성택	1946(67)	정치국위원, 당행정부장·국방위부위원장, 대장	만경대혁명학원·김일성종합대학·김일성고급당학교·모스크바대학/백두혈통 방계	함북
김영춘	1936(77)	정치국위원, 당부장·국방위부위원장, 차수	만경대혁명학원·김일성군사종합대학·소련프룬제군사아카데미	양강
현철해	1934(79)	정치국위원·인민무력부제1부부장·후방총국장, 차수	만경대혁명학원·김일성종합대학·루마니아공대	/
김원홍	1945(68)	정치국위원·국방위원·국가안전보위부장, 대장	김일성정치군사대학	함경
리명수	1934(79)	정치국위원·국방위원·인민보안부장	김일성군사종합대학	함북
주규창	1928(85)	당기계공업부장·정치국후보위원·국방위원, 상장	김책공업종합대학	함남
우동측	1942(71)	국가안전보위부제1부부장·정치국후보위원, 대장	김일성종합대학	평남
김명국	1940(73)	총참모부 작전국장, 대장	김일성군사종합대학, 소련 프룬제군사대학	/
김경옥	/	당조직지도부 제1부부장, 대장	/	/
정명도	/	해군사령관, 대장	/	/

리병철	/	공군사령관, 대장	/	/
최부일	/	총참모부부참모장, 대장	/	/
김영철	/	정찰총국장, 대장	/	/
윤정린	/	호위사령관, 대장	/	/
최경성	/	상장	/	/
김락겸	/	전략로켓군사령관, 중장	/	/
최상려	/	상장	/	/

이들 중 속성과 이력을 확인할 수 없는 상당수 위원들은 김정은의 후계 시절 구축된 관계망에 의한 군부－통제사업 분야 측근으로 추정된다. 안보부서 당국자 인터뷰에 기초한『조선일보』2012년 7월 18일자 기사에 따르면, 김정일이 2010년 9월에 하달한 '최고사령관 명령 제0051호'에서 현영철을 비롯 후계자 김정은과 함께 진급한 인물들이 현재 김정은체제를 떠받치는 핵심 실세로 전면에 나서고 있다고 한다.

당시 진급자는 대장 6명, 상장 1명, 중장 6명, 소장 27명 등 총 40명이고, 이 중 절대다수가 요직을 차지했다는 것이다. 최룡해 외 대표적 인물은 최부일 총참모부 부총참모장(당시 대장 진급), 소장에 해당하는 중장 진급자 중에는 오진우 전 인민무력부장의 아들인 오일정 당 군사부장, 김정일사망 후 김정은 측근으로 부상한 리두성(직책미상), 당에서 군을 통제지도하는 황병서 조직지도부 부부장 등이 있다.[52]

3. 김정은체제 파워엘리트 구조적 특성

북한체제를 움직이는 핵심 파워엘리트의 주요 특징은 첫째, 권력기구인 당·군·정 2곳 이상의 겸직, 둘째, 혈연·세대연·학연 등 관계 긴밀성, 셋째, 조선노동당 엘리트 기준 70대 초중반의 높은 평균연령, 넷째, 평균 30년 이상 장기간의 고위직 엘리트로서 활동한 재임 또는 경력 기간이다. 즉, 조선노동

---

[52] 당시 진급자 중 유일하게 실각한 인물이 2011년 초 숙청된 류경 전 국가안전보위부 부부장이다. 안용현, 「명령 제0051호는 김정은 시대 실세명부」, 6쪽.

당을 중심으로 한 북한 파워엘리트 구조의 양대 특성은 직위 및 관계의 중첩성과 평균연령 70대, 평균 정치활동 30년 이상의 지속성이다.[53]

통일부가 2012년 4월 11일 북한의 4차 당 대표자회 이후 개편된 노동당 전문부서 부장이상, 국방위 위원 이상, 최고인민회의 상임위 위원 이상, 내각의 상(相, 장관급) 이상 파워엘리트 106명의 연령 · 성(性) · 출신 지역 · 출신 학교 등 인구사회학적 속성을 분석한『김정은 체제의 黨 · 政 주요 인물 분석 · 평가』자료에 따르면, 2012년 4월 현재 북한 파워엘리트는 김일성종합대학 출신(35.5%), 평남 · 평양지역 출신(34.9%), 남성(94.3%)이 주류이다(〈그림 1〉 참조).

〈그림 1〉 김정은체제 초기 파워엘리트: 인구사회학적 속성

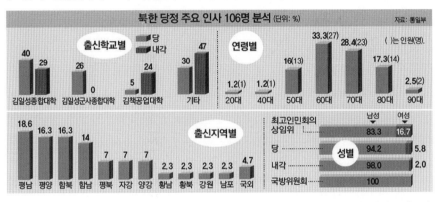

※ 출처: 이정은, 「北 파워엘리트는 '김 · 평 · 남(김일성대-평양 · 평남 출신 남성)」,『동아일보』, 2012년 7월 18일, 4면.

〈그림 1〉에서 확인할 수 있듯이, 정책지도기관인 당엘리트의 평균연령은 72세, 집행기관인 내각 엘리트의 평균연령은 63세로, 정책지도기관인 당의 주축은 60~80대, 집행기관인 내각은 50~60대가 주류이다. 당은 김일성, 김정일 시대부터 김정은 가계에 충성을 바쳐온 인물 중심이며, 내각은 상대적으로 실

53) 박영자, 앞의 글, 2009.

무형 테크노크라트를 중심으로 기용한 것에 기인한다. 출신 지역으론 평남·평양·함북·함남 출신들이 전체 65.2%를 차지하여 평남과 함경도 출신 파워엘리트들이 북한의 지배 권력구조를 형성하고 있다.[54]

이 분석 결과는 김정은체제 북한 파워엘리트들의 구조적 특징이 김정일 시대 말기 파워엘리트들과 큰 차이가 없음을 보여주고 있다. 즉, 조선노동당을 중심으로 한 김정은체제 파워엘리트 구조는 학연, 지역연, 세대연 등 관계 '중첩성'과 높은 평균연령이 함의하는 정치활동 '지속성'을 보이고 있다. 그러므로 김정일에 이어 2012년 등극한 젊은 지도자 김정은과 그를 둘러싼 '평양의 노회한 남성 파워엘리트들'의 구조적 특성은 개개인의 속성보다 관계를 중심으로 접근해야 한다. 개별 행위자들 각각의 속성 및 특징보다는 그들 사이에 구조화된 관계분석이[55] 김정은체제 지배연합의 구조적 특성을 보다 더 분명하게 드러내 주기 때문이다.

관계분석 결과 김정은체제 북한의 파워엘리트, 특히 당고위직 엘리트들은 중첩적인 직위와 오랜 고위직 정치활동에 기반한 '강한 연계구조'로 이루어져 있다. 특히 지속성과 연계된 세대연 관련하여 2012년 4월 11일 제4차 조선노동당 대표자대회를 통해 보선된 최룡해 외 평균연령 72세인 11인의 당 정치국 위원 및 후보위원들의[56] 이력에서 확인할 수 있듯이, 조선노동당 파워엘리트

---

54) 통일부 정세분석국,『김정은 체제의 黨·政 주요인물 분석·평가』, 서울: 통일부, 2012년 7월 16일. 필자의 견해론 함경도 지역 출신이 파워엘리트에 많이 분포된 주요 이유는 함경도가 일제 시기 항일운동과 적색노조 세력이 큰 지역이었기에, 현재 평양에 거주하는 그 출신 성분의 파워엘리트와 그 후손들 때문인 것으로 추론된다.

55) Mark S. Granovetter, 1973, pp.1360~1380; Mustafa Emirbayer and Jeff Goodwin, 1994, p.1417.

56) 금번 노동당대회에서 보선된 정치국 위원으로는 상무위원회 위원 최룡해(조선인민군 총정치국장)와 김정각(인민무력부장), 장성택(당중앙위행정부장), 박도춘(당중앙위비서), 현철해(인민무력부 제1부부장 겸 후방총국장), 김원홍(국가안전보위부장), 리명수(인민보안부장)이며, 정치국 후보위원은 곽범기(당중앙위비서), 오극렬(국방위원회 부위원장), 로두철(내각부총리 겸 국가계획위원장), 리병삼(조선인민내무군 정치국장 겸 당책임비서), 조연준(당중앙위 조직지도부 제1부부장)이다. 이 중 최고령자는 1930년생으로 2012년 현재 82세인 오극렬이고, 최연소자는 1950년생인 최룡해와 로두철이다. 「제4차 조선노동당 대표자대회시 보선된 당 정치국 위원 및 후보위원 약력」,『로동신문』, 2012년 4월 12일.

들은 소위 혁명 2세대와 3세대[57]의 과도기인 2.5세대가 여전히 주축을 이루고, 겸직과 관계의 중첩성 및 지속성을 보이고 있다.

이들 평양을 장악하고 있는 노회한 당고위직 파워엘리트들의 특징은 첫째, 경제-군사체제 모델이 되었던 소련-동유럽과 사상적 영향(모택동사상)을 받은 중국이 70년대 중반 이후 사회주의 계획경제의 문제를 드러내고 80년대 이에 대한 수정정책으로 개혁·개방 정책을 본격화한 반면, 북한은 폐쇄정책을 강화하였기에 외국 유학 및 교류 경험이 2세대에 비해 상대적으로 적은 편이다. 둘째, 체제 위기감이 높고 북한식 사회주의체제를 유지하려는 보수적 사고를 가지고 있다. 주체성과 충성심은 2세대보다 강하지만, 개혁성과 국제 정세 흐름 이해도는 2세대보다 떨어진다. 셋째, 조국애와 민족애, 집단주의와 사상성은 3·4세대에 비해 강하지만, 실력과 전문성·창발성은 3·4세대에 비해 떨어진다. 그러므로 고위직 엘리트로서의 실력과 전문성, 개혁성과 창발성은 부족하다.[58]

이런 특성의 파워엘리트 구조에서 고위직 정치엘리트들은 자신과 가문의 지위 및 안녕을 보장받기 위해 안정적인 지배연합을 선호한다. 권력구조를 개선하여 새로운 정치적 기회를 창출하는 것이 아니라, '기존 권력구조를 유지'하여 현재의 지위와 안녕을 지키기 위해 최선을 다하는 것이다.

이 중 김정각은 2012년 11월 말 인민무력부장에서 경질되었고, 새로운 인민무력부장으로 김격식이 임명된 것으로 보도되고 있다. 안용수,「靑 "김정은, 충성심 따라 군 수뇌 대거 교체"(종합)」,『연합뉴스』, 2012년 11월 29일.

57) 북한의 세대구분에 대해서는 분석적인 연구와 재개념화가 필요하나, 본 연구에서는 정창현의 북한식 구분법에 기초한다. 정창현에 따르면, 북한정권은 인민들을 북한식 사회주의 혁명 시기에 따라 대개 4세대로 구분하는데, 혁명1세대는 항일빨치산 세대, 2세대는 50~60년대 전후복구와 천리마운동을 통해 성장한 세대, 3세대는 70~80년대 김정일이 주도한 3대혁명소조운동과 3대혁명붉은기쟁취운동을 통해 성장한 세대, 4세대는 90년대 '고난의 행군' 시기를 거치면서 99년부터 본격화된 '제2의 천리마대진군운동' 시기 자라난 세대이다. 즉, '사회주의 대중운동'의 변화에 따라 북한의 세대를 나눌 수 있다. 정창현,「북한 지배 엘리트의 구성과 역할」,『북한의 당·국가기구·군대』, 서울: 한울, 2007, 572쪽. 이들 중 항일투쟁 혈통, 김일성 가계에 대한 충성, 북한체제 업적 등을 인정받은 엘리트 가문의 자손들이 각 세대별 북한의 정치엘리트로 재생산되는 구조이다.

58) 박영자, 앞의 글, 2009.

이는 수령-독재 정치시스템의 연장을 선택하는 것이 된다.

IV. 김정은과 파워엘리트 관계망 구조: 계열과 특성

본 장에서는 앞선 분석 내용과 고위직 탈북민 심층면접에 기초하여, 김정은을 포함한 조선노동당 파워엘리트들의 주요 관계망과 그 구조를 분석한다. 1절과 2절에서는 독재정치 이론과 네트워크 분석 기법에 따라, 김정은체제 1년의 승자연합과 독재정치 세습의 주요 관계망을 분석한다. 1절에서는 권력구조 측면에서 당·군·내각에 겸직을 기본으로 하지만 주요 활동 및 경력 무대로 표현되는 자신의 정치포지션이 어떤 권력기관에 있으냐에 따라 이해관계가 다르므로, 먼저 지난 1년간 권력정치 행태에 기초하여 출신-권력기관 중심 관계망을 통해 김정은체제 지배연합의 핵심 계열과 특성을 분석한다. 2절에서는 독재정치에서 혈연으로 이어진 세습(inheritance)이 지도자뿐 아니라 소수측근 지배연합 모두에게 유리하다는 시각에 기반하여, 관계분석법에 따라 혈연과 세대연 등 세습의 주요 관계망을 분석하며, 그 외 새로운 파워네트워크로 작동할 수 있는 관계망을 다룬다. 3절에서는 정치적 기회구조(political opportunity structure) 시각을 결합하여, 중단기적으로 김정은체제 파워엘리트 관계망 구조의 변동가능성을 전망한다.

1. 김정은체제 1년의 승자연합: 당·군·정 구조

부에노 데 메스키타의 권력 연구에 따르면, 독재정치와 권력구조를 제대로 이해하기 위해서는 가장 먼저 "일인에 의한 지배(rule by one)란 가능하지 않으며 가능할 수도 없으며 존재한 적도 없다."는 역사적이며 보편적인 통치원리로부터 출발해야 한다.[59] 본 절에서는 이와 같은 시각에 기초하여 김정은체제의 지배연합으로서 지난 1년의 승자연합 구조를, 파워네트워크의 중심에 있는 김정은과 새로운 권력구조에 초점 맞추어 네트워크 분석법으로 밝힌다.

권력망 구조는 일반적으로 수직적 또는 수평적 네트워크로 구분하는데,[60] 북한의 수령－독재 정치시스템은 역사적으로 1인 지도자를 중심으로 한 수직적 네트워크로 연고조직과 같은 "강한 개인 간 연계(strong interpersonal ties)"에 기초해 있다.[61] 따라서 지도자 개인과의 관계 정도에 따라 파워엘리트들의 영향력이 크게 좌우된다. 보편적으로 선출직 대통령제 국가에서도 고위직 파워엘리트 중심에는 언제나 대통령이 있고, 대통령의 통치 스타일이나 그와의 관계가 파워엘리트의 구조를 결정하는 일차적 요인이다.[62]

더욱이 "김일성민족"과 "김일성조국" 논리에 기초한 북한체제에서 '김일성과 김정일의 대를 이은 김정은'과의 관계는 북한 파워엘리트 네트워크의 출발이기도 하다. 따라서 3장의 내용 분석과 함께 김정은체제 1년을 총괄하여 '현지지도'와 권력정치 과정에서 파워엘리트들의 정치적 탈락과 신임·임용 행위에 기반하여, 김정은체제 1년의 승자연합 관계망을 분석하였다. 연구 결과 다음과 같이 크게 네 가지 계열의 관계망과 권력구조적 양상이 드러났다.

첫째, 군권과 그 이권을 쥐고 있던 리영호 신군부 계열을 견제하여, 당주도 수령시스템을 정상화하고 김정은정권의 통치 자금 구조를 조정하기 위한 '수령과 새로운 지배연합 네트워크', 즉 '김정은－장성택－최룡해' 관계망이다. 김정은의 정치행보에서 나타났듯, 1월~4월까지는 김정은－장성택－최룡해－리영호 네트워크가 활발히 작동하였으나, 5월 이후 리영호의 현지지도 참여가 줄어들면서 당엘리트 네트워크 중심 구조에서 밀려나고 있음이 확인되었다.[63] 그리고 2012년 7월 15일 이후 리영호와 신군부 네트워크의 숙청과 정치

---

59) Bruce Bueno de Mesquita and Alastair Smith, op. cit., 2011, p.2.

60) Robert Putnam, Robert Leonardi and Raffaelia Naneffi, *Making Democracy Work: Civic Transitions in Modern Italy*, Princeton: Princeton University Press, 1993.

61) 일반적으로 수직적(위계적) 네트워크는 강한 개인적 연계 때문에 집단 간 유대가 결여되어 신뢰와 협력이 증진되지 못한다고 한다(Mark S. Granovetter, 1973, p.1380).

62) 그러나 이 사실이 핵심 파워엘리트의 네트워크 구조를 운용함에 있어 대통령에게 아무 제약이 없다는 것을 의미하는 것은 아니다. 제도적 대표성이나 효율성에 따른 정치적 합리성과 기술적 합리성을 고려해야 하기 때문이다.

적 탈락배경과 관련해서는 수많은 정보들이 있으나 가장 객관적이고 설득력 있는 구조적 배경은 두 측면이다.

한편으론 김정일 시대 선군정치와 각 기관의 자력갱생 운영, 그리고 기관 본위주의 행태로 인해 군부에 과다하게 몰린 각종 군부 이권[64]을 조정하고, 수령경제를 넘어서는 무질서와 혼란을 통제해야 하는 상황이다. 2000년대 중반 이후 본격적으로 드러난 이와 관련된 구체적 상황과 실태에 대해 고위직 탈북민들은 다음과 같이 증언한다.

> "군대가 돈이 제일 많거든요. 법이 불문하거든요. 군대는 외화벌이 하는 사람들, 그런데 사회는 법이 좀 있거든요, 세거든요. 예를 들어서 군대 같으면 진짜 돈이 많습니다. 총정치국 사람들 술도 웬만한 술 안 먹거든요. 중국술도 진짜 최상급 술만 먹거든요. 아는 사람이 신의주 2군단 담당인데 통검이라고 물자 들어오면 검사하고 뭐하지 않습니까. 그러면 군대로 말하면 총정치국 산하 외화벌이도 많고, 그러다 보면 뇌물은 군대 물자가지고 많이 농간질 하거든요. 예를 들어서 (군부) 간부들끼리 앉아서 술을 먹다가 이 새끼 정말 괜찮다 남자다 정말 도와 줘야겠다 하면 연유(석유) 같은 것도 몇백 톤씩 도와주지요."[65]

> "북한에 다른 부분도 같겠지만 이 외화벌이를 혼란스럽게 만들어 놓은 게 군부가 이렇게 만들어놨어요. 사실 김일성 시대까지만 해도 뭔가 체계가 되어 있었어요. 그런데 김정일이 선군정치 한다면서 군부사람들을 데리고 다니면서, 옛날엔 39호실이나 38호실 이 사람들이 혁명작업 한다지만 이 사람들은 군부처럼 도깨비로 하지 않았어요. 뭔가 외화벌이 하더라도 하다못해 내각에 있는 뭐 공

---

63) 2012년 1월~7월 초까지의 김정은 현지지도 수행 당엘리트 빈도로 볼 때, 4월 군 총정치국장이 된 최룡해의 급부상과 리영호의 정치적 배제는 예견된 측면이 있다. 한편, 대북소식통들의 전언에 따르면, 김정은이 군부대 시찰 과정에서 군의 허위보고와 보여주기식 대응을 확인하고, 리영호에 대한 불신이 깊어졌다고도 한다. 정용수, 「이영호, 김정은 수행 갑자기 줄어… 5월부터 문책 낌새」, 『중앙일보』, 2012년 7월 18일, 5면.

64) 2011년 북한 대외무역(63억 달러)의 약 90%는 중국과의 거래였는데, 대부분 군부의 통제에 따라 이루어져 온 것으로 진단된다. 장세정 · 고정애, 「이영호 숙청 부른 군 · 민 돈줄 다툼」, 『중앙일보』, 2012년 7월 18일, 1면.

65) 탈북민 C씨(남성, 40대 초반, 대졸, 내각중앙 체육성 소속 평양시 외화벌이식당 사장 — 평양 출신, 2011년 탈북)

장을 뺏어서라도, 생산해서 돈 벌고 수출해서 돈 벌고, 뭐 광산을 해서 금을 캐서, 이런 물건을 만들어서 외화벌이를 했기 때문에 체계가 있었어요. 그러나 이게 군부가 선군정치를 한다고 김정일이 군부 장군들을 데리고 다니면서 순, 말하면 무슨 수산물이라던가, 광석이라던가 자연물을 도깨비처럼 팔아먹는 거예요. (당이나 행정이나 다 그렇게 하고 있는 거 아닌가요?) 군부가 다 하다보니까 따라 가는 거예요. 예를 들어 내각이나 39호실 사람들이 점잖게 가만히 있었어요. 나라 법에 어긋나지 않게 돈을 벌겠다고 하는 거 특히 내각 사람들은 그게 강해요. (당보다 더요?) 그렇지요. 그런데 군대는 그게 아니에요. 군대는 우선 법이 간섭 못하잖아요? 모든 게 안 되잖아요? 국가보위부도 간섭 못하지. 자체에 다, 보위부도 자체, 법도 자체, 모든 게 자체니까 뭔가 공간이 있잖아요? 뭐 검찰이라고 해도 검찰이 군대검찰이 하니까, 뭐가 있으니까. 그러니까 군대 외화벌이라는 게 순 출소자들, 여기로 말하면 범죄자들 말하는 거 있잖아요. 그러한 놈들이 다 무역을 하는 거예요. (왜 그런 분들이? 능력이 있어서?) 능력을 보기 전에 군대라는 게 아무것도 모르잖아요. 그러나 돈은 벌어야지. 그 사람들은 돈을, 달러를 번다, 이걸 어떻게 버나? 관계 안 해요. "야 벌어 와라" 채워도 만들어도 뭘 해도 벌어 와라, 명령 하나에 따르는 사람들이니까 수단과 방법을 가리지 않지요."[66]

다른 한편으론, 김정은체제의 독립적 리더십과 정책을 실행하기 위한 통치 자금 마련 때문이다. 이는 권력장악과 통치력을 발휘하려는 독재자 및 지도자들의 역사적이며 국제적으로 드러난 보편적 정치행위이다. 재정위기는 통치자의 최고 불안 요소이며, 정략적 정책을 시행하려면 통치자는 항상 지급 능력을 유지해야 하고, 어떤 방법으로든 측근에게 보상해야 하기 때문이다(Seizing Power from the Bankrupt).[67] 전체적으로 새로운 북한 독재정치의 지배세력인 김정은과 그 측근 지배연합이 통치를 위한 안정적 지급 능력을 유지하고 정략적 정책 시행 및 통치 자금 구조를 확보하기 위해, 당－군－정 경제 이권 구조와 세력 재편을 시도한 것으로 해석할 수 있다.

둘째, 앞서 밝힌 '김정은－장성택－최룡해' 관계망 성격과 연동되기도 하는 '장성택－최룡해' 관계망이다. 장성택을 중심으로 한 행정(민간)－당 엘리트

---

66) 탈북민 D씨(남성, 40대 후반, 대졸, 내각중앙 무역성 특수기관－평양 출신, 2008년 탈북)
67) Bruce Bueno de Mesquita and Alastair Smith, op. cit., 2011, pp.21~48.

계열이 선군정치 말기 급성장한 리영호로 대표되는 군부−당 엘리트 계열에 대한 장악과 통제를 강화할 목적으로 최룡해를 전면 부상시켰다는 점이다. 즉, 장성택−최룡해로 대표되는 '행정−민간 출신 당엘리트들이 지배연합의 핵심축으로 작동하는 권력 구조'이다. 이와 관련된 역사구조적 특성과 이들이 급성장하게 된 배경과 관련하여, 내각중앙 체육성 관할 평양시 외화벌이식당 사장 출신인 2011년 탈북민은 다음과 같이 증언한다.

> "북한은 간단하게 당과 행정체계로 갈라져 있습니다. 당·행정체계를 옛날에 갈라져 있던 것을 행정이라는 조직을 완전히 무시해 버리고 당·군체계로 이행되었죠… 그러니까 행정을 뽑아 버립니다. 그러니까 이제처럼 권력구조를 이루고 있는 데에서 (김정일 시대) 당과 군 체계로 되었는데, 엘리트의 당과 군 체계에서 상부구조를 이루고 있는 대상이 있어요. 이 상부구조가 담을 쌓고 삽니다… 은밀하게 구별이 되어서 울타리를 쳐가지고…"[68]

기실 군부 출신이 아닌 민간−행정 출신 당엘리트들이 군부 주요 직책을 맡기 시작한 것은 2009년 김정은 후계 시기부터였다. 이 권력정치 과정은 김정일체제 말기부터 조선노동당을 중심으로 한 수령과 소수 지배연합이 후계체제를 구축하는 과정에서, 군에서 잔뼈가 굵어 위계적인 네트워크를 갖추고 각종 자원을 임의로 수취하며 자기세력의 이익을 위해 행동하는 선군정치의 적자세력들(신군부)이 초래한 권력 네트워크의 영향력 강화 또는 독립화를 막기 위한 것으로 진단할 수 있다. 더욱이 새롭게 등장한 통치자와 그 세력은 실권장악을 위해 우선적으로 군부를 장악해야 정권이 안정 궤도로 들어설 수 있다는 보편적 원리를 알고 있다.[69]

셋째, 김정은 후계 시기 측근으로 활동한 보위사령부를 중심으로 한 정보−통제−보위 담당 엘리트 계열이 급부상한 것이다. 대표적으로 '김원홍−현

---

68) 탈북민 C씨(남성, 40대 초반, 대졸, 내각중앙 체육성 소속 평양시 외화벌이식당 사장−평양 출신, 2011년 탈북)

69) Bruce Bueno de Mesquita and Alastair Smith, op. cit., 2011.

영철' 계열이다. 인민군이 수령과 당의 군대로 충성스럽게 활동하는지 항상 감시와 통제하는 보위사령부 사령관 출신 김원홍이 우동측을 밀어내고 국가안전보위부장으로, 국경지대를 관리하던 현영철이 군부실세 리영호를 밀어내고 북한군 총참모총장과 당중앙군사위원회 부위원장에 임명된 것이다. 즉, '정보─통제─보위 계열이 당엘리트의 중심부 네트워크를 형성'한 것이다.

이와 관련된 상황과 배경에 대해 2011년 탈북한 평양 관료 출신은 김정은이 2008년에 등장하면서부터 국가보위부를 첫 담당했는데, 그때부터 국가보위부에다 링컨차 9대를 가지고 와서 보위부 엘리트들의 몸값을 올려준다고 하며, 정보─통제─보위 계열에 자기 세력을 만들기 시작하였다고 증언한다.[70]

넷째, 특히 이력으로 볼 때 중요한 네트워크 구조로, 비서국 비서로 새로 임명된 김경희를 중심으로 곽범기─노두철─박봉주 등 '경제─행정 계열의 당엘리트 네트워크 형성 및 강화'이다. 구체적으로 내각 부총리와 함경남도 당비서를 지냈던 곽범기가 정치국 후보위원·비서국 비서·계획재정부장으로, 내각 부총리 겸 국가계획원장을 역임한 노두철이 정치국 후보위원으로, 내각 총리를 지내다 하방되었던 박봉주가 당중앙위 부장으로 승진하여 지배연합의 핵심부인 당엘리트 네트워크 구조에 자리 잡은 것이다.

한 평양─엘리트 출신 탈북민은 고난의 행군 이후 북한의 경제 계열 엘리트들 성향과 관련하여 조선노동당 파워엘리트들을 보수파와 개혁파로 나눈다면 보수파는 '군대─보위부─보안성─조직 계열' 엘리트들이고, 개혁파는 '행정─경제─대외 계열' 엘리트들인데, 개혁개방이 이들의 이익과 직결되기 때문에 보수파와 개혁파의 갈등은 90년대 중반 김정일정권이 안착화되기 이전 시기와 2000년대 중반까지 좌우 정책의 시행착오를 경험하며 드러났다고 한다. 그리고 이러한 파워엘리트 구조적 성격과 연결되어 2000년대 중반 이후 정책이 보수화되었으나, 그 과정에서 파워엘리트 권력구조 내에서도 부득이

---

[70] 탈북민 B씨(남성, 40대 후반, 대졸, 내각중앙 노동성 책임부원─평양 출신, 2011년 탈북)

하게 열린 공간이 생겼다고 증언한다.[71]

2. 독재정치 세습의 주요 관계망

2000년대 국제적인 독재정치 연구에서 두드러진 성과 중 하나는 수많은 경험 사례 비교에 기반하여, 세습과 혈연문제(inheritance and the problem of relatives)를 게임이론 시각에서 새롭게 다루고 있다는 점이다. 세습이 독재를 포함한 정치체제를 불안정하게 한다는 기존의 주류 가설과 다르게, 권력이 혈연으로 이어진 가계구조에 따라 계승되는 세습 독재체제가 통치자뿐 아니라 특히 그 구조 내부에 있는 지지자들 모두에게 유리하다는 합리주의 분석이다. 세습은 통치자와 지지자 모두에게 수많은 이점이 있는데, 무엇보다 새로운 통치자가 권력을 유지하려면 안정적인 지지자들이 필요하며, 세습 제도에서는 이미 그 행위자와 구조들이 준비되어 있기 때문이다.[72] 그러므로 김정은체제의 가장 중요한 관계망은 혈연이며, 이는 수령─독재 시스템의 일차 안정화 요인으로 작용하고 있다.

한편, 파워엘리트 관계분석의 3대 연고로 한국에서는 혈연·학연·지연을 고려하는데, 북한은 1960년대 이후 종파주의와 함께 지역주의를 배격 및 엄벌하고, 조선노동당 파워엘리트와 그 가계구성원 대부분은 주기적 검열을 통과하며 평양에서 살았기 때문에 고위직 내에 지역적 연고로 인한 관계망 영향력은 크지 않다고 볼 수 있다. 그러나 혈통과 청년동맹 등 세대별 조직사업을 중시한 전통과 정책으로 '혈연'·'세대연'·'학연'·'경력─기관연'은 여전히 중요한 연고이다. 또한 학연과 지연, 그리고 '경력─기관연'은 앞서 다루었기에 본 절에서는 독재정치의 세습 관계망 구조를 파악하기 위해 김정은체제의 혈연과 세대연, 그리고 앞서 다루지 못하였으나 그 외 주목해야 할 관계망을 연구하였다. 분석 결과 그 구조와 특성을 정리하면 다음과 같다.

---

71) 탈북민 E씨(남성, 50대 중반, 대졸, 인민보안성 대외자재무역국─평양 출신, 2005년 탈북)
72) Bruce Bueno de Mesquita and Alastair Smith, op. cit., 2011, pp.31~32.

첫째, 가장 긴밀한 네트워크는 혈연을 매개로 한, 소위 백두산 줄기인 '백두의 혈통'으로서 '김정은−김경희−장성택' 관계망이다. 이 중 김정은−김경희는 백두혈통의 직계이나, 만경대혈통인 장성택은 김경희와의 결혼을 통해 맺어진 백두혈통의 방계이다. 김정일체제 말기 제3차 당대표자회에서 선출된 조선노동당 중앙위원 중 '백두의 혈통' 네트워크 구성원은 김정일, 김정은, 김경희, 장성택, 김정숙(김일성 사촌여동생), 양형섭(김일성 사촌여동생의 남편), 리용무(김일성 사촌여동생의 남편) 등 7명으로 전체의 3% 이내이다. 그러나 이들 백두의 혈통은 능력과 무관하게 요직을 차지하고 수령−독재 시스템을 지켜내고 있다.[73]

한편 앞서 서술했듯 수령−독재 정치시스템을 작동시키는 조선노동당 파워엘리트 중 가장 안개에 싸인 인물이 김경옥이다. 김경옥의 급작스런 등장과 요직, 급상승한 지위 등에 대해 궁금했던 연구자는 여러 경로로 이에 대해 추적을 하였다. 이와 관련하여 최근 탈북한 평양 중앙관료 출신은 얼굴까지 공개된 나이든 남성인 김경옥에 대해, 평양의 중하위급 엘리트들이 김정일 집안사람으로 추정한다고 증언하였다.

둘째, '만경대 혈통'이다. 그 중심에는 '장성택−최룡해' 관계망이 있다. 만경대 혈통은 만경대혁명학원을 중심으로, 수령을 보위하고 공생하며 그 시스템에서 이익을 공유하는 지배연합 재생산 구조의 중심에 있다. 백두의 혈통을 제외하고 조선노동당 파워엘리트 절대다수는 만경대혁명학원 출신이다. 김일성이 생전에 100번 이상 방문했다는 이 학원은 인민학교부터 중학교 과

---

[73] 김정일의 직계 자녀들을 나이순으로 하면 성혜림의 아들 김정남, 김영숙의 자녀 김설송과 김춘송, 고영희의 자녀 김정철, 김정은, 김여정이 있다. 히라이 히사시 지음, 백계문·이용빈 옮김, 『김정은체제: 북한의 권력구조와 후계』, 서울: 한울, 2012, 253쪽. 김정은체제 들어서 정남과 정철을 제외하고, 공개적으로 주목받는 백두의 직계는 김정은의 여동생 김여정이다. 그녀는 김정은과 같은 스위스 베른 공립학교에서 어린 시절 공부했으며, 최근에는 김정은체제 안정화를 위해 당과 군의 정보관리 및 당 전문부서 과장으로 김정은의 행사를 주관하는 것으로 알려져 있다. 그 외 김여정, 김정은과 함께 현지지도 등을 통해 언론에 등장한, 김정일 비서로 실질적 퍼스트레이디 역할을 했다는 김옥과 김정은의 아내 리설주가 '백두의 방계'로 자리 잡고 있다.

정까지로 구성되며, 졸업생 대부분은 김일성종합대학에 입학하고 각종 특혜를 받는 수령 지배연합의 충성스런 엘리트들이 된다.[74]

김일성이 만주 항일빨치산 투쟁세력을 기반으로 지배연합과 파워엘리트의 안정적 재생산을 위해 1947년 10월 자신의 고향인 만경대에 세운 만경대혁명학원은, 혁명1세대로서 김일성의 네트워크였던 직계 선조들을 이어 나가는 혈연에 기반한 조선노동당 파워엘리트("당의 핵심 골간") 양성기관이다. 따라서 수령의 학원이며 당의 학원으로, 졸업생들은 대개 당, 군대, 국가기관의 요직을 차지하고 수령시스템을 원활히 작동시키기는 역할을 한다.[75]

셋째, 세대연이다. 여전히 평균연령 70대이나 김정일체제 말기 70대 중반이었던 당엘리트 세대 구조가 김정은체제에서 70대 초반으로 다소 젊어졌다. 이는 50~60대의 상대적으로 젊은 파워엘리트들이 당중심부의 실무 – 집행 책임자로 배치되었기 때문이다. 특히 사업집행 권력의 핵심인 비서국과 당정치국에 상대적으로 젊은 파워엘리트 세대들이 등용되고 그 역할이 강화된 점을 주목할 필요가 있다. 대표적으로 김정은을 제외하고 비서국에는 60대인 김경희, 김영일, 박도춘과 50대인 문경덕이 있고, 당정치국에는 60대인 최룡해, 김경희, 장성택, 김원홍, 박도춘(이상 위원), 김영일, 로두철, 김창섭과 50대인 문경덕(이상 후보위원)이 있다.(3장 참조)

즉, 세습과 함께 조선노동당 파워엘리트 세대 구조가 젊어진 것이다. 이러한 세대 구조 변화 추이는 상대적으로 이전 체제와 다른 정책 실험 가능성을 추론할 수 있게 한다. 이와 관련하여 중앙관료 출신 탈북민은 김정일 시대부

---

74) 일본 언론계의 오랜 북한 정보통인 히라이 히사시는 이 학원 출신 대표적 파워엘리트로 강성산, 김국태, 연형묵, 오극렬, 현철규, 현철해, 최영림, 김병률, 김시학, 김환, 리길송 등을 지목한다. 히라이 히사시 지음, 백계문·이용빈 옮김, 2012, 190쪽.

75) 김정일, 「주체의 당건설위업을 대를 이어 빛내여나갈 참된 당일군을 키워내자(창립45돐을 맞는 김일성고급당학교 교직원, 학생들에게 보낸 서한 1991년 6월1일」, 『김정일선집』 제11권, 평양: 조선로동당출판사, 1997; 김정일, 「만경대혁명학원은 주체의 혈통을 이어나갈 핵심골간양성기지이다(만경대혁명학원창립 50돐에 즈음하여 학원 교직원, 학생들에게 보낸 서한 주체86(1997)년 1월 12일」, 『김정일선집』 제14권, 평양: 조선로동당출판사, 2000.

터 대개 "엘리트 중 늙은이들(보수)은 외부에 알려지 반응으로 개방에 대해 자유주의 바람이 다하고, 젊은 엘리트들(진보)은 국제시장에 편입하여 개혁-개방하며 김정일 수령정권을 강화해야 한다"고 주장했다고 한다.[76]

그렇다면 이들 관계망 외에 김정은체제의 권력행위자 네트워크와 재생산 구조들이 합종연행하며 지배연합 중심부에 새로운 권력 구조를 형성할 수 있는 주요 관계망은 무엇인가? 이미 권력 중심부에 세력이 형성된 엘리트들로 새로운 합종연행이 가능할 수 있는 김정은체제 조선노동당 파워엘리트 네트워크들은 다음과 같다. 첫째, 김정은체제를 보위하는 백두산 혈통과 만경대 혈통의 원로 중심인물인 '김경희-김기남' 관계망이다. 둘째, 김정일에 이어 김정은의 왼팔과 오른팔 역할을 하는 '장성택-김기남' 관계망이다. 셋째, 모스크바대학과 루마니아공대로 대표되는 해외유학파 '장성택-현철해' 관계망이다. 넷째, 장성택 세력을 견제할 수 있는 '최룡해-김기남'과 '김기남-김양건' 관계망이다.

김정은체제 1년간 조선노동당 파워엘리트 네트워크 중 가장 활발히 움직인 관계망은 앞서 자세히 다루었듯, 후계체제를 빠르게 안착시키기 위해 먼저 신군부를 정치적으로 배제시킨 수령 지배연합 네트워크이다. 특히 백두의 혈통과 만경대 혈통이 연대한 혈족계 충신그룹 네트워크들의 움직임이 두드러졌다. 그 네트워크의 세 축은 '김경희-장성택'과 '장성택-최룡해', 그리고 '김경희-김기남' 연계 세력이다.

앞선 1~2절 분석 결과에 기초하여 2009년 이후 본격화된 김정은을 중심으로 한 북한 파워엘리트 구조를 진단하면, 백두와 만경대 혈통에 기반한 권력행위자 네트워크와 재생산 구조는 안정적이다. 그러나 '새로운 수령과 소수측근 지배연합'의 권력구조, 즉 직계를 제외하고 김정은체제 1년의 수령-독재 정치시스템을 떠받치는 '김정은-장성택-최룡해' 세력 연계로 드러난 승자연합 구조는 아직 불안정하다.

---

[76] 탈북민 E씨(남성, 50대 중반, 대졸, 인민보안성 대외자재무역국-평양 출신, 2005년 탈북)

지난 1년간 드러난 다양한 권력망 작동과 현재 진행형인 파워엘리트 변동에 기초할 때, 아직까지 김정은 수령-독재 정치시스템의 견고성과 김정은-파워엘리트들의 관계친밀성, 그리고 김정은체제의 권력구조는 독립적이고 확고한 중심성을 형성하진 못한 것으로 분석된다. 그러나 이는 단지 북한적 현상이 아니라 새로운 체제 또는 정권이 들어선 집권 초기 시간적으론 약 1년~2년간 흔히 나타나는 권력정치 양상이다. 특히 독재체제에서 새로운 소수측근 지배연합을 견고하게 구축하기 위한 과정에서 초래되는 상대적 불안정성에 기인한 것이다.

3. 파워엘리트 관계망 구조의 변동가능성

앞선 분석에 기초해 볼 때, 지배연합 내부 파워엘리트 구조조정은 단기적으로 불안정하게 지속될 것이다. 그렇다면 개별 파워엘리트와 그 세력의 교체가 아니라, 북한체제 변동과 긴밀한 상관성이 있는 파워엘리트 관계망 구조의 변동가능성은 어떻게 전망할 수 있을까? 이는 지배연합 권력구조 변동과 관련되어 구조를 바꿀 수 있는 행위자 행동들에 초점을 맞춘 사회운동 접근법에서 발전한 정치적 기회구조 시각을 결합하여 분석할 수 있다.[77] 이 접근은 파워엘리트 내부의 정치 환경 인식과 정책, 그리고 이해 차이 등을 둘러싼 권력정치가 체제 변동과 전환에 중요한 의미를 가지기 때문이다.

분석 결과, 최소한 중단기적으로 김정은체제에서 파워엘리트 관계망 구조의 변동가능성은 희박한 것으로 드러났다. 주요인은 조선노동당 내부에 장착된 수령을 중심으로 한 가계-혈연에 기반한 소수측근 지배연합 구조의 장기 지속성과 계승성 때문이다. 그 역사 구조적 배경과 상황, 그리고 전망에 대한 고위직 탈북민의 주요 증언을 살펴보면 다음과 같다.

---

77) David S. Meyer, op. cit., 2004, pp.125~145.

"북한 간부들에는 초당분자[78]들이 많거든요. 정권이 바뀌면 바뀔수록 왜 북한
이 자꾸 살아나냐면 이런 초당분자들이 많기 때문에, 뭔가 따야 되겠구나, 뭔가
보여 줘야겠다, 이런 게 많거든요. 권력에 많이 치우치다보니까 이게 무너지기
힘들거든요. 80세 간부들 많이 있는데 김정은 앞에서는 이 사람들도 그러거든요.
그리고 도당간부들도 벌벌 떨던데… 정은이가… 김정일이 보다 더 독한 체제
로 나가야지 유지할 수 있으니까, 그렇게 안하면 북한은 유지하기가 힘들지요.
김정일보다 더 센 독재체제가 나와야지요. 그게 풀어 주고 풀어 주고 하면 도깨
비[79]가 다 나오지요."[80]

　　"그거 쉽게 안 바뀌질 거예요. 김정일이 살아있을 때 그런 시스템을 잘해놨어
요.(알아서 간부들이 그렇게 움직이도록이요?) 그렇지요. 이게 지금 모든 시스템
이나 모든 조건들이 단지 김정일이 죽고 김정은이 나타난 상태이기 때문에 쉽게
그렇게 안 될 거예요."[81]

　　다음으로 김정은의 세대연고를 중심으로 네트워크 구조의 변동가능성
을 전망해보고자 한다. 아직 조선노동당 권력 중심부로 진입하진 못했으
나, 김정은의 측근 사조직으로 향후 파워엘리트 구조의 세대 변화 요인으
로 작동할 수 있는 네트워크이다. 대표적 관계망은 중국의 태자당에 비유
되는 북한의 '봉화조'로, 최고 권력자 혈연 직계를 중심으로 한 측근 네트워
크이다. 김정일 시대 정치적 신임을 받은 측근들이 김정일이 주도하는 비공
식 연회를 통해 신뢰관계와 네트워크를 구축했다는 것은 잘 알려져 있다.
이 관계를 중심으로 김정일은 후계 시절부터 자신의 사람들을 만들어 내고,
이후 조선노동당 파워엘리트로 발탁했다.[82] 이러한 기능을 하는 김정은의

78) 북한에서 "초당이라는 건 당성을 많이 부리는 거"로, "초당분자"는 변화와 기회가 있을
　　때마다, "이 기회에 내가 뭔가 해야겠다. 자기가 충실한 것처럼 보여주는" 간부들을 지칭
　　한다고 한다.
79) 북한에서 도깨비는 위험하고 이상한 행동을 하는 세력이나 인물, 행위 등을 의미한다.
80) 탈북민 C씨(남성, 40대 초반, 대졸, 내각중앙 체육성 소속 평양시 외화벌이식당 사장-평
　　양 출신, 2011년 탈북)
81) 탈북민 D씨(남성, 40대 후반, 대졸, 내각중앙 무역성 특수기관-평양 출신, 2008년 탈북)
82) 황장엽, 『나는 역사의 진리를 보았다』, 서울: 한울, 1999.

사조직이 '봉화조'라고 논해지고 있다.

봉화조는 2000년대 초 김정일 자식들을 포함 북한 고위층 파워엘리트들의 자녀들로 구성된 조직으로, 김일성종합대학, 평양외국어대학 등 평양 명문대 출신이고, 30대 후반~40대 초반 세대로 국가안전보위부 등에 근무하거나 외화벌이 사업 등을 하고 있다고 한다. 핵심 인물로는 이 조직의 실질적 리더라고 평가되는 국방위부위원장 오극렬 아들 오세원이고, 총정치국 조직부국장 김원홍 아들 김철, 내각 부총리 강석주 아들 강태승, 전 김정일서기실 부부장 김충일 아들 김철웅, 국가안전보위부 정치국장 김창섭 아들 김창혁 등이 거론되고 있다.[83]

공식적 모임 및 관계를 통해서는 이들 신세대 엘리트 네트워크 역시 대개 사회주의노동자청년동맹 활동 과정에서 형성되어, 자신의 직무가 결정되면 각종 이권과 연계된 직장과 업무 연고를 중심으로 우리의식 또는 집단의식을 갖춘 네트워크를 구축한다. 그 외 북한정보 소식통들에 의하면 김정은과 김여정, 김정철 등이 관여된 사교모임으로 '청년엘리트클럽', '룡남산클럽', '창광클럽', '금별클럽', '은별클럽' 등 로얄패밀리들의 모임들이 있다고 보고되기도 한다.[84]

그렇다면 이들 신세대 미래 조선노동당 파워엘리트들은 수령-독재 정치 시스템인 북한체제에 대해 어떻게 인식하고 있을까? 이들은 지배연합 구조와 성격을 변화시킬 수 있을 것인가? 분석 결과, 앞서 다루었듯 김정은체제의 다소 젊어진 파워엘리트의 세대 변화는 있으나, 이들이 북한 지배연합의 구조적 특성을 변화시키기는 어려울 것으로 판단된다. 이와 관련되어 구체적으로 이들의 상황과 행위 양상 및 의식구조 등에 대해 평양에서 사업한 비교적 젊은 30대 중반 외무성 책임부원 출신 탈북민과 50대 중반의 인민보안성 출신 탈북민은 다음과 같이 증언한다.

83) 이영종, 『후계자 김정은』, 서울: 늘품, 2010, pp.150~151.
84) 『데일리안』, 2012년 8월 9일; 2012년 8월 12일.

"좀 나이 드신 분들은 앞으로도 무조건 장군님만 좋다 한다면, 우리 세대는…
누가 교육은 안 해 줬어도… 우리끼리 앉으면, 줄기가 좋은 애들도 한국말을 쓰
려고 하고 예를 들면 자네 머리 좀 보라 옷차림도 신경 쓰고 따라가려고 하고,
자유로운 게 좋다는 말을 많이 해요… 그런데 줄기가 좋은 애들이 조건이 뭐냐
면 같이 텔레비전 보다가도 CD알 걸려도 줄기 좋은 애들은 잘 빠져나가거든요.
그러니까 걔들은 아무렇게나 행동하고 아무렇게나 망가지고, 걔들은 호텔에 가
서 술 먹고 그래도, 걔들은 다 잘 살아나고…"[85]

　　북한사람들이 핵심 줄기라고 논하는 이들 백두의 혈통과 만경대 혈통은 북
에서 너무나 잘 먹고 잘 살고, 곧 고위층 파워엘리트가 될 것이라는 공통된
의식이 있다. 승진, 진학, 입사에 돈이 80~90% 이상 차지하는 상황에서도 이
들은 그런 것에 전혀 신경 쓸 필요가 없다. 중하층 엘리트나 그 자녀들이 사
조직 또는 스포츠동우회 같은 것을 조직했다면 조직행위로 사형까지도 받는
데, 이들에게는 그런 것을 별로 신경 쓸 필요도 없다고 한다.[86]

　　또한 이들이 대학졸업 후 주요 직책을 맡을 시, 상대적으로 자유롭고 개방
적인 생활방식과 정책을 선호함에도 불구하고, 3대에 걸친 혈연을 매개로 하
기에 세습적인 운명공동체 의식은 분명하다고 한다. 특히, 아주 확고한 엘리
트들은 한국식으로 보면 차관급 이상으로, 이들은 우리 조국 = 김일성조국과
우리 정권 = 김정일(김씨 가계)정권이란 의식이 분명하고, 젊은 엘리트들도
방식과 능력만 차이가 있을 뿐 이 정도 급이 되면 정권에 대한 것은 동일하다
고 한다.[87]

　　네트워크 분석 결과를 정리하면, 김정은체제에서 파워엘리트 관계망 구조
의 변동가능성은 낮은 것으로 나타났다. 이는 무엇보다 앞서 자세히 다루었
듯 조선노동당 내부에 장착된 수령을 중심으로 한 가계－혈연에 기반한 소수
측근 지배연합 구조의 장기지속성과 계승성 때문이다. 따라서 수령－독재 정

---

85) 탈북민 A씨(남성, 30대 중반, 대졸, 내각중앙 외무성 책임부원－평양 출신, 2009년 탈북).
86) 탈북민 E씨(남성, 50대 중반, 대졸, 인민보안성 대외자재무역국－평양 출신, 2005년 탈북).
87) 탈북민 E씨(남성, 50대 중반, 대졸, 인민보안성 대외자재무역국－평양 출신, 2005년 탈북).

치시스템의 구성 요소인 독재정치 네트워크들을 제거하려는 반독재 네트워크는 최소한 중단기적으로 당엘리트를 중심으로 한 김정은체제 고위직 내부에서 형성되기 어려울 것으로 전망할 수 있다.

V. 맺는 말: 요약과 정책적 제언

본문에서는 독재정치 이론과 권력구조 개념, 그리고 파워엘리트 분석법(power elite approach) 및 네트워크 관계분석(relational analysis) 등을 활용하여 겸직과 장기지속성으로 북한체제 운영의 중심에 있는 조선노동당 '파워엘리트(The Power Elites)'의 실태와 관계망(networks)을 중심으로 김정은체제의 권력구조를 분석하였다.

구체적으로 첫째, 당기관별 핵심 정치엘리트들의 세대, 지위, 겸직, 이력, 출신 학교—지역 등 관계분석을 위한 속성에 기반하여 북한체제를 움직이는 파워엘리트들의 구체적 실태를 밝혔다. 둘째, 이에 기초하여 김정은체제 파워엘리트의 구조적 특성을 분석하였다. 셋째, 당·군·정 권력구조 변동을 주목하며 김정은체제 1년의 승자연합 구조를 밝히고, 넷째, 혈연과 세대연 등 독재정치 세습의 주요 관계망을 규명하며, 다섯째, 김정은체제 파워엘리트 관계망 구조의 변동가능성을 전망하였다.

독재정치 이론과 엘리트 분석, 그리고 관계분석에 기반한 엘리트 관계망 분석틀, 조선노동당 파워엘리트 중심으로 그 실태와 관계망을 분석한 결과, 김정은체제 권력구조는 중첩적이고 지속적인 '강한 네트워크'에 기반하고 있다. 지배연합 관계망의 다양화와 조정이 이루어지고 있으나, 기본적으로 백두의 혈통과 만경대 혈통의 견고한 공생성과 대를 이은 지속성 구조로 이루어져 있기 때문이다.

따라서 조선노동당 고위직 파워엘리트 내부에서 이 네트워크 구조가 변동될 가능성은 희박하다. 전체적 엘리트 균열 양상은 지역 단위 중하층 엘리트들과 내각 엘리트들, 그리고 상대적으로 젊은 세대인 40대 이하 엘리트들 사이에서 드러나고 있으나, 조선노동당을 중심으로 한 지배연합 내부의 파워엘리트 변동가능성은 구조적으로 낮기에, '수령-독재 정치시스템'은 중단기적으로도 쉽게 변화되기 어려울 것으로 전망된다.

이러한 진단과 전망에 기초할 때, 대북통일정책은 어떻게 설정되어야 하는가? 무엇보다 독재체제의 민주화를 위한 부에노 데 메스키타의 풍부한 비교 사례 연구 성과와 보편적 해결규칙[88]을 한국의 대북통일정책의 틀로 설정하고 한반도 민주주의 증대 및 실현이란 지향에 기초하여 북한체제 민주화를 위한 규칙과 한국의 행위주체별 및 시기별 전략-정책을 재구축할 필요가 있다.

현대 독재체제에서 민주화를 가능하게 했던 보편적인 내적 요인은 크게 2가지였다. 하나는 경제적 필요성으로 인한 인민의 자유 확대이다. 이는 특히 자원 빈약국에서 나타났는데, 정권이 국민들의 생산성에 의존하여 통치 자금을 마련하고 지지자들에게 보상을 해야 했기 때문이다. 대표적 사례는 1980년대 후반 미하일 고르바초프체제였다. 또 다른 하나는 잠재해 있던 기존 인민연합의 지지로 독재자의 소수측근 지배연합에서 벗어나 대규모 연합을 구성해야 했던 상황이다. 대표적으로 가나, 남아공, 소련 사례처럼 경제 붕괴로 정권이 군대의 충성심을 매수하지 못하는 상황이 발생하여 혁명의 순간을 맞이한 것이다.

이러한 비교 역사적 경험에 기초하여 국제적 독재정치 연구자들이 제기하는 독재체제의 민주화를 위한 기본 전략과 정책은 '독재정치의 딜레마'를 활용하여 '연합의 규모를 확대'하는 것이다. 좀 더 구체적으로 독재체제는 수많은 통치와 지배의 제도 및 네트워크를 갖추고 있으나, 기본적으로 지도자는 1인 권력집중성으로 다수인 파워엘리트들과 그들의 세력에 의해 언제든 제거될 수 있다는 것을 인식하기에 고독과 불안의 정치 환경에 존재한다. 이 고독

---

[88] Bruce Bueno de Mesquita and Alastair Smith, op. cit., 2011, pp.251~282.

과 불안은 끊임없이 엘리트들과 인민의 충성을 의심하고 그들의 배신을 고려한 권력정치를 추동하게 한다. 한편 엘리트들은 권력자원의 제한성과 통치연합의 소규모성, 그리고 1인 지도자에게 집중된 권력행사권으로 인해 자신이 언제든 지배연합에서 배제될 수 있다는 불안을 지니고 있다. 이것이 독재정치의 딜레마이다.

이러한 독재정치 주요 행위자들의 구조적 불안을 낮추기 위해서는 지배연합의 규모를 확장해야 한다. 민주주의 향상에는 '연합의 규모 확대라는 공통적 원리'가 있음을 전략적으로 인식하고, 무엇보다 통치자가 원하는 소규모의 측근 지배연합으로부터 대규모 대체가능집단(인민연합) 권력을 형성함으로써 엘리트들의 불안감을 해소하며 중장기적으로 이들의 이해를 대변할 수 있다는 것을 인식하게 하는 전략과 정책이 필요하다. 이를 위해서는 연합구성의 규모가 변화되거나 움직여지는 북한 내부의 원리를 찾아야 한다.

본 연구 결과, 중단기적으로 조선노동당 고위직 파워엘리트 내부에서 연합구성의 규모와 네트워크 구조를 변화시킬 가능성은 희박하다. 그러므로 행위자 시각에서 국가-사회관계와 정치적 기회구조의 창출 환경에 대한 치밀한 추적조사에 기반하여, 북한 내부의 지역별·계층별·세대별 민주화를 위한 주체형성에 기여할 수 있는 정책이 절실하다. 북한 엘리트 권력구조에 초점을 맞출 때, 그 정책은 행정-경제사업 분야 중하층 엘리트와 국경연선 지역 엘리트, 그리고 40대 이하 엘리트들 대상으로 해야 한다.

【참고문헌】

김갑식, 「김정은 정권의 출범과 정치적 과제」, 『통일정책연구』 제21권 제1호, 2012.

김정일, 「만경대혁명학원은 주체의 혈통을 이어나갈 핵심골간양성기지이다(만경대혁명 학원창립 50돐에 즈음하여 학원 교직원, 학생들에게 보낸 서한 주체86(1997)년 1월 12일)」, 『김정일선집』 제14권, 평양: 조선로동당출판사, 2000.

김정일, 「주체의 당건설위업을 대를 이어 빛내여나갈 참된 당일군을 키워내자(창립45돐 을 맞는 김일성고급당학교 교직원, 학생들에게 보낸 서한 1991년 6월1일」, 『김정 일선집』 제11권, 평양: 조선로동당출판사, 1997.

박영자, 「북한의 집권엘리트와 Post 김정일시대」, 『통일정책연구』 제18권 제2호, 2009.

박형중, 「북한 권력구조와 정책방향 전망」, 『통일연구원 세미나 자료집』, 2012년 1월 18일.

백승주, 「김정은 체제와 대남정책: 전망과 대응」, 『민주평화통일자문회의 · 평화문제연구 소 공동세미나 자료집』, 2012년 4월 20일.

안용수, 「靑 "김정은, 충성심 따라 군 수뇌 대거 교체"」(종합), 『연합뉴스』, 2012년 11월 29일.

안용현, 「명령 제0051호는 김정은 시대 실세명부」, 『조선일보』, 2012년 7월 18일.

윤일건, 「北장성택, 軍행사서 대장군복 못 입은 까닭은」, 『연합뉴스』, 2012년 10월 30일.

이기동, 「김정은 시대의 개막과 '유일지배체계' 균열 가능성 검토: 권력 엘리트 간의 수평적 균열 가능성을 중심으로」, 『국가안보전략연구소 세미나 자료집』, 2012년 4월 23일.

이영종, 『후계자 김정은』, 서울: 늘품, 2010.

이정은, 「北 파워엘리트는 '김 · 평 · 남(김일성대 – 평양 · 평남 출신 남성)」, 『동아일보』, 2012년 7월 18일.

이정철, 「조선로동당 3차 당대표자회의와 김정일 후계체제」, 『유라시아연구』 제8권 제1호, 2011.

장세정 · 고정애, 「이영호 숙청 부른 군 · 민 돈줄다툼」, 『중앙일보』, 2012년 7월 18일.

정성장, 「북한의 노동당 규약 개정과 후계문제 및 권력체계 변동」, 『정세와 정책』 제179호, 2011.

정영태, 「김정은 세습후계체제의 특성과 대내외 정책 전망」, 『전략연구』 제18권 제2호, 2011.

정용수, 「이영호, 김정은 수행 갑자기 줄어… 5월부터 문책 낌새」, 『중앙일보』, 2012년 7월 18일.

정창현, 「북한 지배 엘리트의 구성과 역할」, 『북한의 당·국가기구·군대』, 서울: 한울, 2007.

조민정, 「北 당조직지도부 제1부부장에 최룡해 기용될 듯」, 『연합뉴스』, 2010년 9월 24일.

통일부 정세분석국, 『김정은 체제의 黨·政 주요인물 분석·평가』, 서울: 통일부, 2012년 7월 16일.

통일부, 북한 주요 인물 정보, http://unibook.unikorea.go.kr/?sub_num=54(검색일: 2012년 7월~12월).

통일부, 북한권력기구도, http://unibook.unikorea.go.kr/?sub_num=382(검색일: 2012년 7월~12월).

통일연구원, 월간 『북한동향』, http://www.kinu.or.kr/report/report_02_01.jsp?category=13 (검색일: 2012년 7월~12월).

통일연구원, 주간 『통일정세』, http://www.kinu.or.kr/issue/index.jsp?category=2(검색일: 2012년 7월~12월).

편집실, 「제4차 조선노동당 대표자대회시 보선된 당 정치국 위원 및 후보위원 약력」, 『로동신문』 2012년 4월 12일.

한기범, 「권력승계 시기 북한의 지배구조와 대내외 정책 전망」, 『통일정책연구』 제19권 제2호(2010).

황장엽, 『나는 역사의 진리를 보았다』, 서울: 한울, 1999.

히라이 히사시 지음, 백계문·이용빈 옮김, 『김정은체제: 북한의 권력구조와 후계』, 서울: 한울, 2012.

A. M. Huberman and M. B. Miles, *Qualitative Data analysis methods,* C.A.: Sage, 1994.

Barry Wellman, "Structural analysis: from method and metaphor to theory and substance", *Social Structures: A Network Approach. B. Wellman and S. D.* Berkowitz, Cambridge: Cambridge University Press, 1988.

Bruce Bueno de Mesquita and Alastair Smith, *The Dictator's Handbook,* New York: Public Affairs, 2011.

Bruce Bueno de Mesquita, Alastair Smith, Randolph M. Siverson, and James D. Morrow, *The Logic of Political Survival,* The MIT Press, 2003.

Charles Wright Mills, "The Structure of Power in American Society", *The British Journal of Sociology,* Vol.9, No.1, Mar. 1958.

Charles Wright Mills, *The Power Elite,* Oxford: Oxford University Press, 1956.

David S. Meyer, "Protest and Political Opportunities", *Annual Review of Sociology* Vol.30, August 2004.

Donella H. Meadows, *Thinking in Systems,* LONDON · STERLING, VA: Earthscan, 2009.

E. Etzioni-Halevy, *The Elite Connection: Problems and Potential in Western Democracy,* Boston: Basil Blackwell, 1993.

G. L. Field and J. Higley, *Elitism,* London: Routledge, 1980.

George Moyser and Margaret Wagstaffe, "Studying Elites: Theoretical and Methodological Issues", in Moyser and Wagstaffe (eds.), *Research Methods for Elite Studies,* London: Allen & Unwin, 1987.

Harrison C. White, *Identity and Control: A Structural Theory of Social Action,* Princeton, N.J.: Princeton University Press, 1992.

Harrison C. White, *Identity and Control: How Social Formations Emerge*(Second Edition), Princeton, N.J.: Princeton University Press, 2008.

John F. Padgett and Christopher K. Ansell, "Robust Action and the Rise of the Medici, 1400-1434", *American Journal of Sociology* 98 No.6, 1993.

John H. Miller and Scott E. Page, *Complex Adaptive Systems,* New Jersey: Princeton University Press, 2007.

John Higley and Michael G. Burton, "The Elite Variable in Democratic Transitions and Breakdowns", *American Sociological Review* 54, 1989.

John Skvorets and David Willer, "Exclusion and Power: A Test of Four Theories of Power in Exchange Networks", *American Sociological Review* 58, 1993.

Juan J. Linz, *Totalitarian and Authoritarian Regimes,* Boulder and London: Lynne Rienner, 2000.

Mark S. Granovetter, "The Strength of Weak Ties", *American Journal of Sociology* 78 No.6, 1973.

Mustafa Emirbayer and Jeff Goodwin, "Network Analysis, Culture, and the Problem of Agency", *American Journal of Sociology* 99 No.6, 1994.

Niklas Luhmann, John Bednarz and Dirk Baecker, *Social Systems,* Stanford University Press, 1996.

Robert D. Putmam, *The Comparative Study of Political Elites,* Englewood Cliffs, N.J.: Prentice-Hall, 1976.

Robert Putnam, Robert Leonardi and Raffaelia Naneffi, *Making Democracy Work: Civic Transitions in Modern Italy,* Princeton: Princeton University Press, 1993.

Ronald Wintrobe, *The Political Economy of Dictatorship,* Cambridge University Press, 1998.

Tarrow S., *Power in Movement,* New York: Cambridge University Press, 1998.

Wendy Pullan, *Structure,* Cambridge: Cambridge University Press, 2000.

Zevedei Barbu, *DEMOCRACY AND DICTATORSHIP: Their Psychology and Patterns of Life,*
　　ROUTLEDGE, 1998.

제4장

김정은체제의 통치행위와 지배연합*

박영자(통일연구원)

Ⅰ. 연구 문제와 목적

김정일 사망 이후 북한 당국의 숨 가쁜 대내외 행보와 예측하기 어려운 도발, 그 이면에 있는 북한정치의 구조적 질서와 동학은 무엇인가? 핵과 정전협정 폐기 등을 이슈로 남북한과 동북아의 긴장 및 갈등을 고조시키면서, 동시에 은밀하고 대담한 정치적 협상을 요구하기도 하는 북한의 정치와 정책 행태, 이를 주도하는 김정은체제(regime)의 통치행위와 지배연합 구조(structure)는 어떠한가? 이 구조분석에 기초해 볼 때, 어떤 중단기적 전망이 가능한가?[1]

* 이 논문은 2011년도 정부재원(교육과학기술부 사회과학연구지원사업비)으로 한국연구재단의 지원을 받아 연구되었으며, 국방연구 제56권 제2호(2013)에 게재되었음 (NRF-2011-330-B00020).

[1] 사전적 의미로 구조는 "상호의존하고 상호관계에 의하지 않고는 존재할 수 없이 결합된 현상들의 전체"이다. 구조주의에 따르면 구조들은 체계의 구조이고, 체계는 기능하나 구조 자체는 기능하지 않지만, 추상된 형식이 아니라 "체계를 의미화하는 내용"이다. [http://preview.britannica.co.kr/bol/topic.asp?article_id=b02g2259a(검색일: 2013년 6월 9일)]. 체계(system)를 동적 개념으로, 구조를 정적 개념으로만 이해하기도 하는데, 구조분석은 '변화예측을 위한 인류사 분석'에 강점을 가지고 있다. 구조주의 인류학자 레비스트로스(Claude Lévi-Strauss)에 따르면, 구조는 체계의 특성을 드러내며, 다수 요소(하위구조)들의 상호관계에 의해 구성되기에, 어떤 체제/체계/모델에서도 개별이 아닌 "일련의 변동"을 한다, 즉 구조들은 상호 긴밀하게 연계되어 일정한 패턴을 공유하며 변화한다.

본 연구는 이 문제로부터 출발한다.

북한의 2012년 12월 장거리 로켓 발사에 이은 2013년 2월 3차 핵실험을 기점으로, 이제 북핵문제는 북한문제가 되었다는 인식이 확장되고 있다. "북핵문제의 궁극적인 해결을 위해서는 지금까지 우리를 지배해 온 고정관념과 사고의 틀에서 벗어나는 것이 중요"하고, "북핵문제를 더 큰 틀의 '북한문제'와 연계하여 국가대전략 차원에서 다루는 것이 필요"하다는 것이다.[2] 그런데 북한의 연이은 도발과 동북아 갈등이 고조되어 긴밀한 한미공조가 필요하나, "미국은 북핵정책은 있으나 북한정책이 없고", 한국은 정권 교체 시기마다 북핵과 북한 문제 "중시 노선 사이에서 갈팡질팡"하며, 적절한 대응을 하지 못하고 있다는 평가가 지속되고 있다. 따라서 북핵문제를 포함한 북한의 예측하기 어려운 도발에 대응책은 "결국 북한의 정책결정 구조"에서 출발해야 한다.[3]

현 시기 한국의 국가전략 차원에서 북한 내부 정치구조 연구가 중요한 이유는 크게 두 가지이다. 대외적 측면에서도 북한뿐 아니라 새로운 리더십이 들어선 정권 초기, 한·미·일·중·러 각 국가에 정치구조와 전망 분석은 중요하기 때문이다.[4] 특히, 북한문제에 중요 외부행위자인 중국은 남북한 교류협력 확대를 통한 공존공영, 한반도 평화체제와 자주적 평화통일, 비핵화 등을 지지하는 공식적 입장을 유지할 것이나, 한반도의 현상을 타파할 수 있는 북한의 급변사태나 급격한 통일에 대해서는 반대하는 입장이고,[5] 3차 핵실험

그러므로 구조분석은 연구 대상이 어떤 환경에서 어떤 상황을 경험할 때 어떻게 반응/행동할 것인가까지를 예측/전망하기 위한 연구이다. Claude Lévi-Strauss, 김진욱 역, 『구조인류학』, 서울: 종로서적, 1983.

[2] 전성훈 외, 「3차 핵실험 이후 김정은 정권의 대내외 정책」, 『통일정세분석』, 서울: 통일연구원, 2013, 24쪽.

[3] 우승지, 「오바마 2기 미국의 대외정책과 북미관계」, 『2013 민주평통 남북관계 전문가 대토론회 자료집』, 2013, 20~29쪽.

[4] 배정호 외, 『리더십교체기의 동북아 4국의 국내정치 및 대외정책 변화와 한국의 통일외교 전략』, 서울: 통일연구원, 2012.

[5] 전병곤 외, 「시진핑 체제의 출범과 대내외정책 방향」, 『통일정세분석』, 서울: 통일연구원, 2013, 16쪽.

이후 미국은 단기적으로 '전략적 인내'라는 기조하에 중국의 역할론 강화와 설득 및 제재강화 논의를 주도할 것이나, 직접공격은 자제하며 장기적인 북한 체제 전환 전략을 모색하고 있다.[6] 따라서 북한문제를 주도적으로 해결해야 할 남한의 북한 내부 연구가 중요하다.

대내적으론, 남북 간뿐 아니라 남남 간 통합문제를 국가대전략 차원에서 재사고하고, 새로운 국가형성과 체제 전략을 모색하기 위해서이다. 최근 통일에 대한 국민의식 조사 결과, '통일 이후 민족통합의 장애 요인'으로 '남북한 주민 간 가치관의 차이'가 39.4%로 가장 높게 응답되었다.[7] 필자의 심층면접, 독일 통합 사례, 북한이탈주민 연구와 비교분석해 볼 때, 중심 원인은 이해의 부족이다. 소통 부재 → 이해 부족 → 불신의 악순환이 '가치관'의 내용도 모른 채 '다르다'는 인식을 확장시키고 있다. 또한 북한문제가 분단과 6·25전쟁, 그리고 남북관계사의 상흔(傷痕)인 '친북 對 반북'이라는 도그마(dogma)적 대립으로부터 자유롭지 못하기 때문이다.[8] 따라서 이념적 프레임을 벗어난 북한체제의 분석력 증대가 필요하다.

또한 북한정치 연구는 새로운 도전에 직면해 있다. 여타 학문의 발전처럼 학술적 정책적 분석력을 높이기 위해서는, 정치학뿐 아니라 정치사회학과 정치경제학 등 다양한 복합학문의 이론과 방법론에 대한 관심과 적용 시도가 절실하다. '정치'의 변수가 다양해졌고, 대북통일정책 아젠다가 변하고 있으며, 과거보다 사회와 경제에 대한 연구 중요성이 커졌고, 북한의 내구력에 대한 재고찰이 필요하며, 변화 추동력과 미래 양상에 대한 심화 연구가 필요하기 때문이다.[9]

---

6) 박형중 외, 「북한 3차 핵실험 이후 미국의 대북정책 논의 동향」, 『통일정세분석』, 서울: 통일연구원, 2013.

7) 김규륜 외, 『통일재원 마련 및 통일의지 결집 관련 국민의 인식』, 서울: 통일연구원, 2012, 27쪽.

8) 인류보편 가치인 민주화와 인권 문제를 북한과 연계할 경우, 극단적 부정과 갈등/폄하와 비야냥 등이 벌어지는 게 한국사회 현실이다. 손기웅, 「김영환, 중국 그리고 북한 민주화와 인권 개선」, 통일연구원 Online Series CO 12-34, 2012, 3쪽.

9) 박형중 외, 『독재정권의 성격과 정치변동』, 서울: 통일연구원, 2012, 3~5쪽.

이와 같이 북한 내부 정치구조와 학술적 분석의 필요성에 근거한 본 연구는 북한의 정치·경제·사회 내부 변동에 대한 실증적 상황 추적과 그 분석에 적실한 비교정치학, 정치사회학, 정치경제학계의 이론적 연구 성과에 기초하여, 김정은체제의 통치행위와 지배연합 구조를 규명하고 이를 김정일체제와 비교분석한 후 김정은체제의 중단기적 전망을 도출하고자 한다.

II. 선행 연구 분석과 이론적 배경

1. 선행 연구 분석

2000년대 중반 이후 국내외에서 3대 세습과 관련하여 김일성 직계에 의한 북한 정치체제의 '붕괴와 지속' 및 '안정과 불안정'에 대한 논쟁이 있었다. 국제적으론 미국을 중심으로 붕괴론과 지속론 논쟁이 있었다. 대표적 붕괴론자는 놀란드(Noland), 리트와크(Litwak)와 만소로브(Mansourov)로, 이들은 북한의 경제위기를 포함해 그 독재정치의 구조적 취약성에 주목했다.[10] 즉, "독재정치는 사적 충성과 소유권 계승의 라인들을 따라 균열하는 경향이 있기 때문에 권력승계 투쟁을 강화"시킨다는 것이다.[11] 반면, 대표적 지속론자인 킬(Kihl), 브라운리(Brownlee), 바이만과 린드(Byman and Lind)는 1994년 김일성 사망 이후 권력 세습 과정에서 김정일의 생존 경험과 독재의 지배제도들을 강조하며 북한체제의 지속성을 주장하였다.[12] 이들은 북한체제 내구성이 오

---

10) Marcus Noland, *Korea after Kim Jong-il*, Washington, D.C.: Institute for International Economics, 2004; Robert S. Litwak, *Regime Change: U.S. Strategy through the Prism of 9/11*, Baltimore: Johns Hopkins University Press, 2007; Alexandre Y. Mansourov, "Emergence of the Second Republic: The Kim Regime Adapts to the Challenges of Modernity", in Young Whan Kihl and Hong Nack Kim (eds.), *North Korea: The Politics of Regime Survival*, Armonk, N.Y.: M. E. Sharpe, 2007.

11) Mansourov, Ibid., 2007, p.51.

랜 지배와 강제 제도들, 즉 "인민봉기와 내부 쿠데타 둘 다로부터 스스로를 보호하기 위한 다양한 권위주의 도구들"에 있음을 강조했다.[13]

국내에서는 북한학계를 중심으로 2008년 김정일 와병 이후 체제 내구력 논쟁이 진행되다 김정은이 후계자로 공식화된 2010년 9월 3차 당대표자회 후, 체제 지속성과 불안정성 관련 논의가 다시 점화되었다. '붕괴와 지속'이라는 대립을 보여준 국제 학자들과 달리, 북한체제 이해도가 상대적으로 높은 국내 학자들은 지속과 변화라는 두 측면을 구별하며 무게중심에 따라 김정은체제의 안정/불안정을 전망하였다.[14] 이어 2011년 11월 김정일 사망 후 북한정세와 2012년 4월 4차 당대표자회에서 김정은이 노동당 제1비서에 추대된 후, 북한 연구자 대부분은 김정은체제 안정화로 수렴되었다. 그러나 향후 전망 관련해서는 최소 집권 3년 이후 체제 진단을 중시하며, 지속론과 변화론으로 대립되기도 하고 예측의 시기상조론 또는 다양한 변수와 행위자를 고려하여 시나리오 식으로 분석되기도 한다.[15]

북한체제의 구조와 전망과 관련한 기간 선행 연구를 국내외로 나누어 평가

[12] Young Whan Kihl, "Staying Power of the Socialist Hermit Kingdom", in Young Whan Kihl and Hong Nack Kim (eds.), *North Korea: The Politics of Regime Survival*, Armonk, N.Y.: M. E. Sharpe, 2007; Jason Brownlee, "Hereditary Succession in Modern Autocracies", *World Politics* Vol.59 No.4, July 2007; Daniel Byman and Jennifer Lind, "Pyongyang's Survival Strategy: Tools of Authoritarian Control in North Korea", *International Security* Vol.35 No.1, Summer 2010.

[13] Daniel Byman and Jennifer Lind, Ibid., 2010, p.44.

[14] 대표적 안정론자는 정성장이며 불안정론자는 백승주였다. 정성장, 「북한의 노동당 규약 개정과 후계문제 및 권력체계 변동」, 『정세와 정책』 제179호, 2011; 백승주, 「김정은 권력승계 2년차, 3대 관전 포인트」, 『신동아』 제626호, 2011.

[15] 주요 선행 연구는 박형중, 「북한은 왜 '붕괴'도 '개혁개방'도 하지 않았을까?」, 『현대북한연구』 제16권 제1호, 2013; 박영자, 「독재정치 이론으로 본 김정은 체제의 권력구조」, 『국방정책연구』 제28권 제4호, 2013; 이교덕 외, 『김정은체제의 권력엘리트 연구』, 서울: 통일연구원, 2012; 홍우택, 『북한 핵문제의 전망과 대응책』, 서울: 통일연구원, 2012; 김갑식, 「김정은 정권의 출범과 정치적 과제」, 『통일정책연구』 제21권 제1호, 2012; 이기동, 「김정은 시대의 개막과 '유일지배체계' 균열 가능성 검토」, 『국가안보전략연구소 세미나 자료집』, 2012; 정영태, 「김정은 세습후계체제의 특성과 대내외 정책전망」, 『전략연구』 제18권 제2호, 2011 등이다.

하면 다음과 같다. 해외 연구들은 사회주의와 탈사회주의 체제론, 그리고 비교정치학계의 정치체제 및 변동론 등 국제 학술계의 이론과 분석틀을 활용한 학술적 분석력이 돋보인다. 그러나 북한 내부 상황과 작동원리에 대한 구체적 이해와 실증 분석력이 약하기에 예측력도 낮다. 또한 북핵문제를 핵심축으로 하기에 국제정치의 현실주의 국가이익 구조와 관계 중심의 '외생적 해석'이나, 서구 자유주의 이데올로기에 따른 '이념형(ideal types) 분석'으로 북한 정치 현실을 추론/전망하는 것에 머무르는 한계가 있다. 반면, 국내 연구는 북한체제 내부 이해도가 높고 남북관계 특수성으로 북한통일 국책연구기관과 연구진들을 갖추고 있기에, 양질측면 모두에서 해외 연구에 비해 성장해 있다. 그러나 전반적으로 '수령제'에 기초한 특수성론이 과다하고, 정책중심적 연구 경향이 강해 학술적 분석력이 약하다. 특히 다양한 이론/분석기제를 활용한 학술 연구가 발전되지 못하고 있다. 따라서 본 연구는 북한체제에 대한 이해 중요성과 국제 학술계와의 소통성을 중시하며, 북한정치 연구에 학술적 분석력과 실증 분석력을 결합하고자 한다.

2. 이론과 분석틀

본 연구는 권력 행위자와 관계, 그리고 그 상호작용의 역동성을 주목하기에 그 분석에 적합한 정치개념인 "권력과 자원배분으로서 정치(politics as power and the distribution of resources)"를 권력정치로 정의하며, 정치를 권력으로 구조화된 관계로 이해한다. 정치는 사회생활에서 자원의 생산·분배·소비와 관련되며, 그 희소자원을 둘러싸고 벌어지는 투쟁으로, 권력은 수단이며 권력수단을 통해 희소자원을 둘러싼 투쟁이 발생하는데 이것이 정치의 핵심이라는 인식이다.[16) 따라서 본 논문에서 권력정치는 정치를 이념·윤리적 문제보다 통치자와 권력엘리트의 이익 추구를 위한 권력투쟁으로 파악한다.

---

16) Andrew Heywood, 조현수 옮김, 『정치학: 현대정치의 이론과 실천』, 서울: 성균관대학교 출판부, 2004, 21쪽, 34~38쪽.

이 정치개념과 연동하여 본 연구에 활용되는 이론은 권력게임 구조, 특히 독재체제에서 행위자와 상호작용의 관계 및 구조를 중시하는 독재정치 (dictatorship) 이론이다. 구체적으로는 권력행위자 시각에서의 북한을 포함한 풍부한 비교 연구로, 현대 비민주적 국가와 권력체들의 독재정치 작동원리를 게임이론에 기초하여 각각의 행태와 상호작용을 규명한 메스키타(Mesquita) 외의 연구 성과[17]와, 독재자가 정권을 지켜줄 핵심 충성세력을 어떻게 형성하는가? 라는 문제에 정치적 후견(patronage)을 중시하며 렌트(rents)와 생산성을 초과하는 수입의 불균등한 분배가 그 해답이라는, '독재정치의 정치경제' 를 분석한 윈드로브(Wintrobe)[18]에 기반한다.

세부적으로 김정은의 통치행위와 지배연합의 특성에 초점을 맞추어 김정은체제 북한정치의 구조와 그 전망까지 진단하기 위해, 게임이론에 기반한 '독재정치의 생존논리와 딜레마'를 활용한다. '독재정치의 생존논리', 즉 권력을 잡은 통치자가 권력을 유지하는 법으로서 통치행위를 분석하기 위한 기본 인식은 정치란 권력을 확보·유지하는 일이며, 최고통치자의 정치적 생존은 공직을 얻고 유지하려는 소규모 집단에 의존할 때 가장 효과적이고, 그 측근 지배연합은 최고통치자의 지출과 세금 부과 방식 관련 결정권에 대해 알고 있으며, 소규모 측근연합에 의존하는 통치자들은 이권을 조정해서 자신의 통치에 이롭게 활용할 수 있다는 것이다. 이 중 조세와 렌트(rents) 결정권 및 소수측근연합과의 공생이 도둑정치·폭정(暴政)·부패정체로 번역되는 클렙토크라시(kleptocracy)의 현실화와 독재권력의 장기집권을 가능하게 한다는 인식이다.[19]

한편 '독재정치 딜레마'의 기본 인식은 독재체제에서 독재자가 권력을 독점하고 있음에도, 모든 정책은 국민·군대·관료 조직의 제약을 받고 이로 인해

17) Bruce Bueno de Mesquita, Alastair Smith, Randolph M. Siverson, and James D. Morrow, *The Logic of Political Survival,* The MIT Press, 2003; Bruce Bueno de Mesquita and Alastair Smith, *The Dictator's Handbook,* New York: Public Affairs, 2011.
18) Ronald Wintrobe, *The Political Economy of Dictatorship,* Cambridge University Press, 1998.
19) Bruce Bueno de Mesquita and Smith, op. cit., 2011, pp.4~15.

독재자와 권력엘리트, 그리고 국민 모두 독재의 권력관계에서 불안감을 갖게 된다는 것이다. 그 결과 독재체제는 보상과 숙청의 각종 제도를 갖추나, 이 제도들이 그 체제를 지탱하게도 하지만 반대로 불안정하게도 하여 각 행위자들의 딜레마 상황을 초래한다는 것이다.[20] 그러나 모든 이론과 모델이 그러하듯이, 독재체제 또한 동일하진 않다. 역사제도적 차이뿐 아니라 다양한 기준으로 분류되는데, 게디스(Geddes)에 따르면 직책과 권력/자원의 배타적 독점권을 가진 주체를 기준으로 군부독재 · 일당독재 · 개인독재로 분류되며, 각 유형에 따라 최고통치자의 통치행위와 지배연합의 특성 및 구조, 그리고 독재 정치의 생존논리도 다르다.[21]

다음은 독재정치 분석에서 중요한 최고통치자와 함께 체제를 운영하는 지배연합으로서 권력엘리트 이론이다. 한 사회 내에서 다른 사람들보다 더 많은 권력을 소유하고, 중앙집권화된 세 영역인 정치 · 군사 · 경제 분야에서 중요한 영향력을 행사하는 고위직 엘리트 연구는 권력구조 분석과 변화전망의 출발이기도 하다.[22] 1인 독재자가 한 정치체제에 막대한 권한과 영향력을 행사한다 할지라도, 역사적으로 그 1인에 의한 통치는 존재한 적이 없으며 가능하지도 않기 때문이다.[23] 그러므로 체제 연구에서 통치자 리더십보다 권력구조 연구가 더 중요한 주제가 된다. 구조의 묘사는 한 시스템이 어떻게 존재하는지 그 정체(identity)를 설명하는 것으로, 개별 요인의 속성(attributes) 파악을 넘어 그들의 관계 · 네트워크 특성 등을 규명하는 것이기 때문이다.[24]

---

20) Ronald Wintrobe, op. cit., 1998, p.30.

21) Barbara Geddes, *Paradigms and Sand Castles,* Ann Arbor: University of Michigan Press, 2003, pp.51~53.

22) Charles Wright Mills, *The Power Elite,* Oxford: Oxford University Press, 1956; Robert D. Putmam, *The Comparative Study of Political Elites,* Englewood Cliffs, N.J.: Prentice-Hall, 1976, p.5; John Higley and Michael G. Burton, "The Elite Variable in Democratic Transitions and Breakdowns", *American Sociological Review* Vol.54 No.1, Feb. 1989, pp.17~32.

23) Bruce Bueno de Mesquita et al., op. cit., 2011, p.2.

24) Wendy Pullan, *Structure,* Cambridge: Cambridge University Press, 2000.

이로부터 본 논문의 분석 프레임인 네트워크(networks)와 정치적 기회구조(political opportunity structure)가 도출된다. 네트워크 분석은 개별 행위자 각각의 특징보다 그들 사이에 구조화된 관계를 중시하며, 각 행위자들이 관계 맺는 네트워크들을 통해 그들의 행위나 과정을 해석하는 것이다.[25] 사회 네트워크 분석의 권위자인 화이트(White)에 따르면, 권력 연구에서 통치자와 그 속성 중심으로 리더십을 연구한 수많은 저서들이 있으나, 이 연구들이 흔히 범하는 오류는 어떤 통치자도 추종자들 없이 존재하지 않는다는 보편성을 외면하거나 부차화한다는 점이다. 특히 권력정치 구조는 통치자와 권력엘리트들의 관계분석이 중요하다.[26] 이 측면에서 권력구조는 권력행위자 간 관계패턴으로 이해되어지기도 한다. 이때 관계분석은 권력엘리트 상호 간 결합력을 중시하며 그들의 네트워크 구조를 분석하는 것으로, 결합력의 정도에 따라 '강한 연계(strong ties)'와 '약한 연계(weak ties)'의 의미를 규명한다.[27]

이에 더하여 그 구조의 불안정성과 갈등을 규명하고 변화를 전망하기 위해 또 다른 분석틀로 정치적 기회구조 이론을 활용한다. 이 논의는 정치사회학 분야의 사회운동 시각에서 발전하여, 정치적 기회 이론(political opportunity theory)/정치과정론(political process theory)으로도 알려져 있다. 이 이론은 만약 현실 권력구조와 시스템이 도전에 공격받기 쉽다면, 사회적 변화 과정에서 다른 사람이나 집단/네트워크들을 위한 정치적 기회창출의 구조적 변동이 가능하다는 인식과 그 반대의 명제에 기초한다.[28] 정치적 기회구조는 개념적으로 '정치적 지형'으로도 정의할 수 있으며, 행위자의 행동들을 정치적 '기회의

25) Mark S. Granovetter, "The Strength of Weak Ties", *American Journal of Sociology* Vol.78 No.6, May 1973; John Skvorets and David. Willer, "Exclusion and Power", *American Sociological Review* Vol.58 No.6, Dec. 1993; Mustafa Emirbayer and Jeff Goodwin, "Network Analysis, Culture, and the Problem of Agency", *American Journal of Sociology* Vol.99 No.6, May 1994.

26) Harrison C. White, *Identity and Control: How Social Formations Emerge,* Princeton, N.J.: Princeton University Press, 2008.

27) Granovetter, op. cit., 1973, p.1360.

28) Tarrow S., *Power in Movement,* New York: Cambridge University Press, 1998.

구조' 맥락에서 분석할 수 있어, 행위자와 구조 관련 논쟁에서 이 둘을 결합시킨 이론으로 학계의 주목을 받고 있다.[29] 따라서 체제의 안정성/불안정성 진단과 전망에 중요한 분석틀로 활용될 수 있다.

연구 방법으론 북한 당국의 공식 간행문헌과 발표, 통일연구원이 발행하는 월간『북한동향』과 주간『통일정세』,[30] 통일부의 북한 주요 인물과 권력기구 정보,[31] 주요 선행 연구와 신문기사 등 다양한 문헌과 자료를 교차분석한다. 또한 생생한 실태를 보기 위해 북한이탈주민(이하 탈북민) 심층면접을 활용한다.

III. 김정은의 통치행위

1. 권력행위

"동지들, 위대한 김일성 민족의 100년사는 탁월한 수령을 모셔야 나라와 민족의 존엄도 강성번영도 있다는 철의 진리를 뚜렷이 확증해주는 역사입니다."[32]라며, 김일성출생 100주년 기념 대규모 열병식 행사에서 3대 수령으로서 자신의 목소리를 공표한 김정은, 그의 수령독재 리더십이 이루어진 1년 이상 기간 김정은의 권력정치 행위를 어떻게 진단할 수 있을까? 현상적으로 김정은은 김정일 사망 후 전개된 외부의 체제 불안정론과 위기론을 빠른 속도로 진압하고 3대 수령으로 공식 입지를 다졌다. 연이은 장례행사와 2012년 상

---

29) David S. Meyer, "Protest and Political Opportunities", *Annual Review of Sociology* Vol.30, August 2004, pp.125~145.

30) http://www.kinu.or.kr/report/report_02_01.jsp?category=13(검색일: 2012년 7월~2012년 4월); http://www.kinu.or.kr/issue/index.jsp?category=2(검색일: 2012년 7월~2012년 4월).

31) http://unibook.unikorea.go.kr/?sub_num=54(검색일: 2012년 7월~2012년 4월); http://unibook.unikorea.go.kr/?sub_num=382(검색일: 2012년 7월~2012년 4월).

32) 「김정은 제1비서 대중 연설 전문」, 통일부 내부자료, 2012년 4월 15일.

반기 대규모 행사를 무사히 치른 후, 7월을 기점으로 군부 최고 권력엘리트인 리영호의 전격적 해임 및 후계 시절 측근인 현영철 임명, 당·군·정 모두에 최고 권력 공식 장악, 그리고 '6·28방침(새로운 경제관리체계)'과 9월 '12년 의무교육제 도입' 등을 선포 및 상황에 따라 조절하면서, 빠른 속도의 권력엘리트 구조조정과 파격적 정책 실험, 신세대 감각에 조응하는 대중적 리더십 행보를 보여주었다.

그리고 2012년 12월 '광명성 3호'가 궤도 진입에 성공함으로써 김정은체제가 북한 정치 궤도에 진입하였음을 대내외적으로 과시하였을 뿐 아니라, 2013년 3차 핵실험 성공과 공세적 도발을 주도하며 김정은체제의 북한정치가 전세계에 시선을 잡고 있다. 그렇다면 2013년 4월 현재 보이는 김정은체제의 권력행위는 어느 시기부터 본격화되었으며, 이를 어떻게 분석할 수 있을까? 필자는 현재 드러나는 김정은체제의 예측하기 어려운 도발적 행태가 본격화된 시기를 2012년 7월 15일, 북한군부의 실질 권력자이며 후계 시절 김정은의 군부후견인이고 장성택 라인이라고도 알려졌던 리영호의 군총참모장 외 모든 직위해임과 연이은 북한 내 권력엘리트 구조조정 시기라고 판단한다. 그렇다면 그 행위구조를 어떻게 이해할 수 있을까? 본 절에서는 게임이론에 기초해 권력장악과 통치력을 발휘하려는 통치자들의 보편적 정치행위로 드러난 주요 명제에 기반하여,[33] 북한 당국에 의해 보도되고 검증된 김정은의 당시 권력정치 행위를 중심으로 분석하려 한다.

첫째, 속도는 권력장악의 핵심이다. 특히 군부를 가장 빨리 장악해야 한다(Speed Is Essential). 2012년 7월 15일 리영호 군총참모장 외 모든 직위해임, 16일 현영철 총참모장 임명, 17일 김정은 '공화국 원수' 칭호 수여, 18일 조선인민군의 김정은 원수칭호수여 축하결의대회, 19일 평양시 경축대회가 단 5일만에 빠른 속도로 진행되었다. 둘째, 지지 행위자들에게 보상하라. 권력장악이나 후계 과정에서 활약했던 지지자들의 버림받을지도 모른다는 두려움을

---

33) Bruce Bueno de Mesquita and Smith, op. cit., 2011, pp.21~48.

완화하고, 집권 초기 충성심을 매수해야 한다(Pay to Play). 대표적 예가 후계 시절 김정은의 군과 첩보 관련 특별지시를 수행한 폭풍군단[34] 단장 출신 현영철이 리영호 해임 이후 바로 다음날 군부 최고실세인 총참모장으로 비약 승진한 것과, 김정은 후계 시절 인민군 보위사령관 관장 김원홍이 이미 4월 이후 국가안전보위부 제1부부장직으로 승진한 것 등이다. 이에 기초해 볼 때, 김정은은 후계 시기인 2010~11년 보위사령부를 통해 정권보위의 제1선에 대한 권력정치를 본격화한 것으로 판단된다.

2011년 폭풍군단은 국경지대 대대장·중대장·소대장 등 군 고위간부는 물론, 보위부원과 보안원 등을 밀매매·도강·비사회주의 행위 등으로 적발하여 보위사령부에서 대대적으로 취조를 받게 하였으며, '폭풍군단검열'에 걸린 군관들 중 취조 후 교체대상은 교화소에 보내고 나머지는 보위사령부 단련대로 보낸 후 대대적인 사상교양 학습을 시켰다고 한다.[35] 주목할 점으로 인민군 보위사령부는 군을 정치적으로 감시통제하는 기관으로, 92년 프룬제 군사아카데미 사건, 95년 6군단 쿠데타 미수사건뿐 아니라 당-내각 간부까지 확대된 97년~2000년 서관히~심화조 사건까지를 검열 주도한 수령의 통제기관이다.[36]

셋째, 전임 통치자의 측근연합을 반복하지 마라(Papal Bull-ying for Power). 2012년 7월까지 김정은의 권력행위를 정리하면, 리영호를 포함하여 김정일 국방위원장 장례식에서 운구차를 호위한 김정일체제 말기 북한정권 실세 '8인방' 중 군부 내 고위인사 3명이 실각/교체되었다. 이미 2012년 4월 이후 우동측(그의 국가안전보위부 제1부부장직 김원홍으로 이전)의 행방이 묘연하고, 김영춘(그의 인민무력부장직 김정각으로 이전)은 당부장직만 맡아 위상이 격하되었다.[37] 이러한 예기치 못한 권력행위 및 숙청 양상은 2013년 현재

---

34) 「백두산에서 신의주까지 북중국경 수비를 담당하는 조선인민군 제8군단」, 『중앙일보』, 2012년 7월 18일, 1면.

35) 좋은벗들, 『오늘의 북한소식』 제465호, 2012년 7월 25일.

36) 김선호, 『북한군 보위사령부의 임무 및 역할 검토』, http://www.starflag.or.kr/board/read. html?div=discuss_data&no=51(검색일: 2012년 7월 4일).

까지 지속적으로 나타나고 있다. 이는 독재정치의 특징이기도 하나, 특히 김정은의 속도감 있는 권력장악 행위 양상을 볼 때, 이 같은 행태는 이후에도 나타날 것으로 전망된다.

넷째, 재정위기는 통치자의 최고 불안 요소이다. 정략적 정책을 시행하려면 통치자는 항상 지급 능력을 유지해야 하며, 어떤 방법으로든 측근에게 보상해야 한다(Seizing Power from the Bankrupt). 선군정치 과정에서 북한 군부는 막대한 외화벌이 권한을 가지고, 당의 통제로부터 일정하게 벗어날 수 있는 이권사업의 중심에 있었다. 김정은이 군부의 실세 3인을 숙청 또는 위상격하 한 배경에는, 경제 이권이 집중된 군부의 이권을 1차적으로 수거하여 안정적인 통치 자금을 확보하려는 측면이 있었다. 전체적으로 김정은과 그 측근 연합이 지배를 위한 안정적 지급 능력을 유지하고, 정략적 정책 시행 및 통치 자금 구조를 확보하기 위해, 당-군-정 경제 이권 구조와 세력 재편을 시도한 것으로 해석할 수 있다.

이는 김정은이 인민생활과 내각 중심 정책을 강조하지만, 지금까지 현지지도와 통치행위의 중심은 당적 지도를 기조로 한 군부에 있는 것에서도 확인할 수 있다. 따라서 김정은의 통치 행태가 군(군부-군수산업) 중심에서 내각(민간-인민경제) 중심으로 전환되고 있다거나, 미국과의 평화협정이 이루어지면 내각 중심으로 전환될 것이라는 진단은 숙고할 필요가 있다. 실증적으로 군부 출신이 아닌 민간 출신 당엘리트들이 군부의 중요 직책을 맡기 시작한 것은 김정은 후계 시기부터였다.

그때부터 조선노동당을 중심으로 한 수령과 소수 지배연합은 군에서 잔뼈가 굵어 위계적 네트워크를 갖추고 각종 자원을 임의로 수취하며, 자기 세력의 이익을 위해 수령시스템을 혼란스럽게 한 선군정치의 적자-수혜 세력들이 초래한 독립적 위계 네트워크의 영향력을 막으려 했다. 이론적으로도, 새롭게 등장한 통치자와 그 세력은 실권 장악을 위해 군부를 가장 먼저 장악해야

---

37) 전병역, 「리영호, 김정은 옹립 일등공신… 올 4월부터 최룡해에 밀려」,『경향신문』, 2012년 7월 17일, 6면.

정권이 안정 궤도로 들어설 수 있다는 것을 알고 있다.

2. 대중 통치술

본 절에서는 김정은체제의 대내외 정책 및 리더십과 관련된 대중 통치술을 다룬다. "통치기술로서 정치"는 집단적 결정을 만들고 강화시킴으로써 사회 내에서 통제를 행사하는 것으로, 통치의 권위를 가진 정권이 국내외적으로 실행하는 정치는 통치전략 및 정책과 바로 연계된다.[38] 김정일 사망 후 북한 당국의 공식 발표와 행보로 김정은체제의 내부 통치전략을 분석해 보면 수령의 대중 영도방법인 "혁명적 군중노선"과 "혁명적 수령관"에 기초하며,[39] 정책방향은 김정은의 독립적 통치력 구축 과정에서 '김정일 유훈통치'와 인민동원 ─ 김정은의 대중적 영웅형상화 작업을 통한 '집단주의와 절대권력 체제 재구축', 그리고 '비사회주의 검열강화'이다.[40]

대내외 정책방향의 총적 기조는 2012년 4월 12일자로 발표된 〈개정 조선로동당 규약 서문〉을 통해 드러났는데, 대내 정책은 선군정치·3대혁명·자립민족 경제와 문화·"온갖 반동적, 기회주의적 사상조류들을 반대배격", 근로단체 역할강화·대중 조직─동원이고, 대남과 대외 정책 방향은 남한의 협력세력 강화 및 제국주의와의 투쟁이다.[41] 그리고 2013년 들어 자주와 선군에 대한 이데올로기 교육을 강화하고 지속적인 내부 단속을 이어 나가면서, 2월 핵실험 이후 3월 31일 당중앙위원회 전원회의를 개최하여 '경제건설과 핵무력 건설'을 병진시켜나가겠다는 전략을 채택하였다. 당시 김정은은 전쟁억지력을 포기했다가 침략 당한 발칸반도와 중동의 교훈을 잊지 말아야 한다며, 경제─핵무력 병진노선의 정당성을 제기하였다.[42]

---

38) Andrew Heywood, op. cit., 2004, pp.24~26.
39) 『철학사전』, 평양: 사회과학출판사, 1985, 602~603쪽.
40) 「조선노동당 중앙委·조선노동당 중앙군사委 공동구호」, 『로동신문』, 2011년 12월 31일; 「노동신문, 조선인민군, 청년전위 공동사설」, 『로동신문』, 2012년 1월 1일.
41) 『로동신문』, 2012년 4월 12일.

이어 다음날인 4월 1일 최고인민회의 제12기 7차 회의에서 "자위적 핵보유국의 지위를 더욱 공고히 할 데 대하여"라는 법령을 채택하며, "방위력을 강화하면서 경제건설에 집중하여 '인민들이 사회주의 부귀영화를 마음껏 누리는 강성국가'를 건설하기 위한 전략적 노선", "국방비를 늘이지 않고도 적은 비용으로 방위력을 더욱 강화하면서 경제건설과 인민생활 향상을 꾀할 수 있는 방도", "주체적인 원자력 공업에 의거하여 핵무력을 강화하는 동시에 전력문제도 풀어나갈 수 있는 합리적인 노선"이라며,[43] '핵무력 = 경제강국의 무기'라는 대대적 선전과 교육의 대중적 포섭정치를 펼치고 있다.

이와 함께 특히 권력정치가 두드러진 2012년 6월 이후 김정은은 북한인민을 대상으로 김정일과는 다른 리더십을 보이고 있다. 그 특징을 정리해 보면 첫째, 김정일의 '폐쇄형 고독한 은둔자 이미지'가 아닌 '개방형 인민친화적 이미지', 둘째, 미국과 자본주의 문화를 상징하는 미키마우스가 등장하는 모란봉악단 공연 TV 중계 및 퍼스트레이디 리설주를 동반한 밝은 모습의 공개적 대중활동 등 북한 신세대들의 감각 변화에 조응, 셋째, "내게 소중한 건 총알보다 쌀알"이라는 발언이 상징하는 '인민생활 향상' 의지 표명의 대중 포섭 정치 등이다.[44]

한편, 상징과 선전뿐 아니라 6·28방침 등 다양한 경제개혁 조치를 적극제기하고 전국적 해설선전 사업도 진행하였다. 그러나 그 정책효과는 새로운 수령의 '인민생활 향상'에 대한 의지라는 대중정치 이데올로기적 성격이 컸다. 북한사회와 주민 사이에는 지난 20여 년 동안 국가 경제조치에 대한 정책 불신도가 높아졌고, 공공재 투자 없는 생산성 향상 효과도 한계치에 달하였다. 다양한 개혁조치와 정책적 실험은 단지 선전과 담론에만 머물렀고 현실화되진 않았다.

이 상황에서 김정은이 꺼내든 대중 통치술이 장거리 로켓과 핵이었다. 김

<hr />

42) 『조선중앙통신』, 2013년 3월 31; 2013년 4월 1일.
43) 『조선중앙통신』, 2013년 4월 1일.
44) 『한국일보』, 2012년 7월 19일; 『중앙일보』, 2012년 7월 20일.

정은체제는 대내적으로 장거리 로켓 발사 성공과 3차 핵실험 이후 모든 엘리트들을 풀가동하여, 그 성공을 매개로 젊은 지도자 김정은의 위대함을 선전하고 충성심을 고취하는 대규모 주민동원 행사를 전국적으로 진행하였다. 이 과정에서 2012년 이후 연이은 권력엘리트들의 숙청 · 하방 · 부서재배치 등 권력 구조조정의 혼돈과 후과 및 북한주민들의 '젊은 수령과 탐욕스런 관료들'에 대한 불안/불신을 제거하기 위해 총력을 기울이고 있다. 그리고 이는 일정한 효과를 거두고 있다. 북한의 공식 매체뿐 아니라, 2010년~2012년 탈북민을 대상으로 한 통계조사에서도 북한주민들의 핵무기에 대한 높은 열광이 확인되었다.[45]

3. 비교와 전망

1) 김정일체제와의 비교

김정일체제의 특징은 첫째, 공식적 권력승계완 달리 오랜 준비 과정을 거쳐 형성되어, 김정일의 통제력과 당 · 군 · 정 엘리트에 대한 장악력은 확고한 편이었다. 둘째, 김일성체제로부터 형성된 북한 권력엘리트들의 강한 응집력이다. 대개 만경대혁명학원과 김일성종합대학 출신인 혁명 2~3세대들은 처음부터 김정일과 함께 성장한 그의 가신(家臣)적 보위세력이었다. 셋째, 가부장적 수령독재와 후계체제로 제도화된 북한사회의 집단주의 구조이다.[46] 이 특징을 김정은체제와 비교해 볼 때, 둘째 특성은 지속되고 있으나, 김정은의 짧은 정치 경험 · 20년 이상의 식량난과 시장화 및 빈부격차 심화 · 집단주의 약화 등으로 인한 2000년대 이후 경제─사회 변화 등으로 인해 첫째와 셋째는 김정일체제에 비해 불안정한 상황이다.

45) 박영자, 「북한주민의 '핵무기 인식' 및 '정치요인 의식과의 상관성'」, 『2013 북한연구학회 춘계 학술대회 자료집』, 2013년 4월 25일.
46) 현성일, 『북한의 국가전략과 파워엘리트』, 서울: 선인, 2007; 히라이 히사시 지음, 백계문 · 이용빈 옮김, 『김정은체제』, 서울: 한울, 2012.

그럼에도 2013년 현재 장거리 로켓 발사와 핵실험 성공이 상징하듯 김정은체제는 예상에 비해 빠르게 안착되고 있다. 최소한 중단기적으로 리비아의 카다피 또는 이라크의 후세인과 같은 상황에는 처하지 않을 것이다. 다만 북한의 권력구조 변화와 관련하여 주목할 점이 있다. 유사한 질의 '수령독재' 일지라도, 김일성체제와 김정일체제의 권력구조와 운영방식, 국가—사회관계는 달랐으며, 김정일과 김정은체제의 그 양상과 통치행위 역시 다르다. 김정일과 다른 김정은체제 통치행위 및 양상의 세부적 차이를 정리해 보면 다음과 같다. 첫째, 당대표자회와 최고인민회의 등 공식 제도를 활용한 정치적 결정과 통치의 정당성 확보, 둘째, 빠른 속도의 권력엘리트 구조조정과 파격적 정책실험, 셋째, '개방형 인민친화적 이미지', 넷째, 국제적이고 밝은 모습의 공개적 대중활동과 신세대 유행감각에 조응, 다섯째, 핵무기와 공격적 대내외 행보로 '강하고 젊은 국가'로서 김정은 상징화 등이다.

2) 중단기 전망

앞선 분석에 기초할 때, 김정은이 독립적 친위세력인 가신(家臣) 네트워크와 안정적 리더십을 구축할 때까지 향후 몇 년간 권력엘리트 내부 구조조정은 지속될 것이다. 또한 김정은은 적극적으로 '핵무력—경제발전 병진노선'을 선전하며, 대중적 체제 자부심과 집단주의 강화 통치술을 펼칠 것이고, 인민생활 향상 기치로 내부생산성 향상·해외 자금유입노력·노동력 송출 정책을 시도할 것이다. 그러나 이 정책들은 김정은이 '핵보유 국가'를 포기하지 않고 내부 민주화 등 정치개혁을 동반하지 않을 것이기에 국제사회의 대대적 지원을 받기 어려울 것이므로, 개인생산성 향상 및 자력갱생 정책의 연장선에서 이루어질 것이다. 이 상황이 몇 년간 지속되면 지배와 통치의 상징 조작 및 제도만으로는 막아낼 수 없는 생존불안과 구조적 위기가 증폭될 것이다.

그렇다면 김정은체제는 그 불안과 위기를 어떻게 극복할 것인가? 그 행위 패턴과 구조적 조건은 무엇인가? 현대 통치자들이 위기에 처했을 때 취했던 공통된 행위패턴, 특히 독재자가 경제위기에 대처하는 방법은 "반란을 꿈꾸지 않을 만큼 풍족하게", "반란을 잠재울 만큼 두렵게", "반란이 일어나더라도 이를 막아줄 소수측근 연합과 지지자들을 항상 주변에", 그리고 "위기를 새로운 위기창출로, 반란을 잠재울 기회로 활용"하는 것이다. 또한 독재자가 혁명의 위협에 대처하는 두 가지 방법은 크게 민주주의 확대로서 반란을 꿈꾸지 않을 만큼 국민을 부유하게 하는 것과, 독재 강화로써 반정부 시위가 성공할 수 있는 기회를 빼앗고 국민을 더욱 궁핍하게 하는 것이다. 이 둘 다의 변수는 '군부의 충성심'이다. 군부가 국민을 저지하지 않으면 통치자는 버림받기 때문이다. 더욱이 측근연합에게 지지/충성에 대한 보상의 확신을 주지 못하면 반란을 막을 수 없다.[47]

이 논거에 기초할 때, 북한정권이 20년 이상 경제위기 상황에서도 장기 지속할 수 있었던 이유 중 하나는, 반란이 일어나더라도 이를 막아줄 소수측근 연합과 지지자들을 항상 주변에 두었던 것이다. 구체적으로 북한체제의 오랜 특성인 '절대권력자와 소수 지배연합' 구조에서는 그 내부로부터의 체제 포기 또는 민주화가 어렵다. 북한체제를 움직이는 이들 지배연합의 장기지속성과 견고한 공생관계 때문이다. 또한 평양시민 인구로 대표되는 지지자들이 북한정권을 위기로부터 보호해 주고 있다. 북한주민 내 북한체제 지지자들의 규모를 추산할 때, 최소한 평양주민·군대·당원 등 3중으로 공통되는 이들을 고려해도, 최소 평균 약 230만 평양시민 수준의 지지자가 존재한다. 이들은 '김정은 = 김일성민족 = 공화국(북한) = 운명공동체 = 수호체 = 나의 정체성'이란 체제 내면화가 이루어졌다.

그렇다면 무엇이 이들 북한 전체 인구 10%로 하여금 김정은체제에 충성하게 만드는가? 그들로 하여금 위기와 반란에 정권을 지켜주게 하는 핵심적 '충성의 기제'는 무엇인가? 합리적 충성을 유발하여 위기나 반란으로부터 권력자를 지켜주는 2가지 기제는, 정치적 권한에 의한 선심―특혜적 예산분배

---

47) Bruce Bueno de Mesquita and Smith, op. cit., 2011, pp.195~224.

(pork-barrel projects)와 정치적 후견(patronage)이다.[48] 대표적으로 전자의 경우 오랜 기간 북한정권이 공들인 평양시와 평양시민에 대한 특혜와 지원 등이며, 후자의 경우 공통의 이해와 관계에 기반한 대를 이은 지배연합과 후견－피후견 관계의 운명공동체적 특성이다.

다른 한편 독재자는 대내외적 위기를 반란과 혁명을 잠재울 기회로 활용한다. 대표적인 것이 자연재해·전쟁/전쟁열기·안보 불안·민족주의 등이다. 김정은체제 국내외 정세에 기초해 볼 때, 이러한 전략하에 진행될 정책은 첫째, 핵무기와 첨단기술 산업 지속으로 체제 자부심 강화, 둘째, 선진자본주의와 남한의 경제위기/병폐 선전 강화, 셋째, 세계화 시대에 조응하는 주체/반제 이데올로기 재구축과 사상교육 강화, 넷째, 전쟁 분위기 활용과 신민족주의 부흥이다.

IV. 지배연합

1. 안정성

1) 강한 네트워크

김정은체제 '지배연합으로서 권력엘리트'의 구조적 성격을 파악하기 위한 네트워크 분석이란, 개별 행위자들이 관계 맺는 연결망을 통해 그들의 행위나 과정을 해석하는 방법으로, 그 특성을 밝히기 위해서 중첩성과 지속성을 분석 도구로 활용할 수 있다. 중첩성이란 한 권력엘리트/집단이 다른 그들과 맺는 관계 중복성으로, 행위자 및 네트워크 간 결합 강도나 거리를 보여주는 관계 분석에 해당하며, 이를 통해 한 체제 내 권력구조의 기초 지형을 확인할 수 있다.[49] 네트워크의 지속성은 정치엘리트들이 권력을 행사하는 시간 정도를

---

48) Ronald Wintrobe, op. cit., 1998, pp.20~39.

개념화한 것으로, 대표적 측정 지표는 재임/경력 기간이다.[50]

김정일체제 북한정치를 주도하는 고위층 권력엘리트의 주요 특징은 권력기구인 당·군·정 2곳 이상의 겸직, 혈연·세대연·학연 등 관계 긴밀성, 당 핵심 엘리트 기준 70대 초중반의 높은 평균연령, 평균 30년 이상 장기간 고위직 재임/경력 기간이다. 즉, 북한 권력엘리트 구조의 양대 속성은 직위 및 관계의 '중첩성'과 평균연령 70대, 평균 정치활동 30년 이상의 '지속성'이다.[51] 북한의 2012년 4월 4차 당대표자회 이후 개편된 노동당 전문부서 부장이상, 국방위 위원 이상, 최고인민회의 상임위 위원 이상, 내각의 相(장관) 이상 권력엘리트 106명의 연령·성(性)·출신 지역·출신 학교 등 인적 특성을 분석한 통일부 자료에 따르면 정책지도기관인 당엘리트의 평균연령은 72세이며, 세대연-학연-지역연 등의 관계 중첩성이 높다.[52]

2012년 중반 이후부터 권력투쟁 마무리 후 빠른 중앙 간부교체와 세대교체 흐름 등 김정일체제와의 차이도 드러나나, 고위층 권력엘리트 구조인 다양한 관계의 '중첩성'과 높은 평균연령이 함의하는 정치활동 '지속성'은 김정은체제 초기 지배연합에도 나타나고 있다. 따라서 젊은 통치자 김정은과 그를 둘러싼 '평양의 노회한 남성 권력엘리트들'은 개개인보다 그들 네트워크의 구조화된 특성으로 접근해야 한다. 권력엘리트 관계분석의 3대 네트워크로 한국에서는 혈연·학연·지연을 고려하는데, 북한은 1960년대 이후 종파주의와 함께 지역주의를 배격/엄벌하고 조선노동당 권력엘리트와 그 가계구성원 대부분은 주기적 검열을 통과하며 평양에서 살았기 때문에, 고위직 내 지역 연고로 인한 네트워크 영향력은 크지 않다고 볼 수 있다. 그러나 혈통과 청년동맹 등 세대별 조직사업을 중시한 전통과 정책으로 '혈연'·'세대연'·'학연'·'경력-기관연'은 중요한 네트워크이다. 네트워크 분석 결과, 김정은체제 권력엘리

---

49) Emirbayer and Goodwin, op. cit., 1994, pp.1419~1422.

50) Skvorets and Willer, op. cit., 1993, pp.801~803.

51) 박영자, 「북한의 집권엘리트와 Post 김정일시대」, 『통일정책연구』 제18권 제2호, 서울: 통일연구원, 2009.

52) 통일부 정세분석국, 『김정은 체제의 黨·政 주요인물 분석·평가』, 서울: 통일부, 2012.

트, 특히 당고위직 엘리트들은 '강한 네트워크 구조'로 이루어져 있다.[53]

2) 재생산구조

북한 지배연합 재생산의 정수는 혈연이다. 김정은체제의 가장 중요한 지배연합 네트워크도 혈연이며, 이는 그 체제의 일차 안정화 요인으로 작용하였다. 이와 관련해, 최근 독재정치 연구의 성과 중 하나가 수많은 경험 사례 비교에 기반하여 세습과 혈연문제를 게임이론 시각에서 새롭게 다룬 것이다. 세습이 독재를 포함한 정치체제를 불안정하게 한다는 기존 주류 가설과 다르게, 권력이 혈연으로 이어져 가계구조에 따라 계승되는 세습 독재체제가 통치자뿐 아니라 그 권력구조 내부에 있는 지지자들 모두에게 유리하다는 합리주의 분석이다. 세습은 통치자와 지지자 모두에게 수많은 이점이 있는데, 무엇보다 새로운 통치자가 권력을 유지하려면 안정적인 지지자들이 필요하며, 세습제도에서는 이미 그 행위자와 구조들이 준비되어 있고, 지지자들 또한 대를 이은 충성에 대한 보상구조를 지켜낼 수 있기 때문이다.[54]

이를 실증하듯, 김정은체제 1년간 조선노동당 권력엘리트 중 가장 활발히 움직인 네트워크는 세습체제를 빠르게 안착시키기 위해 먼저 신군부를 정치적으로 배제시킨 수령 지배연합 네트워크이다. 특히 백두의 혈통과 만경대 혈통이 연대한 혈족계 네트워크들의 움직임이 두드러졌다. 그 구조와 특성을 요약하면, 먼저 김일성 가계 소위 백두산 줄기인 '백두의 혈통'으로서 '김정은 – 김경희 – 장성택' 네트워크이다. 이 중 김정은 – 김경희는 백두혈통의 직계이나, 만경대혈통인 장성택은 방계이다. 조선노동당 중앙위원 중 '백두의 혈통' 구성원은 전체의 3% 이내이나, 이들은 능력과 무관하게 요직을 차지하고 수령독재 지배연합을 지켜내고 있다. 다음은 '만경대 혈통'이다. 그 중심에는 '김기남 – 최룡해 – 장성택' 네트워크가 있다. 김일성이 생전에 100번 이상 방

53) 이교덕 외, 앞의 책, 2012; 박영자, 앞의 책, 2013, 121~136쪽.
54) Bruce Bueno de Mesquita and Smith, op. cit., 2011, pp.31~32.

문55)했다는, 만경대혁명학원은 인민학교~중학교까지로 구성되어, 졸업생 대부분은 김일성종합대학에 입학하고, 각종 특혜를 받는 수령 지배연합의 충성스런 엘리트로 자라나 권력엘리트 절대다수를 구성한다. 즉, 만경대 혈통은 수령을 보위하고 공생하며 그 체제에서 이익을 공유하는 지배연합 재생산구조의 중심에 있다.56)

2. 불안정성

1) 승자연합 구조의 불안정

정치적 억압이나 정책결정, 경제적 효율성 등 여러 측면에서 독재를 바라보는 것은 중요하다. 그러나 기본적 출발점은 독재자는 공식적으로 정치권력을 독점하고 있음에도 모든 정책은 국민, 군대, 통치·관료조직의 제약을 받는다는 데 있다. 때문에 아무리 독재자가 권력을 쥐고 있다하더라도 이 제약조건들은 독재자 위치를 불안하게 만들고, 반대로 독재자의 권력독점에 피통치자도 불안해진다. 독재자는 자신을 반대하는 음모를 의심하며 독재를 종식하는 흔한 방법이 독재자의 암살/제거라는 것도 알고 있다. 따라서 지지 세력들에게는 보상을 해주고, 반대세력에겐 조직적 소외/제거로 그 음모의 방지제도를 만들게 된다. 이 억압과 재분배 제도들이 독재체제를 지탱하게도 하고 역으로 불안정하게도 한다. 즉, 측근연합의 충성과 권력독점을 가능하게도 하지만 갈등을 배태하게도 한다.57)

다음에서는 이 시각을 견지하며, 실증적으로 김정은체제 지배연합의 불안정성을 '지배연합 네트워크 구조'와 '정책결정 과정에서의 갈등' 중심으로 논

---

55) 김정일, 「만경대혁명학원은 주체의 혈통을 이어나갈 핵심골간양성기지이다」, 『김정일선집』 제14권, 평양: 조선로동당출판사, 2000.
56) 박영자, 앞의 책, 2013, 143~145쪽.
57) Ronald Wintrobe, op. cit., 1998, pp.3~4.

증하고자 한다. 먼저 지배연합 네트워크의 구조적 특성 측면에서, 김정은체제는 김정일체제에 비해 상대적으로 불안정하다. 이력과 연령, 그리고 지난 1년간 권력정치와 통치 행태로 보아, 아직 절대 충성의 가신그룹으로 구성된 '개인독재 네트워크' 중심성이 확보되지 못했기 때문이다. 2009년 이후 본격화된 김정은체제를 위한 북한 권력엘리트 구조를 진단하면 백두와 만경대 혈통의 권력네트워크와 재생산구조는 안정적이다. 그러나 '새로운 수령과 소수측근 지배연합'의 권력구조, 즉 김정은체제 1년의 수령독재체제를 떠받치는, '김정은 – 김경희 – 장성택 – 최룡해' 세력 연계로 드러난 승자연합 구조는 아직 불안정하다.[58)]

지난 1년간 드러난 다양한 권력망 작동과 현재 진행형인 권력엘리트 변동에 기초할 때, 아직까지 김정은체제의 견고성과 김정은과 권력엘리트들의 관계친밀성, 그리고 김정은체제의 권력구조는 독립적이고 확고한 중심성을 형성하진 못한 것으로 분석된다. 그러나 이는 단지 북한적 현상이 아니라, 새로운 체제가 들어선 집권 초기 시간적으론 약 3년간 흔히 나타나는 권력정치 양상이다. 특히 독재체제에서 새로운 소수측근 지배연합을 구축하기 위한 과정에서 초래되는 상대적 불안정성에 기인한 것일 수 있다.

2) 젊은 수령의 실험과 관료의 불안

3장에서 살펴보았듯, 젊은 수령의 과감한 통치행보는 수많은 정책결정과 번복을 노정하였다. 따라서 독재정치 및 젊은 수령과 노회한 관료들의 딜레마 상황에서, 김정은과 권력엘리트들은 각기 상당한 불안과 '정책결정 과정에서의 갈등'을 경험할 것이다. 경제정책 사례로, 김정은은 리영호로 대표되는 선군정치의 적자세력을 제거한 2012년 중반 이후, 중국농촌개혁 현장학습과 경제 – 경영 유학생 파견 등 해외 생산성 향상 제도 적용 모색 · 친절하고 완화된 투자유치 정책 · 국가관리 노동력 해외송출 · 6 · 28방침 등을 내놓았다.[59)]

---

58) 박영자, 앞의 책, 2013, 145~146쪽.

그러나 이 정책들은 아직까지 어느 것 하나 제대로 실현되지 못하고 있다.

이에 대해서는 여러 해석이 가능하지만, 그중 하나는 정책의 우선순위와 실현 과정에서 김정은체제 '지배연합 내부 갈등이 반영된 것'이다. 2012년 말까지 6·28방침의 목적과 실현 전망에 대해 다양한 해석이 존재했으나, 2013 현재까지도 그에 대한 일관되고 분명한 정책 목적이나 의도가 드러나지 않는다. 6·28방침이 제시된 지 1년이 되고 북한 당국이 여전히 이 정책을 추진한다고 공언하는 상황에서, 그 실체와 정책의도가 불명확한 것은 대략 네 가지로 추론할 수 있다. 첫째, 최고통치자가 애초에 할 생각이 없던 선전용 정책이거나, 둘째, 지배연합 내부 갈등으로 실행 지연·정책 조율·책임 방기 또는 우선순위에서 밀리고 있거나, 셋째, 정책 실행의 자금 등 물질적 환경이 조성되지 못했기 때문이거나, 넷째, 여러 요인이 복합적으로 얽혀 있기 때문이다.

그런데 북한 당국이 밝힌 6·28방침의 성격은 '국가의 공공재 투자와 경제 자유화 제도를 충족하지 못하는, 개인생산성 향상 및 자력갱생 정책의 연장선'이다. 따라서 새로운 수령의 '인민생활 향상' 의지/노력이란 이데올로기적 효과도 있고, 수령의 통치 자금에 큰 부담이 되는 정책은 아니므로 애초에 할 생각이 없었던 정책은 아닌 것으로 판단된다. 그러므로 지배연합 내부 갈등으로 인한 정책 조정과 지연, 책임 방기 또는 우선순위에서 밀리고 있는 것이다. 즉, 젊은 수령의 파격적 정책 실험에 대해 정책 실패를 책임지지 않으면서 자신의 이권을 지키려는 권력엘리트들의 갈등이 현재화되는 것으로 해석할 수 있다.

이와 관련된 역사제도적 해석으로 한기범은 2000~2009년 화폐개혁 시기까지 김정일체제의 정책적 변화 과정(사회주의 원칙 → 실리·실용과 근본적 혁신 → 사회주의 원칙으로의 회귀, 또는 계획 → 시장 → 계획으로의 환원)에서 수령의 권력엘리트 불신과 권력독점에 대한 불안, 절충주의적 행태로 정책 실패 책임을 집행 담당 엘리트에게 이전하거나 숙청으로 강제하면서 나타나

59) 『중앙일보』, 2012년 7월 20일; 『국민일보』, 2012년 7월 20일; 『경향신문』, 2012년 7월 17일; http://www.nkis.kr/(검색일: 2012년 7월 18일).

는 엘리트 불안, 이로 인한 권력 기관-기구별 엘리트들의 이해관계 주력 행태와 '기관본위주의 현상' 만연이 북한체제에 시스템화되었다고 한다.[60] 따라서 권력기구별 경제는 서로 수평적으로 소통하거나 연계하지 않는 채, 이들 기관별 엘리트들은 지대추구(rent-seeking)로 자신의 독점권 추구에 주력하며, 그 이권의 조정이나 박탈 등 이해관계에 주력하기에 타 기관 및 경제구획과 갈등한다.

3. 비교와 전망

1) 김정일체제와의 비교

북한체제 안정성 평가와 관련하여 가장 많이 논의되는 것은 무엇보다 젊은 지도자 김정은의 정치경력이 너무 짧고, 그의 네트워크가 빈약하다는 점이다. '백두와 만경대 혈통'이 공존할 수밖에 없는 북한 권력구조를 전제한다 해도, 또 다르게 고려할 점이 북한 권력엘리트 집단 지속력이 평균 30년 이상이라는 점이다. 확인된 여권 기준 1984년 1월 8일 생으로 현 권력엘리트들의 자식/손자뻘인 김정은의 통치중심성은, 중앙당엘리트 권력지속성에 비추어 볼 때 문제의 소지가 있다. 정치현실뿐 아니라 이론적으로도 모든 임명권을 가진 권력자는, 원활한 업무처리와 의사소통 등을 위해 경험을 통해 신뢰하게 된 인물을 측근으로 임명하려 한다.

북한이 "김일성민족"의 정통성과 정당화를 위해 '백두의 혈통'으로서 김정은 독재체제를 구축할 때, 그의 권한은 절대적이며 그 또한 자기주도 권력을 안정적으로 발휘해야 3대 수령으로서 지위를 굳힐 수 있다. 여기에 김정은체제의 딜레마가 있다. 그에겐 김정일과 같은 오랜 권력투쟁이나 자기세력화 경험이 미약하고 시간이 부족했다. 절대권력체계 수립 과정에 역할, 세력조직

---

[60] 한기범, 「북한 정책결정과정의 조직행태와 관료정치」, 경남대 정치학 박사학위논문, 2009, 27~79쪽.

화 능력이나 수많은 당-군 경력 등을 제외하더라도, 김정일은 1994년 김일성이 사망하기 전까지 30년 동안 김일성과 매일 전화로 사업을 토론했다고 한다.[61] 그럼에도 김정일의 절대권력 영향력은 김일성보다 약하였다.

물론 오랜 후계 준비와 정치 경험이 곧바로 통치 능력이나 영향력과 직결되는 것은 아니며, 김정일의 절대권력 역시 김일성과 동일하지 않았기에 김정은의 독재정치가 장기화되지 않을 것이라 예단할 순 없다. 그럼에도 절대권력 구축을 위해 김정은이 권력정치의 핵심인 임명권을 행사할 때, 그의 빈약한 네트워크와 사업 경험으로 인해 그 양상은 실험적이고 충격적으로 나타날 수 있으며, 잦은 정책 변동과 함께 난관에 부딪히면 자신의 의지와 무관하게 아버지의 충신들에게 기댈 수밖에 없다. 전체적으로 김정은이 3대 수령으로서 통치력 중심성을 갖추기 위해서는 시간과 경험이 필요하기 때문이다.

권력엘리트 네트워크 측면에서 주목할 특징은 세대 변화 추이이다. 당엘리트 세대구조가 70대 초반으로 다소 젊어졌으며, 무엇보다 50~60대의 젊은 권력엘리트들이 당중심부 사업집행 권력의 핵심인 비서국과 당정치국 등 실무-집행 책임자로 배치되었다. 이러한 세대 변화추이는 상대적으로 이전 체제와 다른 정책 실험 가능성을 추론할 수 있게 한다.[62] 김정은 후계 시기인 2009년부터 지역 엘리트들은 30~40대층으로 상당수 이동하였으며, 2012년 권력투쟁 이후 잦은 보직 이동과 대내외 정책 환경 변화와 맞물려, 북한 중앙정치에 50대 젊은 권력엘리트가 점차 고위층으로 신임되고 있다.

2) 중단기 전망

권력엘리트 네트워크 구조로 볼 때, 북한의 권력구조에서 젊은 수령인 김정은의 통치력 중심성은 아직 확고하지 못하다. 로켓발사와 핵실험 등과 관

[61] 김정일, 「당의 두리에 굳게 뭉쳐 새로운 승리를 위하여 힘차게 싸워 나가자」, 『김정일 선집』 제14호, 평양: 조선로동당출판사, 2000, 1쪽.
[62] 박영자, 앞의 책, 2013, 145쪽.

련해 북한의 공개된 정치일정을 추적하면, 김정일체제와 달리 관련 결정들이 조선노동당 공식기구 등을 통해 상대적으로 조직적이고 집단적으로 이루어졌다. 즉, 공식적 규칙과 제도보다 비공식적 결정구조를 선호했던 김정일체제에서의 2006과 2009 핵실험은 통치자 김정일의 결정권이 컸다. 그러나 2013년 김정은체제에서는 공식 제도에 의한 집단적 결정권, 즉 권력엘리트들의 영향력이 커졌다. 이는 장기적으로 '북한체제의 변동가능성'을 내재하는 것으로 그 의미가 있다.

그러나 김정은체제는 상당 기간 지속될 것이다. 왜냐하면 북한권력엘리트들의 이해관계가 통치자 김정은의 이해관계와 다르지 않고, 그들의 중첩적 관계와 오랜 시간의 공유 때문이다. 이와 관련해 주목할 점으론 김정은의 권력장악 속도가 김일성과 김정일에 비해서 훨씬 빠르다는 것이다. 이 양상은 수령과 지배연합이 장기 지속적으로 공생하고, 혈연으로 맺어진 가계 세습 제도를 통해 재생산되는 북한체제의 권력구조 때문이다. 즉, 북한의 지배연합이 권력엘리트와 체제의 불안정성을 줄이기 위해, 3대 수령독재의 빠른 안착화를 추진하는 것으로 추론할 수 있다. 평양 출신 고위직 탈북민이 진단하듯, 이들은 "자기들이 무너질까봐 그 담장이 무너질까봐 밑에서 그 담장을 계속 보강하고 있"는 것이다.[63)]

V. 결론

본 연구는 북한 내부 권력구조의 학술 및 실증적 분석의 필요에 따라, 김정은체제의 통치행위와 지배연합을 분석하고 중단기 전망을 도출하였다. 김정은 통치행위의 주요 특성은 공식 제도를 통한 정치적 결정과 정당성 확보, 빠른 속도의 권력엘리트 구조조정과 파격적 정책 실험, 개방적 · 인민친화적인

---

63) 남성, 40대 후반, 내각중앙 관리간부 — 평양 — 대졸 출신, 2012년 탈북.

이미지, 국제적이고 밝은 모습의 공개적 활동과 신세대 감각에 조응, '젊고 저돌적인 국체(國體)'로의 상징화 등이다. 지배연합의 안정성은 권력엘리트들의 강한 네트워크와 혈연을 기반으로 한 세습 권력으로 수령과 권력엘리트가 운명공동체로 엮여 있다는 점이다. 불안정성은 지배연합 네트워크 구조에서 아직 김정은의 수령독재 중심성이 확고하지 않다는 점과 '젊은 수령의 실험 및 관료의 불안'으로 인한 갈등이다. 김정은이 3대 수령으로서 독립적 통치력과 네트워크 중심성을 확보하기 위해서는 시간과 경험이 필요하나, 김정은체제의 중단기적 권력구조는 안정적이다. 주목할 점은 세대 변화와 정책 변동 추이, 그리고 그 사회경제적 파장들이다.

【참고문헌】

김갑식, 「김정은 정권의 출범과 정치적 과제」, 『통일정책연구』 제21권 제1호, 2012.

김규륜·김형기, 『통일재원 마련 및 통일의지 결집 관련 국민의 인식』, 서울: 통일연구원, 2012.

김정일, 「당의 두리에 굳게 뭉쳐 새로운 승리를 위하여 힘차게 싸워 나가자」, 『김정일 선집』 제14호, 평양: 조선로동당출판사, 2000.

김정일, 「만경대혁명학원은 주체의 혈통을 이어나갈 핵심골간양성기지이다」, 『김정일선 집』 제14권, 평양: 조선로동당출판사, 2000.

박영자, 「독재정치 이론으로 본 김정은 체제의 권력구조」, 『국방정책연구』 제28권 제4호, 2013.

박영자, 「북한의 집권엘리트와 Post 김정일시대」, 『통일정책연구』 제18권 제2호, 2009.

박영자, 「북한주민의 '핵무기 인식' 및 '정치요인 의식과의 상관성'」, 『2013 북한연구학회 춘계 학술대회 자료집』, 2013년 4월 25일.

박형중, 「북한은 왜 '붕괴'도 '개혁개방'도 하지 않았을까?」, 『현대북한연구』 제16권 제1호, 2013.

박형중·박영호·김동수, 「북한 3차 핵실험 이후 미국의 대북정책 논의 동향」, 『통일정 세분석』, 서울: 통일연구원, 2013.

박형중·임강택·조한범·황병덕·김태환·송영훈·장용석, 『독재정권의 성격과 정치변 동』, 서울: 통일연구원, 2012.

배정호·김진하·우평균·이기현·최원기, 『리더십교체기의 동북아 4국의 국내정치 및 대외정책 변화와 한국의 통일외교 전략』, 서울: 통일연구원, 2012.

백승주, 「김정은 권력승계 2년차, 3대 관전 포인트」, 『신동아』 제626호, 2011.

손기웅, 「김영환, 중국 그리고 북한 민주화와 인권 개선」, 통일연구원 Online Series CO 12-34, 통일연구원, 2012.

이교덕·임순희·조정아·송정호, 『김정은체제의 권력엘리트 연구』, 서울: 통일연구원, 2012.

이기동, 「김정은 시대의 개막과 '유일지배체계' 균열 가능성 검토」, 『국가안보전략연구소 세미나 자료집』, 2012년 4월 23일.

전병곤·이기현, 「시진핑 체제의 출범과 대내외정책 방향」, 『통일정세분석』, 서울: 통일 연구원, 2013.

전성훈·박형중·임강택·전현준·정영태·홍우택, 「3차 핵실험 이후 김정은 정권의 대내외 정책」, 『통일정세분석』, 서울: 통일연구원, 2013.

정성장, 「북한의 노동당 규약 개정과 후계문제 및 권력체계 변동」, 『정세와 정책』 제179호, 2011.

정영태, 「김정은 세습후계체제의 특성과 대내외 정책 전망」, 『전략연구』 제18권 제2호, 2011.

통일부 정세분석국, 『김정은 체제의 黨·政 주요인물 분석·평가』, 서울: 통일부, 2012.

한기범, 「북한 정책결정과정의 조직행태와 관료정치」, 경남대 정치학 박사학위논문, 2009.

현성일, 『북한의 국가전략과 파워엘리트』, 서울: 선인, 2007.

홍우택, 『북한 핵문제의 전망과 대응책』, 서울: 통일연구원, 2012.

히라이 히사시 지음, 백계문·이용빈 옮김, 『김정은체제』, 서울: 한울, 2012.

Andrew Heywood, 조현수 옮김, 『정치학』, 서울: 성균관대학교 출판부, 2004.

Barbara Geddes, *Paradigms and Sand Castles,* Ann Arbor: University of Michigan Press, 2003.

Bruce Bueno de Mesquita and Alastair Smith, *The Dictator's Handbook,* New York: Public Affairs, 2011.

Bruce Bueno de Mesquita, Alastair Smith, Randolph M. Siverson, and James D. Morrow, *The Logic of Political Survival,* The MIT Press, 2003.

Charles Wright Mills, *The Power Elite,* Oxford: Oxford University Press, 1956.

Claude Lévi-Strauss, 김진욱 역, 『구조인류학』, 서울: 종로서적, 1983.

Daniel Byman and Jennifer Lind, "Pyongyang's Survival Strategy", *International Security* Vol.35 No.1, Summer 2010.

David S. Meyer, "Protest and Political Opportunities", *Annual Review of Sociology* Vol.30, August 2004.

Harrison C. White, *Identity and Control: How Social Formations Emerge,* Princeton, N.J.: Princeton University Press, 2008.

Jason Brownlee, "Hereditary Succession in Modern Autocracies", *World Politics* Vol.59 No.4, July 2007.

John Higley and Michael G. Burton, "The Elite Variable in Democratic Transitions and Breakdowns", *American Sociological Review* Vol.54 No.1, Feb. 1989.

John Skvorets and David Willer, "Exclusion and Power", *American Sociological Review* Vol.58 No.6, December 1993.

Marcus Noland, *Korea after Kim Jong-il,* Washington, D.C.: Institute for International Economics, 2004.

Mark S. Granovetter, "The Strength of Weak Ties", *American Journal of Sociology* Vol.78 No.6, May 1973.

Mustafa Emirbayer and Jeff Goodwin, "Network Analysis, Culture, and the Problem of Agency", *American Journal of Sociology* Vol.99 No.6, May 1994.

Robert D. Putmam, *The Comparative Study of Political Elites,* Englewood Cliffs, N.J.: Prentice-Hall, 1976.

Robert S. Litwak, *Regime Change: U.S. Strategy through the Prism of 9/11,* Baltimore: Johns Hopkins University Press, 2007.

Ronald Wintrobe, *The Political Economy of Dictatorship,* Cambridge University Press, 1998.

Tarrow S, *Power in Movement,* New York: Cambridge University Press, 1998.

Wendy Pullan, *Structure,* Cambridge: Cambridge University Press, 2000.

Young Whan Kihl, "Staying Power of the Socialist Hermit Kingdom", in Young Whan Kihl and Hong Nack Kim (eds.), *North Korea: The Politics of Regime Survival,* Armonk, N.Y.: M. E. Sharpe, 2007.

제5장　수령독재하에서 권력과 이권을 둘러싼 갈등 동학
그리고 장성택 숙청*

박형중(통일연구원) · 최대석(이화여자대학교)
김학성(충남대학교) · 박영자(통일연구원) · 장인숙(이화여자대학교)

Ⅰ. 서론

　단순화하면, 한국에는 장성택 숙청과 관련하여 상반되는 두 가지 분석이 존재한다. 첫째 분석은 이권 갈등론을 주축으로 한다. 이 논리에 따르면 장성택 숙청은 내부 권력 투쟁 과정에서 발생한 것이 아니라 이권 사업을 둘러싼 갈등이 비화된 사건이다. '이권 갈등론'의 대표 주자는 국정원이다. 이 분석은 장성택 숙청에 대해 2013년 12월 23일 국정원장이 국회 정보위원회에 보고하는 과정에서 등장했다.[1] 둘째, 분석은 '정치적 권력 투쟁론'을 주축으로 한다. 이 논리에 따르면 장성택은 '반당 · 종파 행위'를 도모하는 분파를 형성한 것 때문에, 즉 정치적 권력과 관련된 이유 때문에 숙청되었다. 기본적으로 북한 당국의 프레임을 수용하는 이러한 정치적 권력 투쟁론은 정성장에 의해 주장

---

* 이 논문은 2013년도 정부재원(교육과학기술부 사회과학연구지원 사업비)으로 한국연구재단의 지원을 받아 연구되었으며,『북한연구학회보』제18권 제1호(2014)에 게재되었음 (NRF-2011-330-B00020).
1) 이승우 · 류형섭 · 류미나,「장성택 석탄사업 이권 개입… 권력투쟁 아닌 이권갈등」,『연합뉴스』, 2013년 12월 23일. 2012년 7월 총참모장 리영호의 숙청과 관련해서 한기범은 정책 · 이권 갈등 때문이지 권력 투쟁은 아니라는 분석을 내놓았었다; 한기범,「리영호 숙청, 권력투쟁 · 개혁과 거리 있다」,『조선일보』, 2012년 7월 24일.

되고 있다.[2] 그런데 이권 갈등론을 중심으로 하는 첫째 분석은 권력 갈등에 대해 전혀 언급하지 않는다. 반면 권력 갈등론을 중심으로 하는 두 번째 견해는 이권 갈등의 존재에 대해서 거론하지 않는다.

이 글은 장성택 숙청의 배경으로서 수령독재에서 이권 갈등과 권력 갈등이 복합적으로 전개되는 양상을 보여주고자 한다. 2장은 수령독재하에서 이권 갈등과 권력갈등이 전개되는 기본 모델을 서술한다. 3장은 이러한 기본 모델이 김정일에서 김정은으로의 권력 세습 과정에서 구체적으로 어떻게 전개되었으며, 결과적으로 장성택 숙청을 어떻게 했는가를 보여준다. 세습 과정은 새로운 수령을 중심으로 통치연합을 재구성하는 과정, 다시 말해 권력과 이권을 재편하는 과정이었다. 따라서 이 과정에서 권력 및 이권 갈등의 핵심축은 두 가지였다. 그 하나는 그동안 팽창한 군부의 무역활동을 억제하는 것이고, 다른 하나는 수령경제를 강화시키는 것이었다. 장성택은 이 두 가지 사안과 관련한 역할을 담당하는 데서 득세했지만, 결과적으로 그 역할 때문에 숙청되었다.

II. 기본 모델

어느 사회에서든지 일반적으로 〈권력배분 = 이권배분〉 그리고 〈권력 갈등 = 이권 갈등〉이라는 도식이 성립한다. 물론 이러한 등식은 독재국가와 민주국가[3] 또는 제한접근질서와 열린접근질서[4] 또는 추출적 제도와 포용적 제

---

2) 정성장, 「장성택 숙청 이후 김정은 체제의 안정성 평가」, 『국방연구』 제57권 제1호, 2014년 3월; 이진서, 「장성택 숙청의 배경과 전망」, 『자유아시아방송』, 2013년 12월 12일.

3) Daron Acemoglu and James A. Robinson, *Economic Origins of Dictatorship and Democracy*, Cambridge: Cambridge University Press, 2009.

4) Douglass C. North, John Joseph Wallis, Barry R. Weingast, *Violence and Social Orders: A Conceptual Framework hr Interpreting Recorded Human History*, Cambridge: Cambridge University Press, 2012.

도[5])에서 다른 방식으로 전개된다. 북한도 예외는 아니며, 장성택 숙청 사건도 이와 관련되어 있다.

〈권력배분 = 이권배분〉인 이유는 이렇다. 어떤 권력 집단이 자신이 보유한 권력의 규모에 상응하는 이권을 향유하지 못하는 경우를 상정해 보자. 그러면 이 권력 집단은 권력을 활용하여 권력지분에 부합하게 이권 지분이 변할 때까지 투쟁할 것이다.[6] 따라서 안정된 사회에서는 〈권력배분 = 이권배분〉의 등식이 성립한다. 그런데 어떤 이유로 권력배분에 변경이 발생하고 그리하여 권력배분과 이권배분이 일치하지 않게 되면, 양자가 다시 균형을 이룰 때까지 정치적 갈등이 벌어질 수밖에 없다. 이러한 균형이 정착하면 해당 사회의 제도를 통해 표현된다. 제도는 정치권력과 자원을 배분하는 기축으로서, 제도가 달라지면 정치권력과 자원의 배분 또는 권력과 이권의 배분과 그 방식이 달라진다.[7]

이러한 의미에서 북한의 정체체제는 단순하게 좁은 의미의 권력배분을 보여주는 것이 아니라, 자원 또는 이권배분의 양태를 보여준다. 그러면 북한과 같은 수령 독재국가의 경우 〈권력배분 = 이권배분〉 균형은 어떻게 이루어질까? 어느 독재자 혼자 통치할 수 없기 때문에 독재자는 주요 기관과 주요 엘리트를 중심으로 통치연합을 구성한다. 수령독재라는 것을 개념적으로 보면, 수령을 제외한 통치연합 내 모든 세력이 공모하여 권력을 합쳐도 수령의 권력을 붕괴시킬 수 없는 상황을 지칭한다.[8] 이는 이권의 경우도 마찬가지이다. 수령독재에서 수령이 관장하는 이권의 크기는 다른 모든 세력 산하의 이권을

5) 대런 애쓰모글루·제임스 A. 로빈슨 저, 최완규 역, 『국가는 왜 실패하는가』, 시공사, 2012.

6) Mushtaq H. Khan, "Political Settlements and the Governance of Growth-Enhancing Institutions", July 2010(Unpublished); Daron Acemoglu and James Robinson, "The Role of Institutions in Growth and Development", *Working Paper* No.10, Commission on Growth and Development, 2008.

7) Daron Acemoglu and James A. Robinson, *Economic Origins of Dictatorship and Democracy*, Cambridge: Cambridge University Press, 2009.

8) Milan Svolik, *The Politics of Authoritarian Rule*, Cambridge: Cambridge University Press, 2012.

합친 것보다 커야 한다. 그런데 이와 같은 수령의 권력과 이권의 절대성은 자동적이고 고정적으로 보장되는 것은 아니다. 일종의 최상위 독점자인 수령은 수령의 절대성을 보장하는 방식으로 기관과 엘리트 사이의 권력과 이권이 배분되도록 개입한다.[9] 수령독재를 유지하는 기반이 되는 기관과 엘리트 사이의 권력과 이권의 배분은 경제적 효율성을 최선으로 유지하기 위해 요구되는 분배 양태와 일치하지 않는다.[10]

그런데 통치연합 내에서도 개별적 기관과 엘리트 간에 권력 위계가 존재한다. 예를 들어 정(政)에 대해 당(黨)이 우위이고, 당내에서는 조직부가 사실상 다른 기관의 상급 기관이 된다는 식이다. 그러나 이러한 기관과 엘리트 사이의 권력 위계는 고정적이지 않다.[11] 예를 들어 '선군정치' 시절 국방위원회의 위상이 증대함에 따라 중앙당의 위상이 상대화되었다. 또한 조직지도부의 일부였고 업무에 중복성이 많은 행정부가 장성택을 통해 득세하면, 조직지도부의 위상은 상대화될 수밖에 없다. 어떤 기관이 권력 위계에서의 서열이 높아지면 그 기관이 관장하는 공적 권한과 관료조직이 증가하며, 이를 통해 통제할 수 있는 이권이 증가한다. 그런데 이는 대부분 상대적으로 약해진 다른 기관의 것들을 박탈하는 것을 통해 조달된다. 예를 들어 수령이 어느 시기 조직지도부, 보위사령부, 인민보안부, 국가안전보위부 중에서 어느 한 기관에 힘을 실어주면, 그 기관은 다른 기관의 업무 영역을 침해하면서 자신의 권한을 증가시키거나 아니면 다른 기관에 소속된 산하 조직을 자기 아래로 소속시킨다. '선군정치' 시대에는 보위사령부가 득세하면서 당 기관과 사회 기관까지 관장하는 등 다른 기관의 업무 영역을 침해했다. '선군정

---

9) Susan Rose-Ackerman, *Corruption and Government*, Cambridge: Cambridge University Press, 1999.

10) 브루스 부에노 데 메스키타, 알라스테어 스미스, 『독재자의 핸드북: 사상 최악의 독재자들이 감 취둔 통치의 원칙』, 웅진지식하우스, 2012; 대런 애쓰모글루, 제임스 A. 로빈슨, 앞의 책.

11) 많은 사례는 다음을 참조. 박형중 외, 『북한 '변화'의 재평가와 대북정책 방향』, 통일연구원, 2009, 76~105쪽.

치'시절, 군부 무역 회사는 그 동안 내각에 소속되어 있던 기업 중에서 이익을 내는 기업을 자기 산하로 편입시켰던 것이 예이다. 김정은이 등장하고 나서 국가안전보위부의 위상이 높아지고 군부의 위상이 낮아지면서 2012년 국경경비대는 인민무력부에서 국가안전보위부로 소속을 바꾼다.[12] 국경경비대는 도강과 밀수 등 국경통제 과정에서 막대한 뇌물 수입을 발생 시키는 조직이었다.

주요 기관과 엘리트에게는 통치연합 내에서 그 권력 위계에 부합하는 차별적 경제 특혜가 주어진다. 이러한 특혜는 정치적 충성을 확보하고 권력보위와 관련된 '더러운'업무를 수행하는 수고에 대한 보상으로 주어진다. 차별적인 경제적 특혜는 과거 계획경제 시절에는 차등적 배급과 직책에 따른 각종 차별적 특전, 그리고 수령의 선물 등을 통해 조절되었다. 그러나 계획경제가 약화되고 기관별 재정 자립 체계가 강화됨에 따라, 차별적 경제적 특혜는 기관 자체가 발생시킨 소득 및 부정부패에 의해 조달되는 측면이 강해졌다. 기관 자체 소득원에서 핵심적인 것은, 대개의 경우 수령이 차별적으로 배정한 기관별 무역특권(와크)을 매개로 형성된다는 것이다. 북한에서 특권기관은 수령으로부터 배정받은 와크를 토대로 각자 산하에 무역회사를 설립하고 소득을 올린다.[13] 와크의 배정은 해당 시기 수령독재 통치연합에서의 권력위계에 부합하게 차등적으로 배정된다. 예를 들어 '선군정치' 시대에는 군부에 배정되는 와크가 현저히 증가했다. 장성택의 권력 지위가 상승하면서 그가 관장하던 행정부의 각급 기관에 대한 와크 배정이 증가했다.

설령 공식적으로 와크가 존재하지 않는 경우에도 어떤 기관과 엘리트 개인이 누리는 권력이 강할수록, 이 기관과 엘리트는 그 공권력과 개인적 권세를 활용하여 다양한 이권적 상업활동을 창출하고, (친인척을 통해 간접) 참여하

---

12) 국경경비는 원래 보위부 관할이었다가 2008년 4월부터 인민무력부로 이관되었다. 최송민, 「김정은, 김원홍 보위부장에게 국경경비 맡겼다」, 『데일리NK』, 2012년 4월 20일.

13) 최봉대, 「북한의 지역협력 접근 방식의 특징: 신가산제 사인독재정권의 '혁명자금 관리제도'와 대외경제협력의 제약」, 『현대북한연구』 제14권 제1호, 2011; 양문수, 『북한경제의 시장화』, 서울: 한울, 2010.

거나 또는 뇌물 수입을 올릴 수 있다.[14] 결국 기관과 엘리트의 권세가 커질수록, 그들의 직간접적 총소득은 증가한다. 예를 들어 이제강이 조직지도부 제1부부장으로서 최고의 권세를 누리고 있는 동안 북한에서 가장 부자는 차철마라는 사람이었다. 그런데 우연치 않게도 그는 이제강의 사위였다.[15] 다시 말해 조직지도부 제1부부장 이제강은 자체로 이권사업을 하지는 못하지만, 사실상 그가 장악하는 소득원천을 만들어 낼 수 있다는 것이다. 이러한 사례는 또 있다. 장성택은 직접 이권 사업을 하지 못하지만, 그가 관장하던 행정부는 수많은 이권 사업에 관여했었다. 또 하나의 예로 국경경비대의 경우를 보자. 이 기관은 공식적으로 와크를 배정받지는 못한다. 그러나 이 기관에 소속된 장교와 병사는 국경에서 발생하는 도강, 밀수 등 다양한 불법 활동을 통제하거나 부분적으로 직접 참여하는 가운데 막대한 뇌물 수입을 올릴 수 있다. 이들이 취득하는 뇌물 소득은 국경경비대라는 공식 조직 내에서 권력 위계에 따라 비공식적이지만 당연하게 재분배된다. 따라서 국경경비대 장교와 병사의 뇌물 수입은 비록 공식적 수입은 아니지만 결국 국경경비대라는 기관이 유지되는 데 필요한 수익이나 다름없게 된다. 다시 말해 결국 기관과 개인의 〈권력의 크기 = 이권과 소득의 크기〉라는 등식이 성립한다.

이와 같이 수령독재 통치연합 내의 권력 위계에 따라 경제적 특권과 이권이 차별적으로 배분되는 것 때문에, 수령독재에도 권력과 이권을 둘러싼 갈등이 존재한다. 먼저 존재하지 않는 갈등도 있다. 그것은 수령의 자리를 넘보기 위한 권력 갈등이다. 수령독재라는 것의 개념정의가 통치연합 내 모든 세력이 공모하고 단결해도 수령의 권력을 이길 수 없다는 것이기 때문이다. 따라서 그 어떤 세력도 수령 자체에 도전하는 권력 투쟁을 시도하지 않는다. 그 대신에 수령독재하에서는 다른 기관이나 엘리트에 대해 권력 지분과 이권 지

14) 장진성, 「김씨 일가의 실체: 김정일 정권을 위협하는 북한의 시장」, 『자유아시아방송』, 2011년 10월 18일; 이준운, 「김정은, 인민보안부와 국가보위부, 무력부 보위총국 등 안보분야 인사 단행」, 『북한전략 정보서비스센터』, 2011년 1월 24일.

15) 김영윤·조봉현·박현선, 『북한이 변하고 있다』, 통일연구원, 2007, 80~84쪽.

분을 확장하기 위한 경쟁이 존재한다. 이러한 경쟁은 흔히들 이른바 '충성경쟁'이라 표현된다. 즉 수령독재의 개별 기관 또는 엘리트가 수령에게 (실제적 또는 거짓된) 공훈을 세워 그 대가로 수령으로부터 더 많은 권력을 위임받고자 하는 경쟁이다. 이러한 경쟁에서의 승패를 통해 수령독재 통치연합 내부에서 기관과 엘리트 사이의 권력 위계가 변하며, 그에 따라 이권배분 상태가 변화한다. 이렇게 보면 '충성경쟁'이란, 수령독재라는 조건하에서 기실은 개별 기관이 권력과 이권을 확장하기 위한 이기적 경쟁이다.

이러한 '충성경쟁'은 기본적으로 수령의 관리하에 펼쳐지는 제로섬 경쟁이다. '충성경쟁'을 통해 어느 한 기관의 권력과 이권 지분이 증가하고 그 기관의 권력 서열이 높아지면, 다른 기관이 그만큼 박탈당하고 강등당해야 한다는 것을 의미하기 때문이다. 그런데 '충성경쟁'을 통한 권력과 이권배분이 개별 기관이나 엘리트의 권력과 이권을 과도하게 확장시키는 경우가 등장할 수 있다. 이는 수령독재의 존속에 위협이 될 수 있기 때문에 수령은 주기적 간섭을 통해 이러한 상태가 등장하는 것을 방지해야 한다. 특히 북한의 경우는 경제가 정체 상태에 빠져있기 때문에 이권의 파이가 정체하거나 축소한다. 이와 같이 파이가 축소하는 경우에는 '충성경쟁'을 통해 기관별 엘리트별 권력과 이권을 재분배하는 과정에서 갈등은 다른 경우보다 강력해진다. 따라서 수령은 주기적으로 너무 강해진 세력은 약화시키고, 약한 세력은 키우는 방식으로 통치연합 내에서 권력과 이권배분을 조절해야 한다. 기관과 엘리트의 부침이 수령의 자의에 의한 만큼, 기관과 엘리트는 적어도 표면적으로 수령에 맹종할 수밖에 없다.

이러한 '충성경쟁'은 권력 세습 과정에서 한층 격화된다. 독재국가에서 권력승계 과정은 권력과 이권이 대규모로 재편되는 과정으로 기관과 엘리트의 향후 운명에 불확실성이 높아지기 때문이다. 따라서 탈락하지 않기 위해 또한 득세의 기회를 잡기 위한 경쟁이 격화하고 이에 동반하여 권력과 이권의 재배분을 둘러싼 갈등이 평시에 비해 비상하게 증가할 수밖에 없다. 김정일로부터 김정은으로의 권력 세습 과정도 예외는 아니었다. 물론 일반적으로 권력 세습은 아버지 대의 권력과 이권의 기득권 체계를 최대한 손상시키지 않으려는 시도, 다시 말해 권력 승계가 유발하는 권력과 이권의 재분배로부터 발생하는 갈등을 최소화하는 시도이다.[16] 그럼에도 불구하고, 김정일로부터 김정은으로의 권력 세습에서도 불가피하게 통치연합 자체의 재구성이 필요했다. 통치연합 재구성의 핵심은 두 가지 사항이었다. 첫째, 김정일 시대의 주요 엘리트의 상당 부분이 일선에서 후퇴하는 대신 상당한 규모로 신진 엘리트가 등장했다. 그런데 이 경우, 북한에서 공적 직위를 차지하고 있던 기존 개별 엘리트 교체는 그가 관장하고 있던 '소왕국'의 해체를 의미한다. 이는 경험적으로도 확인된다. 김정은 등장 이후, 주요 간부의 교체는 대체로 그 아래의 많게는 수십 명의 하위직을 동시에 교체하는 현상이 빈번하게 나타난다.[17] 이는 리영호 숙청의 경우에도,[18] 또한 장성택 숙청의 경우에도 마찬가지였다. 아울러 2012년 이후 적극 추진되었던 군부 무역 축소 조치는 총정치국과 총참모부에 무역 이권을 중심으로 결성되었던 내부 '소왕국'의 해체를 수반했다.[19]

둘째, 김정일로부터 김정은으로의 권력 세습은 권력 기관 간의 위계를 재편하는 과정이었다. 권력 세습 과정은 기본적으로 1990년대~2000년대의 김정일 주도의 '선군정치'체제를 김정은 중심의 새로운 체제로 재편하는 과정이었다. 이 과정에서 중앙당의 각종 기구, 당중앙군사위원회, 국방위원회, 총정치국, 총참모부, 인민무력부, 인민보안부, 국가안전보위부, 보위사령부와 같은 권력 유지 핵심 기관 사이의 권력위계 재편성이 있었다. 이러한 재편성 과정은 권력기관 간에 평시보다 한층 높아진 수준의 '충성경쟁'을 유발

16) Jason Brownlee, "Hereditary Succession in Modern Autocracies", *World Politics* Vol.59, July 2007, pp.595~828.
17) 박형중, 「김정은 후계체제와 중앙과 지방의 전면적 간부교체」, 통일연구원 Online Series Co 11-32, 통일연구원, 2011.
18) 박성우·문성휘, 「북, 평양방어사령부 군관들 대폭 교체」, 『자유아시아방송』, 2012년 7월 30일.
19) 정영, 「김정은, 군부 족벌·파벌 제거 안간힘」, 『자유아시아방송』, 2013년 2월 27일.

하였다. 개별 기관은 기관별 권력 위계 재편 과정에서 보다 유리한 지위를 차지하기 위해, 새로운 권력자인 김정은에게 해당 기관의 존재감을 과시하고 김정은체제 구축에 공훈을 세우거나 또는 상납을 증가시키는 경쟁에 빠져들었기 때문이다. 예를 들어 김정은 후계 과정에서 각종 공안기관들은 정권의 사회장악 강화라는 차원에서 치적을 쌓기 위해 치열하게 경쟁하는 가운데 비사회주의 현상을 근절하기 위한 검열 조직을 각기 하나씩 두었다.[20] 여러 기관이 검열 경쟁을 벌이는 가운데 검열 대상 관할권을 놓고 때로는 상호 과격하게 충돌했고 또한 간부까지 포함하여 과잉 검열을 벌임으로써 거센 반발을 초래했다. 그런데 이러한 '충성경쟁'은 김정은에 진짜로 '충성'을 보여주기 위한 측면도 있었을 것이지만, 이와 더불어 아마도 김정은 치하에서 권력 지분을 확보하기 위한 존재감 과시 및 기여 능력 과시 경쟁의 측면도 존재했을 것이다. 아울러 검열 실시의 기회 획득이 뇌물 수입 획득 기회와도 밀접한 관련이 있는 것도, 기관마다 독자적 검열 조직을 둔 것의 이유가 될 것이다.

이와 같은 '충성경쟁'은 수직적 차원과 수평적 차원의 두 가지 차원으로 이루어져 있었다. 먼저, 수직적 차원을 보자. 이는 해당 기관이 어떤 공훈을 세워 김정은으로부터 '충성'을 인정받은 차원이다. 이는 해당 기관이 김정은의 개인 권력 보위에 이바지하고 상납을 증가시키는 것을 보여주는 능력을 주축으로 한다. 권력보위와 상납과 관련한 능력을 보여줄 수 있는 기관은 그 대가로 수령으로부터 권력과 이권의 확장 기회를 배정받는다. 다음으로 수평적 차원을 보자. 이는 다른 기관의 권력과 이권을 축소시키고 그만큼 자신의 지분을 확장하는 것이다. 경험적으로 북한을 보면, 어떤 시기 어떤 기관의 권력과 이권의 확장은 대부분 다른 기관이 누리고 있던 권력과 이권을 자기 것으로 이전하는 제로섬 방식으로 이루어진다. 권력과 이권배분의 이러한 성격

---

[20] 노재완, 「북 당국, 권력층까지 검열 강화」, 『자유아시아방송』, 2011년 6월 30일; 문성휘, 「북, 일관성 없는 검열·지시로 간부도 반발」, 『자유아시아방송』, 2011년 8월 12일; 문성휘, 「북 회령시, 하루만에 4백여 명 공개재판」, 『자유아시아방송』, 2011년 8월 25일; 문성휘, 「북, 공포의 검열활동 반발 심해 중단」, 『자유아시아방송』, 2011월 8월 30일.

때문에 기관들 사이에서 수령에의 '충성경쟁'은 사실상 수령의 권위를 앞장세워 다른 기관의 권력과 이권을 제한하고 자신의 것을 확대하고자 하는 경쟁이다. 수령은 기관들 사이의 권력과 이권의 확장 경쟁을 대체로 거시적인 차원에서 조정한다. 그렇지만 수령이 모든 것에 개입할 수도, 명확한 지시를 내릴 수도 없다. 이러한 영역에서의 이권분배는 기관의 (노골적) 힘에 비례하여 이루어질 수밖에 없다. 이러한 기관들 사이의 수령 경쟁에 높은 수준의 질시와 알력을 동반할 수밖에 없다.

김정일로부터 김정은으로의 권력 승계 과정에서 가장 중요했던 권력 및 이권의 경쟁으로 두 가지를 지적할 수 있다. 첫째, 김정은 후계자에 대한 후견권 경쟁이다. 이는 김정은으로의 권력 세습 과정에서 누가 김정은을 주도적으로 보좌하는 세력이 되는가에 관한 경쟁 즉, 후견권 경쟁이었다. 수령독재체제에서는 수령 아래에서 누가 가장 우세한 세력이 될 것인가를 놓고 경쟁이 존재하는 것은 일반적이지만, 평시에는 대체로 세력 간 서열이 정해져 있다. 그러나 권력 세습과 같은 시기는 세력 간 서열의 재편이 이루어지는 시기이기 때문에, 경쟁이 격화하며, 후견권 경쟁 양상으로 나타난다. 이 경쟁에서 누가 승리하는가에 따라 김정은이 집권했을 때 해당 세력의 권세가 보장되기 때문이다.

둘째, 권력 세습 과정이 동반하는 기관 간의 권력 및 이권의 재배분에 관한 갈등이다. 권력과 이권의 재분배가 진행되는 기간 동안 기득권을 유지하려는 세력과 개편하려는 세력 사이에서 경쟁과 갈등이 현저히 첨예해진다. 이러한 재편성과 재배분 갈등은 다양하게 벌어졌지만, 그중에서도 핵심적이었던 것은 한편에서 군부의 기득권과 이권을 제한하려는 시도 그리고 다른 편에서 군부가 이에 저항하고 기득권과 이권을 지키려는 시도 사이의 갈등이었다.

이와 같은 두 가지 갈등의 한가운데 장성택이 서 있었다. 그는 후계자에 대한 후견권을 장악하는 한편, 군부의 경제 이권을 축소하는 정책을 주도했다. 물론 김정일이 후원했기 때문에 장성택의 이러한 두 가지 역할이 가능했을 것이다. 김정일의 후원 그리고 언급한 두 가지 역할을 기반으로 장성택은 자신의 권력과 이권을 팽창시켰다. 그러나 김정일이 사망한 이후 이러한 성공은 장성택에게 부메랑이 되어 돌아왔다. 장성택의 세력 팽창은 새로이 권력을 잡게 된 후계자, 그리고 군부를 비롯한 주요 세력의 경계심을 자극했다. 그는 결국에 고립되어 숙청당했다.

III. 권력 세습의 권력 동학과 장성택 숙청

후계 수령이 혈통에 의해 결정되는 북한식 수령독재의 속성상, 수령 아래의 세력들은 수령의 지위를 차지하기 위한 정치적 경쟁을 벌일 수는 없다. 그러나 수령 아래서 권력배분의 유리한 지위를 차지하기 위한 치열한 '충성경쟁'을 벌여왔으며, 이러한 경쟁이 상당 기간 진행된 결과로 기관 간의 권력 위계와 이권배분에서 일정한 균형 상태를 이루고 있었다. 그런데 권력 세습에 의해 새로운 수령이 등장하고 통치연합이 새로이 결성되면, 현존하는 권력 위계와 이권배분의 균형에 변동이 생길 수밖에 없다.

새로운 수령을 위한 새로운 통치연합 결성에 두 가지 요소가 작용하는 것으로 보인다. 그 하나는 수령의 선택이다. 수령은 수령독재가 처한 대내외 상황을 고려하여 수령독재의 유지와 존속에 가장 필요한 기관과 세력에게 우선적으로 권력과 이권을 배분할 것이다. 그 다음이 수령의 선택과는 상대적으로 독자적 차원의 문제로서, 수령 아래 주요 세력들 간의 권력 게임이다. 현존 수령 아래의 여러 세력들은 새로운 수령이 정착하는 과정에서 주도적 역할을 하고 싶어 한다. 그래야 새로운 수령하에서 권세를 보장받을 수 있기 때문이다. 그런데 새로운 수령체제 정착에 주도 세력으로 등장하자면 공훈을 세워 존재감을 과시해야 할 뿐 아니라, 다른 세력의 치열한 견제와 공격을 이겨내야 한다.

김정은으로의 권력 세습 과정을 전반적으로 관찰해보면, 권력 세습의 후견 주도권과 이권 재배분을 놓고 크게 보아 두 세력이 3단계로 경쟁했다는 가설을 세울 수 있다. 그 한쪽 세력은 고영희－조직지도부(이제강, 이용철)－군부이다. 그 다른 한쪽 세력은 장성택－김경희(－최룡해)이다. 권력 세습을 애초에 시작한 측은 고영희－조직지도부(이제강, 이용철)－군부 측이다. 이것이 첫 단계이다. 그런데 2008년 하반기 김정일의 건강이 악화되고 2009년 초 김정은의 권력 세습이 공식화된 이후부터 2013년 말 장성택 숙청에 이르기까지 장성택－김경희－최룡해가 권력 세습 및 김정은 정착 과정, 그리고 군부 견제에서 주요한 역할을 담당한다. 이것이 둘째 단계이다. 그러나 김정은이 새로운 수령이 된 이후 점차적으로 과거 고영희－이제강 계열의 인물 그리고 군부가 재득세하고, 결국에 장성택이 숙청된다. 이것이 셋째 단계이다. 아래에서 이를 보다 자세히 설명한다.

1. 1단계: 장성택의 복귀

장성택은 2004년 직무정지되었다가 2005년 말 일선에 복귀했다. 이때부터 장성택의 두 가지 역할이 두드러지기 시작했다. 그 하나는 세습 후계 문제에의 관여이다. 그 다른 하나는 군부의 세력 팽창에 대한 견제 역할이다. 이 중에서도 특히 장성택은 '선군 시대' 시장확대 과정에서 현격히 증가한 군부의 경제활동을 억제하는 데 선봉에 서곤 했다. 북한 수령 독재의 속설상 이 두 가지 역할 모두 김정일의 승인이 없었으면 불가능했을 것이다.

먼저 후계 문제에의 개입을 보자. 김정일의 권력 승계를 권력 세습으로 설정하면서 후계자를 세우는 데서 기선을 잡았던 것은 군부였다. 2002년 8월 군부는 고영희를 '존경하는 어머니' 또는 '평양의 어머니'라고 칭하면서 인민군 장병을 상대로 비밀리에 사상학습을 진행했다. 선군군부는 고영희, 그리고 조직지도부의 제1부부장들인 이제강(본부당 담당) 및 이용철(군부담당)과 연합을 이루어 김정은을 후계자로 밀었던 것으로 보이며, 김정일은 이에 찬성하지 않았다고 한다.[21]

장성택은 2004년 중앙당 조직지도부 제1부부장들인 이제강과 이용철의 견제 때문에 직무 정지되었다. 그가 이 두 사람의 견제를 받게 된 가장 중요하고 궁극적 이유는 누구를 후계로 내세울 것인가에 대한 이견 때문이었다고 보인다.[22] 그러는 가운데 2004년 5월 고영희가 사망했다. 2005년 말 김정일은 권력 세습 논의와 고영희 관련 우상화 교육을 중단시켰다.[23]

2005년 말 장성택이 권력 일선에 복귀했는데, 2005년은 군부의 무역활동을 억제하는 것을 그 주요 내용 중의 하나로 하는 시장억제 정책이 시작된 시기였다. 이후 장성택과 행정부 산하의 인민보안부와 검찰은 시장억제 및 군부 무역 활동 억제 정책에서 주요한 역할을 했다.

2. 2단계: 장성택의 권력과 이권의 팽창

2단계는 2008년 8월 김정일의 건강 악화, 2009년 초 김정은 후계 공식 선언을 계기로 시작된다. 이로부터 장성택은 김정은 후계 과정을 뒷받침하고 관리하는 데서 핵심적 역할을 담당하게 되었다. 흥미로운 것은 애초에 김정은 후계를 먼저 시작했던 조직지도부(이제강, 이용철)−군부 측 대신에 장성택(−김경희)이 후계 과정 후견 역할의 전면에 나섰다는 점이다. 그런데 이 경우 김정일의 개입이 없었다면, 장성택이 조직지도부−군부를 제압하고 김정은 후계 구축 후견 역할에서 주도권을 차지하는 것을 불가능했을 것이다. 2단계의 시기 동안 장성택은 자신의 경쟁자라고 할 수 있는 조직지도부와 군부의 권력과 이권을 위축시키는 한편, 궁극적으로 자신이 관장하는 권력과 이권을 급격히 팽창시켰다. 그런데 장성택의 세력 확대는 주요 권력기관 및 인물과 갈등의 강도를 강화할 수밖에 없는 상황을 만들었고, 궁극적으로 장성택에 대한 다른 권력 그룹의 적대감을 증대시켰던 것으로 보인다. 그렇지만 김정

21) 최선영, 「'김정은과 인연' 북 고위인사들 승승장구」, 『연합뉴스』, 2014년 4월 29일.
22) 세종연구소, 「김정일 조선로동당 총비서의 후계 문제: 현황과 향후 전망」, 『정책보고서 2004-05』, 2004년 8월 25일.
23) 최선영 · 장용훈, 「북 김정일, 후계논의 금지 지시」, 『연합뉴스』, 2005년 12월 11일.

일의 후원을 받았던 장성택의 세습 과정 후견에서의 주도적 역할, 그리고 권력과 이권의 확대는 적어도 김정일이 살아있는 동안에는 장성택 반대파들이 강력한 반대를 제기 할 수 없었던 것으로 보인다. 아래에서 이를 보다 자세히 알아본다.

2006년 10월 1차 핵실험 직후 김정일은 후계 논의를 다시 한 번 금지하면서 앞으로 장기간에 걸쳐 전권을 행사하겠다고 선언했지만,[24] 결국 김정일의 건강에 대한 염려 때문에 2007년 1월경 김정은이 후계자로 이미 선정되었다.[25] 김정은의 후계자 선정은 행정부와 총정치국의 상대적 강화와 조직지도부의 상대적 약화와 동반되었다.[26] 장성택은 2007년 12월 조직지도부로부터 분리한 행정부장에 취임했다. 이와 함께 시장억제 정책이 한층 강화되었다. 장성택은 2008년 초 신의주 등 국경지역에서 3개월 동안 직접 검열을 지휘했다. 여기서 군부의 중소 무역회사가 우선적 타격 대상이었다. 장성택이 행정부장으로 취임하면서 행정부는 조직지도부의 일부 기능을 흡수하는 등 권한을 확장했다.[27] 2013년 12월 숙청 당시에는 행정부의 인적 규모가 조직지도부를 능가했다.[28]

2008년 8월 김정일이 뇌경색을 맞으면서 장성택은 김정은 후계 추진에서 본격적으로 주도적 역할을 하게 되었다.[29] 김정일이 뇌경색으로 무력화된 상황에서 가계의 대표주자인 김경희와 장성택이 상황을 관리했다.[30] 이러한 가운데 2009년 1월 김정은이 후계자로 공식 내정되었다. 이후 애초에 고영희와

<hr>

24) 이재준, 「김정일, 핵실험후 장기집권 선언… 후계 논의 금지」, 『뉴시스』, 2007년 1월 4일.
25) 신주현, 「김정은 우상화 2007년 시작… 권력 마찰 낭설」, 『데일리 NK』, 2010년 9월 16일; 엄한아, 「김정은 날치기 후계자 아냐, 2007년 후계 내정」, 『열린북한방송』, 2010년 10월 4일.
26) 엄한아, 위의 기사.
27) 박형중 외, 『북한 '변화'의 재평가와 대북정책 방향』, 96~97쪽.
28) 남성욱·안성규, 「보위부 문건까지 손대고 우동측·이제강 의문사 배후」, 『중앙일보』, 2013년 12월 8일.
29) 2009년 1월 김정은 후계의 공식 결정 공표되기 이전까지 김경희와 장성택은 한국에서 일반적으로 김정남을 후원하는 것으로 알려져 있었다.
30) 문성휘, 「장성택, 권력 욕심없어」, 『자유아시아방송』, 2013년 12월 19일.

가까웠던 선군군부와 조직지도부의 이제강 및 이용철이 김정은 후계 추진에서 밀려나고 대신 장성택이 득세하는 상황이 전개되었다.

김정은 후계 구축을 위한 첫 권력 개편인 2009년 초, 권력개편은 신군부를 중심으로 국방위원회를 한층 강화했다. 리영호 총참모장과 김영철 총정찰국장의 (신)군부가 득세하는 대신, 선군군부 시대의 '3대 마차'라고 불렸던 총정치국장 조명록, 인민무력부장 김일철, 총참모장 김영춘은 배제되거나 명목상의 자리만 차지할 수 있었다. 아울러 오극렬은 형식상 국방위원회 부위원장으로 승진했지만, 실제 권한은 현저히 약화되었다. 오극렬이 1989년부터 거의 20년간 관장하던 중앙당 작전부가 김영철이 관장하는 인민무력부 산하(또는 국방위원회 직속) 정찰총국으로 통합되었다. 중앙당 작전부는 위폐, 마약과 무리거래 등 대외 불법활동을 통하여 막대한 외화를 벌어들이던 마피아적 '소왕국'이었다. 특히 오극렬은 무기거래 알짜 기업인 청송을 김영철에 강탈당했다.[31]

장성택의 입지는 2010년 전반기에 결정적으로 공고화되었다. 장성택은 2010년 6월 국방위원회 부위원장에 임명되었는데, 그 전후로 후계 과정에 대한 후견 역할이 한층 커지고 그리고 권력과 이권이 현저히 확대하는 것을 발견할 수 있다. 이 내용을 구체적으로 보면 아래와 같다.

첫째, 2010년 6월 장성택이 국방위원회 부위원장으로 임명되기 직전 4월 조직지도부 제1부부장인 이용철은 심장마비로, 6월 이제강은 교통사고로 사망했다. 이 두 사람은 조직지도부의 기둥이었으며, 선군군부 및 고영희와 협력했던 인물이었다. 이로써 장성택에 대한 의미 있는 경쟁자는 존재하지 않게 되었다.

둘째, 장성택이 관장하는 경제 이권이 현저히 확대되었다. 여기서 세 가지를 지적할 수 있다. 첫 번째 사항은 2013년 행정부 산하로 편입되었다는 것이다.[32] 54부는 당시 총정치국 산하로 석탄과 수산물 수출을 관장하는 북한 군

---

31) 이영종, 「北오극렬이 챙기던 외화벌이 업체 '청송' 김영철이 대들어 강탈」, 『중앙일보』, 2012년 7월 18일.

부의 대표적 외화벌이 업체로서 대외명칭이 승리무역합영회사였다. 두 번째로 장성택은 김양건과 함께 오극렬의 외자 유치 활동을 효과적으로 견제할 수 있었다. 오극렬이 2009년 7월 설립한 조선국제상회에 대항하여 장성택은 2010년 1월 조선대풍그룹을 설립하고 국방위 산하에 국가개발은행의 활동을 보장하도록 했다.[33] 아울러 장성택의 주도로 7월 내각 아래 합영투자위원회가 설립되었다. 이들 두 사람의 알력은 2010년 "9월 28일에 열린 노동당 대표자회에서 장성택이 김정은의 후견인으로서 자리를 굳히면서 오극렬의 완패로 끝났다."[34] 세 번째로 2010년 4월에는 인민무력부 산하 8총국(군수동원총국, 도로, 교량 관리)과 7총국(공병국, 대피소 등 건설)을 인민경비대와 합쳐서 인민내무군을 조직하여 인민보안부 산하로 편제했다.[35] 인민내무군으로 개편되면서 규모도 11만 정도에서 20만 명 정도로 확대되었다. 이들은 김정일 말기 및 김정은 초기 다양한 주요 국책 공사의 핵심 인력으로 활용되었다. 인민내무군 산하 기관 중에서도 8총국을 둘러싸고 인민보안부와 인민무력부는 격렬하게 대립했다. 2011년 초 인민무력부는 김정일에게 군용도로 건설 개보수 필요를 들어 8총국을 흡수했다. 여기에 인민보안부가 강력하게 반발했는데, 김정일 사후에 8총국은 인민내무군으로 재흡수되었다.[36]

셋째, 장성택 득세에 맞추어 인민보안성은 2010년 3월 인민보안부로 이름을 바꾸고 국방위원회에 직할되었고 조직과 권한을 현저히 확장했다.[37] 인민내무군에 대해서는 이미 언급했다. 2009년 3월 결성되었던 기동타격대는 2010년 4월경 규모가 확장되었으며, 시위진압 장비를 본격적으로 갖추었다.[38] 아

---

32) 탈북자 면담, 2014년 1월 17일. 승리희사는 북한 석탄 수출의 70%를 관장한다고도 했다; 이정은·하정민, 「張, 측근 對中수출서 거액 빼돌리자 中에 나선개발권 제시」, 『동아일보』, 2013년 12월 16일.

33) 이영종, 『후계자 김정은』, 늘품 플러스, 2010, 246쪽.

34) 위의 책, 246쪽.

35) 문성휘, 「북 인민보안부, 국방위 소속으로 전환」, 『자유아시아방송』, 2010년 8월 25일.

36) 탈북자 면담, 2013년 12월 6일.

37) 문성휘, 「북 인민보안부, 국방위 소속으로 전환」, 『자유아시아방송』, 2009년부터 김정은이 호위 총국, 국가보위부, 인민보안부를 직접 지휘하고 있다는 설도 있다.

울러 보안원과 기동타격대 무력이 통합되어 보안군으로 개편되었다. 한편 인민보안부의 권한이 확대되어, 이제 보안원들이 군인들의 대민간인 비행을 단속하고 통제할 수 있게 되었다. 그 이전에는 이것이 불가능했다.[39] 인민보안부 산하 특별기동대는 원래 시위 진압을 위해 조직되었으나, 시위가 존재하지 않자 불법 월경, 장사 행위 단속 등으로 활동을 확대했고, 이를 통한 돈벌이에 급급했다. 이러한 단속 과정에서 군인과 빈번히 마찰을 빚고 있었다.[40]

넷째, 장성택이 평양10만호 건설 사업을 관장했다. 이는 큰 이권을 챙길 수 있는 기회였다.[41] 이 대규모 건설사업은 2009년 9월부터 본격적으로 시작되었으며, 2012년 4월 15일에 완공을 목표로 했다. 평양10만호 건설은 장성택이 자금 조달용 와크를 획득하고 중국으로부터 건설자재조달 등과 관련하여 경제적 이권을 챙길 수 있는 큰 기회였다.[42]

다섯째, 장성택은 북한 내 휴대전화 사업도 책임졌던 것으로 보인다.[43] 북한 내 휴대전화 보급은 2009년 11월 화폐개혁 실패 이후 급격히 확대했다. 휴대전화 판매를 통한 외화조달이 목적이었다. 2011년 1월 북한 내 휴대전화 사업자인 오라스콤 회장이 북한을 방문했을 때, 그와 김정일 그리고 장성택이 함께 찍은 사진이 이례적으로 조선중앙통신을 통해 외부로 전송되었다.

이와 같은 장성택의 득세 그리고 경제 이권의 현저한 확장은 권력 승계의 필요에 맞추어 북한 내부의 이권 및 경제를 재편하는 과정과 맞물려 있었을 것이다. 그 이유는 김정일이 어떤 목적에서 장성택에게 힘을 실어주지 않고서는 장성택이 이처럼 권력과 이권을 팽창시키는 것이 불가능했을 것이기 때

38) 문성휘, 「북, 주민통제 위해 기동타격대 조직 강화」, 『자유아시아방송』, 2011년 9월 27일.
39) 문성휘, 「북한군, 각종 불법, 폭력으로 위상 흔들려」, 『자유아시아방송』, 2011년 11월 17일.
40) 탈북자 면담, 2014년 1월 10일.
41) 장성택은 평양건설과 오랜 인연을 가지고 있었다. 1980년대 후반 평양축전 개최를 위한 평양건설, 1990년대 초반 통일거리 건설에 관여했다. 이후 2004년 직무정지에서 2005년 12월에 복귀할 때에도 당중앙위 노동단체 및 수도건설 제1부부장으로 복귀했다.
42) 주성하, 「김정은, 4년간 '쩐의 전쟁'끝났다」, 『동아일보』, 2013년 12월 11일; 문성휘, 「평양 －신의주 고속도로 건설 무산될 듯」, 『자유아시아방송』, 2010년 7월 9일.
43) 이영종, 「손전화 없으면 장사못합네다」, 『시사저널』 제1264호, 2014년 1월 8일.

문이다. 여러 자료를 종합할 때, 김정일이 장성택을 후원하면서 추구했던 경제와 이권의 재편을 도모한 의도는 세 가지로 추정할 수 있다. 첫째, 후계 과정에서 이권 및 경제 재편의 핵심 목표는 후계 진척에 필요한 자금을 확보하면서 궁극적으로 수령경제의 재정능력을 일반적으로 강화하는 것이었다. 둘째, 이를 위해 시장 팽창 과정에서 가장 중요한 경제세력으로 등장한 군부의 경제력을 약화시키고, 그들이 관장하던 이권을 수령경제 강화 또는 국가재정 강화를 위해 활용해야 한다는 것이었다. 이를 위해 여러 조치가 취해졌는데, 이에는 군부 산하 무역회사 구조조정과 통폐합, 중앙통제 강화, 외화에 대한 중앙집중 강화, 화폐교환 조치를 통한 중앙 재정 강화 등이 포함되었다. 셋째, 후계진척 자금 확보 그리고 군부 무역 능력 제한 등의 조치를 추진하는 데서 장성택을 앞장세운다는 것이다. 장성택은 이러한 가운데 자신이 관장하는 이권을 팽창시켰다.

군부의 무역활동을 억제하는 정책은 군부의 상당한 반대에 직면했던 것으로 보인다. 이 때문에 장성택이 주도하면서 군부 무역활동이 억제되는 시기 그리고 군부의 반발로 인해 군부 무역이 재팽창하는 시기가 번갈아 나타났다. 이는 대체로 4단계로 나누어볼 수 있다.[44] 첫째로, 장성택이 본격적으로 역할하는 제1라운드는 2007~2008년간에 진행되었다. 2007년 4월 박봉주 총리가 물러남과 동시에 2007년 5월부터 2008년까지 전국적 규모로 '비사투쟁'이 전개되었다. 그 주요 대상은 지역의 토착 거부 그리고 군부 무역회사였다.[45] 둘째 시기는 2009년 11월~2010년 11월이다. 김정은 통치 자금 마련을 주요 목적의 하나로, 2009년 11월 30일 화폐교환 조치가 시행되었다. 이 조치는 군부의 외화벌이 이권을 대대적으로 박탈하고자 하는 시도와 동반되었다. 2013년 12월의 국가안전보위부 판결문에 따르면, 장성택이 화폐교환조치의 실질적으로 주요 책임자였던 것으로 보인다. 셋째 시기는 2010년 11월~2011년 말이다. 군

---

44) 박형중, 「김정은 권력정착 과정에서의 군부동향」, 통일연구원 Online Series CO 13-23, 통일연구원, 2013.
45) 박형중 외, 『북한 '변화'의 재평가와 대북정책 방향』, 31~35쪽.

부가 외화벌이에 대대적으로 재진입하고 군부 기관 간에 경쟁이 격화되던 시기이다.

네 번째 시기는 2011년 말~2013년 말 장성택 숙청에 이르는 시기이다. 김정일 사망을 전후로 하여 군부의 무역활동이 현격히 제한당했으며, 동시에 그 상당 부분이 장성택 관할로 넘어왔다. 이 시기 장성택은 나진항 개발 사업, 금광개발권과 대동강 과수농장을 이전받았다.[46] 아울러 2012년 상반기에는 내각 역할 강화, 그리고 군부 외화벌이 참여 금지 원칙에 따라 군부의 무역권이 상당 부분 내각으로 이전되었다. 아울러 6·28방침 아래서 농업 개혁에 따라 협동 농장으로부터 군부 식량 조달이 위태롭게 되었다.[47] 7월 15일 정치국 회의를 통해 리영호 총참모장이 해임된 이유에는 '군부의 외화벌이 사업을 내각으로 이전한 것에 대한 불만 표출 및 개인비리'도 들어있었다. 2013년 2월경에는 '당생활지도소조'가 전국에 파견되어, 군내부의 외화벌이 관련 이권남용을 핵심 의제로 하는 전면 감찰을 실시했다.[48] 각 지방군뿐 아니라 총참모부, 인민무력부, 총정치국 내부의 외화벌이 관련 파벌과 족벌이 징계 당했으며, 이에 따라 상당 폭의 간부사업이 진행되었다.[49] 특히 현영철 총참모장을 비롯한 주요 장령의 징계 사유로 외화벌이 이권사업 남용 및 개인비리에 관한 항목이 주요 역할을 했다.

3. 3단계: 장성택의 고립과 숙청

2009년 김정은 후계체제 건설이 시작되면서, 김경희-장성택 연합은 김정일의 후원을 받아 군부-조직지도부 연합을 억누를 수 있었다. 그리고 장성택의 권력과 이권이 현저히 팽창했다. 이와 같은 장성택의 득세에 대한 군부

46) 안의근, 「돈 되면 '내가 할래'… 북 권력층 별별 이권 다툼」, 『중앙일보』, 2012년 5월 4일.
47) 박형중, 「북한의 '새로운 경제관리체계'(6·28 방침)의 내용과 실행 실태」, 『KDI 북한경제리뷰』, 2013년 10월호.
48) 정영, 「김정은, 군부 힘빼기 '특별 조사팀'가동」, 『자유아시아방송』, 2013년 2월 6일.
49) 정영, 「김정은, 군부 족벌·파벌 제거 안간힘」, 『자유아시아방송』, 2013년 2월 27일.

및 조직지도부의 불만은 김정일이 살아 있는 동안 수면 아래 잠복해야 했다. 그런데 2011년 12월 김정일이 사망하면서부터 장성택에 대한 핵심 후원세력이 사라졌다. 김정일 사망 이후, 그리고 김정은의 동의 또는 후원하에서 군부−조직지도부 세력이 장성택에게 반격을 가하기 위한 동태를 점진적으로 강화시켰다. 이러한 가운데 장성택의 반대파들은 과거 같으면 문제시되지 않았을 '사소한' 사건들을 2013년 '사건화'하여 결국 장성택을 처형하는 빌미로 활용한 것으로 볼 수 있다. 김정일 사망 이후 2013년 말 장성택 숙청에 이르는 시기 동안 장성택과 김경희 세력에 대한 반대 세력의 동태는 다음과 같이 요약할 수 있다.[50]

먼저 이제강의 유고가 김정일 사망 직후 2011년 12월에 출간되었다. 『혁명적 대오의 순결성을 강화해 가시는 나날에』[51] 이 유고는 김정일의 지시에 의해 정리되었다고 했다. 그렇지만 이제강의 유고 『혁명적 대오의 순결성을 강화해 가시는 나날에』가 김정일 사망 직후인 2011년 12월에 출간된 것은 의미심장하다. 이 책은 박남기, 정하철 선전비서, 채문덕 사회안전성 정치국장, 리수길 양강도당 책임비서 등 4명의 숙청 비화를 기록했다.

둘째, 고영희 우상화가 시작되었다. 2012년 1월 8일 조선중앙TV는 고영희를 '어머님', 2월 13일에는 '평양의 어머님'이라고 호칭했다.[52] 2012년 4월 미사일 발사 실패 직후인 5월에 북한은 "위대한 선군의 어머님"이라는 85분짜리 고영희에 대한 기록 영화를 최고위 간부들을 대상으로 상영했다.[53] 그리고 고영희의 묘가 7월경 평양시 내 대성산 부근에 설치되었다.[54] 고영희는 2004년 5월에 사망했는데, 그의 묘가 2012년 7월에 평양에 등장한 것이다. 묘비에

50) 이와 관련한 내용은 박형중, 「장성택 숙청과 북한 내부의 권력 투쟁」, 통일연구원 Online Series CO 14-03, 2014년 2월 17일에 의거한다.
51) 이용수, 「북 화폐개혁 박남기 남 경제 수용 시도, 처형 명목은 간첩죄」, 『조선일보』, 2012년 11월.
52) 강미진, 「北 고영희에 '평양어머님' 호칭… 출신세탁?」, 『데일리 NK』, 2012년 2월 13일.
53) 조종익, 「고영희 기록영화 첫 공개… '조선의 어머니'」, 『데일리 NK』, 2012년 6월 30일.
54) 김다슬, 「北 고영희 실명공개… 우상화 본격화 될 듯」, 『데일리 NK』, 2012년 7월 20일.

는 사진과 함께 '선군조선의 어머니'라는 문구가 새겨져 있었다. 고영희 우상화 시도는 그가 단순히 김정은의 친어머니라는 것 이외에도 과거 고영희－군부－이제강·이용철(조직지도부) 연합 세력의 이해관계를 반영했을 것으로 보인다.

셋째, 이에 더하여 김정일 사망으로 취약해진 김경희－장성택 연합은 김경희의 건강 악화로 더욱 취약해졌다. 7월 리영호의 해임, 군부 무역권의 본격적 축소 시도 등의 이유로 군부의 불만이 커진 가운데, 9월 김경희의 건강이 악화되었다. 이는 김경희－장성택 반대파에게 기회를 준 것으로 보인다. 2012년 11월 이제강의 유작『혁명 적 대오의 순결성을 강화해 가시는 나날에』가 조선중앙 TV에서 소개되었다. 같은 11월 군부의 무역활동이 재개되었다. 추가하여, 장성택의 반대에도 불구하고 12월에 장거리 미사일 실험, 2013년 2월에 3차 핵실험을 감행한다는 결정이 이 시기에 이미 내려졌을 가능성이 높다.

넷째, 2012년 말~2013년 초에 군부의 영향이 현저히 강화된 것을 보여주는 양상이 나타났다. 2012년 11월 그간 억제 및 축소되었던 군부의 무역활동이 재개되었다. 군부의 무역권이 2012년 하반기에 대폭 축소되었었던 것을 고려하면 이는 하나의 반전이었다. 더욱이 장성택은 군부 무역 축소 정책의 주역이었다. 아울러 군부가 주도하는 긴장고조 국면이 2012년 말부터 2013년 4월까지 지속되었다. 2012년 12월 장거리미사일 발사, 2013년 2월 3차 핵실험, 3~4월까지 유례없는 수준으로 대남 군사적 긴장 조성, 4월 개성공단 폐쇄 등이 그것이다. 장성택을 중심으로 김경희(노동당 제1비서)와 강석주(당시 당정치국 위원 겸 내각 부총리)는 핵실험에 반대했다고 한다. 반면, 최룡해(총정치국장), 현영철(당시 총참모장), 김영철(정찰총국장)은 찬성하였다고 한다. 장성택은 개성공단 폐쇄에도 반대하였다고 한다.[55]

다섯째, 장성택의 반대파는 4월까지 대남 강경 긴장고조를 통해 내부 정

---

55) 장세정·정원엽,「북 군부 김정일 유훈 내세워 당·내각의 온건파 제압」,『중앙일보』, 2013년 3월 14일.

치에서 기선을 장악하고 5월부터 보다 적극적으로 움직이기 시작한 것으로 보인다. 5월 이후부터 장성택의 정적이라 할 수 있었던 고영희, 이제강, 오극렬이 복권되는 징후가 보다 뚜렷해졌다. 또한 조직지도부와 선전선동부의 발언권이 커졌다는 것을 반영하는 일들이 나타났다. 이를 보면 다음과 같다. 앞서 서술했듯이 2012월 11월 회고록이 조선중앙 TV에 등장했던 이제강은 2013년 5월에는 '따라배우기' 대상으로 승격되었다. 5월 김정은은 중요 간부회의에서 이제강의 충성을 회고했고, 이에 따라 노동당 중앙위는 당원과 간부들에게 "리제강 따라배우기 운동"을 호소했다고 한다.56) 2010년 6월 교통사고로 사망했다고 했을 당시 장례식도 제대로 치르지 않았었던 것57)에 비하면 너무나도 달라진 상황이었다. "리제강 따라배우기"가 등장하던 무렵 오극렬도 지위가 상승한 채로 재등장했다. 정치국 후보위원인 그는 5월과 7월 국가행사에 정치국원에 상당하는 지위로 등장했다.58) 김정은은 6월 19일 노동당과 군, 내각 등의 고위간부를 모아놓고 '유일 영도체계 10대원칙' 확립에 대해 직접 연설했다.59) 북한은 당의 '유일사상체계 확립의 10대 원칙'을 '유일영도체계 10대원칙'으로 39년 만에 개정하면서 당원증도 새로 교부했다.60) 8월에는 고영희 기록영화 상영이 일반 주민 대상으로 확대되었다. 주민들은 감상문을 써야 했다.61)

여섯째, 김경희가 건강 때문에 러시아로 출국해야 했던 9월 이후 장성택 반대 세력은 본격적으로 행동에 들어가기 시작한 것으로 보인다. 9월 9일 조

56) 문성휘, 「북, 국가생산계획 사실상 포기」, 『자유아시아방송』, 2013년 5월 13일.
57) 하태경, 「북한 김정은 체제의 출범과 동북아 평화」, 『중앙일보 시민사회환경연구소 제48회 세미나 발표자료』, 2010.
58) "Political Bureau and NDC Before the 13th SPA & After Jang", North Korea Leadership Watch, January, 23, 2014. 이 기사는 정치국 후보위원이었던 오극렬이 2013년 어느 시기에 정치국 정위원으로 승진된 것으로 추론했다.
59) 장용훈, 「北 김정은, 6월 고위간부에게 '유일영도' 직접 연설」, 『연합뉴스』, 2013년 12월 22일.
60) 노정민, 「북, 당원증과 공민증 새로 발급」, 『자유아시아방송』, 2013년 9월 13일.
61) 정영, 「북 주민, 고영희 우상화 의문 확산」, 『자유아시아방송』, 2013년 8월 28일.

직지도부 제1부 부장이자 정치국 후보위원인 조연준이 참석한 가운데 김정철과 김여정이 참석한 김정은 가족회의가 열려 장성택 숙청을 결정했다고 한다.[62] 이 회의 개최 시기와 맞물려 다른 변화도 나타났다. 5월 이후 모습을 보이지 않던 박도춘 군수담당비서 등 핵·미사일 개발 관련 인물이 9월부터 공개 행사에 자주 등장하기 시작했다. 9월부터 남북관계가 경색관계에 진입했다.

일곱째, 11월부터 장성택 세력에 대한 본격적 공격이 시작되었다. 장성택은 11월 6일 안토니오 이노끼와 회담 후 공개 석상에 나타나지 않았으며, 11월 18일 국가안전보위부 주도로 가택연금 되었다고 했다. 11월 21~26일 이용하 제1부부장과 장수길 부부장이 공개처형되었다. 이 두 사람 이외에도 인민보안성 54국 원유국장, 국가 계획위원회 원유국장 등도 처형되었다.[63] 이들은 원유를 수입해 북한 내부의 '큰 손'들에 넘겨 막대한 이익을 남긴 유류업계 간부들이었다. 12월 8일에는 정치국 확대회의가 열려 장성택을 '반당반혁명종파 행위'로 낙인찍었다. 이후 13일에는 국가안전보위부 특별군사재판이 열려 장성택에 사형을 선고했다. 사형은 곧바로 집행되었다. 장성택의 사망 시기 오극렬이 재부상했다는 증거도 발견되었다. 오극렬은 12월 13일 사망한 김국태의 장의위원 명단에서도 정치국원인 김원홍의 앞에 거론되었다.[64] 오극렬은 또한 김정은이 참석한 11월 14일 전국과학자기술자 대회에서 박봉주 총리와 최태복 노동당 비서에 이어 서열 3위로 호칭됐다. 이날 군부에서는 유일하게 오극렬만 참석했다.[65]

[62] 이영종, 「조연준 "내부 표적 만들어 치자" 장성택 숙청 건의실」, 『중앙일보』, 2013년 12월 12일.

[63] 정영, 「북, 내년 4월까지 장성택 측근 발본색원」, 『자유아시아방송』, 2013년 12월 20일.

[64] "Political Bureau and NDC Before the 13th SPA & After Jang." 이 기사는 정치국 후보위원이었던 오극렬이 2013년 어느 시기에 정치국 정위원으로 승진된 것으로 추론했다.

[65] 이영종, 「장성택 몰락할 즈음 돌아온 오극렬」, 『중앙일보』, 2013년 12월 25일.

Ⅳ. 결론

김정일의 수령독재하에서도 주요 기관과 엘리트 간에 권력과 이권의 재배분을 둘러싼 갈등은 존재했었다. 권력 세습은 통치연합 재구성을 요구했는데, 이는 기관과 엘리트 사이에 기존하는 권력과 이권의 분배 균형을 대대적으로 재편한다는 것을 의미했다. 따라서 권력 세습 과정에서 권력과 이권 관련한 갈등이 현저하게 증폭 되었다. 권력과 이권을 둘러싼 갈등이 전개하는 데서 두 가지 요소가 핵심적으로 작용한다. 그 하나는 수령의 선택이다. 수령은 대내외 환경과 내부 권력분배 상황을 종합적으로 수령독재의 존속을 위해 가장 적합한 방식으로 내부 세력을 재편하고자 할 것이다. 다른 하나는 수령의 선택과는 상대적으로 독립해서 전개되는 기관과 엘리트 사이의 권력과 이권을 둘러싼 수평적 갈등이다.

실제로 김정일에서 김정은으로의 세습 과정에서 권력과 이권을 둘러싼 갈등은 두 개의 핵심축을 중심으로 전개되었다. 그 하나는 권력 세습 과정에서 누가 주도세력이 될 것인가에 관한 경쟁 또는 후견권을 둘러싼 경쟁이었다. 이 경쟁은 두 세력 간에 진행되었다. 그 하나는 고영희-조직지도부-군부이고 그 다른 하나는 장성택-김경희(-최룡해)였다. 권력 세습은 애초에 고영희-조직지도부-군부 쪽이 시도했지만, 2009~2012년간 장성택 세력이 주도적 역할을 했다. 이에는 김정일의 의중이 작용했을 것이다. 그러나 2013년 말 장성택 숙청 과정과 그 이후 과거 고영희-이제강 계열의 인물이 득세하는 것을 발견할 수 있다.[66] 이러한 변화가 가능해진 것과 관련하여 새로운 수령 김정은의 의중을 배제할 수 없을 것이다.

기관들 사이의 권력과 이권을 둘러싼 갈등에서 핵심적인 것은 군부의 정치적·경제적 영향력을 축소하려는 시도와 관련되었다. 여기서 핵심은 군부의 무역 이권을 제한하면서, 외화벌이를 중앙집권화하려는 시도였다. 이러한

---

66) 윤일건, 「北 황병서 '서열변화' 주목… 총정치국 요직 맡은 듯」, 『연합뉴스』, 2014년 4월 27일; 최선영, 「김정은과 인연, 북 고위 인사들 승승장구」, 『연합뉴스』, 2014년 4월 29일.

조치는 군부의 독자적 경제기반 형성 저지, 수령경제와 국가경제의 재정 강화의 필요성, 외화벌이를 둘러싼 부정부패의 척결 등을 목표로 했을 것이다. 이러한 정책은 장성택을 주무 책임자로 실행되었으며, 군부의 강력한 반발에 직면했다. 장성택이 이러한 역할을 담당하게 된 것은 김정일 그리고 부분적으로 김정은의 의중을 반영했을 것이다. 그런데 장성택은 이러한 역할을 수행하는 가운데 자신의 권력과 이권의 기반을 확장했다. 장성택 세력의 팽창은 그만큼 다른 기관들의 세력이 축소되어야 하는 것을 의미했다. 이것이 조직지도부와 군부 그리고 결국에 김정은의 장성택에 대한 반발과 의심을 강화시켰을 것이다.

결론적으로 보면, 권력 세습 과정에서 증폭하는 권력 및 이권과 관련된 갈등을 관리하는 데서 김정일과 김정은의 선택이 달랐다. 김정일은 장성택을 중심으로 한 세력에게 중요한 역할을 맡긴 것으로 볼 수 있다. 김정일은 장성택을 앞세워 기존 '선군 시대'에 득세 했던 세력, 다시 말해 군부와 조직지도부를 견제하면서 후계자에게 길을 터주고자 한 것으로 볼 수 있다. 이는 장성택이 행정부의 권한과 이권이 현저히 팽창하는 가운데 조직지도부와 군부가 상대적으로 제약을 받았던 것을 통해 나타났다. 그런데 장성택의 확대된 권력은 새로운 지도자 김정은에게 부담이 되었을 것이다. 김정은은 그간 장성택의 세력 팽창 과정에서 야기된 장성택 대 조직지도부 및 군부와의 갈등 관계를 활용하고 그들에게 힘을 실어주어 장성택을 제거할 수 있었다. 이러한 가운데 김정은은 결과적으로 조연준 조직지도부 제1부부장을 포함하는 과거 고영희-이제강 계열에 가장 크게 의지하게 된 것으로 보인다. 대표적으로 조연준 조직지도부 제1부부장이다. 그는 장성택 숙청에서 주도적 역할을 한 것으로 알려졌다. 다음으로 황병서는 조직지도부 제1부부장이다. 조직지도부 부부장이던 그는 2014년 3월 조직지도부 제1부부장으로, 4월 26일에는 차수 및 당중앙군사위 위원으로 급속하게 승진했고, 사실상 최룡해 총정치국장의 지위를 대신하는 것으로 보인다.

장성택 숙청 이후 그가 관장하던 권력 기구와 경제 이권은 김정은과 조직지도부, 군부 사이에 재분배된 것으로 보인다.[67] 장성택 숙청의 가장 큰 정치적 수혜자는 조직지도부일 것이다. 행정부는 해체되어 조직지도부에 흡수당했으며, 조직지도부 계열 인물이 수령 산하의 핵심 세력으로 등장했다. 권력 세습 과정에서 군부는 견제당하고 상당한 수준의 인적 재편을 감수해야 했지만, 김정은 치하의 새롭게 형성된 군부 지도부는 대체로 만족할 것으로 보인다. 그 이유는 장성택 숙청의 가장 큰 경제적 수혜자는 군부이기 때문이다. 그 이유는 두 가지이다. 첫째, 그간 장성택 주도로 추진되어 오던 군부의 무역을 제한하고 외화벌이를 중앙 집권적으로 관리하고자 하던 정책이 적어도 당분간은 폐기된 것으로 보인다. 둘째, 그간 장성택에게 빼앗겼던 경제 이권을 대부분 되찾은 것으로 보인다. 북한의 현실에서 노동력과 조직력, 그리고 자금을 겸비한 군부는 김정은에게도, 경제적으로도 불가결한 존재가 될 수밖에 없기 때문이다. 과거 김정일의 정책은 군부에 대한 경제적 의존을 줄이고 장성택의 경제력을 키워서 활용하고자 했던 것이라 할 수 있다. 이제 장성택의 경제적 '소왕국'이 붕괴했기 때문에, 김정은은 경제적으로 더욱 군부에 의존할 수밖에 없을 것이다.

[67] 이와 관련한 다양한 보도가 있다. NKIS, 「장성택의 황금거위알을 차지하기 위한 북한권력기관 들의 각축전」, 『NK 지식인연대』, 2013년 12월 26일; NKIS, 「북한 외화금고 완전히 동나, 북한지 도부 총 비상」, 『NK 지식인연대』, 2014년 1월 10일; 「김정은, 북한의 외화벌이 체계를 재정비, 김여정 당외화벌이 총괄」, 『NK 지식인연대』, 2014년 1월 10일; 조준형, 「북한, 장성택계열 '승리무역, 해산·재편중 〈日신문〉」, 『연합뉴스』, 2014년 4월 16일.

【참고문헌】

김영윤 · 조봉현 · 박현선, 『북한이 변하고 있다』, 서울: 통일연구원, 2007.

대런 애쓰모글루 · 제임스 A. 로빈슨 저, 최완규 역, 『국가는 왜 실패하는가』, 서울: 시공사, 2012.

박형중 외, 『북한 '변화'의 재평가와 대북정책 방향』, 서울: 통일연구원, 2009.

박형중, 「김정은 권력정착 과정에서의 군부동향」, 통일연구원 Online Series Co 13-23, 통일연구원, 2013.

박형중, 「김정은 후계체제와 중앙과 지방의 전면적 간부교체」, 통일연구원 Online Series Co 11-3 2, 통일연구원, 2011.

박형중, 「북한의 '새로운경제관리체계'(6 · 28 방침)의 내용과 실행 실태」, 『KDI북한경제리뷰』 10월호, 2013.

박형중, 「장성택 숙청과 북한 내부의 권력 투쟁」, 통일연구원 Online Series Co 14-03, 통일연구원, 2014.

브루스 부에노 데 메스키타 · 알라스테어 스미스, 『독재자의 핸드북: 사상 최악의 독재자들이 감춰둔 통치의 원칙』, 파주: 웅진지식하우스, 2012.

세종연구소, 「김정일 조선로동당 총비서의 후계 문제: 현황과 향후 전망」, 『정책보고서 2004-05』, 2004.8.25.

양문수, 『북한경제의 시장화』, 서울: 한울, 2010.

이영종, 「손전화 없으면 장사못합네다」, 『시사저널』 제1264호, 2014.

이영종, 『후계자 김정은』, 서울: 늘품 플러스, 2010.

정성장, 「장성택 숙청 이후 김정은 체제의 안정성 평가」, 『국방연구』 제57권 1호, 2014.

최봉대, 「북한의 지역협력 접근 방식의 특징: 신가산제 사인독재정권의 '혁명자금 관리제도'와 대의경제협력의 제약」, 『현대북한연구』 제14권 제1호, 2011.

탈북자 면담, 2014.1.10.

하태경, 「북한 김정은 체제의 출범과 동북아 평화」, 『중앙일보 시민사회환경연구소 제48회 세미나 발표자료』, 2010.

Daron Acemoglu and James A. Robinson, *Economic Origins of Dictatorship and Democracy*, Cambridge: Cambridge University Press, 2009.

Daron Acemoglu and James Robinson, "The Role of Institutions in Growth and Development", *Working Paper* No.10, Commission on Growth and Development, 2008.

Douglass C. North, John Joseph Wallis, and Barry R. Weingast, *Violence and Social Orders: A Conceptual Framework hr Interpreting Recorded Human History,* Cambridge: Cambridge University Press, 2012.

Jason Brownlee, "Hereditary Succession in Modern Autocracies", *World Politics* Vol.59, July 2007.

Milan Svolik, *The Politics of Authoritarian Rule,* Cambridge: Cambridge University Press, 2012.

Mushtaq H. Khan, "Political Settlements and the Governance of Growth-Enhancing Institutions", July 2010(Unpublished).

Susan Rose-Ackerman, *Corruption and Government,* Cambridge: Cambridge University Press, 1999.

『뉴시스』, 2007.1.4.

『데일리NK』, 2010.9.16; 2012.2.13; 2012.4.20; 2012.6.30; 2012.7.20.

『동아일보』, 2013.12.11; 2013.12.16.

『북한전략정보서비스센터』, 2011.1.24.

『연합뉴스』, 2005.12.11; 2013.12.22; 2013.12.23; 2014.4.16; 2014.4.27; 2014.4.29.

『열린북한방송』, 2010.10.4.

『자유아시아방송』, 2010.7.9; 2010.8.25; 2011.6.30; 2011.8.12; 2011.8.25; 2011.8.30; 2011.9.27; 2011.10.18; 2011.11.17; 2012.7.30; 2013.2.6; 2013.2.27; 2013.5.13; 2013.8.28; 2013.9.13; 2013.12.12; 2013.12.19; 2013.12.20.

『조선일보』, 2012.7.24; 2012.11.27.

『중앙일보』, 2012.5.4; 2012.7.18; 2013.3.14; 2013.12.8; 2013.12.12; 2013.12.25.

『NK 지식인연대』, 2013.12.26; 2014.1.10.

『North Korea Leadership Watch』, 2014.1.23.

제3부

탈북민을
통해 본
정치사회

체제 변동기 북한의 계층·세대·지역 균열*

: 행위자 모형에 기반한 상황과 구조

박영자(통일연구원)

Ⅰ. 서론

20년 이상의 식량난과 시장화 과정에서 국가 계획과 분배 시스템이 정지 또는 기형적으로 작동되나, 2012년 12월 12~13일 '광명성 3호' 발사와 궤도 진입 성공이 상징하듯 3대 세습의 김정은체제는 북한정치 궤도에 안착되었다. 지난 20년간 그리고 김정은체제 1년을 평가하면서도, 북한체제 안정성 여부를 진단하는 주류 해석은 '경제구조 측면에서는 불안정한데, 정치구조 측면에서는 상대적으로 안정적'이라는 것이다. 어떻게 한 국가−사회에서 긴밀히 연계되어 상호작용하는 하부구조와 상부구조가 이렇게 구분되어 이질적으로 평가될 수 있는가? 필자는 그 주원인을 정치와 경제를 연결하는 '사회' 변수의 부재 또는 부차화 때문으로 진단한다.

이러한 문제의식에 따른 본 연구의 문제는 식량난과 시장화, 정경유착형 부패와 불평등 심화, 그리고 빈부격차 증대와 비사회주의 현상 만연 등이 20년 이상 지속되는, 북한사회의 주요 행위자 집단은 누구이며 어떻게 구성

* 이 논문은 2011년도 정부재원(교육과학기술부 사회과학연구지원사업비)으로 한국연구재단의 지원을 받아 연구되었으며,『한국정치학회보』제46집 제5호(2012)에 게재되었음 (NRF-2011-330-B00020).

되어 있는가? 각 행위자 집단별 삶의 균열 상황은 어떠한가? 각 행위자 집단별 균열 구조를 어떻게 진단할 수 있는가? 그리하여 북한사회의 균열 상황과 구조를 종합할 때, 김정은 시대 북한체제 전환의 정치적 기회구조(political opportunity structure)를 창출할 수 있는 사회적 주체는 누구인가? 이다.

본 연구는 1990년대 이래 북한체제를, 80년대까지와는 질적으로 다르나 그 확정적 경로가 아직 드러나지 않은 채 내부 변화를 경유하는 체제 변동기로 인식한다. 연구 목적은 정치와 경제를 연결하는 북한의 사회구성체(社會構成體)를, 행위자 모형(Model of the Actor)에 기반하여 계층·세대·지역 별로 각 행위자 집단의 균열 상황을 묘사하고 그 구조를 분석하는 것이다. 총적 분석은 행위자 모형에 기반한 '상호작용하는 일상의 상황과 구조'론에 기초한다. 시간적 범위는 1990년대 이후 2012년 현재까지이며, 김정은이 후계자로 공식화되고 사회적으로 큰 영향을 미친 화폐개혁이 이루어진 2009년부터 2012년 12월 현재까지에 초점을 맞춘다.

II. 연구 배경과 방법론

1. 연구 배경

1990년대 이후 북한체제를 무엇이라 개념화할 수 있을까? 아래로부터의 자생적 시장화를 넘어서 시장진화와 함께 2005년 이후 통치와 체제 유지 비용 마련을 위해 국가권력이 관장하는 교역권 및 각종 인허가권 등 지대(rents)를 매개로 수령경제와 군수경제가 시장시스템을 조절 또는 주도하는 북한체제,[1] 독재제도·지배연합 구조·관료 관계망과 부패가 체계화되어 최소한 230여

---

[1] 박영자, 「북한 경제시스템의 복잡계 현상」, 『한국정치연구』 제19집 제3호, 2010.

만 평양주민 수준 지지집단을 유지하며 정권 유지에 긍정 효과를 발휘하는 가산제 독재정치(Patrimonial dictatorship),[2] 불평등과 빈부격차·시장화와 외부 정보 유입, 비사회주의 검열 강화와 탈북자 증대 상황에서 아래로부터의 사회 변화와 비공식 제도가 주민들의 생존 양식과 맞물려 활발히 작동하는 사회,[3] 이 체제를 사회주의라고 정의할 수 있을까?

국가 정체성과 이념, 그리고 법률 측면에서도 북한 당국은 2000년대 초부터 마르크스(Karl Marx)의 공산주의와 노동자 계급론에 대해 공공연하게 비판하였고, 혁명의 주력군을 군인으로 정의하였다. 2003년 1월 29일 김정일(2003)은 '조선노동당 중앙위원회 책임일군들과 한 담화'에서 "한 세기 반 전에 마르크스가 내놓은 리론과 공식이 오늘의 현실에 맞"지 않는다며, 마르크스주의를 비판하고 혁명의 주력군을 노동계급에서 군인집단으로 전환하였다. 그리고 2009년 헌법 개정 시 공산주의를 공식적으로 폐기하고, 김일성의 주체사상과 나란히 김정일의 선군사상을 국가이념으로 법률화하였다.[4] 이어 2012년 4월 13일 헌법 개정으로 북한헌법을 김일성과 김정일의 "국가건설사상과 국가건설업적을 법화한 김일성-김정일헌법"으로 정의했다.[5]

그러므로 1990년대 중반 이후 2012년 말 현재까지 북한체제는 현실과 법제도 모든 측면에서 계획경제와 일당독재, 그리고 당-국가 일체화에 기초한 20세기 현실사회주의국가가 아니며, 거기에 개인숭배와 혁명의 주력부대로서 산업노동 분야 노력영웅 및 속도전이 부가된 스탈린식 정통(orthodox) 사회주

---

[2] 박영자, 「독재정치 이론으로 본 김정은 체제의 권력구조」, 『국방정책연구』 제28권 제4호 (통권 98호), 2012.

[3] 박영자, 「2000년대 북한주민의 의식변화와 민족의식」, 『정책연구』 통권 171호, 2011; 박영자, 「2003년 〈종합시장제〉 이후 북한의 주변노동과 노동시장」, 『한국정치학회보』 제43집 제3호, 2009.

[4] 2009년 헌법은 주체사상만을 지도적 지침으로 명시한 이전 헌법과 달리 "주체사상, 선군사상을 지도적 지침으로 삼는다(제3조)"고 명시했다. 그리고 종전 헌법 3개 조문에 있던 "공산주의" 단어를 삭제하였다. 국가의 기능을 담은 제8조에서 "국가는 로동자, 농민, 군인, 근로인테리를 비롯한 근로인민의 인권을 존중하고 보호한다"면서 기존 헌법에 없던 '군인'과 '인권'을 포함시켰다. 통일부, 『북한 제9차 개정 헌법』, 서울: 통일부, 2009.

[5] 『로동신문』, 2012년 4월 13일.

의도 아니고, 1980년대까지의 주체사상·국가가부장제인 사회정치적 생명체론·국가계획과 배급제·집단주의 조직 생활 시스템을 특징으로 하는 북한식 사회주의체제도 아니다.

그러나 아직 기존 체제 용어를 활용한 개념화의 어려움과 체계적 연구의 저발전으로, 보편적인 체제 호명(呼名)성이 획득되지 못하고 있다. 국가와 사회, 그리고 행위자와 관계−상호작용을 포괄하는 체제 성격이 아니라, 단지 행태와 현상 및 적대적 인식 등을 반영한 개념이 부분적으로 사용되고 있을 뿐이다. 대표적으로 국제정치 영역에서 근본주의적 부정 인식과 정치적 공격성이 깊게 개입되어 있는 불량국가, 약탈국가, 비정상 국가 등이 학술 영역에서도 공공연히 사용되고 있다. 그 외 학술적으로는 1인 절대권력자 중심 지배행태를 표현하는 독재체제와 폭정 등으로 개념화되고 있다.

1990년대 말 이후 서구에선 북한 정치체제를 게릴라왕조(The Guerrilla Dynasty),[6] 폭정(The Tyranny),[7] 포스트전체주의(Post-Totalitarianism),[8] 권위주의(Authoritarianism)[9]라고 개념화하였다. 이들 해외 연구의 공통점은 북한체제 구조와 작동 메커니즘에 대한 이해가 낮고, 내부 변동에 대한 분석과 추적에 의한 결과로 체제 개념이 도출된 것이 아닌 추상적 인식 가설에 기반하여 선험적으로 위와 같은 지배양태와 정치체제 개념을 사용하고 있다. 한편 국내학자 중에는 박형중이[10] 1990년대 이후 북한의 정치체제를 "탈전체주의와

6) Adrian Buzo, *The Guerrilla Dynasty: Politics and Leadership in North Korea*, Boulder: Westview Press, 1999.

7) Marcus Noland, "North Korea: The Tyranny of Deprivation", *Worst of the Worst: Dealing with Repressive and Rouge Nations*, Robert I. Rotberg (ed.), Washington, D.C.: Brookings Institution Press, 2007.

8) Patrick McEachern, *Inside the Red Box: North Korea's Post-Totalitarian Politics*, New York: Columbia University Press, 2010.

9) Daniel Byman and Jennifer Lind, "Pyongyang's Survival Strategy: Tools of Authoritarian Control in North Korea", *International Security* Vol.35 No.1, Summer 2010.

10) 박형중, 「북한에서 1990년대 정치체제 변화」, 『정책연구』 통권 168호, 2011.

극도의 개인독재하에서의 폭정(Post-totalitarian sultanistic tyranny)"이란 이론적 개념화를 시도하였다.[11]

상당한 북한 연구가 존재함에도 북한체제와 국가성격 변화에 대한 이론적 개념화와 논쟁이 제대로 이루어지지 못하고 있다. 현장 연구의 어려움과 경험통계 자료의 제약을 고려한다 해도 양과 질 모든 측면에서 발전되지 못하였다. 그 이유 중 하나는 체제변동의 성격 규명에는 상층부 정치권력의 통치행태뿐 아니라 중범위 수준의 공식—비공식 제도 작동, 그리고 국가—사회관계 실제에 접근하기 위한 미시적 행위자들의 행태와 의식 등, 총체적인 정보와 분석능력이 필요하기 때문이다. 즉, 북한체제 작동의 정치 · 경제 · 사회 영역을 포괄하는 전문지식과 국가—사회의 행위자 및 상호작용, 그리고 제도 · 구조 · 시스템에 대한 총체성과 풍부한 이론적 · 경험적 독해를 필요로 하기 때문이다. 그러나 더 중요한 이유는 북한 연구의 주제와 연구비 지원이 국제정치의 일환으로서 북한 연구, 북한의 고위층 정치행태 연구, 핵과 안보 중심 이슈 연구, 정책 연구, 그리고 저널리즘적 연구 등에 여타 정치학 연구 분야보다 압도적으로 많이 편중되었기 때문이다. 이로 인해 이론적 분석과 실증적 경험 연구가 겸비된 중범위와 미시 수준의 분석이 학술적으로 발전하지 못하고 있다.

이러한 평가로부터 북한사회가 어떻게 구성되어 있는지, 어떠한 집단들에 의해 어떤 상황과 구조로 배열되어 있고 어떠한 관계와 상호작용 양상을 보이는지 등 북한의 사회구성체와 균열 연구의 중요성이 도출된다. 본 연구에서 '사회구성체' 개념은 한 사회 내 일정한 기준에 따라 구분되는 서로 다른 행위자 집단이 상호 연관되어 드러나는 사회구조(the structure of society)이며 공동체 내부 '인간관계의 총체적 표현'이다.[12] 균열(cleavage)

---

11) 한편, 1980년대 말까지 북한의 정치체제는 "극도의 개인독재와 결합한 전체주의(Totalitarianism cum sultanism)"로 개념 정의하였다. 박형중, 「북한에서 1990년대 정치체제 변화」, 『정책연구』 통권 168호, 2011.

12) Craig Calhoun, *Dictionary of the Social Sciences,* Oxford University Press, 2002.

은 한 사회 또는 하부공동체(sub-community) 구성원들을 주요 정치적 차이가 있는 집단으로 인식하는 개념이다.[13] 총적 분석 모델인 '행위자 모형'과 '상호작용하는 일상의 상황과 구조'론은,[14] 한 사회 내 서로 구별되는 행위자들이 일상생활에서 상호작용하며 드러내는 상황과 구조를 밝히는 것이다.

마르크스가 계급구조를 분석하면서 처음으로 사용한 '사회구성체'는 학계에 명확한 개념이 정립되어 있지는 않으나 사회과학에서 자주 다루어지고 있다. 사회과학 사전에 따르면 근대사회에선 대개 국가 또는 공동체로 표현되는 한 사회 내 '인간관계의 총체적 표현'으로,[15] 상호 연관되어 있으나 구분되는 집단이 존재하고, 이들 사이에 지속적인 사회관계와 행동이 일어나며, 제도적 기관과 규범이 사회 행위자들의 행위준거가 되는 사회내부에 관계가 존재하면 하나의 사회구성체라고 개념 정의할 수 있다.[16] 한 사회 안에서 위치와 목적·기능·역할·의식 등의 범주로 나눌 수 있는, 서로 다른 집단들이 관계 맺는 구조로 이해되어 사회구조(the structure of society)로 표현되기도 한다.[17]

균열 분석은 미시적 수준과 중범위 수준에서 이루어진다. 먼저 미시적 차원에서 북한사회의 계층별, 세대별, 지역별 행위자 집단이 상호 연관되어 작용하는 일상생활의 차이와 갈등 상황을 드러내고 구조를 규명하는 것이다. 행위자 모형은 한 사회 내 사람들 또는 집단들의 생활양식과 행위, 그리고 태도 등에 기반하며, 반사적(reflexive) 특징을 갖는 의식과 상호작용을 중시

13) Douglas W. Rae and Michael Taylor, *The Analysis of Political Cleavages,* New Haven: Yale University Press, 1970.

14) Erving Goffman, *Encounters,* New York: Bobbs-Merrill, 1961; Erving Goffman, *Frame Analysis,* New York: Harper and Row, 1974.

15) Craig Calhoun, *Dictionary of the Social Sciences,* Oxford University Press, 2002.

16) D. Jary and J. Jary, *The Harper Collins Dictionary of Sociology,* New York: Harper Collins, 1991.

17) N. Abercrombie, S. Hill and B. S. Turner, *The Penguin Dictionary of Sociology*(4th edition), London: Penguin, 2000.

한다.[18] 일상의 사회세계(the everyday social world)에서 행위자와 그들 간에 자연스럽게 발생하는 상호작용 및 의식이 전체 사회 이해의 기초이기 때문이다.[19] 상호작용하는 일상의 상황과 구조 분석은 이론적으로 상호 행위주의와 구조주의에 기반하며, 가장 중요한 분석 소재는 개인의 경험과 인식이다.[20] 사회 연구의 핵심인 개인들의 경험과 의식 상황이 사회구조를 가장 구체적이고 정확히 드러내 주기 때문이다. 그러므로 상황과 구조 분석은 개인들의 경험에 의해 조직되고 연계된 "사회적 실체(social entity)로서 구조"를 규명하는 것으로, 일상생활의 다양하고 주관적인 특성을 총체적으로 파악할 수 있게 한다.[21]

다음으로 중범위 수준에서 접근하는 독재체제의 합리적 행위자 이론과 계층·세대·지역 분석론, 그리고 정치 균열 이론이다. 독재체제의 합리적 행위자 이론은 독재체제하에서 1인 절대권력자가 권력을 독점하고 있으나 모든 정책은 국민과 엘리트들의 제약을 받고, 서로의 상황과 욕구가 다름으로 인해 각각의 행위자들은 권력관계에서 불안감을 가지며, 위계의 하위 행위자들은 형식적으론 충성을 드러내지만 실질적으론 내밀한 방식으로 자기 이익 추구의 합리적 선택을 하게 된다는 것이다. 이를 알고 있는 독재자와 소수측근 지배연합이 충성에 대한 각종 보상과 저항−일탈에 대한 감시·처벌·규율이란 당근과 채찍을 활용하나, 이것이 반복되고 장기화될수록 이에 대한 대응력과 위장술이 발전하고, 비공식적인 생존과 이익 추구 행태가 각 위계구조의 하위 행위자들 사이에서 제도화된다는 것이다.[22] 이러한 억압과 재분배, 그리고

---

18) 한편 체계(system)이론에서 발전한 행위자기반 모형(Agent-based model)은 기본 구성 요소가 '역동적 행위자'인 모델로 그들 간 상호작용과 그 결과로 인한 체계의 변동과 진화 경로 예측에 적실성 높은 분석 모델로 평가된다. C. Eden, "Cognitive mapping and problem structuring for system dynamics model building", *System Dynamics Review* 10, 1994.

19) Patricia A. Adler and Peter Adler and Andrea Fontana, "Everday Life Sociology", *Annual Review of Sociology* Vol.13 STOR, 1987, p.219.

20) Murray S. Davis, "Review symposium", *Contemporary Sociology* 4, 1975, p.601.

21) George Gonos, "Situation versus Frame: The "Interactionist" and "Structuralist" Analyses of Everyday Life", *American Sociological Review* Vol.42 No.6, Dec. 1977, p.854.

하위 행위자들의 비공식적 제도들이 독재체제를 지탱하게도 하고, 역으로 불안정하게도 하며, 소수측근 연합의 충성구조와 권력독점, 그리고 갈등 및 균열 구조를 배태한다.[23]

독재체제의 합리적 행위자 이론에 기초한 김정은체제의 엘리트 균열 양상은 "지역 단위 중하층 엘리트들과 내각 엘리트, 그리고 상대적으로 젊은 세대인 40대 이하 엘리트들 사이에서 드러나고 있다." 조선노동당 중심 북한체제 "지배연합 내부의 파워엘리트 변동가능성"과 정치적 기회구조를 창출할 균열 가능성은 구조적으로 낮다.[24] 이는 북한정권의 통치제도와 관련되어 있는데, 집단 간 균열정책은 독재정치의 분리 통치술이며 중요한 통치무기이다. 북한의 경우, 대표적으로 계층과 지역별 선택적 후견 또는 차별적 우대-지원 제도 및 정책은, 계층과 지역 균열을 위로부터 제도화한 구조적 특성을 보이고 있다. 혈연과 충성도에 따른 핵심·동요·적대계층이라는 정치신분적 공식 계층 구조와 국경지역에 비해 평양을 중심으로 한 내륙지역 도시에 대한 지역별 특혜 및 선심성 예산배분의 오랜 역사가 이를 논증하고 있다.

다음으로 사회구성체 연구에서 가장 중요하다고 할 수 있는 한 사회의 계층 연구는 현상적으로 복잡하게 나타나는 그 사회의 구조를 총체적으로 이해하기 위한 방법으로, 사회성격과 국가-체제의 정체성을 드러내준다. 계층 개념은 스트레이텀(stratum)[25]에서 나왔으나 현대에는 일반적으로 계급과 동일하게 클래스(class)를 사용한다. 클래스가 광범위한 개념으로 둘의 의미를 모두 포괄하기 때문이다. 한 사회의 위계구조를 파악하기 위한 계층

---

22) Ronald Wintrobe, 1998, p.30. 이와 관련된 구체적이고 풍부한 독재정치의 국제적 사례와 경험들은 Bruce Bueno de Mesquita and Smith, 2011; Bruce Bueno de Mesquita et al., 2003; Juan J. Linz 2000; Barbu, 1998 등 참조.

23) Ronald Wintrobe, Ronald, *The Political Economy of Dictatorship*, Cambridge University Press, 1998, pp.3~4.

24) 박영자, 「독재정치 이론으로 본 김정은 체제의 권력구조」, 『국방정책연구』 제28권 제4호 (통권 98호), 2012, p.41.

25) One of several parallel layers of material arranged one on top of another.

연구의 출발은, 지배–피지배 관계를 규명하려는 마르크스의 생산수단 소유 여부에 따른 자본가와 노동자 계급(class) 분석으로부터 시작되었다. 이후 베버(Max Weber)가 시장관계 및 국가엘리트에 의한 권력·특권분배 등 다중 요인에 의한 위계적 서열구조를 제기하면서 계층–계급 개념 논쟁이 이루어졌으나, 현대 대부분의 해외학자들은 class를 계급과 계층 모두에 동일하게 사용한다.[26]

사회주의 계층 연구의 가장 중요한 연구 주제는 계층화 원인이다. 계획경제에서 시장경제로 전환되는 과정에서 계층화가 어떻게 발생하며 불평등을 심화 또는 완화시키는지에 대한 논쟁들이다. 빅터 니와 양 카오(Victor Nee and Yang Cao)는 사회주의 사회가 시장경제체제 전환과 함께 국가권력 주도 재분배자의 자원지배력이 약화되면서 불평등한 계층구조를 완화시켰다고 주장하는 대표적 학자들이다. 특히 니(Nee)는[27] 새로운 시장경제와 재산권 구조 변화가 포스트 사회주의 사회의 계층구조를 변화시키는 데 중요 요인으로 작동 했다는 점과 제도적 변화의 경로의존성을 강조한다. 신제도주의자인 이들은 상해와 광저우 지역 비교 연구로 시장경제로의 체제 전환 과정에서 정부개입이 덜 했던 광저우에서 상대적 자율성, 민간과 복합 부문 제도, 특히 개인재산권 인식과 노동 인센티브제가 노동효과성을 높였다며 정책과 제도에 의한 경제발전의 지역별 차이를 밝히고, 시장경제가 도시거주자들의 인적자본 능력을 향상시키며 정치적 자본 능력을 점차 감소시킨다고 주장한다.[28]

---

[26] 그 이유는 stratum이 서열화를 통해 저소득과 고소득 간에 양적 숫자만을 강조하고 질적 차이는 소홀히 하는 측면이 있기 때문이다. class는 사회구성원의 양적–질적 차이를 구분하는 개념으로 계급과 계층의 의미 모두를 포괄한다. 계층화 또는 계층분화를 의미하는 stratification은 한 사회의 구성원들이 일정 기준에 의해 서로 다른 등급 서열로 구분되는 것을 의미한다(김도희, 『전환시대의 중국 사회계층』, 서울: 폴리테이아, 2007).

[27] Victor Nee, and Yang Cao, "Path dependent societal transformation", *Theory and Society* 28, 1999.

[28] Yang Cao and Victor Nee, "Remaking Inequality: Institutional Change and Income Stratification in Urban China", *Journal of the Asia Pacific Economy*, 10:4, 2005, p.485.

이와 대조적 주장은 린과 우의 연구가 대표적이다.[29] 이들 역시 경제개혁 이후 중국의 계급과 계층 불균형 구조 변화를 연구하였는데, 특히 신마르크스주의 계급이론으로 접근하면서 가구등록제(hukou)와 직장단위제(danwei), 그리고 간부관료-일반노동자 관계에 기초한 중국 계급구조 모형을 설계하였다. 1988~2005년까지 중국 당국의 대표적 조사 데이터를 사용하여 새로운 자본주의 계급의 확대와 농민과 국영근로자 수의 감소를 실증적으로 분석하며, 수입 결정 요인 중 교육과 당원 자격도 중요 변수이나 계급이 현재 중국 소득 불평등의 주요 근원이고, 1988년과 비교하여 2005년에 더욱 중요해졌다고 한다. 결국 시장경제로의 전환 과정에서 자본가와 간부는 승리자이고, 노동자와 자영업자는 패자로 분리되었다는 것이다. 니와 카오의 인적 자본과 정치적 자본의 계층화 효과성 연구에 비해 이들은 계급구조 변동과 불평등에 초점을 맞추었으며, 특히 변동의 모멘텀이 가구등록제, 직장단위제, 관료-노동자 관계 및 생산수단의 4대 요소인 노동력, 자본, 조직, 기술의 소유권과 관련되어 있음을 밝히었다.

또한 2000년대 중반 이후 중국의 경기침체가 경제성장을 늦추고 실업을 증가시키면서, 사회적 불평등성이 증대하고 있는 상황에서, 특히 농촌 출신 노동자들의 경제적 안정성이 약화되었음을 밝힌 연구가 있다. 구체적으로 사회적 불평등이 특권·차별·배제로 나타나며, 소득과 정치적 권위로 인한 계층화 현상이 사회적 갈등을 증대시켰음을 논증한다. 그럼에도 불구하고, 현재 중국 상황에서 이러한 갈등이 엘리트들에 의해 효과적으로 관리되고 합법화되어, 대규모 평등주의적 집회가 발발하지는 않을 것이라는 전망이다.[30]

다음으로 네트워크 효과성 문제가 계층 분화 및 균열에 중요한 함의를 준다. 각종 연고 네트워크와 위계적인 정치구조에서 제도화된 후견-피후견 관

---

29) Thung-hong Lin and Xiaogang Wu, "The Transformation of the Chinese Class Structure, 1978-2005", 1-46, Available at: http://works.bepress.com/xiaogang_wu/19. 2009.

30) Jan Pakulski, "Social Inequality and Conflict beyond Class: Developments in Contemporary China", *Asian Social Science* Vol.6 Iss.1, 2010, pp.35~41.

계망이 계층 구조에 미치는 영향 등이다. 대표적으로 중국과 러시아 체제 전환 시기 관계망과 시기적 특성 등으로 북한 계층 구조 진단과 전망에 유용한 함의를 주는 왈더[31]와 게르버, 올가[32] 등의 연구 성과가 있다.[33] 특히 신전통주의 시각으로 중국 공장에서 노동자와 당 간부의 후견-피후견 관계망을 세밀하게 다룬 왈더의 연구[34]는, 사회주의 작업장 체제의 공식 제도 외에 다양한 비공식 제도의 양상을 관계망 분석으로 다루어 후속 연구에 기초가 되었다.

국내 대표적 선행 연구는 1990년대 탈북자 증언을 중심으로 한 북한사회의 계급갈등 연구로, 북한식 사회주의체제가 작동되던 시기 간부들의 독점과 불평등성, 피지배계급과 지배계급의 적대감, 양반-상놈의 갈등구조 등을 다룬 연구가 있다.[35] 그리고 북한사회의 불평등 구조를 다룬 김병로와 김성철의 연구가 있다.[36] 이 연구는 90년대 북한이 경제난으로 취약해진 우리식 사회주의체제 유지를 위해 기득권층에 대한 혜택을 확대하고 동요계층에 대한 사회적 통제와 억압을 강화함으로써 정치·경제·사회적 차별구조를 심화시켰으며, 특히 여성들은 다수의 사회참여에도 불구하고 직업상승 이동의 기회를 갖지 못함은 물론이고 가부장적 남녀차별 행위패턴이 온존하여 사회적 상향 이동이 제한됨을 강조하였다.

2000년대에는 북한이탈주민(이하 탈북민)의 증대와 교류협력 등으로 북한 사회의 변화가 다양한 통로로 확인되고 시장화에 따른 계층변화가 확인되면

---

31) Andrew G. Walder, "Career Mobility and The Communist Political Order", *American Sociological Review* Vol.60, June 1995.

32) Theodore P. Gerber and Olga Mayorova, "Getting Personal: Networks and Stratification in the Russian Labor Market, 1985-2001", *American Journal of Sociology* Vol.116 No.3, 2010.11.

33) 이에 대해서는 북한 연구에 비교사회주의적 함의가 풍부함으로 결론에서 자세히 다루고자 한다.

34) Andrew G. Walder, *Communist Neo-traditionalism: Work and Authority in Chinese Industry*, Hong Kong: Oxford University Press, 1986.

35) 서재진, 『북한 사회의 계급갈등 연구』, 서울: 민족통일연구원, 1996.

36) 김병로·김성철, 『북한사회의 불평등 구조와 정치사회적 함의』, 서울: 민족통일연구원, 1998.

서, 이전에 비해 진전된 연구 성과물들이 발표되었다.[37] 이들 연구는 북한의 시장화 전개 및 진화 과정에서 새롭게 형성된 상인계급과 신흥부유층 등을 주목하고, 기존 북한 당국의 핵심-동요-적대 계층이라는 신분적 계층 구조가 변화되고 있음을 밝히고 있다. 구체적 영역은 북한사회 연구 분야를 중심으로 시장화, 비공식 부문의 대두, 일상생활, 북한주민, 도시 연구, 그리고 노동 연구 등을 소재로 사회와 계층 변화를 주목하고 있다. 이들 연구가 정치사회와 주민 변화의 시각에서 계층 문제를 부분적으로 다루고 있는 것에 반해, 본 연구는 계층 균열의 상황과 구조를 특히 2009년 김정은 후계체제 등장과 화폐개혁 이후에 초점을 맞추었다는 점에서 선행 연구와의 차별성을 갖는다. 더욱이 북한사회의 총체적 균열 상황과 구조를 파악하려는 본 연구는 세대 균열과 지역 균열을 함께 다룬다.[38]

사회학에서 주목한 전통적 균열 구조는 세대 균열이고,[39] 산업혁명 이후 근대국가가 출현한 이후 주목된 정치사회의 균열은 자본가-노동자 관계 및 도시-농촌 산업구조 차이 등으로 인해 발생하는 경제생활과 관련된 계급/계층 균열이다.[40] 그 외 식민과 분단, 그리고 급속한 산업화로 인해 화두가 된 한국의 균열 구조는 지역 균열과 이념 균열이다.[41] 본 연구에서는 북한체제

---

37) 이승훈·홍두승,『북한의 사회경제적 변화』, 서울: 서울대학교출판부, 2007; 최봉대, 「1990년대 말 이후 북한 도시 사적 부문의 시장화와 도시가구의 경제적 계층분화」,『현대북한연구』제11권 제2호, 2008; 조정아·서재진·임순희·김보근·박영자,『북한주민의 일상생활』, 서울: 통일연구원, 2008; 박영자, 「2003년 〈종합시장제〉 이후 북한의 주변노동과 노동시장」,『한국정치학회보』제43집 제3호, 2009; 김수암·김국신·김영윤·임순희·박영자·정은미,『북한 주민의 삶의 질』, 서울: 통일연구원, 2011.

38) 북한 연구에서 세대 균열과 지역 균열은 본격적 학술 연구 주제로 다루어지지 못하였다. 이런 측면에서 본 연구의 배경을 확인할 수 있다.

39) Karl Manheim, "The Sociological Problem of Generations", *Essays on the Sociology of Knowledge,* New York: Oxford University Press, 1952; H. Schuman and J. Scott, "Generations and Collective Memories", *American Sociological Journal* 54, 1989; 윤상철, 「세대정치와 정치 균열」,『경제와 사회』통권 81호, 2009.

40) Seymour M. Lipset and Stein Rokkan, "Cleavage Structures, Party Systems and Voter Alignments: An Introduction", Seymour M. Lipset and Stein Rokkan (eds.), *Party Systems and Voter Alignments,* New York: Macmillan, 1967; Douglas W. Rae and Michael Taylor, *The Analysis of Political Cleavages,* New Haven: Yale University Press, 1970.

의 성격 규명에 기여할 수 있는 균열 구조를 분석하기 위해 래와 테일러의[42] 정치 균열 분석법을 활용한다. 이는 비교정치의 전통적 체제 균열 분석법으로 한 사회의 주요 균열 축인 부의 규모, 권력-지식 위계, 세대, 지역 등이 서로 중첩되는지 또는 교차하는지에 따라 사회갈등의 정도와 체제 안정성에 큰 영향을 준다는 시각이다.

2. 자료수집과 조사방법론

본 연구의 자료수집 방법은 과학적 조사방법론에 따라, 먼저 각종 북한 실태자료와 문헌, 선행 연구를 비교분석하고, 다음으로 필자를 포함한 한국 연구재단의 한국사회기반연구사업(SSK) 중 [북한의 정치사회 균열] 조사연구팀이 2012년 2월~8월 조사 과정에서 획득한, 할당표집된 북한이탈주민 65사례 80회 이상의 심층면접 분석 자료와 함께, 전체적 패턴을 확인하기 위한 40사례 질문지 분석 결과를 교차분석하여 활용한다. 심층면접과 질문지 조사는 다음의 내용으로 진행하였다. 첫째, 조사주제로 북한 권력구조와 계층구조 파악(계층별/세대별/지역별)이다. 둘째, 조사내용으로 권력구조 변화 양상, 계층분화 양상, 세대분화 양상, 권력-부 관계, 지역 간 차이, 비공식 사회계층 분류 및 특징이다. 셋째, 표집전략으로 연령·성·경제 수준, 지역 변수를 중심으로 2019년 말~2011년 탈북한 탈북민 할당표집이다.[43]

---

41) 마인섭, 「정당과 사회균열구조」, 심지연(편저), 『현대 정당정치의 이해』, 서울: 백산서당, 2004; 강원택 편, 『한국인의 국가정체성과 한국정치』, 서울: 동아시아연구원, 2007.

42) Douglas W. Rae and Michael Taylor, *The Analysis of Political Cleavages*, New Haven: Yale University Press, 1970.

43) 구체적으로 북한의 정치사회 균열 양상과 정도, 사회계층 실태, 권력구조 실태, 권력-부 공생/접합관계 등을 파악하기 위해 화폐개혁과 김정은의 등장을 직간접적으로 경험한 이후, 즉 2009년 말, 2010년, 2011년 탈북한 주민을 주요 대상으로 탈북년도별, 경제상태별, 연령별, 학력별, 출신 지역별, 성별, 직업별 할당표집(quota sampling)전략에 따라 계층분화 및 권력구조 변화 실태와 계층별·세대별 변화 및 차이의 특성을 파악한다.

심층면접 내용은 질적 조사방법론에 따라 자료변환 과정을 거친 후 사용한다. 자료화 과정은 첫째, 심층면접 내용 녹음자료를 전사(transcribing)한 후 텍스트로 재구성하고, 둘째, 질적 자료 분석방법과 절차에 따라 텍스트의 내용과 주제 및 경향을 파악한 다음, 셋째, 본 연구 주제와 관련된 북한체제 실태와 균열을 설명하는 논리적 준거틀에 의해 자료를 재구성하는 자료변환 과정(data transforming)을 거친다.[44] 그 결과 각 계층별, 세대별, 지역별 행위자 집단의 행위 양상과 의식, 그리고 변화 특성의 중요 요인을 추출한다.

질문지 조사는 향후 이루어질 본격적인 양적 조사를 위한 예비조사의 성격으로 진행하되 과학적 조사방법론에 기초하여 다음과 같은 과정을 거쳐 엄격히 진행하였다. 첫째, 5차례에 걸친 전문가 브레인스토밍(brainstorming)과 6차례에 걸친 탈북민 사전조사(pilot research)를 통해 질문내용과 척도를 수정 및 보정하고, 둘째, 탈북민이란 특성상 표본의 편중(bias)을 줄이며 북한체제를 있는 그대로 투영할 수 있는 정보를 모아내기 위해 다양한 기관과 공식력 있는 네트워크를 통해 세대, 계층, 지역별 할당표집 전략에 따라 신뢰할 만한 표본을 선정하였다.

셋째, 평균 10년 이상 북한 및 탈북민 연구를 수행한 박사 연구진들이 직접 심층면접과 질문지 조사를, 각기 박사급 연구자(2~4인): 탈북민 응답자(1인) 또는 박사급 연구진(1): 탈북민 응답자(1인)의 구조를 병행하여 동시 또는 별도로 수행하고, 각 면담자의 응답 신뢰성에 대한 연구진 평가를 수행하였으며, 넷째, 응답의 신뢰성이 낮은 표본과 설문지는 제외하였고, 최종 40사례의 설문응답 결과지를 대상으로 통계프로그램 spss 19.0을 활용하여 주요 내용을 분석하였다. 지면의 한계로 심층면접 대상자 인적사항은 본문에서 다룬다. 계층, 세대, 지역별 균열의 상황과 구조 패턴을 확인하기 위해 활용될, 표본(질문지 대상자)의 인구학적 특성은 다음과 같다(〈표 1〉).

---

[44] A. M. Huberman and M. B. Miles, *Qualitative Data analysis methods*, C.A.: Sage, 1994.

〈표 1〉 화폐개혁 이후 북한체제와 균열 구조: 표본의 인구학적 특성

단위: 명, %

		남성		여성		전체	
		명	%	명	%	명	%
연령	20대	3	15.8	6	28.6	9	22.5
	30대	2	10.5	5	23.8	7	17.5
	40대	8	42.1	6	28.6	14	35.0
	50대 이상	6	31.6	4	19.0	10	25.0
학력	고등중 이하	0	0.0	2	9.5	2	5.0
	고등중졸업	6	31.6	4	19.0	10	25.0
	전문학교 이상	2	10.5	7	33.3	9	22.5
	대학교 중퇴	0	0.0	2	9.5	2	5.0
	대학교 이상	11	57.9	5	23.8	16	40.0
	기타	0	0.0	1	4.8	1	2.5
탈북 년도	2010년 이전	12	63.2	9	42.9	21	52.5
	2011년	7	36.8	12	57.1	19	47.5
신계층	상층	7	36.8	2	9.5	9	22.5
	중층	7	36.8	16	76.2	23	57.5
	하층	5	26.3	3	14.3	8	20.0
구계층	핵심	9	47.4	6	28.6	15	37.5
	동요	7	36.8	8	38.1	15	37.5
	적대	3	15.8	5	23.8	8	20.0
	모른다	0	0.0	2	9.5	2	5.0
출신 지역	국경	8	42.1	17	81.0	25	62.5
	내륙	11	57.9	4	19.0	15	37.5
출신 지역	평양시	5	26.3	0	0.0	5	12.5
	평안남북도	5	26.3	3	14.3	8	20.0
	함경남북도	5	26.3	12	57.1	17	42.5
	량강도	3	15.8	6	28.6	9	22.5
	황해남북도	1	5.3	0	0.0	1	2.5
전 체		19	47.5	21	52.5	40	100.0

　　본 조사 설문에 참가한 응답자 전체 40명 중 남성은 19명 47.5%이며, 여성은 21명 52.5%로서 성별 분포도는 균형 잡혀 있다. 응답자의 연령대는 20대가 22.5%, 30대가 17.5%, 40대가 35.9%, 50대 이상이 25.0%로, 40대가 가장 많고, 30대가 가장 적으나 대체로 고른 분포를 보이고 있다. 응답자의 탈북년도는 2009년 말~2010년 북한을 떠난 응답자 수가 21명으로 전체의 52.5%를 차지하고 있으며, 2011년에 북한을 떠난 응답자 수는 19명이다. 상·중·하 계층별로

보면 상층이 22.5%(9명), 중층은 57.5%(23명), 하층은 20.0%(8명)으로서 중층이 반수 이상을 차지하고 있으며, 하층과 상층은 비슷한 규모이다. 응답자 출신 성분으로 핵심계층이 37.5%, 동요계층은 37.5%, 적대계층은 20.0%를 차지하며, 자신의 출신 성분을 잘 모르겠다는 응답자도 5.0%를 차지한다.

응답자의 출신 지역을 국경지역과 내륙지역으로 이분해 보면, 국경지역에서 거주했던 응답자의 비율이 62.5%를 차지하고 내륙지역의 거주자는 37.5%로서 국경지역 거주자가 상대적으로 많다. 간부층과 고학력층 등 상대적으로 북한체제 내부 정보를 많이 알고 있는 이들을 우선하다 보니 조사대상에서 지역 편중성(bias)이 개입되었다. 응답자의 출신 지역을 각 도별로 보면, 평양시 출신은 12.5%, 평안남북도 20.0%, 함경남북도에 거주했던 응답자가 가장 많아 42.5%를 차지하며, 량강도 거주자는 22.5%, 황해도 거주자가 가장 적어 2.5%를 차지하였다.

Ⅲ. 계층 균열

본 장에서는 사회 갈등과 통합 연구에서 적실성을 인정받은 분석지표[45]를 검토한 후, 질적 측정방법으로 북한사회에 적용 가능한 8가지 분석지표를 구성하여, 계층 균열의 상황과 구조를 분석한다. 8가지 분석지표는 구성(구성비), 소득(수입불평등), 직업(경제활동), 생활수준(식의주 불평등), 교육(학력, 교육투자), 건강(건강, 의료비부담), 의식(체제 인식, 계층 의식), 네트워크(공적, 사적)이다.

---

[45] 강신욱·노대명·전지현·박수진,『한국 사회통합지표연구(Ⅱ)』, 서울: 사회통합위원회·한국보건사회연구원, 2011; 박준·김용기·이동원·김선빈,『한국의 사회갈등과 경제적 비용』, 서울: 삼성경제연구소, 2009; 이동원·박준·강민형·채승병·최홍,『사회적 자본 확충을 위한 정책과제』, 서울: 삼성경제연구소, 2009; 김선희·천현숙·서연미·윤윤정 외,『국토관리분야의 사회적 자본 확충방안(Ⅰ): 사회적 자본 영향요인 분석』, 서울: 국토연구원, 2008.

1. 계층 구성과 구성비

일제시대 선조의 출신으로 출발한 정치적 신분을 기준으로 한 '북한의 공식적 주민성분 분류'에 따르면, 북한주민 내 계층 비율은 다음과 같이 구성되어 있다.[46] 북한 인구의 약 1%인 김일성 가계를 중심으로 한 핵심계층 중 20여만 명의 최상층 집단들은 항일빨치산 가족 및 그 연고자들, 건국 및 6·25전쟁 공로자들, 고위지도층들로 대부분 평양의 중앙기관과 당·군·정 핵심 직책을 차지하고 최우선적 특혜를 받으며 세습 귀족집단과 같은 특징을 보이고 있다. 이들 최고집단 주위에 인구의 약 27%를 차지하는 핵심계층(핵심군중)이 있다. 이들이 북한체제의 권력엘리들와 그의 가족들로 구성된 기득권 세력이며, 김정은체제의 수호 세력들이다.

기본군중으로 표현되는 동요계층은 주로 핵심계층들과 직간접적 후견 – 피후견 관계를 형성하는 이들로, 주로 직업동맹, 농근맹, 청년동맹, 여맹 등 각종 사회조직 성원으로 전체 북한주민의 약 45%의 가장 큰 규모를 차지하고 있다. 복잡군중으로 표현되는 적대계층은 북한 인구의 약 27%를 차지하는 북한체제에 위협이 될 수 있는 이들로 구성된다. 따라서 이들은 북한정권의 감시 및 통제에 주요 대상이다. 북한 당국이 1993년 이후 15년 만에 유엔인구기금과 2008년 10월 1일~15일 동안 실시한 제2차 인구조사 결과 유엔에 제출한 「2008년 북한 인구센서스」의 지역별 기준 총 인구수는 23,349,859명이다.[47] 이에 기초하여 북한의 공식적 주민성분 분포 및 분류에 따른 인구수를 추론하면, 핵심계층은 최고위층 간부집단 1%인 233,498명과 그 외 27%에 해당하는 6,304,461명을 합친 총 6,537,959명, 동요계층은 45%에 해당하는 10,507,436명, 적대계층은 27%에 해당하는 6,304,461명이다.

---

[46] 통일부, 『2010 북한이해』, 서울: 통일부, 2010, 215쪽; 한영진, 「식량난 이후 두드러진 북한의 핵심계층 변화」, 『北韓』, 서울: 북한연구소, 2007, 93~96쪽.

[47] UN, *DPR Korea 2008 Population Census National Report*, UN Central Bureau of Statistics, 2009; 통계청 조사관리국, 『북한 인구와 인구센서스 분석』, 서울: 통계청 조사관리국 인구총조사과, 2011.

한편 북한의 산업별 인구규모를 보면, 1993년 북한의 노동력 규모는 공업 및 건축업에 해당하는 제2차 산업이 41.6%로, 1차 산업에 해당하는 농림수산업 30.7%와 1, 2차 산업을 제외한 서비스업 18.2%의 노동인구보다 높았다. 그러나 2008년 2차 산업 노동력 비중이 32.6%로 작아진 반면, 1차 산업이 36.0%로 3차 산업이 33.6%로 훨씬 높은 구조로 전환되었다. 구체적 산업별 인구분포는 〈표 2〉와 같다.[48]

〈표 2〉 북한의 산업별 인구분포: 1993년과 2008년 비교

단위: 명

구분	1993	2008
농림수산업	3,381,930	4,386,895
어업		178,979
수산양식		17,929
광업	4,118,332	3,601,177
공업		718,195
제조업		2,882,982
전기, 가스, 증기 및 공기 조절		149,569
하수폐기물 처리		66,713
건설업(토목)	464,366	367,650
도매 및 소매업		557,355
상업, 수매	508,630	
운수업	402,477	355,383
정보통신		126,775
숙박업		141,205
금융·보험 분야		26,228
전문·과학 및 기술 서비스		118,132
사업지원서비스		451,336
행정, 군·보안		724,178
토지, 도시행정	250,787	
교육		548,132
문화	843,647	130,582
보건업 및 사회복지		330,702
기타	1,034,673	102,708

[48] UN, *DPR Korea 2008 Population Census National Report,* UN Central Bureau of Statistics, 2009.

이는 심각한 경제난과 자생적 시장발전을 경유하며 공장가동률이 현저히 떨어진 북한의 산업구조에서 제조업인 2차 산업이 후퇴하고 시장발전과 함께 이루어진 북한주민의 다양한 생존양식의 발전으로, 사업·개인 공공서비스업 분야에 신흥부유층과 함께 일용·서비스직 분야에 하루 벌어먹고 사는 하층의 증대로 3차 산업이 월등히 높은 구조로 전환된 상황을 나타낸다. 이들 3차 산업은 그 특성 상 업종에 따라 빈부격차가 크게 나타나는 분야이다.

이러한 산업구조 변동과 함께, 과거 정권에 의해 정치적으로 분류되던 북한주민의 계층이 부의 규모 및 생활수준에 따라 상층, 중층, 하층(극빈층 포함)으로 재구성되었다. 무엇보다, 권력층과의 연계 정도에 따른 '권력－부 공생' 네트워크에 의해 신흥 부유계층들이 생겨났다. 90년대 식량난 이전까지의 '정치－신분(출신 성분)적 계층구조'가, 시장화가 본격화된 2000년대를 기점으로 '정치－경제적 계층구조'로 전환된 것이다. 그 주요 계기는 무엇보다 배급제도의 기능 마비와 시장 경제활동에 따른 부의 재생산이다.

북한주민들은 고난의 행군이라 칭해지는 식량난 이전에는 대개 국가에서 공급하는 배급과 보수로 일상생활을 유지하였다. 따라서 1%의 최고위층을 제외한 일반 북한주민들의 식의주 생활은 큰 차이가 나지 않았다. 그러나 생존에 절대적인 식량 배급제도가 마비되면서, 동요계층과 적대계층뿐 아니라 핵심계층의 상당수 인구들도 시장에 생존을 의지할 수밖에 없었다. 그리고 주민들이 시장 및 시장경제 활동으로 생계를 유지하는 비율이 커지면서, 사회경제적 균열을 야기하는 주민들 간 소득 차이 역시 높아졌다. 식량문제가 해결되지 않은 2000년대 북한에서도 자본주의 사회와 유사하게 부의 규모를 드러내는 생활수준에 따라, 사회계층이 '상층'·'중층'·'하층' 3부류로 범주화된 것이다.

구체적 일상의 상황에서는 식의주 생활[49]로 분류될 수 있는데, 가장 보편적인 식생활 기준으로 그 특징을 정리해 보면, 상층은 쌀밥을 기본 주식으로

---

[49] 구체적 상황과 구조는 다음의 3절 참조.

하며 고기나 과일 등 다양한 부식물을 즐기고, 과자·아이스크림 등 각종 기호식품을 사는 데 크게 제약을 받지 않는 사람들이며, 중층은 주로 쌀밥을 먹기는 하지만 혼합식도 하며, 부식물과 기호식품을 사는 데 일정한 제약을 받는 사람들, 그리고 하층은 혼합식 중심으로 쌀 이외에 다른 식량을 섞어 섭취하며, 부식물이나 기호식품은 명절이나 겨우 접할 수 있는 사람들이다.[50] 본 연구에 참여한 2010년 이후 탈북한 면접자들도 평양의 상류층을 제외하고는 이 같은 식생활 상황을 기준으로 북한주민의 계층 구성비를 진단하였다.

그 구성비는 도매시장이 있는 부유 지역과 시골산간 지역, 도시 및 농촌 지역 등에 따라 차이가 있으나, 전반적으로 화폐개혁 이전에는 상층이 약 10~30%, 중층이 30~50%, 하층이 20~60% 수준이었다.[51] 그러나 본 연구를 통해 화폐개혁 이후 시장시스템 복귀를 경험하고 탈북한 2011년도 탈북민들의 증언까지를 종합하면, 상층은 10~20%, 중층이 30~40%, 하층이 40~60% 수준이다. 구술을 종합할 때, 화폐개혁 후유증으로 권력과 연계되지 못했거나 상황 판단을 잘못하여 물건을 일찍 내다팔거나 원화를 교환하지 못한 중상층이 중류층으로, 중하층이 하층으로 전락한 것이다.

2. 소득과 직업

이 절에서는 소득규모와 직업·경제활동을 통한 계층 균열 상황을 다룬다. 2003년도 종합시장제 이후를 기점으로 북한주민의 생활수준과 소득에 따른 계층분화가 드러났다. 2006년 현재 지출규모를 기준으로 상층은 가정부를 두고 한 달 평균 100만 원 이상을 지출하며, 중층은 한 달 평균 9만~15

---

[50] 2008년 통일연구원이 실시한 2006년 이후 탈북한 탈북자들에 대한 설문조사와 41명에 대한 심층면접 결과에 따르면, 이 같은 식생활 차이 양상으로 계층분화가 드러난다. 조정아·서재진·임순희·김보근·박영자, 『북한주민의 일상생활』, 서울: 통일연구원, 2008.

[51] 박영자, 「2003년 〈종합시장제〉 이후 북한의 주변노동과 노동시장」, 『한국정치학회보』 제43집 제3호, 2009.

만 원을, 하층은 한 달 3~4만 원을 생활비로 지출하면서 생존을 유지한다.[52] 2007~8년도 탈북한 심층면접자들도 이와 같은 지출 수준의 소득을 증언하였다. 하루 종일 시장에 매달려도 북한 돈 몇 천 원을 벌어 생계를 꾸려가야 하는 사람들이 있는가 하면, 월 1백만 원이 넘는 소득을 올리는 사람도 존재했다.[53]

배급체계가 비교적 정상적으로 작동했던 '고난의 행군' 이전 시기에는 상상하기 어려운 소득 격차가 발생한 것이다. 이런 소득수준의 차이는 바로 주민들의 계층화와 균열을 강화하는 원인이 된다. 그러나 2012년 현재까지도 북한계층 구성을 북한 돈 기준의 소득수준별로 구분하는 방법은 생활수준 기준보다 정확성이 더 떨어진다. 왜냐하면 초인플레이션으로 북한의 식량가격이 계속 큰 폭으로 변동하고, 비공식 달러 환율도 시기마다 큰 차이를 보임에 따라, 시기별 북한의 화폐 가치를 객관적으로 비교하기가 어렵기 때문이다.

그럼에도 불구하고 본 연구 과정에서 특히 공을 들인 2011년도 이후 탈북한 중상류층 관료―대졸 출신으로 북한 상황 전반에 대한 정보력이 높은 탈북민들의 구술을 종합 분석해 보니, 북한 돈을 기준으로 한 소득규모보다는 달러를 기준으로 한 '깔린 돈'(보유자금 또는 유용 운영자금) 규모와 주요 직업을 통해 상·중·하 계층이 구분되는 상황을 확인할 수 있었다. 먼저 안정적 기축화폐이며 축적성과 순환성도 높은 달러를 기준으로 한 '깔린 돈' 규모로 계층 구성비를 추정하면, 지역별로 차이가 있으나 전체적 구조를 보면 보유 달러 기준 상층은 최소 1만 달러 이상 15% 내외, 중층은 1만~5천 달러를 보유한 35~40%, 하층은 달러를 보유하지 못한 50%이다.

이는 생활수준 기준 계층 구성비와 유사하여 그 타당성을 검증할 수 있었으며, 어떤 직업을 가지고 있는가가 중요하게 작용하였다. 상·중·하 계층과

---

52) 좋은벗들, 『오늘의 북한소식』 제25호, 2006년 6월 14일.
53) 박영자, 「2003년 〈종합시장제〉 이후 북한의 주변노동과 노동시장」, 『한국정치학회보』 제43집 제3호, 2009.

직업을 대표하는 평양 출신 탈북민의 상황 증언을 정리하면 다음과 같다. 평양 외화벌이 식당사장 출신인 소득수준 최상층 출신 탈북민의 경우, 평양을 기준으로 북한의 최상층은 30만 불 정도를 보유하고 상층으로 3만 달러 이상을 보유한 이들은 15% 정도, 중층으로 1~3만 달러를 보유한 이들은 35%, 하층은 외화가 없고 내화(북한 돈)만 소매장사 할 수 있는 정도로 가지고 있는 수준으로 35% 정도이며, 극빈층은 15% 정도로 유용자금을 가지고 있지 않은 계층이다.[54]

내각중앙 무역성 관료 출신인 탈북민은 상층은 39호실과 38호실, 특수기관 계통과 군부 외화벌이 등 직업을 가지고, 한국식으로 말하면 보통 48평형 아파트에서 사는 사람들로 10% 정도이고, 중층 40%는 먹고 사는 데 지장이 없는 직업을 가지고 사는 이들이며, 나머지 50%가 직장에 나가도 배급이 불안정한 하층민이라고 증언한다.[55] 내각중앙 노동성 관료 출신인 탈북민은 깔고 있는 돈, 즉 유용가능 자금규모 기준으로, 상층 내 10만 달러 이상 5%, 3만 달러 이상 5%, 중층은 1만~5천 달러를 가진 이들로 1만 달러 수준 10%, 5천 달러 이하 30%, 하층은 달러를 가지고 있지 않은 사람들이라고 한다. 따라서 3만 달러를 기준으로 상층은 10%, 1만 달러 이하 기준 중층은 40%, 달러 없는 하층 50%이다.[56]

개인 가정교사를 해서 먹고 살았던 예술인 출신 탈북민 구술에 따르면, 상층은 군간부 가족·무기 다루는 사람들·외국 다니는 사람들(무역회사와 외무성 직원, 해외파견자)·항일투사 자녀들·백두산줄기·기관－기업소 지배인(사장)과 당비서·학교 총장과 교장 등으로 약 10%, 중층은 매대 상인·사무원·가정교사 등으로 가정교사의 경우 1인당 중상급 실력을 가진 자로 50달러 수준 5명이면 1달 250달러 수입을 버는 30~40%, 하층은 일반 노동자와 평민으로 약 30%, 극빈층은 최하층 노동자층으로 20% 내외며 풀죽을 먹는

54) 남성. 40대 초반. 외화벌이식당 사장. 평양. 대졸. 2011년 탈북.
55) 남성. 40대 후반. 내각무역성 책임부원. 특수기관 활동. 평양. 대졸. 2008년 탈북.
56) 남성. 40대 후반. 내각노동성 책임부원. 평양. 대졸. 2011년 탈북.

수준이라고 분류한다.[57]

　그렇다면 국경지역 상황은 어떠한가? 국경지역 역시 여전히 압도적인 정치 우위의 사회이기에 부를 축적하기 위해서는 권력과 밀착할 수밖에 없다. 권력을 가진 자가 부도 동시에 가질 수 있고 권력과 손잡고 새로운 부를 축적한 사람이 상층을 형성하게 되는 것이다. 권력과 부가 연계된 집단이 상층을 형성하고 있는 것이다. 대표적 구술을 인용하면 다음과 같다.

　　"그 기준 잡는 거는 기본적으로 제일 높은 급이 상층이라면 권력도 가지고 있고 돈도 가지고 있는 그런 사람들이죠. 중간층이 일반적으로 보면 좀 많은 사람들이 하지 말라는 일 하는 사람들 그러니까 장사를 하는데, 장마당에서 장사하는 것 말고 차를 가지고 한다던가 밀수도 크게 한다던가 이런 사람들이 중층을 다 이루죠. 그 다음 밑에 사람들은 일반적으로 시장에 나가서 그저 하루하루 벌어 사는 사람들. 그보다 더 낮은 층도 있는데 그 사람들은 시나 군이 아니고 농촌이나 산간지역에 사는 사람들로 좀 더 심하게 못사는 사람도 많죠."[58]

　고위간부들은 권력을 활용하여 크게 노력하지 않아도 상층 생활수준을 유지할 수 있다. 상층이라 할 때는 보위부에서도 급수가 높은 부장, 부부장, 정치부장 등이 상층에 해당된다. 그런데 간부들도 요령이 있는 사람들이 직위도 유지하고 상층 생활수준을 유지할 수 있다. 그리고 이들과 연계된 이들이 장사를 통해 상층부의 생활수준으로 진입할 수 있는 기회가 존재한다.[59] 또

---

57) 한편 예술인(단) 직업 내부 상중하 비율은 상층 30%, 중층 60%, 하층 10~20% 정도로 분류한다. 여성. 30대 초반. 예술단원－가정교사. 평양. 대졸. 2009년 12월 탈북.

58) 남성. 20대 후반. 체육교원. 혜산. 대졸. 2010년 탈북.

59) 구체적 구술을 인용하면 다음과 같다. "우선 국가에서 상층을 했던 간부들은 자기가 크게 힘을 쓰지 않아도 상층이 됩니다. 그리고 옛날에는 북한에서 장사해도 교화소 갔어요. 그런데 국가가 장사를 승인하면서부터 장사를 잘하는 사람들이 상류층에 들어간 사람들이 많단 말입니다. 그러니까 국가에서 보살펴주는 간부들은 국가가 권력으로 잘살게끔 해줍니다. 간부들의 비리가 이제는 흐름이 돼서 간부들도 고인다(뇌물을 주다) 해요. 북한에서는 간부자리를 따자고 고저 애를 쓰고 고인단 말입니다. 간부들도 다 잘사는 게 아니란 말입니다. 그 사람 능력에 따라서 자기 직위를 이용할 줄 아는 간부들은 잘 살고, 또 대학이라도 졸업하고 경력 있어서 간부되는 사람도 있단 말입니다." 여성. 60대 초반. 양복사 출신. 함북 온성. 2009년 12월 탈북.

한 국가에서 투자해주는 공장과 기업소를 관장하는 당비서와 지배인도 상층 생활을 누릴 수 있다고 한다.

> "그러니까. 그렇게 우에서 국가에서 투자해주면 그런 기업소를 쥐고 있는 사람이 제일 상층이에요. 당비서라든가 그 부분에 직접 내려가서 지도할 수 있는 사람이 상층이에요. 그런데 아무리 도당에서 높다고 해도 이런 생산을 하는 기업을 지지 못한 사람은 잘 먹지 못하고 살아요."[60]

보안원, 보위부원도 생활하기 어려운 사람이 있다. 보안원이라고 다 잘사는 것도 아니고 못사는 보안원도 있고 정말 하루 밥 한 끼 먹기 힘들어하는 보안원들도 상당하다고 한다. 이들은 북한주민에게 기생하여 사는데 중층이라고 평가할 수밖에 없다는 것이다. 구체적으로 "일반 보위 지도원 같은 경우는 상층이 아니고 우리보다 못한 사람들도 많고요. 보안서도 그렇고요. 중간급으로 보면 감찰과와 예심과 등에서 좀 높은 중간급이죠. 그런데 우리 같은 평민들보다 살기 바쁜 사람들이" 많다며,[61] 보위부와 보안부 사람들도 비법을 해야만 살 수 있다고 한다. 이들같이 "등을 뜯어 먹고 사는 사람들이" 북한의 상층이며, 아무리 직권이 높아도 살기 힘든 사람은 상층이라고 보지 않는다고 한다.[62]

중류층은 주로 개인적으로 장사를 통하여 사는 사람들이 대부분 해당된다고 한다. 그런데 그냥 장사를 하는 것이 아니라 보안부원이나 보위부원과 결탁하여 조금 크게 장사를 하는 사람들이 이에 해당된다. 하층 생활을 하는 사람들은 장마당에서 생활을 영위하지만 권력층과 관계나 연줄을 형성할 수 없어 그야말로 소규모로 하루살이 장사를 하는 사람들이다. 구체적으로, "중층이라고 하는 것은 이런 국가에서 운영하는 이런 데서 일을 안해도 자기 개인적으로 장사를 해먹고 사는 사람들이요. 이렇게 간부를 등에 업었다든가 이

---

60) 여성. 40대 중반. 도안공. 양강 혜산. 2010년 탈북.
61) 여성. 40대 후반. 기계 설계사 및 예술선동 출신. 2010년 탈북.
62) 여성. 40대 후반. 도안공(디자인). 양강 혜산. 2010년 탈북.

런 사람들은 법을 위반하면서도 살지 않아요. 그런 사람들이 중층이라고 보고, 하층이라고 하는 사람들은 권력자도 없고 집안에 가문에 이렇게 나라 주요직이 없을 때 뒷받침을 해줄 수 없는 사람. 말하자면 평백성"[63]이며, "하층은 돈이 없고, 이런 사람들은 장마당에 국수라도 가지고 가 팔아서 거기서 남는 돈으로 그날 저녁에 국수 한 그릇이라도 먹는 그런 이들이 하층"[64]이라는 것이다.

3. 생활수준 · 교육 · 건강

이 절에서는 계층별 생활수준 · 교육 · 건강 상황을 살펴본다. 먼저 상층의 생활수준은 중하층과 엄청난 격차를 보여준다. 이들 내부는 식생활로 그 삶의 상황을 구분할 수 없으며, 보유 외화 규모나 의생활과 주생활 차이 정도로 구분할 수 있는 상황이다. 한편 먹는 문제를 그리 크게 걱정하지 않는 중류층 내부는 여전히 식생활이 가장 중요한 상황이다. 대표적 상황 구술을 인용하면 다음과 같다.

"여기 와서 보면, 못사는 사람들은 되게 못살고 고기도 못 먹고, 돈이 아까워서 못 먹고 그러는데. 우리(북한) 상류층 사람들은 아니거든요. 여기 상류층 사람들과 거진 비슷한 생활을 해요. 집이 좀 못하다 뿐이지. 차를 못 사게 하거든요. 그 사람들도 능력이 있고 돈이 많아서 차도 사고 회사도 운영하고 할 수 있어요. 그런데 우리는 그런 걸 못하게 하거든요. 그러니까 돈을 벌면 금으로 바꿔요. 그 다음에 달러나 인민폐로 바꿔서 집에 궤짝 같은 곳에 쌓아놓지요. 그러니까 그 사람들 뭐 식의주라고 하면 우선 먹는 거는 매일 매끼 고기, 술, 아주 잘 먹고 잘 지내지요. 집도 호화로운 집에서, 옷도 보면 우리는 비싼 옷을 못 입잖아요. 그런데 이런 사람들은 100만 원 150만 원 이런 한국 사람들이 명품 입는 것처럼 북한 사람들도 그러거든요. 잘 사는 사람들은. 북조선에서 제일 좋다하는 그런 흐름에 따라서 시기별 유행이 있잖아요. 그 유행에서 최고로 명품이 먼저 나

---

[63] 여성. 40대 후반. 도안공(디자인). 양강 혜산. 2010년 탈북.
[64] 여성. 60대 초반. 양복사 출신. 함북 온성. 2009년 12월 탈북.

오면 거기에 따라서 가품이 쭉쭉 나오잖아요. 그렇게 입지요. 부자들이 명품을
입고 나가면 그걸 디자인 다 해가지고 우리는 가품을 입고 그러지요."[65)

이러한 최상층 5% 내의 생활수준을 유지하는 이들을 제외하고는 전체 북한
사회와 인구 규모로 볼 때, 계층별 생활 차이는 크게 식의주 일상을 통해 그
상황을 확인할 수 있다. 가장 일반적 기준은 먹거리 상황이며, 다음으로 입는
문제와 주거 관련한 계층 차이 이다. 중층 출신 탈북민 구술로 그 상황을 묘
사하면 다음과 같다.

"상류층으로 놓고 볼 때는 이밥(쌀밥) 먹고, 과일류 그다음 당과류, 고기류를
걱정없이 먹는 달까. 그래도 또 재지요. 어쨌든 상층도 재면서 팍팍 쓰지는 못할
거예요… 좀 수준 있는 옷, 입고 싶은 옷들을 사 입는 거죠… 새 옷들은 이런 외
화상점에 큰 평양시나 신의주나 그런 외화상점에 가서야 만이 볼 수 있고, 저
희들(중류층)이 사는 곳은 대체로 위에서부터, 평양시에서부터 내려내려 중고 옷
들이 와요… (상류층은) 아파트라도 큰 방 2칸 이상에 화장실 따로 있고 주방이
또 따로 있고… 중류층이라고 놓고 볼 때는, 100프로 쌀밥을 먹는다기보다 쌀밥
하고 옥수수를 5대 5씩 섞어서, 집집마다 다르죠. 7대 3으로 먹는 집이 있고. 화
폐개혁을 한 다음에는 이밥생활 한 집들에서도 강냉이밥으로 내려갔고… 한 칸
에서 살아도, 먹고 쓰고 사는 것이 큰 지장이 없다면 그게 중류층이죠… 뭐 집을
으리으리 해놓고 무슨 이래서 중류층인 게 아니라, 기본 먹는 문제. 기본 중류층
이야, 상층이야, 하층이야, 따지고 놓고 볼 때는 제가 생각하기에는 먹는 문제가
가장 중요하다고 놓고 봐요."[66)

의생활과 주생활 균열 상황을 보여주는 대표적 구술은 다음과 같다.

"(상층의 의생활은) 사고 싶은 거 사는 정도가 아니고 주문을 해서 외국 거를
들여옵니다… 중층의 의생활은 장마당에는 중국 신품들이 많은데. 중국 거를 대
다수 사람들이 살려고 안 해요. 빛깔은 그럴 듯한데. 한번 빨면 형태불량 되고

65) 여성. 20대 후반. 양강 김형직-상점 판매원 출신. 2010년 1월 탈북.
66) 여성. 40대 중반. 함북 온성-교양원 출신. 2010년 2월 탈북.

날염이 다 바래고 하니까. 이제 모 화교라던가 그런 사람들 많아요. 그 사람들 자기 벌이를 위해서 한국거도 들여오고 모 일본거도 들여오고 그렇게 해요. 그런데 가서 중국 거라고 해도 상당히 좋은 거 여러 번 이렇게 재질에서 낙후하지 않은 거 그런 걸 살려고. 하나를 살래도 그렇게 연구하고 있지요. 상층 사람들은 중국 사람들보다 더 잘사는 사람들도 많고. 여기 와서 보면 한국 사람들 집 큰 거에서 살죠. 그렇게 사는 사람들도 (북한에) 상층이 많습니다… 하층은 뭐, 그런 걸 생각하지 못하지요… 당장 (먹는) 입이 바쁜데 옷을 생각하지 못하지요."[67]

　　"상층이라 할 때는 비법적으로 하면 걸리니까. 집을 독점으로 하나 사서 크게 새로 지어요. 몇 칸을. 백 평씩 넘어가는 집들도 많지요. 그러니까 그걸 자기 돈으로 지어가지고 엄청 정말 북한이 명색이 사회주의다 해서 그렇지. 모 그런 형태로 자본주의 중국을 그냥 대상하니까. 절반 자본주의나 다 된 거나 같죠… 큰 집은 남쪽(남한)에 큰 집보다 조금 더 커요. 크면서 밭이 있거든요. 자기 울타리 안에. 참 좋지요… 하층은 방 한 간, 화장실은 당연히 다 없고… 작은 집에 모여 사는 가정이, 한 형제끼리 모여 사는 집들도 많고… (화장실은) 공동으로 쓰는 것도 있고 재래식 바깥 화장실을 쓰고 있거든요. 공지가 별로 없기 때문에 다 줄지기 집이니까 공동 화장실이 있어요. 그래서 이렇게 대중으로 활용하고 있고. 아파트라고 해도 큰 집에나 화장실이 있지. 작은 평방이 되는 집에는 다 공동으로 화장실이 되어 있거든요. 3층에서 내려와서 바깥까지 내려가야 되고 엘리베이터가 없고."[68]

　　의생활을 기준으로 보면, 상류층에서는 일본 옷이나 한국 옷을 개당 북한 돈 몇 십만 원 이상 높은 가격에 구입해 입을 수 있으며, 하류층은 2년에 한 번 정도 점퍼 등 외출옷을 사 입거나, 상류층에서 입다 버린 옷을 입고 사는 상황이다. 특히 빈부격차와 함께 유행을 상류층이 주도하다 보니 계층을 구분하는 데 의생활이 점차 두드러진 징표가 되고 있다. 선진국의 경우 옷차림을 보고 주민들의 빈부격차나 계층별 차이를 크게 확인하기 어려운데, 먹는 문제가 가장 중요한 다수 북한주민들 사이에서는 부의 규모에 따라 옷차림 차이가 크게 드러나기 때문이다.

　　　　　　
67) 여성. 40대 후반. 기계설계사 및 예술선동 출신. 2010년 7월 탈북.
68) 여성. 40대 후반. 기계 설계사 및 예술선동 출신. 2010년 7월 탈북.

또한 선진국이나 개발도상국에서 주민들의 수준을 구별하는 징표가 되는 주택 역시 북한주민들을 상류층, 중류층, 하류층으로 구분하는 중요한 준거점으로 자리 잡았다. 돈 있는 북한사람들은 크고 넓은 집에 거주하면서, 집을 거주 목적만이 아닌 투자-투기 목적으로 활용하는 한편, 가난한 사람들은 화장실도 여러 가구가 공동으로 쓰고, 방 한 칸 집에 2가구 이상이 생활하는 등 빈부 차이가 커지면서 주거환경 차이가 이미 확연해진 상황이다.

건강-의료는 부의 수준에 따라 직접적으로 영향 받는 상황이다. 한편 북한에도 경제난 이후 자식을 한 집에 한 명 정도밖에 출산하지 않았고, 자식이 잘 되기를 바라는 교육열이 높아 상층과 중층까지는 자식 교육에 대한 투자를 아끼지 않는다. 이에 대한 구체적 상황을 대표적 구술로 살펴보면 다음과 같다.

"백프로 자기가 부담해서 약을 사서 그렇게 해서 맞습니다. 약을 치료를 그러니까 상층이라 할 때는 뭐 고가의 약을 중국에서 부탁을 해서 중국에서 한국제 들여온다든가 이렇게 비법으로. 뭐 이렇게 밀렵을 해서 들어오죠. 상층들은. 그 다음에 어떤 병원을 갔다고 해도 자기 개인이 인맥이 좋아서. 상층들은 국가가 운영하는 병원들은 마땅히 고가 약이 있죠. 그런 거는 그 사람들하고 내통을 해서 고가 약을 국가 꺼를 자기가 복용을 한다든가. 치료를 받죠. 근데 하졸들은 모. 국가에서 내려오는 약을 생각도 못하지요. 그러니까 일반적으로 옛날에 비하면은 국가에서 내려오는 약이 정말 없지만은. 그래도 내려오는 게 있거든요. 그런 거는 평 백성이 꿈도 못 꾸지요. 상층들이나 소비하고, 일반적으로 보면은 내가 아파서 병이 왔다 하면은 병원이 아니고 약국부터 가요. 약국이 북한에는 이제 다 개인 의사 되다시피 그렇게 변했으니까."[69]

"교육은요 북한도 거의 다 한 명씩 밖에 안낳아요. 하나밖에 없는 자식이니까. 그래도 사회에 나가서든 어째서든 북한에서 말하면 예술을 많이 일러주고 있지요. 그러니까 중학교를 다니면서나 인민학교를 다니면서 오전에 학교 공부하고 오후에는 그냥 과외를 보내요. 그러니까 과외라는 게 합법적으로 국가에서 운영하는 과외가 아니고… 소년궁전도 있는데 소년궁전에서 그 모든 걸 항목별로 다 가르쳐주지 못하니까. 바로 개인이, 일본어를 잘 한다던가, 중어를

69) 여성. 40대 후반. 기계 설계사 및 예술선동 출신. 2010년 7월 탈북.

잘한다던가, 영어를, 이런 거를 잘하려고 하는 애들은 다 과외 보내고, 그 다음에 예능에 좀 취미가 있는 애들은 피아노를 배운다든가 화술을 배워주는 사람도 있고… 스포츠 같은 거는 개인이 별로 없어요. 하층이야 그런데 갈 여유가 없죠. 중간이라던가… 우리 애도 좀 개인교사를 다니다 왔는데, 최하층이 아니고는 개인교사는 다 보냅니다… 중류층이면 개인교사 하나씩은 다 보냅니다. 여기(남한) 생각하면은 거저에 거저죠. 근데 그런대로 좀 벌면서 과외 교육비까지는 대 줄 수 있으니까. 그런데 왜서 그거를 무조건 배워줄려고 하는가? 사회 나와서 그 특이한 장점이 있어야, 장점이 있어야 대학에서도 잡아끌고 군대에 나가서도 그렇게 자기 창발성이 있고 그렇게 해야 되는데, 아무 재간이 없이 나가 면은 그저 땅만 판다고. 어디 가서 또 하치에 밟힌다고… 하층들은 못 가죠. 애들이 배우는 거 없고 그냥 부모가 집 지켜라 하면 집 지키고. 부모들은 살려고 뛰어다녀야 하니까. 그런 애들을 보면 참 불쌍도 한데. 우리 동네에서 사는 집은 애가 세 명인데, 지금은 쪼금 나아졌는데 옛날에는 그냥 학교를 다 세 명이 그냥 못 갔어요.”[70]

4. 의식과 네트워크

이 절에서는 계층별 의식과 관계망 상황을 다룬다. 각 계층별 체제 인식과 계층의식을 규명하기 위해 앞서 밝힌 면대면(face to face) 질문지 조사기법에 따라, 응답자들에게 자신이 속한 소속계층의 북한체제와 체제 변화 의식을 질문하였다.[71] 구체적으로 자신이 속한 계층의 체제 불만도와 시장경제 외 변화 수용 − 인식도(시장경제 수용도, 개혁개방 수용도, 외부 정보 접촉도), 그리

---

[70] 여성. 40대 후반. 기계 설계사 및 예술선동 출신. 2010년 7월 탈북.

[71] 자신이 속한 계층들의 인식 수준에 대해 답하도록 하는 새로운 방식의 질문시도는 탈북민들에게 북한사회 일반에 대한 설문을 했을 때, 정확한 응답을 하는 것이 한계가 있다는 연구 경험에 따른 것이다. 이와 관련된 설문 내용은 아래와 같다.(5점 척도) B1. 북한사회에서 선생님이 속했던 계층은 보기 중 어디입니까? 1.상류층, 2. 중류층, 3. 하류층, 4. 극빈층. (이 중 통계처리 과정에서 하류층과 극빈층은 표본수의 한계로 인해 하층으로 통합하였다.) B2. 선생님이 속한 계층(____층)의 정권과 체제 불만의 정도는 어떻습니까? B3. 선생님이 속한 계층(____층)의 시장경제 발전을 원하는 정도는 어떻습니까? B4. 선생님이 속한 계층(____층)의 개혁과 개방을 원하는 정도는 어떻습니까? B5. 선생님이 속한 계층(____층)의 외부 정보를 접하는 수준은 어떻습니까?

고 계층 인식(계층별 소득수준 차이, 타 계층과의 구분, 타 계층과의 갈등)에 대해 질문하였고, 분석 결과 5점 척도를 기준으로 한 평균값(5점 만점 기준)과 응답율(%)은 다음과 같다.

〈표 3〉 계층별 북한체제와 변화 수용 - 인식도

		체제 불만	시장경제 수용도	개혁개방 수용도	외부 정보 접촉도
상층	평균값	3.25	3.75	4.13	4.75
	응답율	20.0%	20.0%	20.0%	20.0%
중층	평균값	3.71	4.17	4.67	4.21
	응답율	60.0%	60.0%	60.0%	60.0%
하층	평균값	3.63	5.0	4.50	3.63
	응답율	20.0%	20.0%	20.0%	20.0%
합계	평균값	3.60	4.25	4.52	4.20
	응답율	100.0%	100.0%	100.0%	100.0%

위의 〈표 3〉에서 확인할 수 있듯이 체제 불만은 상층(3.25)이 가장 낮으며, 그 다음이 중층(3.71) > 하층(3.63)의 순이다. 시장경제 수용도는 하층(5.0)이 가장 높고, 중층(4.17) > 상층(3.75)의 순이다. 상층은 특히 시장경제 수용도가 낮아 상층과 타 계층 간의 시장경제 수용도에 있어서 차이가 큰 것으로 나타났다. 개혁개방 수용도는 전 계층적으로 다 높았으나, 그중에서도 중층이 가장 높았고(4.67) > 하층(4.50) > 상층(4.13)의 순으로 나타났다. 외부 접촉도는 상층(4.75) > 중층(4.21) > 하층(3.63)의 순으로 나타났다.

이 조사 결과는 심층면접 결과에서도 확인된 다음과 같은 상황 분석을 하게 한다. 첫째, 핵심계층을 이루고 북한정권의 후견을 받고 있는 이들이 경제적으로도 부유한 상류층을 이루고, 체제의 충성그룹으로 자리 잡고 있다. 둘째, 배급 혜택을 거의 받을 수 없는 하류층은 시장경제가 없으면 생계를 유지할 수가 없기에 시장경제 수용도가 가장 높다. 셋째, 내부 생산성이 낮아 중국 상인과의 밀수와 무역 포함 상품판매 및 유통을 중심으로 생활을 유지하고 생존방식을 터득한 중류층의 개혁개방 수용도가 가장 높고, 변화와 정보에 가장 민감하다. 넷째, 권력층과 연계되어 있어 비사회주의 검열에 걸려도 뇌물이나 안면관계로 쉽게 빠져 나올 수 있는 상층이 외부 정보 접촉도가 가장 높다는 점이다.

다음으로 계층 차이 의식이다. 다음 〈표 4〉는 각 계층별 소득수준 차이, 타 계층과의 구분, 타 계층과의 갈등 항목을 조사한 결과이다. 조사 결과 5점 척도(5점 만점 기준) 소득수준의 차이 평균값은 4.68, 타 계층과의 구분 평균값은 4.42, 타 계층과의 갈등 평균값 4.05로, 소득수준 차이 평균값이 가장 크게 나타났다. 계층문제에 대해서는 상층이 가장 선명하게 의식하는 것으로 나타났다.

〈표 4〉 계층별 계층 차이 인식

		소득수준 차이	타 계층과의 구분	타 계층과의 갈등
상층	평균값	4.88	4.75	4.50
	응답율	20.0%	20.0%	20.0%
중층	평균값	4.67	4.38	4.00
	응답율	60.0%	60.0%	60.0%
하층	평균값	4.50	4.25	3.75
	응답율	20.0%	20.0%	20.0%
합계	평균값	4.68	4.42	4.05
	응답율	100.0%	100.0%	100.0%

소득수준 차이의 평균값은 4.68로 계층별로 소득수준의 격차를 모두 다 심각하게 의식하였다. 계층별 인식을 보면 상층(4.88)이 그 차이를 가장 크게 인지하였고, 중층(4.67) > 하층(4.50)의 순이었다. '타 계층과의 구분' 평균 점수는 4.42로 타 계층과의 구분 정도에 대한 계층별 인식을 보면, 상층이 가장 구분을 강하게 인지하였으며(4.75), 그 다음이 중층(4.38) > 하층(4.25)의 순이었다. '타 계층과의 갈등' 평균 점수는 4.05로, 상층이 계층갈등 상황을 가장 강하게 인식하고 있었으며(4.50), 중층(4.00) > 하층(3.75)의 순으로 계층갈등을 인지하고 있었다. 이 조사 결과, 체제 인식과 계층 의식을 통해 본 각 계층별 균열 상황을 다음과 같이 정리할 수 있다. 첫째, 권력의 편차뿐만 아니라 부의 편중 또한 상당히 크고, 계층별로 모두 이것을 인식하고 있다는 점이다.

둘째, 상층의 특권의식이 상당이 강하다는 점이다. 셋째, 따라서 계층별 균열화된 생활구조가 자리 잡혔다는 것을 추론하게 된다.

다음으로 북한 계층 균열을 분석하는 데 중요한 지표인 네트워크이다. 특히 상층의 특권의식과 구획화된 생활양식에 주요 변수가 계층분화 요인으로도 주목되는 인맥과 연줄관계이다. 이미 2000년대 초반부터 '권력－권력 공생' 네트워크, 연줄망 또는 '사회적 자본(social capital)'[72]이 중요한 역할을 하면서 북한사회에 새로운 계층 분화가 드러났다. 북한의 경우, 권력층과의 친화력 정도, 해외에 있는 가족의 경제적 지원 정도, 시장 활동 능력과 결합력 정도, 노동능력 및 생산성 정도에 따라, 상·중·하 계층의 생활수준과 부의 규모에 기초한 경제적 계층 분화가 이루어졌다.

구체적 네트워크로 북한사회에서 가장 중요하게 작용한 관계망은 첫째, 가족관계, 둘째, 안면 및 뇌물을 매개로 한 관료와의 후견－피후견 관계, 셋째, 장사나 사업 진행 과정에서 알게 된 비즈니스 파트너십이다. 넷째, 10여 년의 군대생활을 통한 관계망 형성, 다섯째, 학교생활을 통한 관계망 형성이다. 여섯째, 직업이나 지역 생활을 통한 관계망, 직장이나 지역 또는 인민반을 통해 알게 된 관계망이 있으나, 이는 80년대까지에 비해 생존 및 생활 향상에 별 기여를 하지 못하고 있다. 이 중 가장 큰 효과를 발휘하는 관계망은 혈연과 후견－피후견 관계이다.

5. 계층 균열 구조

8가지 지표를 통해 북한 계층 균열 상황을 분석한 결과, 다음과 같은 계층 균열 구조를 확인할 수 있다. 첫째, 계층 구조로 90년대 식량난 이전까지 '정치－신분(출신 성분)적 계층구조'가 시장화가 본격화된 2000년대 초반부터

---

[72] 사회적 자본은 네트워크, 규범/제도, 신뢰라는 세 가지 요소로 구성되는데, 개인들이 사회 내 다양한 규범/제도 및 네트워크에 연결되어 있고, 이에 신뢰가 부가되면서 부와 이익이 실현되는 사회적 현상을 개념화한 것이다.

'정치−경제적 계층구조'로 전환되었다. 계층 구성비는 지역과 도시 · 농촌에 따라 차이가 있고, 화폐개혁 이후 하향 조정되어, 2011년 현재 기준 부의 규모에 기반한 생활수준 기준으로 상층 10~20%, 중층 30~40%, 하층이 40~60% 구조를 보인다.

둘째, 북한 화폐를 기준으로 한 소득규모로 계층 균열 구조를 파악하는 것은 정확성이 떨어진다. 북한 화폐가치 변동성과 물가 변동성, 정책−제도적 불안정 구조, 임금구조의 비현실성, 실질적 임금 기능을 하는 관료 부패구조, 그리고 비공식 경제활동 팽창 등으로 소득 및 수입 구조가 20년 이상 불안정하기 때문이다. 따라서 소득규모보다는 안정적 기축화폐이며 축적성과 일상생활의 순환성도 높은 달러를 기준으로 한 유용자금 규모와 공식 급여 외 뇌물−부패 구조를 통한 비공식적 수입이 제도화된 직업을 통해 계층 균열 구조를 확인할 수 있다.

이 또한 지역별로 차이가 있으나 전체적 구조를 보면, 보유 달러 기준 상층 최소 1만 달러 이상 15% 내외, 중층 1만~5천 달러 35~40%, 하층 달러를 보유하지 못한 50%이다. 이는 생활수준 기준 계층 구성비와 유사한 구조이다. 직업 지표는 아주 중요하다. 전체적 구조로 볼 때 권력위계의 상층부와 경제자원 접근도가 높은 직업을 가진 이들, 즉 권력과 돈을 다 가지고 있는 행위자 집단이 상층, 지식인이나 예술가 등 전문인 및 차판장사~소매상인까지 장사를 하는 사람들이 중층, 그리고 하급 노동자 · 농민 · 시장의 하루벌이 상인들 · 취약계층 등이 하층 직업 구조에 자리 잡고 있다.

셋째, 생활수준 지표로 분석할 때, 여전히 전체 인구를 고려하면 먹는 문제가 가장 중요한 일상생활의 균열과 불평등 구조를 보여준다. 그러나 상층은 주생활과 의생활 차이와 불평등성으로 중하층과의 균열 구조를, 식생활은 중층과 하층의 균열 구조를 보다 더 잘 드러낸다. 건강과 의료는 계층 균열 구조를 그대로 반영한다. 의료비의 자부담 구조와 평양 및 대도시 중심 의료서비스 구조, 그리고 권력과 관계에 따른 서비스 수혜 위계 때문이다. 교육은 중요 지표로 대학을 나와야 간부가 되거나 좋은 구직 기회를 가질 수 있고,

교육 수준이 높거나 재능이 있어야 군대생활도 무사히 할 수 있다. 이와 함께 경제난 이후 저출산 풍조로 한 가정에 자녀가 대개 1명이며, 북한사회와 부모들의 자녀 교육열이 높아, 상층 자녀는 보통 3~4 과목, 중층 자녀도 최소 1과목의 사교육을 받는다.

넷째, 계층별 의식 균열로 체제 불만도는 중층이 가장 높으며, 시장경제 수용도는 하층이 가장 높고, 개혁개방 수용도는 중층이 가장 높으며, 외부 정보 접촉도는 상층이 가장 높은 구조이다. 행위자 간 균열 인식을 그대로 드러내는 계층 차이 의식구조를 분석하기 위해 각 계층별 소득수준 차이, 타 계층과의 구분, 타 계층과의 갈등 항목을 조사한 결과, 전 계층 모두 계층 간 소득수준 격차를 심각하게 인식하고 특히 상층이 그 차이를 가장 크게 인지한다. 타 계층과의 구분 정도 인식 또한 상층이 가장 높게 의식하며, 타 계층과의 갈등 정도도 상층이 가장 크게 의식하는 구조를 확인할 수 있다. 계층 간 차이 인식 모두 상 > 중 > 하 순으로 계층 갈등과 균열의 심각성을 인식하는 것이다. 북한 상층부의 우월의식과 함께 그 내면에서 공유하는 불안감 및 피포위 의식구조 또한 추론할 수 있다.

다섯째, 네트워크이다. 북한사회에서 가장 중요하게 상호작용하는 행위자 관계 및 관계망은 가족관계, 안면 및 뇌물을 매개로 한 관료와의 후견-피후견 관계, 장사나 사업 진행 과정에서 알게 된 비즈니스 파트너십, 10여 년의 군대생활을 통한 관계망, 학교생활을 통한 관계망, 그리고 직업이나 지역 생활을 통한 관계망이 있다. 이 중 계층 분화와 균열에 큰 효과를 주는 관계망은 혈연과 후견-피후견 연계이다.

한편 계층 균열 구조를 총체적으로 진단하기 위한 중요 항목으로, 계층별로 새로운 계층이 형성된 요인, 즉 계층 균열 촉진 요인이 무엇이라고 생각하는지를 질문[73]한 결과, 다음 〈표 5〉에서 확인할 수 있듯이 소득과 금전을

---

73) 이 문항은 2중 선택 다중응답 문항이었으나 패턴의 명료성을 위해 제1응답 문항만을 조사 결과에 활용하였다. 문항에 주택과 교육 수준이 포함되었으나, 제1응답에는 포함되지 않아 위의 결과표에는 포함시키지 않았다.

1위로 꼽은 사람이 가장 많았고(37.5%), 권력은 32.5%로 두 번째 요인으로
꼽혔다. 마지막으로 출신 성분(12.5%) > 사회적 지위 = 직업(7.5%) 등의 순
이었다.

〈표 5〉 계층 균열 촉진 요인: 계층별 평가

계층		계층 균열 촉진 요인						전체
		소득과 금전	사회적 지위	권력	직업	생활과 소비수준	출신 성분 및 가정 배경	
상층	빈도	2	1	3	1	0	2	9
	응답율(%)	22.2	11.1	33.3	11.1	0.0	22.2	100.0
중층	빈도	9	2	7	1	1	3	23
	응답율(%)	39.1	8.7	30.4	4.3	4.3	13.0	100.0
하층	빈도	4	0.	3	1	0	0	8
	응답율(%)	50.0	0.0	37.5	12.5	0.0	0.0	100.0
전체	빈도	15	3	13	3	1	5	40
	응답율(%)	37.5	7.5	32.5	7.5	2.5	12.5	100.0

　　질문지 조사를 통해 북한사회에서 계층 균열이 촉진된 요인에 대해 물어보
았는데, 조사 결과 계층별로 그 원인에 대해 뚜렷한 인식 차이를 보였다. 상층
은 권력(33.3%)이라고 답한 반면, 중층은 소득과 금전(39.1%), 한편 하층 역시
소득과 금전(50.0%)을 중층보다 더 많이 응답했다. 이 조사 결과는, 북한체제
에서 신계층도 상층이 되기 위해서는 권력이 가장 중요하고 필수적이라는 점
이다. 즉, 북한 사회계층 형성과 균열의 주요 기제가 국가권력이 주도하는 국
가와 시장, 즉 권력과 부의 공생구조라는 점이다.

Ⅳ. 세대와 지역 균열

　　본 장에서는 북한사회 세대와 지역 균열의 상황 및 구조를 규명한다. 1절
세대 균열에서는 북한사회의 세대 구조를 배급세대, 과도기세대, 식량난세대,

시장세대로 개념화하여 분석한다. 2절 지역 균열에서는 크게 국경과 내륙 지역, 그리고 도시와 농촌 지역으로 지역 구조를 개념화하여 그 균열 상황과 구조를 규명한다.

1. 세대 균열: 배급·과도기·식량난·시장세대

어느 사회나 공통의 역사와 문화를 공유하고 유사한 의식을 형성하게 되는 세대 간 의식 및 문화 차이는 정치·사회구조와 균열 양상을 이해하는 데 중요한 주제이다. 특히 급격한 체제 변동기를 경유하는 사회에서 나타나는 세대별 의식과 문화 차이는 한 사회의 과거와 현재를 이해할 뿐만 아니라, 미래를 예측하는 데 중요한 키워드이다. 때문에 학술 영역에서도 집합적·역사적 기억이론에 기초하여 세대 형성을 설명하는 방법론이 발전하였다.[74]

특정한 세대는 비슷한 시기에 출생한 사람들로, 공유하는 역사적 경험과 사회화로 인한 출생 코호트(cohort) 효과를 가진다. 즉, 비슷한 연령대 혹은 생애주기 사람들이 지니는 연령효과, 특정한 관찰시점에서 기인하는 기간효과를 공유하는 것이다. 특히 출생 코호트 효과는 동일한 사회경제 구조하에서 삶을 영위해 오는 특정 연령집단이 공유하는 정치적 경험과 정치사회화 경험이다. 이로 인해 세대 형성의 경로와 성격, 그리고 세대의 정체성은 다르게 되고 이것이 정치적 변동에 미치는 영향이 주목된다.[75]

북한정권 차원에서도 세대는 북한 정치엘리트 변동과 김정은체제와 관련하여 중요한 요소로 주목받고 있다. 북한 당국 또한 북한식 사회주의 혁명과 대중운동 시기에 따라 북한주민과 권력엘리트를 혁명의 4세대로 나누고 있다.[76] 그러나 이 혁명의 1, 2, 3, 4세대 개념 범주는 북한체제가 '김일성조국'이

---

74) H. Schuman and J. Scott, "Generations and Collective Memories", *American Sociological Journal* 54, 1989.
75) 윤상철, 「세대정치와 정치균열」, 『경제와 사회』 통권 81호, 2009, 65쪽.

라는 정의에 기초하여, 혁명1세대 김일성 만주항일혁명 세대로부터 출발하는 김일성 시조 개념에 따른, 북한정권에 의해 규정되고 상징 조작된 세대 구분 틀이다. 따라서 북한주민 삶의 역사와 의식변화 흐름에 대한 집합적·역사적 기억이론에[77] 기초하여, 주요 사회적 경험과 역사의 공유라는 기준에서 재구성되어야 한다.

이러한 의미에서 필자는 탈북민 및 북한전문가들과의 사전조사를 통해, 가장 큰 역사적 사건과 기억인 기아의 식량난과 시장화를 기준으로 북한주민의 세대 구조를 2010년 기준 경제활동인구의 큰 네 범주로 나누었다. 이를 표로 구성하면 다음 〈표 6〉과 같다.

〈표 6〉 북한사회의 세대 구조: 식량난과 시장화 시기

세대	경제활동 연령대	생존제도 관련 주요 역사적 경험
배급세대	50대 중반 이상	청장년기 배급제도를 경험한 세대
과도기세대	40대 중반~50대 중반	청년기 배급제-장년기 식량난 경험 세대
식량난세대	30대~40대 초반	식량난을 청소년기부터 경험한 세대
시장세대	20대 이하	시장발달을 청소년기부터 경험한 세대

전체적 패턴 확인을 위해 질문지기법에 따라, 응답자들에게 세대별 의식 구조를 확인할 수 있는 조사를 하였다. 세대별 문항은 B11~B16까지 6문항으로 구성되었고,[78] 소속 세대를 묻는 문항을 제외한 5문항에 대한 응답 결과는

---

76) 정창현, 「북한 지배 엘리트의 구성과 역할」, 『북한의 당·국가기구·군대』, 서울: 한울, 2007.

77) H. Schuman and J. Scott, "Generations and Collective Memories", *American Sociological Journal* 54, 1989.

78) B 11. 선생님은 아래 보기 중 어떤 세대에 속하나요? 이 문항에 대해 응답자 개개인에게 위의 사전 개념화된 4가지의 세대 구분에 대한 의견을 물어보고 동의를 구한 후, 이에 대해 동의했을 때 응답하게 하였다. 그리고 이하 문항들은 5점 척도를 기준으로 하였다. B 12. 각 세대들의 의식과 행동이 어느 정도 차이가 나나요? 자신이 속한 세대를 기준으로 그 의식과 행동의 차이 인식 수준에 대해 답하도록 하는 새로운 방식의 질문 시도는, 탈북민들에게 북한사회 일반에 대한 설문을 했을 때 정확한 응답을 하는 것이 한계가 있다는 경험에 따른 것이다. B 13. 선생님이 속한(____세대)의 북한체제와 정권에 대한 충성심 정도는? B 14. 선생님이 속한(____세대)의 시장경제와 개혁개방을 원하는 정도는? B 15. 선생

다음 〈표 7〉과 같다.

〈표 7〉 북한사회의 세대별 의식구조

세대별		세대별 의식 차이	소속 세대 충성도	소속 세대 김정은체제 기대감	소속 세대 통일 기대감	소속 세대 시장경제 수용도
배급 세대	평균값	4.33	2.50	1.83	4.17	3.83
	응답율	16.0%	13.6%	11.3%	14.0%	12.5%
과도기 세대	평균값	3.85	3.54	2.77	4.77	4.92
	응답율	30.7%	41.8%	37.1%	34.8%	34.8%
식량난 세대	평균값	4.25	2.50	2.33	4.50	4.67
	응답율	31.3%	27.3%	28.9%	30.3%	30.4%
시장 세대	평균값	4.00	2.11	2.44	4.11	4.56
	응답율	22.1%	17.3%	22.7%	20.8%	22.3%
합계	평균값	4.08	2.75	2.42	4.45	4.60
	응답율	100.0%	100.0%	100.0%	100.0%	100.0%

각 응답자들에게 자신이 속한 소속 세대의 세대 차이 인식, 시장경제 수용
도, 세대별 정권에 대한 충성도 평가, 김정은 등장과 체제에 대한 기대감과
통일에 대한 기대감 등을 물어본 결과,[79] 전체적으로 전 세대에 걸쳐 시장경
제 수용도가 가장 높았고(4.60), 다음으로 통일에 대한 기대치가 높았다(4.45).
반면, 전 세대에 걸쳐 세대별 충성도 2.75, 김정은 등장과 체제에 대한 기대감
이 평균 점수 2.42로 낮게 나타났다. 무엇보다 세대별 의식 차이는 4.08로서,

님이 속한(___세대)의 김정은의 등장에 대한 기대는? B 16. 선생님이 속한(___세대)의
통일에 대한 기대 수준은? 으로 구성되었다.

[79] B12. [세대 차이] 각 세대들의 의식과 행동이 어느 정도 차이나나요? 전혀 차이가 없다(1
점), 차이가 없는 편이다(2점), 그저 그렇다(3점), 약간 차이가 난다(4점), 매우 차이가
난다(5점) B13. [북한체제와 정권에 대한 충성도] 전혀 충성스럽지 못하다(1점), 다소 충
성스럽지 못하다(2점), 그저 그렇다(3점), 약간 충성스럽다(4점), 매우 충성스럽다(5점).
B14. [시장경제와 개방 수용도] 전혀 원하지 않는다(1점), 별로 원하지 않는다(2점), 그저
그렇다(3점), 다소 원한다(4점), 매우 원한다(5점). B15. [김정은 등장과 체제 기대감]. 매
우 낮다(1점), 낮은 편이다(2점), 그저그렇다(3점), 다소 원한다(4점), 매우 원한다(5점).
B16. [통일 기대] 매우 낮다(1점), 낮은 편이다(2점), 그저 그렇다(3점), 다소 원한다(4점),
매우 원한다(5점).

전 세대에 걸쳐서 세대별 차이를 아주 크게 인식하고 있었다. 즉, 세대 균열 구조가 분명하게 자리 잡고 있음을 확인할 수 있다.

세대별 세부 차이를 분석해 볼 때, 흥미로운 결과를 확인할 수 있다. 첫째, 북한체제와 정권에 대한 충성도는 북한체제를 지탱하는 중추연령대인 과도기세대인 40대 중반에서 50대 중반이 평균값보다 높은 3.54로 가장 높게 나타났고, 김정은체제에 대한 기대감도 가장 높은 2.77점으로 나타났다. 둘째, 반면 북한체제와 정권에 대한 충성도가 가장 낮은 세대는 개인주의와 물질주의 세대라고 칭해지는 시장세대인 20대 이하에서 평균값보다 훨씬 낮은 2.11점을 나타냈다. 셋째, 김정은체제에 대한 기대감이 가장 낮은 세대는 50대 중반 이상의 배급세대로 1.83로 평균값보다 아주 낮게 나타났다. 이는 고령기 속성으로 김정은의 어린 나이와 검증되지 않은 경험으로 인한 우려 때문인 것으로 판단된다.

배급과 배급 불안정을 모두 경험한 과도기세대, 이들은 상대적으로 북한체제와 사회를 지탱하는 보수층으로 집단주의와 북한정권의 어려움을 이해하는 세대이다. 경제난과 시장발전으로 인한 젊은 세대들의 변화도 한편으론 이해하지만, 국가에 충성을 다하고 자신의 과거 삶의 양식을 지키고자 하는 이들이 다수이다. 그러나 이 세대에서도 역시 물질과 실리를 추구하는 신세대의 삶에 대한 욕구가 조금씩 확산되고 있다.

80년대에서 90년대 초에 20대~30대 시절을 보낸 이들은 과거 상대적으로 안정적인 배급 등 국가 공적 부조 시스템의 수혜와 함께 그 시스템의 붕괴도 경험한 이들이다. 따라서 복잡한 심정과 체제 절망을 보이고, 비사회주의적으로 살 수 밖에 없는 현실과 시대, 그리고 세태 변화 속에서 서서히 삶과 의식의 변화를 보이기도 한다. 그리고 이들 중 비사회주의 검열에 걸리는 등 역경과 맞물려 삶과 미래를 고민 한 경우는 삶의 양식을 바꾸거나, 북한체제를 벗어나는 선택을 하기도 한다.

한편 북한정권의 공식 세대구조에 따라 주민들을 나누어 보면 혁명의 1세대는 거의 사망했으며, 2세대는 할아버지 세대, 3세대는 부모님 세대, 4세대는 자식세대인 고난의 행군 세대 이후 시장세대라고 할 수 있다. 이 기준으로 볼 때, 3세대는 식량배급이 불안정하던 시기에 청년기를 보내며, 배급과 무상교육 등 국가의 공적 부조혜택과 고난의 행군/기아 경험을 동시에 한 세대이다. 배급과 배급 불안정을 둘 다 경험한 과도기세대로 평가할 수 있다. 따라서 북한주민의 세대별 균열의 한 축은 안정적 배급 시기를 경험하고 배급 불안정 시기와 고난의 행군을 청년기에서 장년기 과정까지 경험한 이들이다. 이들 세대로부터 북한주민의 삶과 의식변화의 양상을 확인할 수 있다.

식량난세대, 이들은 고난의 행군 시기 청소년기를 보낸 세대로 정권에 대한 충성도나 체제 유지에 대한 의무 및 책임성이 이전 시대에 비해 현저히 떨어지는 경향을 보인다. 이들은 자아가 형성되던 80년대 중반 이후부터 북한 경제의 불안정성을 직간접적으로 경험하였으며, 89년 사회주의체제 전환과 평양축전의 열기를 받은 세대로, 외국이나 남한에 대한 인식도 전 세대에 비해 확연히 구별되었다.

세대별 삶과 의식 차이와 관련해 "우리 부모님들 함께 할 때 그런 때에는 국가에서 배급도 주고 하니까 그때 생활에서는 크게 먹고사는 곤란이 없었지요. 김일성이 돌아간 이후부터 이렇게 겹쳐 들어가게 되는데 그 고난을 놓고 볼 때 잘 먹지 못하니까요 아이들이 상당히 작아요… 그러니까 막내동생이나 자식들 세대 보면… 그런 상태에서 어떻게 하면 잘 살겠는가 오직 이런 생각에 정치적인 생각보다도 경제적인 생각에 더 몰두하게 되지요… 그래도 우리세대들은 조국에 대한 애착이 더 크죠."[80]라는 것이 대표적 인식 상황이다.

각 세대를 비교해 구체적 인식 차이를 증언한, 화폐개혁 이후 탈북한 탈북민들의 대표적 구술을 인용하면, "충성심이라 할 때는 옛날에 우리 부모님들은 충성심이 정말 고지식하게 그대로 했죠. 비뚤어 나갈 새라 그렇게 모 난리를 쳤는데 지금 우리 부모를 봐도 그때 부모님들이 아니에요. … (20대는) 우

---

80) 여성. 50대 중반. 가족부양. 양강 혜산. 2010년 탈북.

리하고 달라요. 어떻게 다르냐 하면은 우리는 그래도 좀 지켜보자. 혹시 좀 이렇지 않을까. 다르지 않을까. 이렇게 하는데 우리 딸애를 봐도 그 친구들이랑 앉아서 말하면 애들이 결단이 빨라요. 앞이 안 보인다. 모 살아 본 사람처럼 이렇게 해가지고 안 된다. 우리 딸애가 빨리 가자고 그러는 거 에요. 빨리 가자고 근데 지금 애들 보면은 우리 딸만 그런 게 아니고 부모가 북한에 있는데 우리 딸애 또래 되는 애들이 꽤나 많이 오거든요. 그러니까 세월이 흐르면 흐를수록 애들이 생각하는 각도가 우리하고 또 달라요…"[81]라는 것이다.

요즘 북한의 젊은 애들은 목표가 과도기세대처럼 고지식하게 가정이나 붙잡고 자식이나 공부 시키고 이런 게 아니라 이상이 높아졌다고 한다. 북한식으로 말하면 "물을 많이 먹었다." 따라서 그 사회 흐름이라는 것을 북한정권이 암만 닫는다고 해도 막지 못한다고 평가된다. 40대 중반도 세상눈이 많이 텄는데 그 애들은 눈이 텄다는 정도가 아니라는 것이다. 비사회주의 검열과 사회 통제가 심해서 어느 정도 가려는 주지만, 그냥 바로 놔두면 한국 애들 못지않게 따라 갈 거라고 생각한다.[82]

전체적으로 할아버지나 아버지 세대에 충성심과 집단적 삶의 중요성 인식도가 높으며, 자신이나 자신의 아래 세대들은 개인주의적인 삶의 인식이 커졌다는 점이다. 무엇보다 자신의 삶을 이롭게 하는 가족과 돈을 가장 중요시한다. 특히 주목할 세대는 시장화와 함께 자유와 변화 의식 및 행위가 뚜렷하게 구별되는 시장세대이다. 이들은 2000년대 이후 중학교를 다니던 2012년 현재 기준 20대~중학생들로, 식량난세대에 비해 매사에 적극적이라고 한다. 연애를 해도 집에서 반대를 하면 "약을 먹고 죽겠다"고 하는 일들이 회자되고, 마약을 해도 "그거 안하면 밥 못 먹고 잠 못 자"도록 빠져든다는 것이다. 식량난 이전에는 가정과 학교가 학생들이 극단적 현상에 빠져들지 못하도록 안전망 역할을 하였으나, 이제는 그 안정망이 붕괴되었다. 따라서 물질주의, 개인주의가 확대되고, 집단생활이 제대로 운영되지 않으면

81) 여성. 40대 후반. 기계 설계사 및 예술선동 출신. 2010년 탈북.
82) 여성. 40대 후반. 기계 설계사 및 예술선동 출신. 2010년 탈북.

서, 중학생들의 의식이 상당히 극단적 양상으로 나아가고 있다는 것이다. 또 다른 배경에는 급속히 발전하는 시장문화가 젊은이들에게 새로운 열정을 분출시킬 수 있는 대상을 찾는 데 용이하게 하고 있다는 점이다. 이들 중학생들은 북한 패션문화의 선두 역할을 하고, 자신의 젊은 열기를 분출할 통로를 갈망한다고 한다.[83]

정치에는 별관심이 없다는 현재 북한의 20대(시장세대)의 의식 변화 흐름을 보여주는 한 탈북민 사례를 통해 북한 신세대의 의식과 행위 구조를 살펴보면, 첫째, 위장결혼을 해서 농촌에서 큰 시장이 있는 도시로 진출했다. 둘째, 시골 장사－국수 장사－고기식당 장사로 발전하면서, 돈이 돈을 낳고 권력있는 사람들과 상대하고 수준이 올라갔다. 셋째, 자본주의자가 되어 가고 있다. 피 터지는 경쟁 속에 도매상품을 개발하고, 다른 세상과 한국에 대한 환상을 가진 사람들이 있다는 현실을 인식했다. 넷째, 자본주의적 시장체제는 자기 개발을 끊임없이 하는 것이다. 유행에 따라 옷을 만들기 위해 머리가 중요하다. 다섯째, '가만히 있는 똑똑이'보다 '돌아다니는 바보'가 낫다고 생각하여 돌아다니다 보니 중국 갈 생각까지 했다.[84]

북한주민을 세대별로 나누어 볼 때, 전반적으로 배급제와 국가 공적 부조가 이루어지던 세대에 국가 및 정권에 대한 충성심과 집단주의적 삶의 중요성 인식도가 높다. 왕성한 경제활동인구인 30~40대 인구를 중심으로 볼 때, 이들이 할아버지－할머니와 아버지－어머니 세대라고 할 수 있다. 반면에 자신은 과도기세대이나 점차 가족주의와 개인주의 의식이 커져가고, 자신의 자식 세대 또는 조카 세대들은 물질주의와 개인주의적인 의식이 커졌다는 것이 일반적이다. 무엇보다 위의 증언에서 확인되듯이 젊은 세대일수록 돈이 자신의 삶을 이롭게 하는 가장 중요한 것이라는 물질주의 의식이 팽배하다. 그리

---

83) 최진이, 「유행어에 나타난 북한 사회의식상」, 『동북아미시사회연구소 2010년 만해축전 학술심포지엄 자료집』, 2010년 8월, 23~29쪽.

84) 노귀남, 「북한 여성의 의식 변화와 평화소통의 길」, 『동북아미시사회연구소 2010년 만해축전 학술심포지엄 자료집』, 2010년 8월, 80쪽.

고 집단보다 개인, 국가보다 가족이 자신의 삶과 발전에 중요하다.

박영자의[85] 2000년대 북한주민 의식변화 연구에서 드러나듯, "북한사회에서 식량난과 시장 발전, 다양한 자본주의의 정보순환을 통해 물질주의적이고 개인주의적인 의식이 발전함에 따라 탈집단화와 국가주의 약화가 드러나고 있다. 또한 식량문제를 해결하지도 못하면서 통제만 강화하는 정권에 대한 충성도와 신뢰가 약화되고 불만의식이 높아지고 있다. 이는 인간 삶의 방향을 지시하는 신념의 변화를 내재하며, 윤리적으로는 크게 물질주의와 개인주의 및 가족이기주의로, 현상적 양태로는 탈집단주의 · 국가주의 약화와 체제이완을 초래하는 정권에 대한 불만 등으로 나누어 볼 수 있다."[86]이러한 의식변화의 주동 세대가 북한의 식량난세대와 시장세대이다.

2. 지역 균열: '국경 – 내륙' 및 '도시 – 농촌'

북한사회에서 평양주민들은 정권 및 체제 유지와 직결된 구성원으로 수십년 동안 각종 특혜를 받으며 살았고, 2012년 현재까지 불안정하더라도 기본적인 배급제 혜택을 상대적으로 안정되게 받고 있는 특권 지역이다. 또한 평양을 중심으로 평안도와 황해도 지역은 집단주의적 논농사를 중심으로 일상생활이 유지되고, 중앙권력기구와 가까운 내륙지역이다. 따라서 국경 – 연선지역에 비해, 삶의 변화 수준도 낮으며 외부 정보의 순환도 낮다. 그러므로 평양시, 평안도, 황해도로 대표되는 내륙지역과 함경도, 양강도로 대표되는 국경지역은 상황과 구조 양 측면에서 차이가 가장 크게 나타나는 지역 균열 양상을 드러낸다.

그 외 신의주와 개성시, 강원도, 라진선봉지구가 있으나 연선지역으로 거대한 물동량이 움직이는 신의주는 평성 – 평양의 중앙권력 무역량이 움직이는 곳으로 중앙권력의 영향력하에 있고, 개성시는 특구이나 이 역시 중앙권력 관

---

85) 박영자, 「2000년대 북한주민의 의식변화와 민족의식」, 『정책연구』 통권 171호, 2011.
86) 위의 책, 216쪽.

할하에 있으며, 강원도 역시 경제적으로 낙후되어 있으나 군사특구로 중앙권
력하에 있고, 라진선봉지구는 경제특구로 예외적인 특성을 가진다. 다음으로
전통적 사회 균열 구조로 정보화 속도뿐 아니라 상대적으로 보수적이고 집단
주의적 농경문화를 유지하는 농촌 지역과 도시 지역 주민들 역시 생활 양상
과 의식 측면에서 상당한 차이를 보인다.

그렇다면 구체적인 지역 균열 상황과 구조는 어떠한가? 본 질문지 조사에
서 지역관련 문항은 B17~B20까지이며 응답자들에게 북한 출신 지역의 부와
지역주민의 체제 불만 수준을 묻는 내용으로 구성되었다.[87] 응답 결과는 다
음 〈표 8〉과 같다.

〈표 8〉 지역별 부와 체제 불만 상황

북한 출신 지역		지역의 부	지역의 체제 불만도
국경연선	평균값	3.46	4.08
	빈도	24	25
내륙	평균값	3.40	3.67
	빈도	15	15

각 출신 지역별 부와 체제 불만에 대한 응답 결과를 보면, 국경지역(함경
도, 양강도) 출신 응답자들은 평균값 3.46점으로 출신지의 부를 평가하고,
지역주민의 체제 불만도를 4.08로 평가하였다. 반면, 내륙지역(평양, 평안
도, 황해도) 출신 응답자들은 출신 지역의 부를 3.40으로 평가하였고, 지역
의 체제 불만도를 평균값 3.67로 평가하였다. 즉, 선행 연구와 심층면접조
사와의 교차분석을 통해 확인할 수 있듯이, 첫째, 평양을 제외하고 생활수
준은 국경연선지역이 내륙에 비해 다소 높은 편이며, 둘째, 체제 불만도는

---

87) B17. [지역의 부 수준 평가] 측정 문항을 보면, 매우 가난하다(1점), 가난한 편이다(2점),
그저 그렇다(3점), 잘사는 편이다(4점), 매우 잘사는 편이다(5점). B18. [체제에 대한 불만
정도] 전혀 불만이 없다(1점) 불만이 적은 편이다(2점) 그저 그렇다(3점), 불만이 다소 많
다(4점), 매우 불만이 많다(5점). B19~B20. 부유한 지역과 가난한 지역, 체제 불만이 높은
지역과 정권에 대한 충성이 높은 지역 등은 개방형 문항으로 질의하였다.

국경연선지역이 평균값 4.08점으로 내륙지역 3.67점에 비해 훨씬 높은 것으로 분석되었다.

개방형 질의 분석 결과 가장 부유한 지역으론 평양 18, 신의주 6, 라선 5, 혜산 3, 평성 2 등의 순으로 나타났고, 가장 가난한 지역으론 강원도 7, 황해도 6, 자강도 4, 양강도 4 그 외 농촌지역 군 등으로 나타났다. 체제 충성도가 높은 지역으론 평양 28, 강원도 2, 개성, 라선, 신의주, 삼지연군, 대응단군, 중구역 등 평양 내에서도 특권 지역으로 드러났다. 체제 불만이 높은 지역은 함경북도 9, 국경연선 4, 혜산 4, 양강도 3, 회령 2 등인데, 특이할 만한 점은 전문가의 직접 기입 방식으로 할당표집된 40사례의 적은 표본 임에도 불구하고, 체제 불만이 높은 지역으로 평양이 4회, 별도로 평양 내 노동자 밀집 지역인 선교 지역이 1회 응답된 것이다. 즉, 특권지역인 평양 내부에서도 지역 균열이 상식보다 크다는 점이다. 구체적으로 본 연구 과정에 참여한 평양 중층 출신 심층면접 참여자는 평양지역 내 지역 균열 상황으로, 2010년 기준 평양시에서 잘사는 지역은 중구역(특히 창광거리), 모란봉구역(재일교포 등이 사는 곳), 보통강구역, 대성구역이고, 못사는 사람들이 사는 지역은 사동구역(락랑구역), 력포구역, 룡성구역이라고 증언한다.[88] 한편 상층 출신 심층면접 참여자는 잘사는 곳으로 역시 중구역, 보통강, 평천 구역을, 못사는 곳으로 선교와 통일거리(락랑)를 대표적으로 지목하였다. 그리고 체제와 정권에 불만이 높은 지역으론 노동자 밀집지역인 선교 구역을, 체제 신념 및 권력 충성심이 높은 지역으론 중구역을 지목하였다.[89]

이와 관련하여 만수대지구 창전거리의 초고층 화려한 아파트 단지 때문에 평양간부들 또한 창전거리를 '평양 위의 평양'으로 부른다고 한다. 그리고 2009년부터 평양살림집 건설에 투입되었던 군인 중 제대해 고향으로 귀가했던 제대군인들이 "평양과 지방의 차이가 더 벌어졌다. 이승과 저승이라고 할 정도라며, 어떻게 먹고 살아야 할지 너무 막막하고 겁이 난다. 제대군인이라

88) 여성. 30대 초반. 예술단원/가정교사. 평양. 대졸. 2010년 탈북.
89) 남성. 40대 초반. 외화벌이식당사장. 평양. 대졸. 2010년 탈북.

고 배급이 나오는 것도 아니고, 사는 게 너무 한심하니까 눈이 뒤집어지는 거"라며, "해도 너무 한다. 내가 뭐 하다 온 건가" 하며 회의감과 소외감을 토로했다고 한다. 또한 2012년 7월 현재 도시와 달리 황해남북도, 평안남도, 강원도 등 이른바 안쪽 지역에서는 굶어죽는 농민들이 계속 발생하고 있다고 한다.[90]

더불어 앞서 분석한 계층 구성비 차이는 무엇보다 지역별 차가 크게 작용한다. 대개 하류층은 지방에서 농사짓는 사람들이다. 도시에서 장사를 해서 생존하는 사람은 영 못살지도 않고 잘살지도 않는, 그대로 일상의 생존과 삶의 수준이 중층인 이들이 주류이다. 잘사는 사람들은 국경지역에서 중국과의 거래에 종사하는 사람들과 간부들이고 이들의 생활수준은 높다. 특히 도시 보안부서의 감찰과, 수사과와 같이 북한에서 말하는 '법관'들은 생활형편이 좋다. 그러나 농촌의 주류인 농민들 다수는 여전히 하루 먹거리를 걱정하는 하층의 삶을 살고 있다.[91]

V. 결론: 비교사회주의적 함의

이 연구는 정치와 경제를 연계하는 북한 사회구성체 연구의 출발로 시도되었다. 따라서 1차적으로 행위자모델에 기반하여 체제 변동기 북한의 계층·세대·지역 균열의 상황과 구조를 분석하였다. 분석은 행위자, 상호작용, 일상, 제도, 그리고 관계 등에 초점 맞추어 미시와 중범위 수준 둘 다에서 다루어졌다. 북한사회 균열 구조를 종합적으로 고찰한 결과 2가지 분석 결과가 도출되었다.

첫째, 북한체제에 지역 균열과 계층 균열 수준이 높으며, 이 두 균열축이 상호 중첩되어 북한사회의 불평등과 갈등을 구조적으로 증폭시키고 있다. 체

90) 좋은벗들, 『오늘의 북한소식』 제464호, 2012년 7월 18일.
91) 여성. 50대 중반. 부양가족. 양강도 혜산. 2010년 탈북.

제 균열 분석에 기초할 때, 한 지역 거주민들은 경제적으로 상층을 구성하는 반면, 타 지역 거주자들이 하층으로 구성된다면, 지역과 계층 두 개 균열축은 중첩(overlapping)되어 상호 강화 역할을 하게 되므로 집단 간 갈등을 증폭시킨다.[92]

둘째, 행위자 집단 내부에서 균열의 정도가 높은 주체로는 1순위 국경 도시지역민, 2순위 중류층 주민, 3순위 식량난세대와 시장세대로 분석되었다. 따라서 북한체제 변동의 정치적 기회 구조를 창출한 가능성이 높은 사회 행위자(agents of social movement)는 국경 도시지역 거주, 중류층의 20~40대 초중반 행위자로 전망할 수 있다.

마지막으로 북한체제 진단 및 전망과 관련하여, 중국과 러시아 사회주의체제 전환 과정에서의 계층구조와 사회변동 연구를 통해 북한체제의 현재와 미래에 대한 비교사회주의적 함의를 도출하고자 한다. 중국 사회계층 구조의 형성기제 역시 현재 북한과 유사하게 시장과 국가의 결합이었다. 이는 시장경제가 중앙권력의 관리로 진행된다는 것이며, 재분배 권력이 시장을 필요로 해 시장행위자에게 권력의 일부를 나눠주는 것이고, 시장진화의 주동 행위자가 국가임을 의미한다.

중국 사회의 계층화는 이익분배, 사회적 위치, 지역적 차이, 경제발전 수준뿐 아니라 공공정책과 정부행위 주도에 의해 영향 받는다. 중국의 계획경제는 계획조정과 시장기제의 결합 형태로 진화하면서 여전히 행정적 개입과 정책적 통제가 큰 영향을 미치고 있다. 개혁정책 이후 시장기제 제도화로 정치적 분화보다 경제적 분화가 주도적 영향을 미치지만, 시장제도가 가져온 경제분화현상이 사회 분화를 가속화시키고 정태적 사회구조가 동태적 사회구조로 변화한 것을 주목할 필요가 있다. 즉, 중국 사회계층 구조는 국가가 가진 재분배 권력과 지대(rents) 권력, 그리고 시장에서의 유리한 지위 등을 매개로

---

[92] 반면 각 지역에 여러 계층이 고루 분포한다면, 이는 지역과 계층 균열이 교차하는 것 (cross-cutting)으로 집단 간 갈등을 약화시키는 경향이 있다. Douglas W. Rae and Michael Taylor, *The Analysis of Political Cleavages,* New Haven: Yale University Press, 1970.

계층 균열의 동력을 제공했다고 평가할 수 있다.[93]

더불어 중국과 러시아 체제 전환 시기 관계망 구조와 체제 변동의 시기적 특성 등을 고려할 때, 북한 사회구성체 분석에 유용한 틀을 제공하는 선행 연구로 왈더와[94] 게르버, 올가의[95] 연구 성과를 숙고할 필요가 있다. 신전통주의 시각으로 중국 공장에서 노동자와 당간부의 후견−피후견 관계망을 세밀하게 다룬 *Communist Neo-traditionalism: Work and Authority in Chinese Industry*은 사회주의 작업장 체제의 공식 제도 외에 다양한 비공식 제도의 계층 구조적 함의를 제공한다. 대표적으로 시혜와 보답 또는 권위와 충성의 상호 신뢰 관계망뿐 아니라 일회적이고 도구적인 이익 추구 관계망 구조 등이다. 그리고 위계의 하위에 있는 노동자 또는 피후견인이 후견인과의 관계를 무엇을 매개로 어떻게 구축하고, 당 간부들은 자신의 피후견 네트워크를 어떻게 만들고 관리하는지 그 상황과 구조를 밝히었다.[96]

이 연구가 2012년 현재까지 북한의 계층 구조를 진단하는 데 유의미한 시사를 준 반면, 그로부터 10년 후 지속성과 함께 이전과 다른 변화를 밝힌 왈더의 경력이동성(Career Mobility)과 정치질서 연구는[97] 북한체제 미래와 계층 균열 구조 전망에 중요한 함의를 제공한다. 후견−피후견 관계망 계선에 따른 정치적 충성이 상층−엘리트로 이동하기 위해 여전히 제일 중요한 요소로서 지속성을 가지나, 권한 높은 지위로 상승하기 위해서는 두 번째 중요 변수로 교육 정도가 우선시 된다는 것이다. 기본적으로 중국은 공산당 국가(일당독재

93) 김도희, 『전환시대의 중국 사회계층』, 서울: 폴리테이아, 2007, 36~38쪽.

94) Andrew G. Walder, *Communist Neo-traditionalism: Work and Authority in Chinese Industry*, Hong Kong: Oxford University Press, 1986; Andrew G. Walder, "Career Mobility and The Communist Political Order", *American Sociological Review* Vol.60, June 1995.

95) Theodore P. Gerber and Olga Mayorova, "Getting Personal: Networks and Stratification in the Russian Labor Market, 1985-2001", *American Journal of Sociology* Vol.116 No.3, 2010.11.

96) Andrew G. Walder, *Communist Neo-traditionalism: Work and Authority in Chinese Industry*, Hong Kong: Oxford University Press, 1986.

97) Andrew G. Walder, *Communist Neo-traditionalism: Work and Authority in Chinese Industry*, Hong Kong: Oxford University Press, 1986; Andrew G. Walder, "Career Mobility and The Communist Political Order", *American Sociological Review* Vol.60, June 1995.

국가)로 당은 여전히 개인을 감찰하고, 특권을 가진 직업에 접근을 조정할 수 있는 특수한 능력을 가지고 있다. 더욱이 충성의 대가로 분배된 직업 보상구조는 정치권력을 강화하는 기반으로 작용한다.[98]

1986년 연구 결과와 비교했을 때, 90년대는 교육 수준이 전문직과 행정직을 얻는 주요 조건으로 상승한 것이다. 한편 왈더는 이 결과를 중국에서 찾을 수 있는 특이 현상으로 진단한다. 1966년부터의 문화대혁명이 가져온 고등교육의 붕괴와 지성에 대한 저항이 야기한 결과라는 것이다. 그럼에도 불구하고 중국에서 직업을 찾는 데 교육 수준에 대한 중요성과 요구는 점점 높아지고 있다고 진단한다. 이 연구에서 발견한 가장 중요한 정치적 함의는 현대 중국에 시장경제가 부상하면서 당의 보상체계가 이전에 비해 취약해지고 있다는 점이다. 따라서 시장화가 급속히 진행되는 상황에서 관료들은 80년대까지의 물질적 혜택을 누리기는 어려울 것이며, 이는 동시에 중앙집권체제의 근간을 흔들 수 있다고 전망한다.[99]

다음으로 북한의 시장화와 계층구조 변동의 함의를 줄 수 있는, 시장개혁이 시작된 1985년부터 2001년까지 러시아 노동시장에서의 네트워크 역할 진화와, 이 네트워크가 계층화에 어떻게 영향을 미치었는지에 대한 연구이다. 이 연구의 시간적 범주인 17년은 극적인 제도 변화를 경험한 시기이다. 특히 소련이 1991년 붕괴 이후 1992년 1월 시장개혁이 범람한 이 시기, 행위자들이 관계망을 이용하여 좋은 직업이나 높은 임금을 얻을 수 있었는지, 구직자 특성에 따른 인적 관계망 활용이 어떻게 다양화되는지에 대한 분석이다. 러시아 체제 전환 전후 기간을 배경으로, 그 과정에서 사회적 네트워크가 노동시장에서 어떤 역할을 하였는지 등을 추적한 것이다. 주요 연구 결과는 다음과 같다.[100]

---

98) Ibid., p.309.

99) Ibid., pp.309~328.

100) Theodore P. Gerber and Olga Mayorova, "Getting Personal: Networks and Stratification in the Russian Labor Market, 1985-2001", *American Journal of Sociology* Vol.116 No.3, 2010.11, pp.855~908.

첫째, 체제 전환 시기 러시아 노동시장은 점차 개인화되었다. 개개인의 인적 네트워크가 가장 성공적이며 합리적인 구직 수단으로 자리 잡았다. 둘째, 기본 변수로 설정한 성별·교육 수준·당원·지역규모 효과는 드러나지 않았다. 그 원인은 한편으론 그들의 경제적 위기나 체제적 진공 상태에 대한 반영이 미흡했던 것으로 추정되며, 또 다른 한편 노동시장에 대한 수요－공급 제한 정책 등 변수 외 요인이 많이 작용한 것이다. 셋째, 시장체제로의 전환은 막대한 예산제약을 수반하였고, 생산물 시장의 경쟁체제를 강화시켰으며, 이로 인해 실업자를 급증시켰다. 넷째, 고용주들은 국가로부터 고용 장려금을 받기 위하여, 또 불안정한 경제체제가 양산한 수많은 구직자들을 선별하는 기준으로서 추천제와 부모직업승계 등 사회적 관계망을 동원하였다.

그럼에도 구직자가 고용주보다 더욱 관계망에 민감한 것으로 분석되었다. 구직자들은 관계망을 통해 입사 지원하고 사기업의 구인 공고를 얻었으며, 새로운 산업 분야를 찾고 수익을 높였으며 임금 체납에 저항하기까지 하였다. 다섯째, 구직자들이 고용주들의 성향에 부합하기 위하여 노력했는가에 대해서는 논쟁의 여지가 있다. 각자의 네트워크를 공고화하면서 이를 통해 대안을 모색하는 등 노－사의 입장을 조율해 왔을 것이라고 추론된다. 여섯째, 최종적으로 러시아 노동시장에서 사회적 관계망 영향력은 전 기간에 걸쳐 점차 증대했다. 또한 인적 관계망은 단순한 구직 수단이 아니라, 노동시장에서 하나의 독립적인 변수로 발전하여 행위자들의 더 나은 삶을 위한 사회적 자본으로 자리매김 되었다.

중국과 러시아의 시장화와 권력주도성, 제도화된 후견－피후견 구조, 그리고 개별 행위자들의 적극적 관계망 구축 및 진화 경험은 이미 2000년대 이후 북한체제에서 확인되었다. 그리고 그 변화의 경로를 북한체제의 행위자들이 수정 실험하고 있음을, 비교사회주의적 시각에서 분석하고 전망할 필요가 있다.

【참고문헌】

강신욱 · 노대명 · 전지현 · 박수진,『한국 사회통합지표연구(II)』, 서울: 사회통합위원회 · 한국보건사회연구원, 2011.

강원택 편,『한국인의 국가정체성과 한국정치』, 서울: 동아시아연구원, 2007.

김도희,『전환시대의 중국 사회계층』, 서울: 폴리테이아, 2007.

김병로 · 김성철,『북한사회의 불평등 구조와 정치사회적 함의』, 서울: 민족통일연구원, 1998.

김선희 · 천현숙 · 서연미 · 윤윤정 외,『국토관리분야의 사회적 자본 확충방안(Ⅰ): 사회적 자본 영향요인 분석』, 서울: 국토연구원, 2008.

김수암 · 김국신 · 김영윤 · 임순희 · 박영자 · 정은미,『북한 주민의 삶의 질』, 서울: 통일연구원, 2011.

김정일,「서구혁명로선은 우리 시대의 위대한 혁명로선이며 우리 혁명의 백전백승의 기치이다」,『김정일 선집』제15권, 평양: 조선로동당출판사, 2005.

노귀남,「북한 여성의 의식 변화와 평화소통의 길」,『동북아미시사회연구소 2010년 만해축전 학술심포지엄 자료집』, 2010년 8월.

마인섭,「정당과 사회균열구조」, 심지연(편저),『현대 정당정치의 이해』, 서울: 백산서당, 2004.

박영자,「2000년대 북한주민의 의식변화와 민족의식」,『정책연구』통권 171호, 2011.

박영자,「2003년 〈종합시장제〉 이후 북한의 주변노동과 노동시장」,『한국정치학회보』제43집 제3호, 2009.

박영자,「독재정치 이론으로 본 김정은 체제의 권력구조」,『국방정책연구』제28권 제4호 (통권 98호), 2012.

박영자,「북한 경제시스템의 복잡계 현상」,『한국정치연구』제19집 제3호, 2010.

박 준 · 김용기 · 이동원 · 김선빈,『한국의 사회갈등과 경제적 비용』, 서울: 삼성경제연구소, 2009.

박형중,「북한에서 1990년대 정치체제 변화」,『정책연구』통권 168호, 2011.

서재진,『북한 사회의 계급갈등 연구』, 서울: 민족통일연구원, 1996.

윤상철,「세대정치와 정치균열」,『경제와 사회』통권 81호, 2009.

이동원 · 박준 · 강민형 · 채승병 · 최홍,『사회적 자본 확충을 위한 정책과제』, 서울: 삼성경제연구소, 2009.

이승훈 · 홍두승,『북한의 사회경제적 변화』, 서울: 서울대학교출판부, 2007.

정창현,「북한 지배 엘리트의 구성과 역할」,『북한의 당 · 국가기구 · 군대』, 서울: 한울, 2007.

조정아 · 서재진 · 임순희 · 김보근 · 박영자,『북한주민의 일상생활』, 서울: 통일연구원, 2008.

좋은벗들,『오늘의 북한소식』제25호, 2006년 6월 14일.

좋은벗들,『오늘의 북한소식』제464호, 2012년 7월 18일.

최봉대,「1990년대 말 이후 북한 도시 사적 부문의 시장화와 도시가구의 경제적 계층분
화」,『현대북한연구』제11권 제2호, 2008.

최진이,「유행어에 나타난 북한 사회의식상」,『동북아미시사회연구소 2010년 만해축전
학술심포지엄 자료집』, 2010년 8월.

통계청 조사관리국,『북한 인구와 인구센서스 분석』, 서울: 통계청 조사관리국 인구총조
사과, 2011.

통일부,『2010 북한이해』, 서울: 통일부, 2010.

통일부,『북한 제9차 개정 헌법』, 서울: 통일부, 2009.

한영진,「식량난 이후 두드러진 북한의 핵심계층 변화」,『北韓』, 서울: 북한연구소, 2007.

「조선민주주의인민공화국 사회주의헌법」,『로동신문』, 2012년 4월 13일.

A. M. Huberman and M. B. Miles, *Qualitative Data analysis methods*, C.A.: Sage, 1994.

Adrian Buzo, *The Guerrilla Dynasty: Politics and Leadership in North Korea*, Boulder:
Westview Press, 1999.

Andrew G. Walder, "Career Mobility and The Communist Political Order", *American
Sociological Review* Vol.60, June 1995.

Andrew G. Walder, *Communist Neo-traditionalism: Work and Authority in Chinese Industry*,
Hong Kong: Oxford University Press, 1986.

Bruce Bueno de Mesquita and Alastair Smith and Randolph M. Siverson, and James D.
Morrow, *The Logic of Political Survival*, The MIT Press, 2003.

Bruce Bueno de Mesquita and Alastair Smith, *The Dictator's Handbook*, New York: Public
Affairs, 2011.

C. Eden, "Cognitive mapping and problem structuring for system dynamics model building",
System Dynamics Review 10, 1994.

Craig Calhoun, *Dictionary of the Social Sciences*, Oxford University Press, 2002.

D. Jary and J. Jary, *The Harper Collins Dictionary of Sociology*, New York: Harper Collins,
1991.

Daniel Byman and Jennifer Lind, "Pyongyang's Survival Strategy: Tools of Authoritarian

Control in North Korea", *International Security* Vol.35 No.1, Summer 2010.

Douglas W. Rae and Michael Taylor, *The Analysis of Political Cleavages,* New Haven: Yale University Press, 1970.

Erving Goffman, *Encounters,* New York: Bobbs-Merrill, 1961.

Erving Goffman, *Frame Analysis,* New York: Harper and Row, 1974.

George Gonos, "Situation versus Frame: The "Interactionist" and "Structuralist" Analyses of Everyday Life", *American Sociological Review* Vol.42 No.6, Dec. 1977.

H. Schuman and J. Scott, "Generations and Collective Memories", *American Sociological Journal* 54, 1989.

Jan Pakulski, "Social Inequality and Conflict beyond Class: Developments in Contemporary China", *Asian Social Science* Vol.6 Iss.1, 2010.

Juan J. Linz, *Totalitarian and Authoritarian Regimes,* Boulder and London: Lynne Rienner, 2000.

Karl Manheim, "The Sociological Problem of Generations", *Essays on the Sociology of Knowledge,* New York: Oxford University Press, 1952.

Marcus Noland, "North Korea: The Tyranny of Deprivation", *Worst of the Worst: Dealing with Repressive and Rouge Nations,* Robert I. Rotberg (ed.), Washington, D.C.: Brookings Institution Press, 2007.

Murray S. Davis, "Review symposium", *Contemporary Sociology* 4, 1975.

N. Abercrombie, S. Hill and B. S. Turner, *The Penguin Dictionary of Sociology*(4th edition), London: Penguin, 2000.

Patricia A. Adler and Peter Adler and Andrea Fontana, "Everday Life Sociology", *Annual Review of Sociology* Vol.13 STOR, 1987.

Patrick McEachern, *Inside the Red Box: North Korea's Post-Totalitarian Politics,* New York: Columbia University Press, 2010.

Ronald Wintrobe, *The Political Economy of Dictatorship,* Cambridge University Press, 1998.

Seymour M. Lipset and Stein Rokkan, "Cleavage Structures, Party Systems and Voter Alignments: An Introduction", Seymour M. Lipset and Stein Rokkan (eds.), *Party Systems and Voter Alignments,* New York: Macmillan, 1967.

Theodore P. Gerber and Olga Mayorova, "Getting Personal: Networks and Stratification in the Russian Labor Market, 1985-2001", *American Journal of Sociology* Vol.116 No.3, 2010.11.

Thung-hong Lin and Xiaogang Wu, "The Transformation of the Chinese Class Structure, 1978-2005", 1-46, Available at: http://works.bepress.com/xiaogang_wu/19. 2009.

UN, *DPR Korea 2008 Population Census National Report,* UN Central Bureau of Statistics, 2009.

Victor Nee and Yang Cao, "Path dependent societal transformation", *Theory and Society* 28, 1999.

Yang Cao and Victor Nee, "Remaking Inequality: Institutional Change and Income Stratification in Urban China", *Journal of the Asia Pacific Economy*, 10:4, 2005.

Zevedei Barbu, *DEMOCRACY AND DICTATORSHIP: Their Psychology and Patterns of Life,* ROUTLEDGE, 1998.

http://ko.wikipedia.org/wiki/%EC%82%AC%ED%9A%8C%EA%B5%AC%EC%84%B1%EC%B2%B 4(검색일: 2013년 1월 2일) 1/10bar.

김정은 시대 정치사회 변화와 북한주민 의식*

: 탈북민 의식조사를 중심으로

장인숙(이화여자대학교) · 최대석(이화여자대학교)

Ⅰ. 서론

김정은의 집권 2년차를 마무리하는 시점이자 김정일 사망 2주기를 앞두었던 지난 2013년 12월 장성택이 숙청되었다.[1] 장성택의 갑작스런 처형 이후 우리의 언론은 북한체제 붕괴의 신호탄이라는 논리와 함께 북한의 '급변사태' 가능성에 대한 기사를 쏟아냈다. 학계의 북한 연구자들도 2차 권력투쟁 가능성을 전망하며 김정은정권의 불안정성을 진단했다.[2] 그러나 다른 한편에서는 장성택 숙청 사건을 김정은정권의 공고화 과정으로 파악한다.

---

* 이 글은 2011년도 정부재원(교육과학기술부 사회과학연구지원사업비)으로 한국연구재단의 지원을 받아 연구되었으며, 『북한학연구』제10권 제1호(2014)에 개재되었음 (NRF-2011-330-B00020).

[1] 2013년 12월 9일자 『로동신문』 1면, 조선로동당 중앙위원회 정치국 확대회의에 관한 보. 장성택이 숙청된 이유에 대해 "최근 당안에 배겨있던 우연분자, 이색분자들이 주체혁명위업계승의 중대한 력사적 시기에 당의 유일적 령도를 거세하려 들면서 분파책동으로 자기 세력을 확장하고 감히 당에 도전해 나서는 위험천만한 반당반혁명적 종파사건이 발생하였다"고 밝혔다.

[2] 박형중, 「장성택 숙청과 북한 내부의 권력 투쟁」, 통일연구원 Online Series CO 13-24, 통일연구원, 2014, 1~2쪽; 조한범, 「장성택 숙청과 김정은 정권의 미래」, 통일연구원 Online Series CO 13-24, 통일연구원, 2014, 4~5쪽; 김당, 「장성택 건성으로 박수치며 오만불손」, 『오마이뉴스』, 〈http://www. ohmynews.com〉, 2013년 12월 13일.

1956년 8월종파사건 이후 연안파와 소련파 숙청 그리고 1967년의 갑산파 숙청 이후 김일성체제가 더욱 공고화되었던 역사적 경험에 비추어 장성택 숙청을 김정은 유일체제 강화로 해석한다.[3] 이와 같이 하나의 사건에 대해 북한 권력엘리트들의 내부 분열로 불안정이 심화될 것이라는 주장과, 김정은의 친정체제 구축을 통한 유일지배체제 공고화라는 상반된 주장이 공존한다. 북한 문제에 대한 분석과 예측이 얼마나 어려운 일인지 재확인시켜주는 사건이다.[4]

북한의 안정성 및 변화 가능성에 대한 논의는 여전히 지도자 리더십, 권력 구조 및 엘리트 관계 등 정치적 문제에 초점을 맞추고 있다. 그러나 북한 엘리트들 간의 갈등과 균열로 정권이 붕괴되더라도 승리한 엘리트 그룹이 기존 체제의 유지를 희망한다면 정권의 교체가 체제 변화나 그와 직결된 북한사회의 변화로 반드시 귀결되지 않을 수 있다.[5] 정치적 문제로 북한의 모든 것을 설명하는 것에서 벗어나 다양한 접근 시각이 필요한 이유이다. 이러한 문제의식 속에서 북한주민들의 의식뿐만 아니라 국가–사회 관계 속에서 다층적이고 폭넓게 진행되어 온 북한 정치사회 변화에 주목하고자 한다.

1990년대 이래 북한사회 변화의 핵심은 시장화로부터 비롯되었다.[6] 북한주

3) 정성장, 「장성택 숙청과 김정은 체제의 안정성 평가」, 한반도 경제·문화포럼 조찬 간담회, 2013년 12월 26일, 1~2쪽 ; 정창현, 「장성택 숙청 이후 北체제 전망」, 『한반도 리포트』, 〈http://www.segye.com〉, 2014년 1월 21일.

4) 미국 뉴욕타임스(NYT) 미국 정보기관들과 북한 전문가들이 김정은과 북한에 대해 알고 있던 것이 모두 틀린 것으로 드러났다고 언급했다. "North Korea's Atrocities"(2월 26일자) "Confronts Consequences of Underestimating North Korean Leader"(4월 25일자), 〈http://www.nytimes.com〉(검색일: 2014년 4월 28일).

5) 탈북자 중 최고위급 엘리트에 속하는 황장엽 전 조선노동당 중앙위원회 비서는 "김정일이 사망하더라도 김정일의 측근들이 이미 다 구축돼 있고 한 배를 타고 있는 운명이기 때문에 내란 또는 무정부상태로는 절대 가지 않을 것"이라며 "북한에는 김정일을 대신할 사람이 100명이나 있다"고 말한 바 있다.

6) 시장화(marketization)란 다양한 차원인 동시에 매우 광범위하고 포괄적인 개념이다. 계획화(planning)와 대비되는 개념으로 시장화를 상정한다면, 이는 시장 메커니즘의 도입 및 확산으로 규정할 수 있다. 이 경우 시장 메커니즘은 수요와 공급의 상호작용에 의해

민들은 배급체계의 마비를 비롯한 국가계획체계의 붕괴를 경험하였고 '시장'을 통해 자체적으로 생계문제를 해결해 왔다. 이러한 주민들의 자구적 생계유지 활동은 북한의 사회질서 유지의 근간이 되어온 집단주의 약화를 초래했고 북한사회에 금기시 되어왔던 개인주의 확산의 결과를 낳았다. 그 결과 북한사회는 이제 이데올로기보다 물질을 우선시하는 배금주의 풍조가 폭넓게 자리하게 되었다. 나아가 자본을 축적한 상인계층이 등장하는 등 종래의 정치적 신분질서를 넘어서는 경제적 계층화도 진행되었다.[7] 생활수준과 소득격차에 따른 계층화는 빈부격차 심화를 부추기며 계층 균열을 야기하고 있다. 계층 간 갈등이 사회변동의 동력으로 작용할 수 있다는 점을 고려할 때 북한사회는 지금까지의 변화보다도 앞으로 더 큰 변화 가능성에 놓여 있다.

한편 '시장화'로 인한 생활 영역 일부에서 당−국가의 통제를 벗어난 예외적 영역이 확대되었다. 이는 곧 국가의 일원론적 지배를 벗어난 사적 공간 증대이며 사회의 자율성 증대를 의미한다. 즉, 국가에 대한 비판 세력 발생이 가능한 영역이다. 그런데 이처럼 사회에 대한 당−국가의 통제가 약화되었음에도 북한에서 사회의 자율성 증대는 제한적인 듯하다. 북한주민들은 여전히 당−국가가 통제하는 여러 조직·기관·단체에 소속되어 활동하고 있다. 김정은 집권 이후 조직 생활에 대한 통제가 강화되고 있음을 볼 수 있다. 과거와 비교할 때, 국가에서 관리가 되지 않는 경제 영역이 확산되고 있지만, '시장화'의 핵심인 상인계층 역시 당−국가 기관 및 간부들의 후견하에 특권을 부여받아 경제활동을 영위하는 등 국가에 의존적이다.[8]

가격이 결정되고 이 가격이 발신하는 정보의 시그널에 의해 가계, 기업 등 상이한 의사 결정단위의 경제적 행동, 나아가 거시경제 전체의 자원배분이 조정되는 것으로 파악할 수 있다. 또 한편으로 시장(marketplace)의 발생 및 확대로 규정할 수 있다. 양문수, 「북한의 시장화: 추세와 구조변화」, 『KDI 북한경제리뷰』 2013년 6월호, 47쪽.

7) 김병로, 「북한의 시장화와 계층구조 변화」, 『현대북한연구』 제16권 제1호, 북한대학원대학교, 2013.

8) 정영철, 「북한에서의 국가와 시장 그리고 사회의 발견」, 『한국과 국제정치』 제30권 제1호(통권 84호), 경남대학교 극동문제연구소, 2014, 143~145쪽; 윤철기, 「김정은 시대 북한의 주변부 국가성과 국가과제」, 『한국과 국제정치』 제30권 제1호(통권 84호), 경남대학교 극동문제연구소, 2014, 172~173쪽.

그러나 주목할 점은 국가-사회관계에서 지배양상이 변화하고 있다는 것이다. 국가의 사회에 대한 우위가 유지되고 있으나, 국가가 계획과 명령에 의해 사회를 일방적으로 포섭하지 못한다. 예컨대 당·군·내각 권력기관은 자회사 격인 무역회사 등에 특혜를 제공하는 대신 그 잉여를 수취한다. 공장·기업소 또한 상인 계층인 '돈주'에게 특혜를 부여하고 지대를 수취하거나 종업원들의 시장경제활동을 묵인하는 대가로 수입의 일부를 제공받는다.9) 국가의 계획과 명령 약화를 시장이 보완하고 있다. 국가가 시장의 질서에 관여하며 사회를 지배하는 동시에 사회는 국가에 잉여의 일부를 제공하며 국가지배 속에서 일정 부분 자율성을 확보하기도 하며 영향을 주고받고 있다.

이와 같이 국가-사회관계가 국가의 일방적 지배에서 벗어나 국가-사회 간 상호 의존 및 침투의 방향으로 변하고 있으나, 김정은 3대 세습의 안착과 더불어 수령제, 유일지배체제, 당-국가체계로 지칭되는 정치체제의 변화는 가시적으로 드러나지 않고 있다. 이에 본 연구는 체제(System)와 정권(Regime)에 대한 북한주민들의 의식 변화 추이를 토대로 김정은 시대 북한주민들의 의식 속에 어떠한 변화가 내포되어 있는가 고찰한다.10) 체제에 대한 인식은 북한주민들의 사회 변화에 대한 기대 또는 열망을 알아보기 위해서이며, 정권에 대한 인식은 김정은정권의 안정성을 검토하기 위함이다. 또한 이 두 가지 조사 결과의 비교를 통해 북한 정치사회 균열을 가늠해볼 수 있을 것이다.

---

9) 박형중, 「북한 시장에 대한 정치학적 분석」, 『한국정치학회보』 제46집 제5호, 한국정치학회, 2012, 214쪽.

10) 체제(system)의 개념은 다의적이며 그 용법도 다양하다. 자본주의체제, 사회주의체제라는 용법의 경우 어떤 사회를 규정하고 정통화한 가치, 규범, 제도의 총체로서 이해된다. 한편 정권(regime)은 한 나라의 통치기구를 움직이는 실질적인 정치권력을 의미하며 정부를 구성하여 정치를 실제적으로 운용하는 권력에 한정한다. 정치학대사전편찬위원회, 『21세기 정치학대사전』, 서울: 한국사전연구사, 2002.

II. 연구 방법

본 연구에 사용된 자료는 한국사회기반연구사업(SSK) 중 [북한의 정치사회 균열] 조사연구팀이 2013년과 2014년 실시한 301건의 설문조사 결과와 40여건의 심층면접 조사 결과를 토대로 한다.[11] 우선 설문조사는 2010년 이후 북한을 떠난 탈북민들을 조사대상으로 한다.[12] 이들은 김정은 시대(후계자 등장 이후)에 북한 거주 경험을 지닌 탈북민들이며, 가장 최근의 북한 실태를 가장 잘 반영해 줄 수 있다. 표본추출 방법으로는 눈덩이표집(snowball sampling)을 활용하였다. 이 방식은 조사 대상자가 다음 조사 대상자를 연결해 주는 방식이다. 이는 신분노출을 원하지 않아 조사 대상자를 구하기 힘든 탈북민 조사에서 강점을 지닌 표집 방법이다.

조사대상자의 인구통계학적 특성을 살펴보면 성별은 여자 179명, 남자 122명으로 구성되어 있다.[13] 여성이 남성보다 많은 것은 2006년 이후 여성 탈북민의 비율이 70%를 넘는 추세를 반영하고 있다.[14] 연령별로는 20대가 25.6%, 30대~40대 초반이 41.5%, 40대 중반~50대 중반이 20.9%, 50대 중반 이상이 12%를 차지한다. 학력별로는 고등중학교 졸업이 59.1%를 차지한다. 이는 국내 입

---

11) 본 연구에서는 한국연구재단의 한국사회기반연구사업(SSK) 중 필자가 포함되어 있는 [북한의 정치사회 균열] 조사연구팀이 2013년 1월에 실시한 설문조사 결과를 포함하여 분석하였다. 2012년 12월~2013년 1월에 실시한 2010~2011년 탈북민 201명에 대한 1차 조사와 2014년 1월~2월에 2012년에 북한을 탈북한 탈북민 100명에 대한 조사를 수행하였다.

12) 탈북민은 '90년대 중반, 북한의 식량사정 악화를 계기로 꾸준히 증가하기 시작하였으며, 1999년 100명, 2002년에 1,000명을 넘어섰으며, 2006년에는 2,000명 이상 입국하는 급증양상을 보였다. 그 결과 2007년 2월 북한이탈주민 총 입국자 수가 1만 명, 2010년 11월에는 2만 명을 넘어섰으며, 2013년 12월 잠정 집계 2만 6,124명이다. 『서울시 북한이탈주민 실태조사』, 서울: 북한이탈주민지원재단, 2013, 12, 18쪽 참조.

13) 탈북민은 '90년대 중반, 북한의 식량사정 악화를 계기로 꾸준히 증가하기 시작하였으며, 1999년 100명, 2002년에 1,000명을 넘어섰으며, 2006년에는 2,000명 이상 입국하는 급증양상을 보였다. 그 결과 2007년 2월 탈북민 총 입국자 수가 1만 명, 2010년 11월에는 2만 명을 넘어섰으며, 2013년 12월 잠정 집계 2만 6천 124명이다. 2012년 12월 기준으로 탈북민 전체에서 여성이 차지하는 비율은 69.2%를 차지하고 있다. 『서울시 탈북민 실태조사』, 탈북민지원재단, 2013, 18쪽 참조.

14) 탈북민 입국 현황('13.12월 말 입국자 기준), 통일부.

국한 탈북민의 70%가 고등중학교 졸업생이라는 현실이 반영되어 있다. 출신 지역은 양강도와 함경북도 출신이 각각 70%로 다수를 차지하고 있다. 국내 입국 전체 탈북자 통계에서도 이 지역 출신 탈북자가 양강도 10.1%, 함경북도 64.9%로 75.0%에 이르고 있다.[15]

조사 결과는 탈북 연도별 변화 추이와 더불어 세대와 계층별 변화를 살펴 본다. 계층과 세대 구분 기준은 한국연구재단의 한국사회기반연구사업(SSK) 중 [북한의 정치사회 균열] 조사연구팀이 2012년 40사례 심층면접의 분석으로 얻은 연구 결과를 토대로 한다. 직업과 생활수준을 기준으로 상·중·하 계층 으로 구분하였다.[16] 상층은 특수기관 계통과 군부 외화벌이 등 직업을 가지 고 있고, 한국식으로 말하자면 보통 48평형 아파트에서 사는 사람들, 중층은 먹고 사는 데 지장이 없는 직업을 가진 이들이며, 하층은 직장에 나가도 배급 이 불안정한 사람들로 분류했다. 본 연구의 조사에 참여한 탈북민들은 중층 이 62.0%, 하층이 34.7%로 압도적인 대다수가 중하층에 속한다.[17]

세대구분은 주요 공통의 사회적·역사적 경험 공유를 기준으로 구분하였 다. 식량난과 시장화를 기준으로 북한주민 세대 구조를 배급세대(50대 중반 이상), 과도기세대(40대 중반~50대 중반), 식량난세대(30대~40대 초반), 시장 세대(20대) 등 네 범주로 나누었다. 배급세대는 청장년기 배급제도를 경험했 던 세대, 과도기세대는 청년기 배급제를 경험했고 장년기에 식량난을 경험한 세대이다. 식량난세대는 청소년기부터 식량난을 경험한 세대이며, 시장세대 는 청소년기부터 시장을 경험한 세대이다.[18]

---

15) 이 지역 출신 탈북자가 많은 이유는 지리적으로 중국과 국경을 맞대고 있어서 사람과 정보 이동이 이루어지면서 탈북이 상대적으로 유리한 환경이 작용하였기 때문이다.

16) 기존 신분질서에 따른 계층은 핵심군중(핵심계층), 기본군중(동요계층), 복잡군중(적대계층) 등 3대 계층으로 구분한다. 핵심군중은 약 27%, 동요계층은 약 45%, 적대계층은 약 27% 정도 를 차지한다. 자세한 내용은 다음 책 참조. 한영진, 「북한의 사회 계층과 의식 변화: 식량난 이후 두드러진 북한의 핵심계층 변화」, 『北韓』 제5호(통권 425호), 북한연구소, 2007, 93쪽.

17) 2011년도 이후 탈북한 중상류층 관료, 대졸 출신으로 북한 상황 전반에 대한 정보력이 높은 탈북민들의 구술을 종합 분석한 결과에 다르면 대략 상층 15%, 중층 35~40%, 하층 50% 정도로 추정할 수 있었다. 박영자, 「체제변동기 북한 계층·세대·지역 균열: 행위자 모형에 기반한 상황과 구조」, 『한국정치학회보』, 한국정치학회, 2012, 182쪽.

〈표 1〉 북한주민 세대 구분(식량난과 시장화 기준)

세대	경제활동 연령대	생존제도 관련 주요 역사적 경험
시장세대	20대	시장발달을 청소년기부터 경험
식량난세대	30대~40대 초반	식량난을 청소년기부터 경험
과도기세대	40대 중반~50대 중반	청년기 배급제−장년기 식량난 경험
배급세대	50대 중반 이상	청장년기 배급제도 경험

※ 출처: 박영자,「체제변동기 북한의 계층・세대・지역 균열: 행위자모형에 기반한 상황
과 구조」,『한국정치학회보』제46집 제5호, 2013, 193쪽 재구성.

〈표 2〉 인구통계학적 특성(2010~2012)

구분		빈도	백분율(%)
성별	남자	122	40.5
	여자	179	59.5
연령	20대	77	25.6
	30~40대 초반	125	41.5
	40대 중반~50대 중반	63	20.9
	50대 중반 이상	36	12.0
학력	고등중학교 미만	21	7.0
	고등중학교 졸업	178	59.1
	전문학교 이상	102	33.9
계층	상층	10	3.3
	중층	186	62.0
	하층	104	34.7

　　본 연구에 활용한 심층면접은 한국연구재단의 한국사회기반연구사업(SSK)
중 [북한의 정치사회 균열] 조사연구팀이 2012년에 실시했던 심층면접 녹취록
중 2010년 이후에 탈북한 36사례를 활용하였다. 심층면접 조사대상자의 인구
학적 통계는 남성 19명 47.5%, 여성 21명 52.5%이다. 연령대는 20대가 22.5%,
30대가 17.5%, 40대가 35.9%, 50대 이상이 25%로 40대이다. 2012년에 실시한
심층면접은 북한 정치・경제・사회・문화에 대한 포괄적인 조사가 이뤄졌으
며, 2014년에 기존 면접자들을 대상으로 추가 면접을 실시하였다. 본 논문에

---

18) 세대 구분에 대한 자세한 내용은 다음 논문 참조. 박영자,「체제변동기 북한의 계층・세
대・지역 균열: 행위자모형에 기반한 상황과 구조」,『한국정치학회보』제46집 제5호, 한
국정치학회, 2012, 181~197쪽.

인용한 인터뷰 대상자의 인적 사항은 〈표 3〉, 설문조사 문항은 〈표 4〉에 정리했다.

〈표 3〉 심층면접 대상자 명단

구분	성별	연령대	경제적 계층	직업(북한)	탈북 연도
CDS	남성	30대 초반	하층	장사	2011
LSY	여성	30대 중반	중층	교사	2010
KHS	여성	50대 중반	중층	노동자	2011
PYJ	여성	40대 초반	중층	교사	2011
KHS	여성	50대 중반	중층	장사	2011
PHJ	남성	50대 중반	중층	노동자	2011
LSG	여성	50대 후반	중층	장사	2011
SSL	남성	40대 중반	중층	군인	2012
LKS	여성	30대 후반	하층	노동자	2012

〈표 4〉 설문조사 문항

구분	문항
체제 변화에 대한 기대	(북한 거주 당시) 장사활동(시장의 필요성)은 어느 정도인가
	(북한 거주 당시) 외부 정보와 문화의 접촉 정도는
	(북한 거주 당시) 체제에 대한 불만은 어느 정도인가
	(북한 거주 당시) 개혁개방에 대한 기대감은 어느 정도인가
수령·당·주민 관계 인식	김정일 시대 당 간부들의 충성도는 어떠한가
	김정은 시대 당 간부들의 충성도는 어떠한가
	김정일 시대 북한주민들의 지지도는 어떠한가
	김정은 시대 북한주민들의 지지도는 어떠한가
김정은정권의 안정성	(북한주민들은) 장성택 숙청 이후 김정은정권에 대한 인식은 어떠한가
	(북한주민들은) 장성택 숙청 이전 김정은정권에 대한 인식은 어떠한가
	(북한주민들은) 김정은정권은 안정적이라고 생각하는가
	(불안정하다고 응답한 경우) 불안정성의 지속은 단기적인가 장기적인가
기타	인구통계학적 자료(성별, 연령, 출신 지역)
	(계층) 경제적 기준으로 어느 계층에 속하는가(상층, 중층, 하층)
	(생활수준) 북한에서의 가정 경제(식생활 기준으로) 상황은 어떠했는가
	탈북한 동기는 무엇인가

Ⅲ. 탈북민 의식 조사

1. 체제 변화에 대한 기대

북한주민들의 삶에서 시장이 얼마나 비중을 차지하고 있는가를 알아보기 위해 장사활동 및 시장의 필요성에 대해 질의하였다. 전체 평균값은 3.78점이며, 각 연도별 평균값 모두 4점대에 근접한 높은 수치다. 장사활동이 북한주민들의 삶과 매우 밀접하다는 것을 확인할 수 있는 결과다. 조사에 참여했던 탈북민들은 장사활동에 참여하는 북한주민들을 70~80%라고 보고 있다.

"노동자 사무원의 80%가 8·3을 한다고 봐도 과언이 아닙니다. 8·3이라는 것은 소비품을 집에서 개인이 만들어가지고 내다파는데… 두부라든지 나무를 잘라서 공예품을 만든다던지… 개인 일을 하면서 국가에 도움을 주는 형태입니다… 특히 탄광 광장이나 이런 강철공장에 금속 공장이나 이런 국가적으로 중요한 기업이 아니면, 중요한 기업에도 8·3 노동자가 많거든요. 제가 알기로는 70~80% 8·3 하기도 하고 안하기도 하고 그러니까…"[19)]

〈표 5〉 장사활동(시장의 필요성) 평균값 비교

연도	평균값	응답	표준편차	계층별			세대별			
				상층	중층	하층	시장세대	식량난세대	과도기세대	배급세대
2010	3.73	101	1.009	4.00 (3)	3.78 (58)	3.65 (40)	3.53 (32)	3.92 (37)	4.00 (16)	3.44 (16)
2011	3.95	101	1.195	3.00 (2)	4.10 (62)	3.75 (36)	3.72 (18)	3.50 (46)	4.15 (27)	3.90 (10)
2012	3.66	99	1.108	3.60 (5)	3.62 (66)	3.75 (28)	3.59 (27)	3.76 (42)	3.50 (20)	3.70 (10)

※ 1점: 매우 낮음~ 5점: 매우 높음.

세부적으로 살펴보면 2012년 평균값 감소가 눈에 띈다. 2011년에 3.95점에

---

19) CDS, 남성, 40대 초반, 장사, 2011년 탈북.

서 2012년 3.66점으로 하락했다. 탈북민들이 말하는 2012년 장사활동 감소 이유는 다음 세 가지로 정리할 수 있다. 첫째, 김정은 시대 비사회주의 검열 등 사회에 대한 통제 강화가 주요 요인이다. 다음 〈표 6〉의 탈북민들의 탈북 동기 조사에서도 김정은정권 출범 이후 사회 통제가 강화되었음을 유추할 수 있다. 탈북동기 1순위는 2010년 '경제적 어려움', 2011년 '더 나은 삶을 찾아서' 였다. 그러나 2012년에는 정치적 또는 비사회주의 검열 등의 '탄압'이 다른 해에 비해 2배 이상 증가하며 탈북 동기 1순위를 차지했다.[20]

〈표 6〉 탈북 동기 비교

구분			탄압	경제적 어려움	가족 찾아서	더 나은 삶의 기회	무응답	Total
탈북 년도	2010	빈도	20	33	19	27	2	101
		%	19.8%	32.7%	18.8%	26.7%	2.0%	100%
	2011	빈도	19	27	17	34	4	101
		%	18.8%	26.7%	16.8%	33.7%	4.0%	100.0%
	2012	빈도	39	10	20	29	1	99
		%	39.4%	10.1%	20.2%	29.3%	1.0%	100%
Total		빈도	78	70	56	90	7	301
		%	26.0%	23.3%	18.7%	30.0%	2.33	100.0%

장사활동의 감소의 두 번째 요인은 조직 생활 및 동원 강화이다. 탈북민들은 조직 생활과 동원 등이 강화되면서 장사활동을 위한 시간을 내기 어려웠다고 말한다.[21] 최근 탈북민 설문조사 결과에서도 생활총화 참여율이 증가하고 있음을 확인할 수 있다.[22] 탈북민은 김정은 집권 이후 장사활동을 억제하

[20] 2011년 김정일 사망 직후 100일간의 애도 기간 동안 주민들의 이동에 대한 통제를 강화한 바 있다.

[21] "장사를 못하게 하지는 않았지만 장사 기회가 여러 축소되었어요. 장사를 하려면 이동해야 하는데 증명서를 발급받고… 동원되는 횟수가 많아졌어요. 김정은 우상화로… 인민반 회의도 횟수가 많아진 거 같고. 그리고 노력동원도 많아졌단 말이예요" 여성, 50대 중반, 봉제공, 중층, 2012 탈북.

[22] 송영훈·김병로·박명규, 『북한주민의 통일의식 2008-2013』, 서울: 서울대학교 통일평화연구원, 2014, 84쪽.

는 정책을 취한 것은 아니었지만, 사회에 대한 통제 강화로 장사활동이 위축되었다고 증언한다.

〈표 7〉 식생활 수준 비교

구분			쌀밥 / 고기반찬	쌀밥 / 고기 먹기 어려움	옥수수와 감자 섞어 먹음	옥수수 먹거나 굶음	무응답	Total
탈북 년도	2010	빈도	17	41	27	16	0	101
		%	16.8%	40.6%	26.7%	15.8%	0.0%	100.0%
	2011	빈도	19	45	30	7	0	101
		%	18.81%	44.55%	29.70%	6.93%	0.0%	100.0%
	2012	빈도	18	48	24	8	1	99
		%	18.2%	49.5%	24.2%	8.1%	1.0%	100.0%
Total		빈도	54	134	81	31	1	301
		%	17.9%	44.5%	26.9%	10.3%	0.3	100.0%

마지막으로 최근 북한의 식량사정이 조금 나아진 것도 장사활동이 줄어든 요인이라고 언급한다. 매년 북한을 방문해 온 한 인사에 따르면 최근 북한 방문에서 북한의 생활수준과 복지 수준이 향상되고 있음을 체감할 수 있었다고 언급했다.[23] 〈표 7〉에서도 북한주민들의 식생활 수준 조사 결과에서도 생활수준이 점차 향상되고 있음을 확인할 수 있다. 북한은 여전히 식량부족 영양부족 상태지만 김정은 집권 이후 점차 나아지고 있다는 점은 김정은정권에게는 청신호라고 할 수 있다.[24] 지난 해 유엔 식량농업기구 FAO와 세계식량계획 WFP가 북한에서 실시한 올해 수확량 조사 결과에 따르면 북한의 수확량은 지난 3년간 연속적으로 늘었다고 밝혔다. 전년 대비 2011년 8.5%, 2012년 6%, 2013년 5% 증가했다.

탈북민들은 북한에서 배급이 재개되고 정상적으로 작동하게 되면 장사활동을 그만두는 사람들이 많을 것이라고 보았다.[25] 한 탈북민은 장사활동이

---

23) 2014년 5월 15일 전문가 자문(비공개).
24) 국제연합 식량농업기구 한국 협회, http://www.fao.or.kr/publications/magazine.php(검색일: 2014년 4월 11일).
25) "대체로 다 비법이지만 다 중국하고 연관관계 가져가지고 중국에서 물품 들여와서 시장에 내다팔고… 중국에서… 없으면 북한에서는 굶어 죽지… 북한에서 돈 나올 데라고는

점차 경쟁도 치열하고, 애쓴 만큼 많이 벌지 못하기 때문에 배급만 제대로 이루어진다면 장사를 그만두고 싶어 한다는 것이다. 장사활동을 통해 상당한 부를 축적한 사람들이 등장한 반면, 경쟁이 치열한 시장경제활동에 대한 피로를 느끼는 사람들이 있다는 것을 확인할 수 있다. 〈표 5〉 '장사활동의 평균값 비교 표'를 살펴보면 계층별로는 중층의 2012년 평균값 하락폭이 크고, 하층은 변동이 없다. 이 결과를 통해 북한 생활수준 향상이 하층까지 영향을 미칠 정도는 아니라고 추정할 수 있다.

〈표 8〉 외부 정보 접촉 평균값 비교

구분	전체 평균값	응답	표준 편차	계층별			세대별			
				상층	중층	하층	시장 세대	식량난 세대	과도기 세대	배급 세대
2010	3.00	101	1.200	3.67 (3)	3.17 (58)	2.55 (40)	3.09 (32)	3.02 (37)	2.69 (16)	3.06 (16)
2011	2.93	101	1.329	4.00 (2)	2.95 (62)	2.89 (36)	2.33 (18)	2.65 (46)	2.89 (27)	3.40 (10)
2012	3.07	99	1.247	3.80 (5)	3.04 (66)	2.68 (28)	3.26 (27)	2.90 (42)	3.05 (20)	3.10 (10)

※ 1점: 매우 낮음 ~ 5점: 매우 높음.

국경무역의 발달과 휴대전화 이용자 증가 등으로 북한주민들의 외부 정보와 접촉 증가는 가속화 추세다. 미국의 북한 과학기술 전문 웹사이트 '노스 코리아 테크(North Korea Tech)'에 따르면 북한의 휴대전화 가입자 수는 2012년 150만 명, 2013년 중반에 200만 명이 넘었다고 밝혔다.[26] 그러나 북한에서

비법행위밖에 없는데… 벌어도 남는 것도 없고, … 장사 안해도 먹고 살수 있다면 그만두는 사람 많을 거예요…" 여성, 50대 후반, 교사 출신, 중층, 2011 탈북.

[26] 통신망도 평양 등 주요 15개 도시와 100여 개 중소도시로 확대되고 있다. 그러나 휴대폰의 가격, 사용 요금이 비싸기 때문에 북한의 주요 당, 군, 인민부 관료들과 국경지역에 거주하는 무역 상인들이 주로 사용한다. 특히 올해 들어 스마트폰과 유사한 신형 휴대폰을 출시해 주민들에게 판매하고 있다. '음성팟기'로 불리는 신형 휴대폰은 국제인터넷 접속 기능을 제외한 TV 시청, 음성 인식, 터치펜, 게임, 외국어 사전 등의 기능이 있는 것으로 알려졌다. www.northkoreatech.org(검색일: 2014년 5월 16일).

휴대전화 사용은 아직은 도시지역의 지도층에 한정돼 있고, 국제전화 사용은 통제되고 있다. 한편 이러한 공식적인 가입자 외에 북-중 국경지역에서 중국의 통신망을 이용하여 외부와의 정보를 주고받는 경우도 있다.[27] 북한주민들이 한국산 휴대폰을 구입하여 북한-중국 국경지역에서 사용할 경우 문자, 사진, 영상뿐 아니라 카카오톡도 가능하다고 한다. 이렇듯 휴대전화와 국경무역의 발달로 북한주민들에게 외부 정보의 유입이 증가하고 있는 실정이다. 남한 영상물에 대해서는 통제가 강화되어 접촉이 어렵지만 중국 영상물 등은 북한사회에서 통제하기 어려울 정도로 유통되고 있다고 말한다.

> "2003년도인가 2002년도인가? 그때는 한국 것 막 봤어요. 그저 학교 다니는 아들도 한국 영화를 보고 학교에 가서 한국배우 흉내도 내고 이랬어요. 그 다음부터 통제하기 시작했어요… 한국 거만 통제하지 중국 거는 회수를 하지 못할 정도로… 매일 봐도 되는 거니가… 그거는… 심심하면 녹화기로 집에서 매일 봤습니다."[28]

> "한번 남한 드라마를 보고 중국 영화를 보고 한국 영화 또 구해보고… 어떤 수단과 방법을 구해서라도 다시 보게 됩니다. 근데 이런 게 대중화되진 못하고 있어요. 아무래도 통제도 이게 심하고, 신의주에서 보면 어떤 세대에서는 딸이 한국드라마에 젖어가지고 여기서 구해서 보고 여기 동무들끼리 같이 보고 하다가 보안서에 띄어가지고, 집자체가 통째로… 그 CD 때문에 산골로 추방을 갔어요… 한국드라마 보는 거 가지고 통제가 이만저만 아니에요…"[29]

남한 문화를 포함한 외부 문화의 유입과 유포는 장기적인 차원에서 사상의 이완과 일탈로 이어지고, 결과적으로 정권과 체제에 대한 불만을 증가시켜 체제 변화를 요구하는 단계로 발전하는 단초가 될 수도 있다.[30] 〈표 8〉을 보면

---

[27] 통일미래 길잡이, 북한 전망대(2014년 1월 1일자), http://blog.unikorea.go.kr/3892(검색일: 2014년 5월 16일).

[28] PHJ, 남성, 50대 중반, 노동자 출신, 2011년 탈북.

[29] LSG, 여성, 50대 후반, 장사, 중층. 2011년 탈북.

[30] 강동완·박정란, 「북한사회에서 남한 영상매체의 유통 경로와 주민 의식 변화」, 『통일정책연구』 제19권 제2호, 통일연구원, 2010, 172~173쪽.

해외 방송이나 출판물, CD 등 외부 정보 접촉 수준은 전체 평균 3.00으로 나타났다.[31] 각 연도별 응답의 평균 차이를 알아보기 위한 일원배치분산분석(One-Way ANOVA)을 실시한 결과 비유의하게 나타났다(유의확률 0.735). 즉, 김정은 집권 이후 외부 정보의 유입에서 이전 시기와 차이는 드러나지 않았다.

계층별로는 상층의 외부 정보 접촉이 다른 계층에 비해 높다. 이는 권력층과 연계되어 있어 비사회주의 검열에 걸려도 뇌물로 처벌을 면할 수 있기 때문이다. 세대별로는 시장세대의 외부 정보 접촉이 가장 활발하게 나타났다.[32]

〈표 9〉 체제 불만 정도 평균값 비교

구분	전체 평균값	응답	표준 편차	계층별			세대별			
				상층	중층	하층	시장 세대	식량난 세대	과도기 세대	배급 세대
2010	3.58	100	1.199	3.00 (3)	3.47 (58)	3.79 (39)	3.28 (32)	3.76 (37)	3.75 (16)	3.40 (16)
2011	3.71	101	1.211	4.00 (2)	3.65 (62)	3.78 (36)	3.39 (18)	3.74 (46)	3.93 (27)	3.60 (10)
2012	3.74	99	1.055	3.80 (5)	3.74 (66)	3.71 (28)	3.69 (27)	3.43 (42)	3.80 (20)	3.80 (10)

※ 1점: 매우 낮음 ~ 5점: 매우 높음.

다음으로 체제에 대한 불만을 살펴보았다. 〈표 9〉를 보면 체제 불만의 전체 평균값은 3.99로 비교적 높다. 계층별로는 하층의 체제 불만이 가장 높으며 중층, 상층 순이다.

31) 북·중 국경무역의 활성화와 인적 물적 교류 확대로 인해 중국 제품과 함께 중국산 소식과 정보가 유통되면서 한국 드라마와 영화 또한 북한사회에 유입되었다. 특히 2002년 7.1 조치 이후 시장화의 확산과 실리주의의 팽배로 주민들 대다수가 장사에 나서고 통제생활을 벗어나 비법과 뇌물이 판치고 빈익빈, 부익부가 확대되고 있다. 김근식, 「사회주의 체제전환과 북한의 미래: 자스민 혁명의 가능성?」, 『기독교와 통일』 제5권, 기독교통일학회, 2011, 6쪽.
32) "저의 아래 아이들은 완전한 자본주의라고 할까요? 한국 영화 같은 거는 안보면은 죽어버리는 줄 압니다. 보지 말라하면 할수록 청년들은 호기심을 가지고 봅니다. 엄마를 속이고 누구를 속이던 간에 그 모여서 무조건 봅니다" 여성, 20대 후반, 교사 출신, 2011년 탈북.

"상층 자체도 체제에 대한 불만이 있어요… 당 중앙위원회 체제가 나쁘다는 거 자기네도 안다는 겁니다. 그런데 자기 힘으로 뒤집지 못할 바 치고는 자기 직업을 갖고 돈 버는 게 낫지 않겠냐… 이 제도가 바뀌면 백성들이 자기는 적대 계급으로 되죠. 자기가 백성들을 착취했으니까. 이 제도가 바뀌면 백성들이 들고 일어나서 자기 목을 자를 게… 두려운 거죠… 이 사람들은 좋든 나쁘든 그 제도를 유지해야… 하류층하고 극빈층 반발이 최대로 많죠."[33]

탈북민들은 어느 계층을 막론하고 체제에 대한 불만이 높지만, 상층에 속한 사람들의 경우 현 체제 유지되는 것이 자신의 지위나 생활 유지에 유리하다고 생각하기 때문에 체제 변화를 원치 않는다고 덧붙인다. 즉, 체제 불만도가 높다고 해서 모두 현 체제를 부정하거나 변혁을 원하는 것은 아니라는 점을 알 수 있다. 각 연도별 응답의 평균 차이를 알아보기 위한 일원배치분산분석(One-Way ANOVA)을 실시한 결과 통계적으로 비유의하게 나타났다(유의확률 0.587). 김정은 집권 이후 체제 불만도에서 큰 변화를 찾아볼 수 없었다.

〈표 10〉 개혁개방 기대 평균값 비교

구분	전체 평균값	응답	표준 편차	계층별			세대별			
				상층	중층	하층	시장 세대	식량난 세대	과도기 세대	배급 세대
2010	3.93	101	1.194	4.30 (3)	4.00 (58)	3.80 (40)	3.72 (32)	3.95 (37)	4.25 (16)	4.63 (16)
2011	4.25	100	1.201	4.00 (2)	4.34 (62)	4.17 (36)	4.22 (18)	4.02 (46)	4.37 (27)	4.00 (10)
2012	4.06	99	1.048	4.00 (5)	4.02 (66)	3.90 (28)	3.92 (27)	4.02 (42)	4.20 (20)	4.00 (10)

※ 1점: 매우 낮음 ~ 5점: 매우 높음.

〈표 10〉을 보면 개혁개방의 필요성에 대한 요구는 다른 조사 결과에 비해 가장 높은 평균값을 기록했다. 전반적으로 4점을 넘는 높은 수준이다. 대부분 조사대상자들이 개혁개방에 대한 기대가 '높다'와 '매우 높다'에 응답했다. 〈표

---

[33] PHJ, 남성, 50대 중반, 노동자 출신, 2011년 탈북.

11)의 빈도분석 결과를 보면 개혁개방을 원하는 응답률이 2010년부터 69.3% → 77.3% → 78.8%로 3년간 지속적으로 증가추세이다. 개혁·개방을 통해 좀 더 형편이 나아지기를 희망하는 북한주민들의 바람이 반영된 결과이다. 그러나 세부적으로 살펴보면 2012년 평균치 감소를 확인할 수 있다. 앞서 살펴보았던 장사활동(시장의 필요성)의 2012년 평균값 감소 이유와 동일하게 점차 생활 형편이 나아지고 있는 점이 감소 요인으로 작용했다고 판단된다. 동일하게 중층과 과도기세대에서의 감소 폭이 가장 컸다는 점도 이를 반증한다. 각 연도별 응답의 평균 차이를 알아보기 위한 일원배치분산분석(One-Way ANOVA)을 실시한 결과 통계적으로 비유의하게 나타났다.

〈표 11〉 탈북 연도별 체제 불만 정도 빈도 비교

구분		매우 낮음	낮은 편	보통	높은 편	매우 높음	무응답	Total
탈북 년도	2010 빈도	9	6	29	30	26	1	101
	2010 %	8.9%	5.9%	28.7%	29.7%	25.7%	1.0%	100.0%
	2011 빈도	6	11	23	27	34	0	101
	2011 %	5.9%	10.9%	22.8%	26.7%	33.7%	0.0%	100.0%
	2012 빈도	2	9	26	41	20	1	99
	2012 %	2.0%	9.1%	26.3%	41.4%	20.2%	1.0%	100.0%
Total	빈도	17	26	78	98	80	2	301
	%	5.6%	8.6%	25.9%	32.6%	26.6%	0.7%	100.0%

2. 수령·당·주민 관계 인식

〈표 12〉 수령-당-주민 관계 평균값 비교

구분	수령과 당 간부 관계(충성도)		수령과 북한주민(지지도)	
	김정일 시대	김정은 시대	김정일	김정은
2010년	3.07	2.60	2.27	2.37
2011년	3.03	2.65	2.29	2.35
2012년	3.04	2.80	2.28	2.44
전체	3.04	2.68	2.28	2.39

※ 1점: 매우 낮음 ~ 5점: 매우 높음.

앞서 체제 변화에 대한 평균값이 대체로 4.0점 전후의 높은 점수였던 점에 비해 북한의 수령-당-주민의 관계를 조사한 문항의 평균값은 전반적으로 3.0점 이하의 낮은 평균값을 확인할 수 있다(〈표 12〉 참조). 세부적으로 살펴보면 김정일 시대 간부들의 충성도가 김정은 시대보다 높은 것을 확인할 수 있다. 간부들의 수령에 대한 지지도가 일반 주민들의 지지도보다 높은 이유에 대해 탈북민들은 다음과 같이 말한다.

> "인민들은 먹고 사는 데만 급급하잖아요. 인민들 입장에서는 이 사람이든 저 사람이든 상관없다 내 생활만 잘살면 된다 하는데, 간부들 입장에서는 그래도 김정은이든 김정일이든 이 사람에 대한 숭배심이 강해야지만 자기자리를 유지하기 때문에 이 제도가 나빠도… 숭배심이 높다고 봐요…"[34]

중앙당이나 군 장성 등 핵심 그룹들은 북한체제가 변화될 경우 특권 또는 국가로부터 혜택 상실을 두려워하며 김정은정권과 공동운명체라는 인식이 깔려 있다. 비록 간부들의 수령에 대한 지지도가 낮고, 정권에 대한 불만이 높더라도 현 상태가 자신들의 특권과 국가적 혜택 유지에 유리하다고 인식하는 한, 이들이 현 체제를 부정하거나 변혁에 그 어떤 역할을 하는 것을 기대하기 어렵다.

한편 눈에 띄는 것은 수령과 북한주민과의 관계에 대해서는 김정일 시대보다 김정은 시대의 평균값이 더 높게 나타난 점이다. 탈북민들은 나이도 어리고, 당 활동 경력이 없는 김정은에 대한 불안감이 크면서도 새로운 후계자에 대한 기대감이 있었다고 말한다. 특히 외국에서 공부했으니 개혁개방을 통해 북한을 잘사는 나라로 만들어 줄 것이라는 기대가 있었다는 것이다.

또한 주목할 점은 김정은에 대한 지지도는 여전히 낮은 편이지만 상승세를 보이고 있다는 것이다. 특히 가장 최근 입국한 2012년 탈북민의 경우 김정일보다 김정은에 대한 지지도가 높아졌다. 이렇듯 최근 지지도 상승효과에 대해 탈북민들은 선전선동부의 활발한 선전활동 효과와 우상화 학습의 효과가

---

34) LSG, 여성, 50대 후반, 장사, 중층, 2011년 탈북.

작용했다고 분석한다.

> "김정일이 시대하고 너무 다른 게 김정은이는 너무나도 많이 공개합니다… 특히 국방대학원 같은 경우에는 김정일 시대에 일절 공개하지 않았습니다… 핵물리학연구소 같은 경우는 거기에 총참모장, 총리… 등을 데리고 갔다가도 '동무들은 밖에서 기다리시오' 하고 혼자 들어갔습니다. 그랬는데 김정은 시대에는 보니까 TV에 내놓고… 김정은이가 핵실험 성공했다고… 핵물리학자를 TV에 공개시키고… 영웅메달 달고 꽃다발 달고…"[35]

또한 최근 북한주민들의 생활수준이 조금은 나아진 것도 김정은 지지도가 상승하고 있는 이유로 꼽는다. 최근 북한을 다녀온 한 인사는 북한의 사정이 많이 좋아졌다는 것을 느낄 수 있었다고 한다. 북한이 외부에 보여주고 싶은 모습만 공개한다는 한계가 있지만, 거의 매년 북한을 방문했던 경험에 비추어 볼 때 북한 당국이 북한주민들의 생활과 복지 개선에 힘쓰고 있으며, 생활수준이 나아진 것을 확인할 수 있었다고 언급하였다.[36]

〈표 13〉의 각 연도별 응답의 평균 차이를 알아보기 위한 일원배치분산분석(One-Way ANOVA)을 실시한 결과 모두 통계적으로 비유의하게 나타났다. 즉, 통계적으로 각 연도별 차이는 없었다.

〈표 13〉 수령-당-주민 관계 평균값 비교

구분		응답	평균	표준편차	유의확률
김정일 시대 수령-간부	2010	101	3.07	1.2430	.971
	2011	100	3.03	1.1051	
	2012	99	3.04	1.2282	

---

35) SSL, 남성, 40대 중반, 군인 출신, 중층, 2012년 탈북.

36) "지난해부터 북한에서 배급 줍니다… 지방까지… 배급으로 생활이 조금 나아졌습니다. 김정일 시대 아사자가 나와도 2호 창고는 절대로 풀지 않았다… 어떻게 전쟁물자에 손을 대는가… 김정은이가 간부들을 안정시키기 위해서… 18년 만에 배급제가 회복되었다고 생활이 나아졌다고 좋아합니다… 그러나 간부들은 우려하고 있다. … 전쟁 창고… 김정일 시기에는 절대 풀지 않았다… 나이도 어리고… 간부들이 우려하고 있다…" SSL, 남성, 40대 중반, 군인 출신, 중층, 2012년 탈북.

김정은 시대 수령-당간부	2010	93	2.60	1.0646	.427
	2011	88	2.65	1.0618	
	2012	93	2.80	1.0380	
김정일 시대 수령-주민	2010	101	2.27	1.0853	.989
	2011	100	2.29	1.2251	
	2012	99	2.28	1.0694	
김정은 시대 수령-주민	2010	95	2.37	1.0111	.821
	2011	88	2.35	1.0175	
	2012	95	2.44	1.0888	

※ $p < 0.05$ / $p < 0.01$ / $p < 0.001$.

3. 김정은정권에 대한 인식[37]

'숙청'과 엘리트 변동이 급격하게 진행되고 있는 김정은정권에 대한 북한주민들의 인식에 관한 조사에서 '부정적'이라는 응답이 과반수를 넘었다. 평균값으로 살펴보면 김정은정권에 대한 인식은 부정과 긍정의 약 중간 지점인 2.45점을 차지하고 있다. 〈그림 1〉을 보면 부정적 인식이 과반수를 넘고 있음에도 불구하고 평균값이 중간치에 불과하다. 이러한 결과가 도출된 데에는 '관심 없다'라고 응답한 경우가 30%를 넘고, 긍정적이라는 반응이 14%나 되기 때문이다. 한편 김정은정권에 대한 부정적 인식이 장성택 숙청 이전의 김정은정권에 대한 인식과 비교한 결과 52%에서 56%로 4% 증가했다. 비록 부정적 인식이 소폭 증가했으나 평균값을 비교해보면 2.45점으로 동일하다. 이러한 결과를 통해서 최근 북한 권력 상층부에서 벌어지고 있는 숙청과 같은 정치적 변동이 북한주민들의 김정은정권에 대한 인식에 별다른 영향을 미치지 않고 있다고 추론할 수 있다.

---

[37] 김정은정권에 대한 인식과, 김정은정권의 안정성에 대한 설문 문항은 2012년 탈북자들의 설문지에 새롭게 추가된 문항으로 2010년도와 2011년도 조사대상자들을 포함하고 있지 않다. 한편 장성택 숙청 사건이 조사 대상자들이 북한을 떠난 이후 발생한 사건이기 때문에 조사 대상자 개인의 의견이 아니라 북한에 거주했던 경험을 통해 북한주민들이 어떻게 생각할지 유추해서 답변하도록 요청했다.

〈그림 1〉 장성택 숙청 이전 김정은정권에 대한 인식

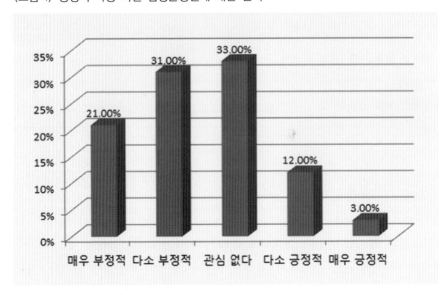

〈그림 2〉 장성택 숙청 이후 김정은정권에 대한 인식

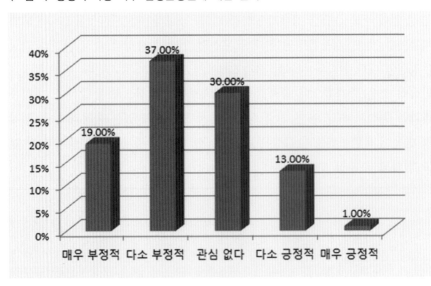

한편 '관심 없다'에 대한 응답률이 30%를 넘는다는 점이 눈에 띈다. 이렇듯 '관심 없다'는 반응이 높은 이유는 무엇인가? 이를 확인하기 위해 두 개의 질문에 대해 모두 '관심 없다'고 응답한 22명에 대해 그 이유를 알아보았다. 22명 중 12명은 김정은정권이 어떠한 일을 행하는지에 대해 관심 없다고 응답했으며, 나머지 10명은 먹고 사는 문제가 중요하기 때문에 관심 없다고 응답했다. 이들의 응답 결과를 종합해 보면 경제활동에 지장을 주지 않는 일에 대해서는 관심 없다는 것이다.[38]

또한 위 그래프를 보면 김정은정권에 대해 '긍정적'으로 인식하고 있다는 응답률이 각각 약 14~15%를 차지하고 있는 점도 흥미롭다. 우리 사회에서 통용되는 '숙청' 또는 권력엘리트 변동이 부정적 성격임을 감안할 때, 약 15%에 이르는 응답자가 긍정적이라는 응답한 이유가 궁금했다. 양 질문에 모두 '긍정적'이라고 응답한 9명에 대해 그 이유를 질의하였고, 그들은 북한 거주 당시 당 간부들이 자리에서 밀려나거나 징계 받은 경우는 대부분 부정부패, 비리 등에 연류 되었던 사람들이었으며 징계 받을 만한 사람들이었기에 권력층의 변동 이후 김정은정권에 대한 인식이 부정적으로 바뀌지는 않았다는 답변이다. 북한 거주 당시 장성택의 권력 남용과 부정·부패가 심각한 수준이라고 들은 바 있다고 한다. 따라서 장성택 숙청은 김정은정권이 잘한 일이라고 생각한다고 응답했다.[39] 최근에 입국한 북한 당 고위층 출신으로 북한에서 장성택과 인연이 있었던 한 인사를 심층면접조사 한 결과 또한 장성택 숙청이 김정을 정권을 위협하지 않을 것이라는 결론을 뒷받침해 준다. 그는 북한 거주 당시 장성택과 인연이 있었다고 밝혔는데 당내에 장성택에 대한 반감을 지닌 사람들이 다수였다며 최근 북한 소식에 따르면 장성택 숙청에 대해 반기는 분위기가 존재한

---

38) 본 조사에 응했던 응답자의 3분의 2가 함경북도와 양강도 출신의 중하층 출신의 탈북민들로 구성되어 있다는 점을 밝힌다.

39) "장성택은 피가 너무 많이 묻었다… 장성택은 공명주의가 많고 돈과 여자들에 대한… 가 있기 때문에 …" SSL, 남성, 40대 중반, 군인 출신, 중층, 2012년 탈북.

다고 들었다고 언급했다.[40]

김정은정권의 안정성에 대한 질의에서는 과반수를 넘는 53%가 불안정하다고 응답했다. 그러나 30%는 잘 모르겠다고 답하였으며, '안정적'이라는 응답률도 16%를 나타냈다. 불안정하다고 응답한 53%에 대해 단기적 불안정성과 장기적 불안정성을 나누어 질문했다. 3년 이내를 단기적으로, 3년 이후까지 불안정할 경우를 장기적으로 구분하였다. 〈그림 3〉과 〈그림 4〉를 보면 장단기 모두 불안정하다는 응답이 매우 높게 나타났다. 5점 만점(매우 불안정하다 5점 – 전혀 불안정하지 않다 1점)의 평균값에 의하면 단기 3.57점, 장기 3.68점으로 단기보다는 장기적으로 더 불안정하다고 보았다.

그러나 '보통', '거의 아님', '전혀 아님'과 같이 불안정하지 않다고 응답한 비율이 4분의 1을 넘는다. 단기 28.3%, 장기 26.4%나 된다. 김정은정권의 불안정성을 묻는 질문에서 '불안정하다'에 답변한 응답자만을 대상으로 심층 질의했기 때문에 이렇듯 많은 응답자가 별로 불안정하지 않다고 응답한 이유가 궁금했다. 장단기 모두 불안정성에 대해 '보통, 거의 아님, 전혀 아님'이라고 응답한 14명에 대해 추가로 그 이유에 대해 알아보았다. 이에 대해 응답자들은 김정은정권은 불안정하지만 붕괴되지는 않을 것이라고 생각한다고 답변했다. 북한은 과거에도 정치적으로 불안정했지만 정권이 유지되었고, 앞으로도 지속될 것으로 보고 있다.[41] 이렇듯 김정은정권이 붕괴하지 않을 것으로 판단하는 근거로는 철저한 감시와 통제가 작동하고 있기 때문이라고 말한다.

---

[40] SSL, 남성, 40대 중반, 군인 출신, 중층, 2012년 탈북.
[41] 북한은 시장이 확대되고 있고, 부패와 비리가 증가하고 있으나 정권이 붕괴할 가능성은 낮다고 진단하고 있다. Stephan Haggard and Marcus Noland, *Witness to Transformation: Refugee Insights into North Korea*, Washington, D.C.: Peterson Institute for International Economics, January 2011.

"내가 지금 생각하기에는 북한이 세계적으로 독재가 가장 강력해요. 쿠데타가 일어날 수 있는 징조가 요만큼만 있으면 무자비하게 짓밟아요. 그러니까 쿠데타가 일어날 가능성은 없다고 봐요. 왜냐하면 쿠데타를 일으키자면 일정한 정도 기반을 마련하고 이렇게 해야 되잖아요. 그런데 북한 당, 보위부, 안전부, 행정기관 감시가 서로 세 곳, 네 곳 못 움직이게 붙어있거든요. 그러니까 남의 눈에 띄게 되면 다른 사람들이 가서 밀고를 하게 되면… 쿠데타 가능성은 없다고 봐야죠…"[42]

"지금 정도 가지고는 폭동은 안 일어 날겁니다. 정말 뭐랄까 그런 게 있습니다. 들고 일어난다면 주모자가 죽을 것… 총살할거니까… 아직 사람들이 깨지 못했습니다. 북한 사람들은 그렇게까지는…[43]

〈그림 3〉 단기적 불안정성

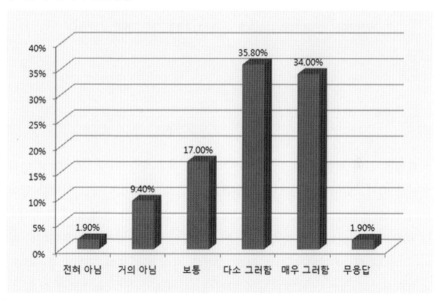

42) SSL, 남성, 40대 중반, 군인 출신, 중층, 2012년 탈북.
43) PYJ, 여성, 40대 초반, 교사 출신, 중층, 2011년 탈북.

〈그림 4〉 장기적 불안정성

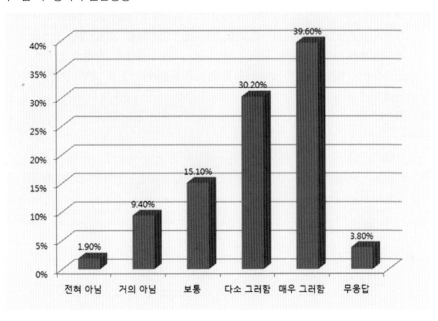

Ⅳ. 결론

김정은 시대 북한주민들의 체제(System)와 정권(Regime)에 대한 인식 변화 추이를 살펴보았다. 각 연도별 북한주민 인식 조사 결과의 평균 차이를 알아 보기 위해 일원배치분산분석(One-Way ANOVA)을 실시한 결과 모두 통계적으 로 비유의하게 나타났다. 평균값이 증감이 있었지만 통계적으로 유의미한 차 이는 아니었다. 이러한 분석을 통해 김정은 시대 북한사회, 당-수령-주민, 김정은정권에 대한 북한주민들의 인식에 큰 변화가 없다는 결론을 얻을 수 있었다.

그러나 세부적으로 의미 있는 인식 변화 추이를 확인할 수 있었다. 첫째, 장사활동이 최근 감소하였다는 점이다. 그 주요 요인으로는 김정은 집권 이후 비사회주의 검열, 조직 생활 및 동원 강화, 생활수준 향상 등으로 해석된다. 계층별로는 중층, 세대별로는 과도기 그룹에 속한 사람들에서 감소 폭이 컸으며, 경쟁이 치열한 장사활동보다 배급제가 재개되기를 원하는 사람들도 다수 존재하는 것을 확인할 수 있었다. 둘째, 외부 정보 접촉 수준은 휴대전화 사용자 증가와 국경무역 발달로 증가 추세에 있다. 중국 정보의 유입은 통제가 어려운 정도로 유통되고 있으며, 남한 영상물과 정보 유입도 지속적으로 북한주민들의 삶 속에 파고들고 있다. 셋째, 체제 불만은 전 세대, 전 계층에서 전반적으로 높은 수준을 나타냈다. 계층별로는 하층의 불만이 가장 높았고 상층이 가장 낮았다. 마지막으로 개혁·개방의 필요성에 대한 조사는 다른 조사 결과에 비해 압도적으로 높은 평균값을 기록하였으나, 최근에 개혁·개방에 대한 기대가 다소 감소하였다.

　김정은정권에 대한 북한주민들의 인식 조사 결과는 다음과 같다. 첫째, 수령에 대한 당 간부들의 충성도는 김정일 시대가 김정은 시대보다 높게 나타났다. 그러나 북한주민들의 수령에 대한 지지도에서는 김정은이 김정일보다 높았다. 당 간부들은 국정 경험이 없는 나이 어린 지도자에 대한 불안감을 크게 작용했으나, 주민들은 새로운 지도자에 대한 기대가 더 크게 작용한 것으로 해석된다. 특히 외국에서 공부하고 온 젊은 지도자가 개혁적인 정책을 추진하여 북한 경제를 부흥 시켰으면 하는 기대가 반영되었다. 눈에 띄는 것은 김정은에 대한 당 간부의 충성도나, 주민들의 지지도 양측 모두 증가추세라는 점이다.

　마지막으로 김정은정권 북한주민들의 의식을 요약하면 다음과 같다. 첫째, 김정은정권에 대한 북한주민들의 부정적 인식이 과반수를 넘는 높은 수준이다. 그러나 김정은정권이 무슨 일을 행하던 먹고 사는 문제에 크게 영향을 미치지 않는 한 관심 없다는 무관심층이 30% 이상을 차지한다. 이렇듯 두터운 무관심 층으로 인해 김정은 집권 이후 상층부 권력엘리트의 급격한 변동이 발생하고 있음에도 불구하고 김정은정권에 대한 북한주민들의 인식은 별다른 차이가 발생하지 않고 있다. 둘째, 김정은정권은 단기보다는 장기적으로 더 불안해질 것으로 전망한다. 그러나 그러한 불안감이 김정은정권이나 북한 사회주의체제 붕괴와 같은 치명적인 상황을 초래하지는 않을 것으로 보고 있다.

결론적으로 북한체제에 대한 불만, 개혁·개방에 대한 기대감, 외부 정보와 문화 유입이 상당히 높은 수준이며, 김정은정권에 대한 부정적 인식이 지배적이라는 점에서 북한사회의 불안정성이 상당히 높다고 볼 수 있다. 김정은정권은 이후 이러한 불안 요인을 제거하기 위해 북한주민들의 조직 생활 및 비사회주의 검열 등 감시와 통제 강화에 주력하고 있다. 만약 북한경제가 극도로 악화되어 북한주민들이 시장이나 비공식 영역에서의 생계유지활동이 불가능한 상황에서 통제와 감시가 지속된다면 주민들의 불만은 증폭될 것이다. 그런데 본 연구의 조사 결과에 따르면 장사활동과 개혁개방에 대한 기대감이 감소 추세이며, 이러한 결과는 이전 시기에 비한 생활수준 향상이 반영된 결과로 해석된다. 한편 김정은에 대한 당 간부와 주민들의 지지도가 소폭이지만 상승추세라는 점을 고려할 때 김정은정권은 안착에 성공했으며 북한사회는 안정화되고 있다고 판단된다. 그러나 현재의 북한사회 안정은 김정은 집권 이후 집중해 온 북한주민의 생활 향상이 주요하게 작용한 결과다. 김정은정권이 현 상태를 지속하기 위해서는 시장화 촉진 및 개혁개방의 가속화는 피할 수 없는 선택이 될 것이다. 그러나 그 선택이 북한체제와 김정은정권에 불안 요소로 작용할 것이기에 김정은정권은 풀기 어려운 과제를 안고 있다.

【참고문헌】

강동완·박정란, 「북한사회에서 남한 영상매체의 유통 경로와 주민 의식 변화」, 『통일정
    책연구』 제19권 제2호, 통일연구원, 2010.

김　당, 「장성택 건성으로 박수치며 오만불손」, 『오마이뉴스』, 2013년 12월 13일.

김근식, 「사회주의 체제전환과 북한의 미래: 자스민 혁명의 가능성?」, 『기독교와 통일』
    제5권, 기독교통일학회, 2011.

김병로, 「북한의 시장화와 계층구조 변화」, 『현대북한연구』 제16권 제1호, 북한대학원대
    학교, 2013.

박명규·김병로·김수암·양운철 공저, 『노스 코리안 디아스포라(North Korean Diaspora)
    북한주민의 국제적 이주 구조와 정착실태 분석』, 서울대학교 통일평화연구원,
    2011.

박영자, 「체제변동기 북한의 계층·세대·지역 균열: 행위자모형에 기반한 상황과 구조」,
    『한국정치학회보』 제46집 제5호, 한국정치학회, 2012.

박형중, 「북한 시장에 대한 정치학적 분석」, 『한국정치학회보』 제46집 제5호, 한국정치
    학회, 2012.

박형중, 「장성택 숙청과 북한 내부의 권력 투쟁」, 통일연구원 Online Series CO 13-24, 통
    일연구원, 2014.

북한이탈주민지원재단, 『서울시 북한이탈주민 실태조사』, 2013.

송영훈·김병로·박명규, 『북한주민의 통일의식 2008-2013』, 서울: 서울대학교 통일평화
    연구원, 2014.

양문수, 「김정은 체제 출범 이후 '우리식 경제관리방법'의 모색: 현황과 평가」, 『KDI 북한
    경제리뷰』, 한국개발연구원, 2014.

양문수, 「북한의 시장화: 추세와 구조변화」, 『KDI 북한경제리뷰』, 한국개발연구원, 2013.

윤철기, 「김정은 시대 북한의 주변부 국가성과 국가과제」, 『한국과 국제정치』 제30권 제
    1호(통권 84호), 경남대학교 극동문제연구소, 2014.

정성장, 「장성택 숙청과 김정은 체제의 안정성 평가」, 한반도 경제·문화포럼 조찬 간담
    회, 2013년 12월 26일.

정영철, 「북한에서의 국가와 시장 그리고 사회의 발견」, 『한국과 국제정치』 제30권 제1
    호(통권 84호), 경남대학교 극동문제연구소, 2014.

정창현, 「장성택 숙청 이후 北체제 전망」, 『한반도 리포트』, 2014년 1월 21일.

조한범, 「장성택 숙청과 김정은 정권의 미래」, 통일연구원 Online Series CO 13-24, 통일연구원, 2014.

최봉대, 「계층구조와 주민의식 변화」, 『1990년대 이후 북한사회 변화』, 한국방송공사, 2005.

Marcus Noland, "Korea after Kim Jong-il", *Policy Analyses in International Economics* No.71, Washington, D.C.: Institute for International Economics, 2004.

Stephan Haggard and Marcus Noland, *Witness to Transformation: Refugee Insights into North Korea*, Washington, D.C.: Peterson Institute for International Economics, January 2011.

『로동신문』

http://www.ohmynews.com

www.northkoreatech.org

http://blog.unikorea.go.kr/3892

http://www.segye.com

제4부

정책
대안

제8장   한반도 신뢰프로세스에 대한 상호 이해적 접근*
: 이론적 검토와 실천방향 모색

김학성(충남대학교) · 장인숙(이화여자대학교)

I. 문제제기

김대중 정부 이래 한국의 모든 정부는 대북·통일정책에 나름대로의 명칭을 붙이는 것이 일반화된 듯하다. 그 이전의 정부에서는 통일방안에 이름을 부여함으로써 통일정책의 기본구상을 밝혀 왔으나, '민족공동체통일방안'이 제시된 이후 더 이상 새로운 통일 방안은 나오지 않고 있다. 대신에 남북관계 현안과 평화통일의 비전을 포괄하여 실천적 방법론의 맥락에서 각 정부는 특정 명칭을 가진 대북·통일정책을 제시함으로써 자신의 구상을 상징적으로 표현해왔다. 즉 햇볕정책(대북포용정책), 평화번영정책, 상생공영정책에 이어 현 정부에서는 '한반도 신뢰프로세스'가 새로운 대북·통일정책의 명칭으로 정해졌다.

특정 명칭을 빌어 정책적 상징성을 보여주는 일은 나름대로 의미 있는 것일 수 있다. 그러나 여기에는 두 가지 문제점이 내재해 있다. 첫째는 국가전략의 차원에서 중요한 정책이 매 정부마다 이전의 그것과 차별성이 부각되는

* 이 논문은 2011년도 정부재원(교육과학기술부 사회과학연구지원사업비)으로 한국연구재단의 지원을 받아 연구되었으며,『정치·정보연구』제17권 1호(2014)에 게재되었음 (NRF-2011-330-B00020).

다른 이름을 가짐으로써 일관성 면에서 취약해진다는 것이다. 대북·통일정책은 현실적으로 북한을 비롯하여 한반도에 이해관계를 가진 국가들을 상대로 중·장기적인 성과를 도모할 수밖에 없는 것이니만큼 일관성이 적으면 적을수록 우리의 정책에 대한 신뢰가 확립되기 어렵다는 것은 자명하다. 이는 두 번째 문제로 인해 더욱 부정적 결과로 이어진다.

둘째는 화자(話者)의 주관적 의도에 따라 특정 개념이나 단어가 선택되지만, 일단 그것이 내뱉어지면 (국내외적) 사회관계에서 청자(聽者)의 이해는 다를 수 있기 때문에 발생하는 논쟁이다. 이는 항상 정책적 추진력을 반감시키기 때문에 이해의 차이를 극복하는 노력이 요구되며, 이와 관련하여 어떠한 형태로든 의사소통이 요구된다. 개인이든 국가든 사회관계가 형성되기 위해서 상호 이해가 필요하기 때문이다. 언어를 매개로 하는 의사소통은 관찰자적 입장이 아니라 참여자적 관점이 요구되며, 상호 이해가 가능하기 위해서는 필연적으로 '타당성' 요구가 뒤따른다. 하버마스는 어떠한 종류의 언어행위(speech act)에나 서로 다르긴 하지만 항상 타당성이 요구된다고 주장한다.[1] 실제로 과거 정책들은 상호 이해 과정에서 타당성을 둘러싸고 예외 없이 요란스런 논쟁을 겪었다. 햇볕정책의 경우, 김대중 정부가 나중에 대북포용정책, 그리고 화해협력정책으로 이름을 수정했다는 사실만으로도 논쟁의 정도를 충분히 알 수 있다. 평화번영정책은 대북·통일정책을 넘어 외교안보정책까지 포괄하는 국가전략적 성격을 띠었기 때문에 정책범위와 성격상의 혼란을 초래했고, 그 가운데 특히 '동북아 균형자 역할론'은 개념적 이해차이로 인해 큰 논쟁을 야기했다. 이명박 정부의 '비핵·개방·3000'도 마찬가지로 논란을 키웠고, 나중에 '상생·공영정책'이 제시되었으나, 남북관계 현실과는 동떨어진 것이 되었다. 한반도 신뢰프로세스도 예외가 아니다. 처음 제시되었을 때, '신뢰' 개념에 대한 이해의 문제가 발생했고, 작년 8월 통일부가 정책해설

---

[1] 정대성, 「하버마스 철학에서 상호주관성 개념의 의미」, 『해석학연구』 제17집, 2006, 196~199쪽; Jürgen Habermas, *Theorie des kommunikativen Handelns, Bd. 1*, Frankfurt a. M.: Suhrkamp, 1981, p.127.

집을 발간한 이후에도 각자가 이해한 정책기조와 현실 정책 사이의 차이 탓에 여러 논란이 지속되고 있다. 금년 초 박 대통령의 '통일대박론'과 '드레스덴 선언' 역시 그 연장선상에서 상이한 이해와 반응을 초래했다.

본 논문은 이처럼 각 정부의 대북·통일정책에 대한 우리 사회 내부의 상이한 시각으로 인해 야기되는 문제점을 극복, 내지 최소화하려는 의도아래 한반도 신뢰프로세스 정책에 대한 상호 이해를 가능하게 만드는 의사소통적 논의를 시도하고자 한다. 일단 한반도 신뢰프로세스 정책에 관한 의사소통의 출발점은 정부의 공식적인 해설서가[2] 되어야 할 것이다. 해설서에 따르면, 한반도 신뢰프로세스 정책은 기존의 정책과 비교하여 크게 두 가지 점에서 특징을 보인다. 첫째, 과거 대북정책들의 장점을 수용한 통합적이고 균형 있는 접근을 하겠다는 것이다. 즉 대화와 교류 중심의 포용정책과 원칙 중심의 대북정책에서 발견되는 장단점을 감안하여 균형적인 접근을 하겠다는 것이다. 둘째, 사회심리적이며 가치를 담고 있는 '신뢰'라는 개념을 사용하고 있다. 비록 실제로는 가치적 측면보다 전략적인 방법론 측면에 강조점이 두어지고 있으나, 가치를 함축한 용어가 정책명에 사용된 것은 특기할 만하다. 따라서 본 논문은 이러한 두 가지 특징을 중심으로 의사소통을 가능하게 하기 위한 논점들을 먼저 제기하고, 이를 바탕으로 정책과제의 실천을 위한 기본방향과 관련하여 몇 가지 생각들을 정리할 것이다.

II. 포용과 원칙의 균형: 실천 가능성과 한계

1970년대 초반 남북대화가 시작된 이래 우리 정부의 대북·통일정책은 나름대로 일관성을 유지해왔다. 냉전 시기 동안에는 한국전쟁의 후유증과 냉전적 대결 구도 탓에 반공과 안보가 대북정책의 중심을 이루었다. 통일정책에

---

[2] 통일부, 『한반도 신뢰프로세스』, 서울: 통일부, 2013.

있어서도 내부적으로는 승공통일이 당연한 것으로 여겨졌으나, 대외적으로 평화통일을 내세운 상황에서는 화해와 협력을 통해 남북관계를 개선하는 시도가 불가피했다. 이러한 이중성 탓에 공표한 정책기조와 실제 추진된 정책 사이에 적지 않은 괴리가 있을 수밖에 없었다.

이러한 상황은 국제정치이론적으로 다음과 같이 요약적으로 설명될 수 있다. 즉 냉전 시기 우리의 대북·통일정책은 현실주의적 진단에도 불구하고 처방에 있어서는 서로 경쟁하는 현실주의와 자유주의³⁾를 포괄적으로 모두 활용했다. 무엇보다 세력 균형을 통한 소극적 평화를 지향하는 현실주의적 처방으로 안보는 가능할지 몰라도 평화통일의 목표가 실현되기 어려운 탓에 (신)기능주의와 같은 자유주의적 접근이 필요했다. 냉전 시기에는 이러한 시각 및 이론적 혼용은 대체로 별 저항 없이 수긍되었다. 그러나 냉전 종식 이후 남북한 간 체제 경쟁 논리가 더 이상 의미를 갖지 못하게 되면서 진단과 처방의 양 차원에서 남한사회 내부에 상호 이견이 점차 대두하기 시작했고, 김대중 정부의 출범과 더불어 소위 남남갈등이 표출되었다. 박근혜 정부가 강조하는 포용과 원칙의 균형은 바로 그러한 현실 속에서 햇볕정책과 '비핵·개방·3000'이라는 대립적인 두 정책을 다분히 염두에 두고, 이에 대한 발전적인 대안을 모색하려는 의도를 내포하고 있다.

박근혜 정부는 균형을 단순히 중간노선을 취하는 것이 아니라 안보와 교류 협력, 남북대화와 국제협력을 조율하는 것이라고 말한다.⁴⁾ 이전 정부의 대립

---

3) 국제정치이론에서 현실주의와 자유주의 패러다임의 기본적 차이점은 각각 갈등과 협력 이라는 상이한 현상에 시선을 집중하고 있을 뿐만 아니라, 역사인식에 있어서도 전자는 순환론을, 후자는 누적적 진보론을 믿고 있으며, 나아가 분석 수준에서도 전자는 국가중 심적인 데 반해 후자는 사회중심적 경향을 보이는 것에서 찾을 수 있다. 양 패러다임에 대한 자세한 설명은 다음 책 참조. 김학성, 『한반도 평화체제에 대한 이론적 접근: 현실 주의, 자유주의, 구성주의의 비교』, 서울: 통일연구원, 2000.

4) Geun-hye Park, "A New Kind of Korea: Building Trust Between Seoul and Pyongyang", *Foreign Affairs* Vol.90 No.5, 2011, p.15; 통일부, 『한반도 신뢰프로세스』, 서울: 통일부, 2013.

적 정책을 균형적으로 통합하겠다는 의지는 비록 새롭게 보이지만, 그러한 의미를 갖는 균형이 과연 새로운 것인지는 의문이다. 현 정부를 포함해서 김대중 정부부터 표방된 공식적 대북·통일정책의 원칙은 아래의 표에서 보듯이 크게 다르지 않다. 안보와 교류·협력의 병행 내지 균형, 북한의 변화 유도 내지 여건조성, 국제사회와의 협력, 국민적 합의 등은 역대 정부가 모두 강조했던 것이다. 더욱 흥미로운 것은 2002년 대선 캠페인 과정에서 노무현 후보가 밝혔던 대북5원칙 가운데 첫째가 '신뢰우선주의'였다는 사실이다.[5] 나아가 아래 표에는 생략되었지만, 각 원칙 및 기조에 따르는 정책과제의 비교에서도 차이는 매우 미미하다. 탈냉전 이후 어느 정부에서나 한반도 문제의 당면 해결과제가 거의 동일하게 인식되었기 때문에 그런 결과는 당연한 일이 아닐 수 없다.

〈표 1〉 역대 정부의 대북·통일정책 추진 원칙 및 기조 비교

	추진 원칙	추진 기조
김대중 정부 (햇볕정책 / 대북포용정책)	〈대북3원칙〉 ① 한반도의 평화를 파괴하는 일체의 무력도발 불용 ② 흡수통일 배제 ③ 남북 간 화해협력의 적극 추진	① 안보와 화해협력의 병행 추진 ② 평화공존과 평화교류의 우선 실현 ③ 화해협력으로 북한의 변화 여건 조성 ④ 남북 간 상호 이익의 도모 ⑤ 남북당사자해결 원칙하에 국제적 지지 확보 ⑥ 국민적 합의에 의한 대북정책의 추진
노무현 정부 (평화번영정책)	〈평화·번영정책 4원칙〉 ① 대화를 통한 해결 ② 신뢰와 호혜 ③ 당사자 중심과 국제협력 ④ 국민적 참여와 초당적 협력	

[5] 2002년 9월 '아시아—유럽 프레스 포럼'의 대선후보 정책간담회에서 밝힌 것으로서 대북 5원칙은 ① 신뢰우선주의, ② 국민과 함께하는 정책, ③ 군사와 경제 안보를 함께하는 포괄적 안보, ④ 장기적 시야와 투자로서의 경제협력, ⑤ 당사자 주도에 의한 국제협력이다(연합뉴스 2002/09/10).

이명박 정부 (상생공영정책)	① 화해와 협력의 정신을 바탕으로 실용과 생산성 추구 ② 원칙에 철저하되 유연한 접근, ③ 국민합의에 기반하여 투명한 정책 추진 ④ 국제협력과 남북협력의 조화	
박근혜 정부 (한반도 신뢰프로세스)	① 균형 있는 접근 ② 진화하는 대북정책 ③ 국제사회와의 협력	① 튼튼한 안보에 기초한 정책 추진 ② 합의 이행을 통한 신뢰 쌓기 ③ 북한의 '올바른' 선택 여건 조성 ④ 국민적 신뢰와 국제사회와의 신뢰에 기반

※ 자료: 통일부 1999, 35~45쪽; 통일부 2005, 19~20쪽; 통일연구원 2008; 통일부 2013.

위의 표를 통해서 확인할 수 있는 것은 탈냉전 시대에도 각 정부가 표방했던 대북·통일정책에는 큰 차이가 보이지 않을 뿐만 아니라 냉전 시대와 마찬가지로 현실주의와 자유주의적 처방이 공존한다는 사실이다. 다만 냉전 시대와 달라진 부분이 있다면, 분단 상황에 대한 진단에서 자유주의적 시각이 두드러지기 시작했다는 점이다. 탈냉전 시기 국제협력과 평화가 강조될 뿐만 아니라 남북관계에도 정부 이외에도 개인이나 사회단체가 나름대로 역할을 하게 되면서 자유주의가 확대되는 것이 전혀 이상한 일은 아니다. 다만 이처럼 공식적으로 표방된 정책이 외형적으로 냉전 시대의 대북·통일정책적 기본틀을 그대로 유지했음에도 불구하고, 실제 정책의 추진 과정과 그 결과는 냉전 시대와 비교하여 차이를 보였다. 국제환경과 북한내부의 변화가 주요 이유이긴 하지만, 우리 정부의 대북정책이 유연해진 것도 한 원인이었다. 햇볕정책을 통해 자유주의적 접근에 더 큰 비중을 두는 정책이 추진되었고, 이는 남북관계의 양적·질적 발전에 기여한 반면, 현실주의적 시각에 익숙한 사회세력으로부터는 강력한 비판에 직면했다. 현실주의자들은 햇볕정책이 실제로 북한정권의 생존을 도왔고 한반도 문제에 근본적인 변화 계기를 마련하는 데는 별로 기여한 바가 없다고 판단한다. 이는 원칙을 강조한 이명박 정부의 정책에 그대로 반영되었다.

이렇듯 역대 정부의 실제 정책 추진 방향 및 태도는 표방된 선언보다는 정치적 성향에 좌우되었다. 다시 말해서 역대 정부가 어떠한 사회세력의 지지를 받아 정권을 잡았는지, 특히 지지세력이 분단과 통일에 대해 어떠한 인식기반을 가졌는지가 결정요인이었다. 흔히 '보수 대 진보'로 표현되듯이 우리 사회에서 드러난 대북·통일문제에 대한 인식 차이의 원인은 결코 단순하지 않기 때문에 쉽게 봉합되기도 어려워 보인다. '현실주의 대 자유주의'와 같은 세계관 및 이념의 차이를 비롯하여, 북한 및 분단 현실에 대한 인식과 통일문제 및 통일방식에 관한 비전 및 전망, 우리의 통일역량 등 여러 이슈에서 상이한 생각들이 복합적으로 나타난 결과이기 때문이다.[6]

과거 정부들이 비슷한 정책을 표방해놓고, 실제로는 이념적이고 정치적 이유에서 상이한 접근방식을 택했다는 사실을 염두에 두면, 현 정부의 포용과 원칙의 균형 역시 표명 그대로 실현될 가능성은 별로 높아 보이지 않는다. 앞에서 이미 지적했듯이 그 균형의 내용이 이전 정부의 정책 추진 원칙 내지 기조에서도 강조되었다는 점에서 더욱 그러하다. 우리의 대북·통일정책은 북한의 변화를 유도 내지 촉진할 것으로 추론되는 여러 요인들 중의 단지 하나일 뿐이라는 점을 고려하면, 과거 정부의 시기와 비교하여 다른 외적 요인들이 현 정부에서도 크게 달라지지 않는 한, 현 정부 역시 역대 정부와 유사한 길을 걸어가게 될 개연성이 높을 것으로 예상된다. 무엇보다 현 정부 출범 이후 북한의 핵·미사일 실험 등 안보 이슈가 대두되었고, 현실주의적 시각에 철저할 수밖에 없는 군 출신 인사들이 대외·안보정책 결정 과정에 주요 직책을 맡고 있는 상황에서 소기의 방법론적인 균형—강경과 유화, 압박과 협상—이 과연 어느 정도 이루어질 수 있을지의 의문이 제기되는 것은 당연하다.

한반도 내외의 상황을 보다 객관적이고 종합적으로 고려하면, 5년 단임제 하에서 어떤 정부라도 그러한 균형을 유지하는 정책을 추진하기란 결코 쉽지

---

6) 양 세력의 인식 차이에 관한 상세한 분석 내용은 다음 글 참조. 김학성, 「대북·통일정책의 변증법적 대안 모색: '통일대비'와 '분단관리'의 대립을 넘어서」, 『정치·정보연구』 제15권 제1호, 2012, 157~166쪽.

않다. 역대 정부들이 표명했던 대동소이한 정책원칙 및 기조를 충실하게 이행하겠다고 아무리 공언해도 실제로는 각 정부의 성향에 부합하는 특정 시각이 정책 추진 과정에서 상대적으로 더욱 큰 비중을 가졌으며, 앞으로도 그러한 행태가 어쩔 수 없이 반복될 듯하다. 그렇지만 이미 경험했듯이 너무 한쪽 방향으로만 몰고 나가는 정책은 국내외 정세가 얽히고설킨 한반도 문제의 현실에서는 결코 성공적 결과를 보장해줄 수 없다. 과거 햇볕론자나 원칙을 강조한 정책담당자 모두 자신들의 정책이 지속된다면, 확실한 정책성과를 거둘 수 있다고 주장해왔다. 그럴 수도 있겠지만, 어디까지나 가정이며 현실은 아니다. 실제로 더욱 큰 문제는 양 정책이 단순히 다르다는 데 있는 것이 아니라 정부의 교체에 따른 대북·통일정책의 변화가 너무 급격했고 변화의 폭도 너무 컸다는 데 기인한다.

이러한 현실에도 불구하고 그러한 균형이 전혀 불가능한 것만은 아니다. 하나의 정부 임기 내에서는 불가능할지라도 여러 정부를 거치는 동안 중·장기적으로 균형이 이루어질 가능성은 충분히 있다. 즉 서로 다른 시각을 가진 사회세력들이 정권 교체를 반복하는 동안 각 정부가 평화통일이라는 기본 원칙을 유지하는 가운데 상이한 강조점을 가진 정책들이 번갈아 교차될 경우에는 결과적으로 정책적 균형으로 수렴될 수 있을 것이다. 물론 이러한 수렴 과정이 실현되기 위해서는 여러 환경요인의 변화 흐름이 정책적 진화를 낳게 된다는 전제조건이 충족되어야 한다. 이는, 비록 상황적 배경은 다르지만, 독일의 사례를 통해 그 가능성을 엿볼 수 있다. 1970년대 초반 서독의 신동방정책이 성과를 거둘 수 있었던 것은 그 정책이 당시 유럽지역 환경과 세계정치환경 변화에 동조화되었기 때문이다. 그 덕분에 서독정부는 안보와 교류협력, 동서독 관계 개선과 국제협력 사이의 균형을 유지할 수 있었다.[7]

---

[7] 이에 대한 자세한 내용은 다음 책 제5장 참조. 황병덕 외,『신동방정책과 대북포용정책』, 서울: 두리, 2000.

III. 신뢰 개념과 신뢰 형성에 관한 이론적 논의

1. 신뢰의 개념적 이해

한반도 신뢰프로세스라는 정책 명칭을 접한 많은 국민들은 처음에 신뢰를 어떻게 이해해야 할지 적지 않게 혼란스러워 했다. 박근혜 대통령이 과거부터 정치적으로는 물론이고 인간관계에서 보편적인 의미로 강조해왔던 신뢰라는 단어가 전략적 성격이 강한 대북·통일정책에 적용된 것이 어색하게 여겨졌기 때문이다. '신뢰'는 가치를 담고 있을 뿐만 아니라 감정적인 요소도 내포하고 있는 까닭에 더욱 그러하다. 그러한 탓에 국제정치학자들 사이에는 드디어 구성주의적 접근이 적용된 것이 아니냐는 반응도 있었다. 이러한 혼란과 추론에 대하여, 한반도 신뢰프로세스의 탄생 과정에 직간접적으로 관여했던 전문가들은 신뢰라는 개념을 전략의 차원으로 제한시키려는 경향을 보인다.[8]

통일부의 해설서에는 신뢰를 "남북관계 발전과 한반도 평화정착, 통일기반 구축을 가능케 하는 토대인 동시에, 국민적 지지와 국제사회와의 협력하에 대북·외교정책을 힘 있게 추진할 수 있는 사회적 자본이자 인프라"라고 포괄적으로 규정하고 있다. 문제는 정작 어떻게 신뢰를 형성할 것인지에 대해서는 구체적으로 기술되어 있지 않음으로써 그 '신뢰'에 대해 국민들이 쉽고 구체적으로 이해할 수 있도록 하는 데 한계를 보이고 있다는 점이다. 아마도 제시된 과제가 충실히 이행되는 과정에서 신뢰가 점진적으로 형성된다고 주장하고 있는 듯하지만, 그 과제들은 대부분 과거정부에서도 추진되었던 것이고, 과거의 경험상 오히려 신뢰가 바탕이 되어야 그러한 과제도 성과를 거둘 수 있는 것이 대부분이다. 이러한 방법론적 문제를 인식한 듯, 통일부는 전략적

---

8) 박인휘, 「한반도 신뢰프로세스의 이론적 접근 및 국제화 방안」, 『통일정책연구』 제22권 제1호, 2013; 이성우, 「한반도 신뢰프로세스의 본질, 현상, 그리고 전망: 게임이론을 통해 본 북한 핵문제」, 『국제지역연구』 제17권 제2호, 2013; 한용섭, 「〈한반도 신뢰프로세스〉를 통한 안보와 북핵문제 해결 방안」, 『통일정책연구』 제22권 제1호, 2013.

으로 접근하려는 의도를 드러내고 있다.[9]

　한반도 신뢰프로세스에 대한 혼란은 조어(造語) 방식에도 기인한다. 역대 정부의 명칭에 부여된 핵심 단어는 방법 아니면 목표를 상징함으로써 비교적 분명하게 이해될 수 있었다. 즉 햇볕정책 내지 대북포용정책에서 햇볕이나 대북포용은 대북정책의 방법론을 상징하는 것이었으며, 평화번영정책이나 상생공영정책에서 평화번영이나 상생공영은 중장기적 목표였다. 이에 비해 한반도 신뢰프로세스에서 신뢰는 방법인 동시에 중기적 목표라는 의미를 동시에 가지고 있다. 따라서 신뢰가 무엇인지, 그리고 신뢰가 어떻게 형성되는지를 먼저 이해해야만 이 정책에 대한 혼란을 바로 잡을 수 있다.

　일반적으로 신뢰는 인간관계를 설명하는 것으로서 그 개념 규정도 대체로 인간사이의 신뢰를 대상으로 한다. 사실 신뢰는 매우 다양하게 이해되고 있다. 어떠한 측면을 강조하는가에 따라 그 개념이 달리 규정되고 있기 때문이다. 이러한 기존의 개념 규정들에 담긴 의미를 종합적으로 정리해보면, 다음과 같이 몇 가지로 요약될 수 있다.[10] ① 신뢰는 상대가 존재하는 행위자들 간에 일정 기간 상호작용을 통해서 발전하는 것이다. ② 신뢰는 미래지향성을 갖는 것으로서 미래는 여러 다양한 가능성으로 열려있다. ③ 신뢰는 앎과 알지 못함의 중간적 상태, 즉 불확실성에서 발생한다. 모두 알거나 모르는 행위자는 신뢰를 필요로 하지 않는다. 전자는 합리적 선택이 가능하기 때문이고, 후자는 신뢰보다 희망이 필요하기 때문이다. ④ 신뢰는 미래지향성 및 불확실성과 연계된 것으로서 기대라는 믿음을 기반으로 삼고 있다. 여기서 신뢰는 기대할 것을 특화시키는 역할을 한다. 여러 기대 수준에서 가장 구체적인 단계는 상대에 대한 예측가능성이며, 이는 사회적 학습으로 통해 형성된

---

9) 이와 관련하여 통일부 해설서의 문답에서 구체적으로 기술된 부분은 "북한이 올바른 선택을 하면 그러한 선택에 지지와 협력을 보내는 것과 마찬가지로, 잘못된 행동에 대해서는 보상이 없다고 믿게 만드는 것도 신뢰를 쌓아나가는 과정의 일부분"이라는 것이다. (통일부, 『한반도 신뢰프로세스』, 서울: 통일부, 2013.)

10) 이하의 내용은 다음 글을 요약 정리한 것이다. Walter Bamberger, "Interpersonal Trust: Attempt of a Definition", TU Munchen, 2010, http://www.ldv.ei.tum.de(검색일: 2013년 11월 16일).

다. 다음 단계는 의존성으로서 진실, 돌봄, 수용됨과 같은 상대방에 속한 특성과 관련된다. ⑤ 신뢰는 기대가 충족되지 않을 경우에 발생하는 위험(risk)을 수반한다. 위험에는 물질적인 가치와 비물질적인 가치가 있다. 또한 신뢰에는 친밀성의 표출, 상대의 약속에 대한 믿음, 미래의 이익을 위해 현재의 불이익을 감수하는 것 등을 통해 스스로를 기꺼이 위험에 노출시킬 수 있는 의지도 포함된다. ⑥ 신뢰는 자발성을 기반으로 하거나, 상대에게 성실하고 신뢰적이길 강요하는 것의 포기를 의미한다. 신뢰를 받는 행위자(trustee)는 어느 정도 신뢰와 무관하게 행동할 자유를 가져야만 한다. 이러한 자유는 상황에 의해 강제될 수 있거나 신뢰를 주는 행위자(trustor)의 자발성에 의해서 주어지기도 한다. ⑦ 신뢰는 신뢰받는 행위자를 포함하여 신뢰 상황을 향한 어떠한 태도이다. 신뢰에 대한 태도는 크게 감정적, 행위적, 인지적인 세 가지 반응으로 표현된다. 감정적 반응은 확신과 안전의 감정으로, 행위적 반응은 언어적 의도 표명이나 협력적 경향의 행위로, 그리고 인지적 반응은 상황에서의 위험과 타자의 속성에 관한 생각으로 각각 이루어진다.

이렇듯 여러 의미가 복합적으로 함축된 인간관계의 신뢰 개념은 온전히 그대로는 아닐지라도 국가관계에 적용될 수 있다. 적어도 그러한 복합적 의미들은 알게 모르게 국민들이 한반도 신뢰프로세스를 이해하는 준거점이 될 수 있을 것이다. 이와 관련하여 특히 기대와 위험의 감수라는 의미에 초점을 맞춘 신뢰 개념을 기준 삼아, 과연 우리 국민들이 북한을 얼마나 신뢰하고 있으며, 또 어떠한 상황에서 신뢰할 수 있을 것인지에 관한 최근의 한 경험적 조사 연구는 흥미로운 결과를 보여준다.[11] 기존에 실시되었던 설문조사를 기반으로 대북 신뢰도를 검토한 연구에서 우리 국민은, 북한 지도자에 대한 신뢰 수준은 낮지만, 북한 정부와의 대화 가능성과 관련하여 생각보다 관대한 신뢰의 가능성을 열어 놓고 있다는 사실이다. 이 조사 연구의 결과로서 대북 신뢰도가 제고될 수 있는 몇 가지 구체적인 조건들[12]이 제시되었다. 이러한 신뢰에

---

11) 이상신, 「우리는 북한을 신뢰할 수 있는가? 여론조사 데이터로 본 한반도 신뢰프로세스.」, 『한국정치학회보』 제47집 제4호, 2013.

대한 개념적 이해는 한반도 신뢰프로세스가 지향해야 할 목표를 구체화하는
데 도움을 줄 수 있을 것이다.

2. 신뢰 형성에 관한 이론적 논의

정책으로서 한반도 신뢰프로세스는 목표 달성을 위한 방법론을 필요로 한
다. 방법론을 모색하기 위해서는 일차적으로 신뢰의 형성 방식에 관한 이해
가 선행되어야 할 것이다. 일반적으로 사회심리학에서 신뢰는 기능적으로 사
회적 관계를 이어주는 접착제 역할을 하는 것으로 이해되며, 그 기반은 크게
계산과 정체성으로 나눠진다.[13] 이익을 매개로 선택을 통하여 발생하는 계산
적 기반의 신뢰는 상대적으로 강하지 못한 반면, 정체성의 변화를 통해 형성
되는 신뢰는 매우 강하며 쉽게 변하지 않는다. 적대적이었던 국가 간의 진정
한 화해가 이루어지기 위해서는 후자의 신뢰가 필요하다. 그렇지만 과정 및
방법론적으로 전자의 기능도 결코 가볍게 볼 수 없다. 신뢰는 자신과 상대방
의 이익이 성공적으로 연계될 때, 싹을 틔울 수 있기 때문이다. 특히 경쟁집단
들이 공동 이익 내지 목표를 향한 협력을 반복적이고 지속적으로 추진할 경
우, 이들은 상위의 집단 정체성을 수용할 수 있다. 이러한 방식으로 공동 이익
내지 목표의 달성 경험이 축적될 때 신뢰가 증진될 수 있다.

전략 연구는 흔히 게임이론을 활용하여 이익을 매개로 협력이 어떻게 이루
어지며, 이것이 계산적 신뢰로 연결된다는 점을 논리적으로 간결하게 설명한

---

12) 첫째, 북한이 평화통일이라는 공동의 목표를 위해 남한과 진지한 대화를 한다고 인식할
때; 둘째, 남북통일의 당위성에 대한 인식이 제고될 때; 셋째, 북핵위협이 해결될 때; 넷
째, 북한에 대한 더욱 많은 정보를 갖게 될 때; 다섯째, 북한이 좀 더 투명하게 개혁·개
방의 길로 나갈 때; 여섯째, 남남갈등이 완화되거나 해소될 때. 이상신, 「우리는 북한을
신뢰할 수 있는가? 여론조사 데이터로 본 한반도 신뢰프로세스」, 『한국정치학회보』 제47
집 제4호, 2013, 130~131쪽.

13) Arie Nadler and Tamar Saguy, "Reconciliation Between Nations: Overcoming Emotional
Deterrents to Ending Conflicts Between Groups", H. Langholtz and C. E. Stout eds., *The
Psychology of Diplomacy*, Westport, Connecticut: Praeger Publishers, 2004, pp.37~38.

다. 한반도 신뢰프로세스를 전략적으로 접근하는 대다수 학자들은 전략적 상호작용의 기반을 '주고받기식 상호성'(TFT: Tit-For-Tat)에 두는 동시에 남북한 관계를 '죄수의 딜레마 게임'으로 규정한다.[14] 즉 남북한이 각각 신뢰가 없는 상황에서도 전략적 상호작용을 거듭하면, TFT 전략의 채택과 학습을 통해 '미래의 그림자'(기대)가 길어지면서 서로 간 협력을 하게 된다는 주장이다. 게임 이론가에게 신뢰는 곧 미래의 그림자와 유사한 것이다. '죄수의 딜레마 게임'은 안보문제와 같이 참여자 일방의 이익이 타방의 불이익이 되는 게임에서는 나름대로 설득력을 가질 수 있으나, 서로 다른 이익을 추구하기도 하는 남북한 관계 전반을 모두 설명하는 데는 한계가 있다. 게임이론의 기본가정, 즉 상대에 대한 정보의 완전성, 소통이 배제된 행위, 유사 무정부상태 등이 현실적이지 못하다는 문제점은 일단 접어두더라도 남북한 관계를 '죄수의 딜레마 게임'으로만 설명하려 한다면, 이는 반쪽의 현실만을 바라보는 불충분한 접근 태도이다.

일반적으로 게임이론은 참여자의 상호 선택에 따라 협력이 발생하는 결과를 소위 '내쉬 균형'(Nash equilibrium)[15]으로 설명한다. 〈그림 1〉에서 보듯이 죄수의 딜레마 게임에서 내쉬 균형은 한 곳에서 발생한다. 죄수의 딜레마 게임처럼 참여자 모두가 동일한 이익을 추구하는 게임(협동게임: collaboration game)[16]에서는 차선적 결과에서 균형이 이루어진다. 협동게임에서는 '공동의

---

14) 이성우, 「한반도 신뢰프로세스의 본질, 현상, 그리고 전망: 게임이론을 통해 본 북한 핵 문제」, 『국제지역연구』 제17권 제2호, 2013.

15) 내쉬 균형은 "어떠한 게임 참여자도 일방적인 선택을 통해 자신의 수익을 개선할 수 없는 개별전략들의 묶음"으로 정의될 수 있다. 즉 참여자들이 서로 상대방의 전략을 주어진 것으로 보고 이에 맞춰 자신에게 최적인 전략을 선택할 때 나타나는 양자의 최적 전략을 조합한 것이 내쉬 균형이다. Fritz W. Scharpf, *Games Real Actors Play: Actor-Centered Institutionalism in Policy Research*, Boulder, Colo.: Westview Press, 1997, p.100.

16) 협력을 크게 두 가지로 구분된다. 하나는 '협동(collaboration)'으로서 공동으로 추구하는 동일한 이익의 균형을 찾으려는 것이고, 다른 하나는 '조정(coordination)'으로서 어떤 특정 결과를 기피하려는 '공동기피(common aversion)' 노력의 산물이다. Arthur Stein, "Coordination and Collaboration: Regimes in Anarchic World", Stephen D. Krasner (ed.), *International Regimes*, Ithaca: Cornell University Press, 1983, pp.120~127.

비극'(tragedy of the commons)처럼 균형의 결과가 파레토 최적에 도달하지 못함은 물론이고, 이탈을 통해 얻는 수익이 큰 만큼 참여자로 하여금 항상 협력으로부터의 이탈 유혹을 느끼게 한다. 따라서 학습 효과가 매우 큰 이슈가 아니라면, 참여자의 이탈을 억제하는 제약 틀(제도)이 확고하게 마련되지 않은 상황에서 이러한 게임은 참여자들의 협력을 기대하기 어렵다. 즉 신뢰 형성이 쉽지 않다는 것이다.

〈그림 1〉 '죄수의 딜레마' 게임과 '성의 대결' 게임 비교

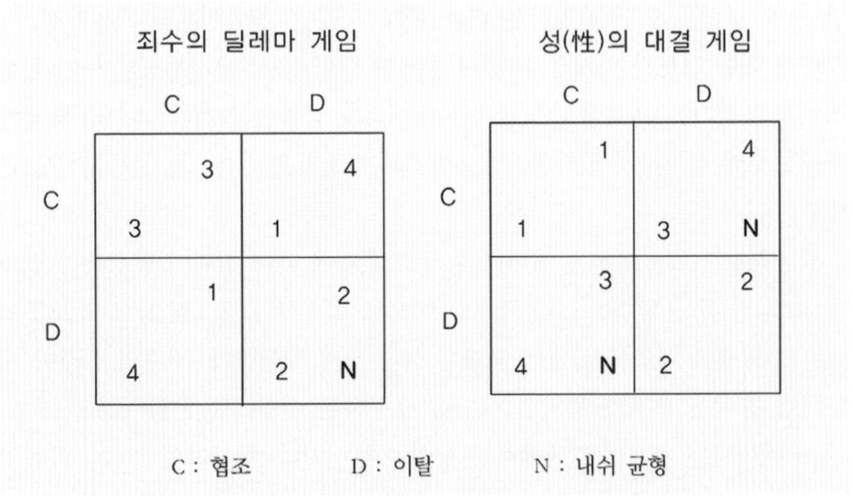

이와 달리 상이한 이익을 가진 게임 참여자들 사이에 발생하는 조정게임[17]에서는 두 개의 내쉬 균형이 가능하다. '성의 대결 게임'(battle of the sexes)[18]

---

[17] 조정게임의 논리와 특징에 대해서는 다음 논문 참조. Duncan Snidal, "Coordination versus Prisoner's Dilemma: Implications for International Cooperation and Regimes", *APSR* Vol.79, 1985, pp.923~942.

[18] 이 게임은 연인 사이의 남녀가 주말 데이트를 어디서 할 것인지를 두고 발생한 갈등상황에서 협력을 모색할 수 있는 선택 방식과 매우 유사하다. 첫 주말은 남자가 좋아하는 스포츠 관람을, 다음 주말에는 여자가 좋아하는 음악회 가기 등의 방식을 반복함으로써 서로의 관계가 더욱 좋아지고 유지될 수 있다.

은 전형적인 조정게임으로서 참여자 모두가 선호하는 결과에서 각각 균형을 찾는다. 어떠한 참여자도 우월전략(dominant strategy)을 갖지 못하기 때문에 그러한 결과가 가능하다. 이 상황에서 참여자가 선택하는 최선의 행위방향은 상대방이 어떻게 행동하는가에 달려있다. 물론 여기서도 딜레마가 발생한다. 즉 두 가지 균형 중 어떤 것이 먼저 실천될 것인지의 우선권 문제에서 어려움이 나타난다. 참여자들이 합의에 이르지 못할 경우, 결과에 관한 타협 과정이 집중적으로 발생한다. 대체로 조정게임에서 협력적 해결책을 발견하기가 쉽지 않지만, 크게 두 가지 방향에서 그 가능성이 열려있다.[19] 첫째는 강자에 유리하게 조정되는 것으로서 현실적으로 그 가능성이 높다.[20] 둘째는 상황에 따른 가변적 방법으로서 가장 이상적으로는 공정한 원칙의 적용, 즉 서로의 선호를 번갈아 가며 우선하는 조정이다. 비록 조정 게임의 논리상 균형점을 찾는 것이 쉽지는 않지만, 일단 참여자들의 기대가 수렴되고 서로 협력하게 되면, 신뢰의 증진이 가능하다.

이처럼 게임이론은 전략적 행위가 균형적 결과로 이어진다고 말하지만, 현실에서 모든 게임이 항상 그러할 수 있을지는 별개의 문제이다. 나아가 게임이론은 반복을 통한 학습의 결과로 신뢰(미래의 그림자/기대)가 형성됨으로써 균형이 유지되거나 심지어 균형의 변화도 가능하다고 말하지만, 그 과정이 어떻게 작동하는지에 대해서는 제대로 설명하고 있지 못한다. 이를 이해하기 위해서 제도 개념이 필요하다. 특히 전략적 행위에 중점을 두는 합리적 제도주의자들의 설명이 매우 유용하다. 이 이론은 전략적 선택행위가 반복되면, 어떠한 행위 패턴이나 규칙이 발생한다고 말한다. 특히 신자유제도주의자는 (국제)제도를 "행위자의 행위역할을 지시하고 행동을 제약

---

19) Arthur Stein, "Coordination and Collaboration: Regimes in Anarchic World", Stephen D. Krasner (ed.), *International Regimes,* Ithaca: Cornell University Press, 1983, p.127.

20) Duncan Snidal, "Coordination versus Prisoner's Dilemma: Implications for International Cooperation and Regimes", *APSR* Vol.79, 1985, p.929, p.935.

하며, 기대를 형성시키는 공식적·비공식적 규칙들"[21]이라고 규정하면서, 무정부상태라도 ① 상호 이익이 존재하고, ② 소규모 행위자들 사이에 반복적이고 장기적인 관계가 존재하며, ③ 상호성이 실천될 경우에 제도가 생성됨으로써 협력의 발전이 가능하다고 말한다.[22] 이들은 국가 간 협력을 가능케 하는 제도의 핵심적 기능으로서 세 가지—일종의 법적 의무와 유사한 행위양식 창조, 불확실성의 감소, 거래비용 절감—를 제시하며, 제도화를 통해 제도적 수준이 높아지면, TFT처럼 엄격한(특화된) 상호주의가 아니라 유연한(분산된) 상호주의가 가능하다고 주장한다.[23] 이에 따르면, 각 행위자는 제도의 규칙을 수용하거나 어길 경우, 상호성에 따라 각각 이익과 불이익을 받게 되기 때문에 각자 어떻게 행동해야 할지, 또 어떠한 기대가 가능한지를 알 수 있게 된다. 이처럼 신자유제도주의자들의 제도(화)는 곧 (국제)협력의 이면에서 형성·작동하는 계산적 신뢰의 기제라고 말할 수 있다. 실제로 한반도 신뢰프로세스의 형성 과정과 의미에 관하여 통일부의 해설서에 강조된 내용, 즉 북한의 약속 이행에는 보상을, 잘못된 행위에는 응징을 통해 협력의 길을 선택하도록 하겠다는 것과 약속 이행, 호혜적 교류·협력을 통해 신뢰가 점진적으로 축적될 수 있다는 주장의 근거는 그러한 합리적 제도주의 이론에 그 맥이 닿아 있다.

합리적 제도주의는 오로지 이익의 균형을 찾는 합리적 선택이 어떻게 계산적 신뢰 형성으로 연결되는지만 설명하고 있다. 신뢰가 다분히 심리적이고 감정적인 성격을 내포하고 있다는 사실을 인정하면, 구성주의의 이에 관한 설명 내지 해석을 경청할 필요가 있다. 이익에 초점을 맞추는 합리적 제

---

21) 이것은 신자유제도주의가 이해하는 제도 개념이다. R. O. Keohane, *International Institutions and State Power: Essays in International Relations Theory,* Boulder, Co.: Westview Press, 1989, p.3.

22) J. M. Grieco, "Anarchy and The Limits of Cooperation: A Realist Critique of The Newest Liberal Institutionalism", David A. Baldwin, (ed.), *Neorealism and Neoliberalism: The Contemporary Debate,* N.Y.: Columbia University Press, 1993, p.131.

23) R. O. Keohane, *International Institutions and State Power: Essays in International Relations Theory,* Boulder, Co.: Westview Press, 1989, pp.137~151.

도주의와 달리, 구성주의는 제도를 "국제적 이슈 영역에서 특정한 기대들이 모여진 사회적 규범"으로 이해하고, '기대의 결집' 내지 '공유된 이해'를 강조함으로써 제도의 존재론적 의미를 상호 주관성에서 찾으며, 규범의 문제에 연구의 초점을 맞춘다.[24] 물론 제도의 시작은 반드시 이념적·규범적·심리적이지만은 않다. 이익을 매개로 제도가 형성되기 시작하더라도 제도화의 과정에서 공동의 정체성이 형성되면, 이익 균형은 더욱 쉬워질 수 있다. 공동의 정체성이 생성되면, 이익에 대한 공유지식을 가지게 됨으로써 국가이익에 대한 인식변화가 발생하기 때문이다. 제도가 계산적 신뢰를 넘어 정체성 기반의 신뢰를 형성해가는 과정은 '북대서양조약기구'(NATO)가 '안보공동체'로 진화하는 과정에서 분명하게 드러난다. NATO는 애초 2차 세계대전에 참여했던 적대국들이 각자의 안보적 이익을 위해 조직과 규칙을 만드는 데 동의했으나, 상호 신뢰는 처음부터 매우 부족했다. 그러나 조직의 안정에 대한 참여자들의 관심이 높아지고 상호 교류를 확대하는 가운데 학습이 이루어짐으로써 조직과 제도가 한 단계 진전되었고, 이 과정에서 '우리라는 감정'이 점차 형성되면서 정체성 형성을 향한 신뢰의 기초가 만들어졌다. 그리고 반복된 학습을 통해 상호관계가 성숙해짐으로써 국내 및 초국가적 환경에 대한 기대가 제도화되었고, 마침내 정체성을 공유하는 안보공동체로 탄생할 수 있다.[25]

이와 같은 신뢰 형성 과정에서 가장 중요한 것으로서 학습이 강조된다. 도이취(K. Deutsch)는 학습을 위해서는 지속적인 접촉이 필수라고 강조한다.[26]

---

[24] 합리적 제도주의자가 제도를 이익에 초점을 맞추는 것과 달리, 구성주의자는 제도를 "국제적 이슈 영역에서 특정한 기대들이 모여진 사회적 규범"으로 간주한다. 이들은 특히 '기대의 결집' 내지 '공유된 이해'를 강조함으로써 제도의 존재론적 의미를 상호 주관성에서 찾으며, 규범의 문제에 연구의 초점을 맞춘다. Friedrich Kratochwil and John G. Ruggie, "International Organization: a State of the Art on Art of the State", *International Organization* Vol.40 No.4, 1986, p.764.

[25] Thomas Risse-Kappen, *Cooperation Among Democracies: The European Influence on U.S. Foreign Policy*, Princeton: Princeton University Press, 1995; Thomas Risse-Kappen, "Collective Identity in a Democratic Community: The Case of NATO", Peter J. Katzenstein, *The Culture of National Security*, N.Y.: Columbia University Press, 1996, pp.357~399.

학습은 안보공동체 형성의 전 과정에서 다양한 수준과 단계에 개입하며, 심지어 국가이익에 대한 인식 변화도 이끌어낸다. 학습 과정은 (신)기능주의적 접근에서도 마찬가지로 강조된다. 안보문제와 같이 이익 균형이 어려운 분야보다 문화나 경제 분야의 교류를 확대함으로써 상호 신뢰를 구축하고, 이것이 파급효과를 일으켜 마침내 안보문제에서도 공동의 해결책을 마련할 수 있다는 것이다.

이러한 소통이론이나 (신)기능주의적 접근의 장점에도 불구하고, 역시 모든 문제를 해결해 주지는 못한다. 적대적 관계를 가졌던 국가들 사이에 신뢰를 형성하는 과정에서 가장 큰 장애물은 과거의 기억이다.[26] 더욱 정확하게 말하면 기억을 구성하는 집단정체성이다. 트라우마(trauma)를 가진 집단정체성은 쉽게 극복되기 어렵다. 어떤 집단이나 국가에 의해 간직된 기억들은 어떤 문화적 규범, 전통, 가치에 기반을 두고 있기 때문에 한 국가가 자신의 과거를 기억하는 방식은 위협에 대해 항상 민감한 타국에게 관찰의 대상이 된다. 따라서 지속적인 접촉을 통해 신뢰 형성을 향한 학습을 하는 과정에서 두 가지 측면이 중요하다. 하나는 정치 및 사회 지도자의 역할을 비롯하여 국내 정치적 지형이다. 특히 복합적·전략적 학습을 통해 국민들을 위한 사회적 학습의 길을 마련하는 데 지도자들의 역할이 절대적이기 때문이다. 다른 하나는 제도적 장치를 만드는 것으로서 더욱 중요하다. 제도화되지 못한 복합적·전략적 학습은 안정적이지 못하기 때문이다.[28] 이러한 양 측면에서의 노력으로 사회적 학습이 이루어지면, 현실의 재규정 및 재해석이 가능해지고, 마침내 집단 또는 국가 전체의 정체성 변

26) Karl Deutsch et al. (eds.), *Political Community and the North Atlantic Area*, Princeton: Princeton University Press, 1957, p.130.
27) 국가 간 화해와 증오에 관한 구체적 논의는 다음 논문 참조. 김학성, 「증오와 화해의 국제정치: 한·일간 화해의 이론적 탐색」, 『국제정치논총』 제51집 제1호, 2011.
28) Yaacov Bar-Siman-Tov, "Dialectics between Stable Peace and Reconciliation", Yaacov Bar-Siman-Tov ed., *From Conflict Resolution to Reconciliation*, Oxford: Oxford University Press, 2004, p.71.

화가 이루어질 수 있다.

이상과 같은 이론적 논의는 상호 이해의 맥락에서 크게 두 가지 점을 시사한다. 첫째, 한반도 신뢰프로세스 정책을 이해하거나 향후 추진 과정에서 앞에서 정리했던 신뢰 개념과 신뢰 형성의 기제는 충분히 참조되어야 한다는 것이다. 한반도 신뢰프로세스의 창안자나 이를 정책으로 구체화해야 하는 정부 관리들이 설령 전반적으로 고려하지 못했다면 더욱더 그러해야 한다. 단지 이 정책을 받아들이는 국민이나 전문가의 이해 수준이나 방식 때문만이 아니라, 실제로 신뢰를 만들고 증진해 나가는 기제를 올바로 이해함으로써 정책의 실질적 성과를 거두는 데 도움을 얻기 위해서이다. 둘째, 신뢰 형성의 방식을 이해하는 데 있어서 합리주의든 구성주의든 제도이론을 기반으로 하는 논의가 큰 도움이 될 수 있다는 것이다.

IV. 정책 실천의 기본 방향

통일부가 제시한 한반도 신뢰프로세스의 추진 과제는 〈표 2〉에서 보듯이 네 가지 범주로 구분되며, 각 범주 속에는 몇 가지 역점 사업들이 있다. 이들 역점 사업은 역대 정부의 그것과 비교해서 크게 차이를 보이지 않는다. 물론 사업들을 범주화하는 것이 다를 수 있지만, 실제로는 이름만 바뀌었지 항상 강조되어 왔던 것들이다. 이러한 사실을 통해 대북·통일정책에 있어서 해야 할 사업들이 무엇인지에 대해 우리 사회에는 이미 상당 부분 공감대가 형성되어 있으며, 미처 생각하지 못했던 새로운 과제는 거의 없다는 것을 알 수 있다. 다만 해야 할, 또는 하고자 하는 역점 사업들이 아직 성과를 제대로 거두지 못하고 있기 때문에 어떠한 정부에서나 지속적으로 강조될 수밖에 없다.

〈표 2〉 한반도 신뢰프로세스의 추 진과제

① 신뢰 형성을 통한 남북관계 정상화	· 인도적 문제 지속적 해결 추구 · 대화채널 구축 및 기존 합의 정신 실천 · 호혜적 교류·협력 확대·심화 · '비전 코리아 프로젝트' 추진
② 한반도의 지속가능한 평화 추구	· 평화를 지키기 위한 확고한 안보태세 완비 · 북핵문제 해결을 위한 다각적 노력 · DMZ 세계평화공원 조성 · 정치·군사적 신뢰구축 추진
③ 통일 인프라 강화	· '민족공동체 통일방안' 발전적 계승 · 국민과 함께하는 통일 추진 · 북한주민의 삶의 질 개선 추구
④ 한반도 평화통일과 동북아 평화협력의 선순환 모색	· 통일에 대한 국제사회의지지 확대 · 동북아의 지속가능한 평화와 발전 추구를 통해 궁극적으로 북한문제 해결에 기여 · 북방 3각 협력 추진

※ 자료: 통일부 2013.

물론 현실정치의 관점에서 새로운 정부가 나름대로 정책기조를 제시하고 이에 맞게 사업들을 재구성 내지 재포장하는 작업은 불가피한 것으로 보인다. 그렇지만 일단 임기 내 정책 추진의 성과를 거두거나 적어도 이 정책이 지속적인 효과와 지지를 얻으려면 표방한 목표 실현에 적합한 추진방법과 전략을 강구하는 것이 더욱 중요하다. 이 맥락에서 앞 절의 이론적 논의를 기반으로 추진 방법과 전략을 간략하게 생각해보면, 일차적으로 합리적 선택을 통한 계산적 신뢰의 확보 및 증진을 위해서는 사업의 성격에 따라 추진방법 및 전략을 다르게 할 필요가 있다. 이미 살펴보았듯이 이슈가 '죄수의 딜레마 게임'이나 '성의 대결 게임' 중 어느 것에 적합한 것인지에 따라 추진 방법과 전략이 달라져야 할 것이다.

앞에서 자세히 설명했듯이 안보문제는 협력보다 이탈의 유혹이 큰 만큼 신뢰의 확보가 매우 어렵다. 따라서 협력을 강요할 수 있는 제도의 필요성이 더욱 크다. 문제는 가까운 장래에 남북한 사이에 그러한 제도가 마련될 가능성이 요원해 보인다는 점이다. 북핵문제를 비롯하여 군비통제, 정전체제의 평화체제로의 전환 등과 같은 이슈들은 현실적으로 국제정치적 이슈가 되어 있기 때문이다. 따라서 한반도 안보문제는 단기적으로는 6자회담의 재개 및 확대, 중장기적으로는 '동북아평화협력구상'을 통해 국제적 제도를 확립함으로써 해결책을 모색하는 노력이 가장 중요하다. 이를 바탕으로 남북한 군사협력도 안정적으로 이루어질 수 있다. 죄수의 딜레마 게임에서 협력은, 비록 상호 이탈, 즉 안보 역량 강화를 통해 가능하며, 이것의 반복에 따라 미래의 그림자가 길어진다고 주장하지만, 이는 다른 영향 요인이 배제된 상황에서 논리적으로만 그러할 뿐이다.

남북한 사이의 신뢰 증진은 성의 대결 게임이 적용될 수 있는 이슈들에서 실현될 가능성이 높다. 북한이 추구하는 경제적 이익과 우리가 원하는 인도적 문제, 북한의 노동력과 우리의 자본 및 기술력을 통한 경제적 이익 추구 등은 누가 먼저 이익을 얻을 것인지에 대한 것만 해결되면, 협력이 충분히 가능하고 신뢰 증진에 도움을 줄 수 있다. 신자유제도주의자들의 주장처럼 남북한 사이에 상호 이익이 존재하고 있으며, 적으나마 지속적인 교류가 이루어지고 있을 뿐만 아니라, 가장 기본적인 상호성(TFT)이 작동하고 있기 때문에 제도화와 신뢰 증진의 가능성은 이미 열려 있다. 다만 누구에게 먼저 이익을 보장할 것인가의 선택이 남아 있다. 남북한 교류·협력사업의 특성상 객관적이고 산술적인 대차대조표를 만드는 것이 어렵기 때문에 더욱 그러하다.

작년 초 개성공단 폐쇄 및 재개를 둘러싸고 전개되었던 남북한 사이의 힘겨루기는 이러한 문제를 보여주기에 충분하다. 개성공단의 재개와 관련, 남북한의 힘겨루기에서 북한이 스스로의 취약점을 인정함에 따라 우리가 전략적 승리를 거두었다고 뿌듯해 하는 경향이 우리 사회에 있었다. 이는 성의 대결 게임의 논리를 제대로 파악하지 못한 것이다. 실제로 지난해 개성공단 재개 직후 금강산 관광 재개를 향한 우리의 소극적 태도에 대해 북한정권이 이산가족상봉의 무산으로 대응한 것은 대표적인 예이다. 우리의 승리자적 태도는 오히려 북한으로 하여금 남한의 국내 정치적 개입을 확대하는 하나의 원인으로도 작용하고 있다. 계산에 치밀한 북한정권은 박근혜 정부가 지난 1년간 대북정책을 통해 얻었던 국내 정치적 이득에 대한 대가를 기대하고 있기 때문에 그것이 충족되지 못하는 동안에는 국내 정치적 개입을 멈추지 않을 것으로 예상되며, 그 결과 남북한 관계는 악순환의 고리에 빠질 위험이 다분히 있다.

뿐만 아니라 올해 초 북한이 신년사와 국방위원회의 중대제안을 통해 남북 관계 개선을 강조했고, 한미연합군사훈련에도 불구하고 이산가족상봉을 수용한 이면에는 상호성에 대한 기대가 내재해 있다. 북한 당국의 이러한 태도에는 여러 전략적 목표가 복합적으로 숨어 있는 것은 분명하지만, 일차적인 목표는 '5·24조치'의 해제이다. 지난 3월 말 박근혜 대통령이 독일 방문에서 발표한 '드레스덴 선언'의 대북 3대 제안[29]을 북한 당국이 공식적으로 거부한 것은 바로 그러한 맥락에서 이해될 수 있다. 북한정권은 체제 생존이란 최고의 목표 달성을 위해 대내외적으로 매우 복잡한 전략을 구사하고 있으며, 특히 중국의 대북압박과 내부의 경제문제 해소를 위해 남북관계 개선에 적극적이다. 그렇지만 북한정권은 남북 주민들 간의 교류·협력을 통해 점진적 통일을 지향하는 기능주의적 접근이 북한사회에 미칠 영향력을 매우 두려워하기 때문에 드레스덴 선언을 액면 그대로 수용하지 않으려 하며, 어떠한 경우에도 자신이 부담해야 할 위험을 최대한 제거한 방식의 남북 교류협력을 원한다.

우리 정부의 입장에서 '5·24조치'의 해제는 두 가지 문제를 야기한다. 하나는 대북제재를 위한 유엔결의안 위반과 한미 간 대북공조의 균열 가능성 문제이고, 다른 하나는 박근혜 정부의 지지기반인 보수층으로부터 비판을 받은 가능성이다. 첫째 문제에 있어서 우리 정부의 정책적 자율성이 어느 정도 제약을 받은 것은 분명하다. 그러나 기존의 남북협력사업에는 예외가 인정되고 있을 뿐만 아니라 대북전략에 있어서 한미의 공조가 반드시 대북압박을 통해서만 가능한 것은 아니며 회유와 압박이라는 분리접근도 가능하다. 특히 인

---

[29] 드레스덴 선언은 "남북 주민의 인도적 문제 우선 해결", "남북 공동번영을 위한 민생 인프라 구축", "남북 주민 간 동질성 회복"의 대북 3대 제안을 통해 현 정부의 대북·통일구상을 압축적으로 반영하고 있다.

도적 성격의 남북협력사업에 대해서는 누구도 반대하기 어려울 것이다. 실제로 남북협력사업에서 문제가 되는 것은 대북 현금 지급이다. 현금은 대량살상무기 개발에 활용될 수 있을 수 있기 때문에 그 가능성을 막는 것이 실제로 중요하다. 정상적인 교역이 국제금융망을 통해 이루어진다면, 필요시 금융제재를 통해 문제 해결이 가능하기 때문에 사실 큰 문제가 없을 수 있다. 따라서 이러한 조건이 전제된다면, 유엔제재나 한미공조의 문제는 점진적인 '5·24조치'의 해제에 그리 큰 걸림돌이 아닐 수 있다.

성의 대결 게임의 논리에 따름으로 인한 국내 정치적인 부담 우려도 실제로는 그리 높지 않을 것으로 판단된다. 기본적으로 보수 지배연합으로 탄생된 정권인 만큼 햇볕정책이나 평화번영정책을 추진했던 역대 정부와 달리 대북·통일정책 탓에 이념적 의심을 받지는 않을 것이기 때문에 더욱 그렇다. 물론 일부 보수층 반발이 있겠지만, 이는 일부 진보세력의 지지를 이끌어 옴으로써 충분히 상쇄될 수 있다. 더욱이 안보를 강조하고, 국민들이 이를 의심치 않는 현실에서는 더욱 자신감을 가지고 남북대화에 유연하게 대처하는 것이 필요하다. 이를 위해서는 '5·24조치'의 점진적 해제도 협상의 목록에 포함시켜야 할 것이다.

거시적 시각에서 한반도 문제와 북한의 변화 문제를 본다면, 안보 이슈와 그 외의 이슈를 연계시켜 놓은 상황에서 신뢰 확보를 위한 어떠한 접근도 단기적으로 가시적 성과를 기대하기 어렵다는 것은 누구나 알고 있다. 사실 예나 지금이나 우리의 대북정책은 어떻게 하면 북한체제를 점진적이나마 변화시킬 것인가에 초점을 맞춘다. 그러나 지금까지 그러한 목표로 추진된 정책의 결과에서 드러나듯이 어떠한 방식이든 우리의 연계정책이 북한변화에 직접적으로 영향을 주었다는 인과성을 찾기란 매우 힘들다. 요컨대 북한에 대한 강요나 유화를 통해 중단기적으로 북한을 변화시키는 전략은 현실적으로 성과를 거두기가 사실상 불가능하다. 냉전 시기 공산주의 국가들은 물론이고 북한의 과거 행태를 되돌아보면, 공산독재체제는 외부적 영향에 단기적으로 좌우되지 않으며, 기본적으로 자신들의 체제 내적 논리에 따라 변화한다는 점을 확인할 수 있다. 외부로부터의 영향은 간접적이고 누적적으로 그러한 내적 변화에 스며들기 때문에 명확한 데이터로 제시될 수 있는 인과적 증거를 찾기는 결코 쉽지 않다. 이는 냉전 시기 소련 및 동독사회에 대한 미국과 서독의 영향을 각각 되돌아보면 충분히 이해될 수 있는 것이다. 이러한 점을 염두에 두면, 우리 정부의 "신뢰 형성을 통한 남북관계의 정상화"라는 과제를 실현시키기 위해서는 중장기적 시각에서 대범한 전략적 결단이 요구된다. 물론 그 결단으로 인해 우리가 지게 될 부담을 어느 수준이나 범위 내에서 감수할 것인지 미리 정해둘 필요가 있다. 예컨대 '5·24조치'의 해제라는 결정이 내려지면, 위험부담을 최소화하는 방법은 물론이고 이에 대한 국민적 양해를 모색하는 준비가 사전에 있어야 할 것이다. 어쨌든 위험부담 없이 신뢰가 생성될 수 없다는 사실을 잊지 말아야 할 것이다.

대북정책과 통일외교정책이 우리 정부의 뜻대로 제어되기 어려운 데 비해, 통일지향적 및 평화적 분단관리를 향한 국내 정치 및 사회문화적 기반 확립 과제는 우리 정부의 노력 여하에 크게 좌우될 수 있다. 올해 초 박 대통령의 '통일대박론'과 이에 따른 통일준비는 한반도 신뢰프로세스 정책의 통일정책적 면모를 다시 부각시키는 한편, 북한이나 국제정치 변수로 인한 정책적 성과가 미진한 상황에서도 국내적 통일기반조성을 통해 정책 동력을 지속시키고 있다. 문제는 통일기반조성 노력이 과거 정부에서도 강조되었으나, 남남갈등의 골을 메우는 데 성공적이지 못했다는 사실이다. 그 이유는 복합적이며 우리 사회의 정치문화적 현실 탓이지만, 해결방법의 차원에서 보면, 기본적으로 통일교육(또는 민주시민교육)이 체계적으로 이루어지지 못한 탓이 크다. 여기에는 당연히 정부의 낮은 관심도나 전폭적 지원의 부재가 포함된다. 물론 역대 정부에서도 그 필요성이 인지되었으나, 정책효과의 중장기적 성격 탓에 각자의 임기동안 전력을 다하지 않고 소극적 태도를 보였다. 김대중 정부시절 '통일교육지원법'이 마련되었지만, 재정적 제약을 비롯하여 실질적 효과를 발휘하지 못한다는 것은 잘 알려져 있다. 신뢰가 형성되기 위해서는 학습이 필요하다는 사실을 인정한다면, 현 정부는 통일교육에 더욱 역점을 두고 구체적인 방법 및 실천력 확보에 주력해야 할 것이다.

어떠한 대북·통일정책이든 민주적 절차에 따라 그 정책이 사회적 정당성을 확보할 수 있을 때, 비로소 추진력을 가질 수 있다. 전쟁의 트라우마를 가지고 있는 우리 사회에서 남북한 사이의 신뢰 회복은 결코 쉽지 않는 과제이다. 따라서 일차적으로 국민의 정확한 현실 인식 능력을 고양시킴으로써 정책에 대한 국민적 이해의 기반을 마련하기 위한 중장기적인 계획을 실천해야 한다. 특히 통일교육이 현재와 같이 정부정책을 일방적으로 국민에게 홍보하는 것이 아니라 국민들이 판단할 수 있는 지적 능력배양에 초점을 맞춰 체계적으로 추진되어야 한다. 그러할 경우, 국민들은 단순히 이념논쟁이나 정치갈등의 소용돌이에 휘말리지 않고 각자 비판적 시각을 가지고 한반도 문제를 판단할 수 있을 것이고, 이는 장차 통일문제와 관련된 각종의 대내외적 어려움을 극복하는 기반으로 작용할 것이다. 통일교육의 체계화를 위해 정치적 리더십 발휘가 절대적으로 필요하다. 남남갈등의 현실을 고려할 때, 통일교육의 틀을 만드는 것이 쉬운 일이 아니며, 체계화를 할 수 있더라도 그 성과가 단기적으로 나타나지 않기 때문에 더욱 그러하다. 이러한 기반 조성과 관련하여 '통일준비위원회'의 역할은 더욱더 기대가 된다.

이상과 같은 정책 추진 방향과 전략을 추구하는 데 있어서 현실적으로 기회이자 제약으로 작용하는 국제정치적 환경을 충분히 고려해야 한다. 한반도의 분단과 통일 문제는 단지 남북한 당국뿐만 아니라 동북아지역질서와 넓게는 세계질서에 직간접적으로 영향을 받고 있기 때문이다. 따라서 "한반도 평화통일과 동북아 평화협력의 선순환 모색"이라는 과제는 과거나 현재나 항상 주요 정책과제로 손꼽힌다. 세계질서와 동북아질서가 미·중의 경쟁 및 협조를 기본 축으로 움직이고 있으며, 우리도 이러한 구조에서 벗어나기 힘든 상황은 '전략적 모호성'이나 '균형'이라는 말에 함축되어 있다. 이러한 현실에 적극 대응하기 위해서 현 정부는 '서울프로세스'로 상징화되는 '동북아평화협력구상'을 제시했다. 과거 정부에서도 수차례 유사한 제안이 있었지만, 결국 실현될 기회를 갖지 못했다. 세계적 강대국들인 지역강대국의 틈새에서 그러한 구상을 주도적으로 추진할 역량이 없었기 때문이다.

'동북아평화협력구상'이 이전과 같이 실질적 성과 없는 또 하나의 제안으로만 그치지 않으려면, 남한과 북한, 남북관계, 국제환경이 어떠한 방식으로 연계되어 상호작용하고 있는지를 정확히 이해함으로써 이들 간 선순환의 모멘텀을 확보하고 증대시켜야 한다. 국제환경이 부과하는 제약 속에서 강대국의 시각으로만 한반도 문제를 바라본다면, 강대국이 주도하는 동북아질서에 갇혀서 우리가 생각하는 당면 과제의 추진조차 스스로 제약하거나 심지어 포기하는 상황에 도달할 수밖에 없다. 국제환경적 한계 속에서도 우리의 일차적 태도는 남북관계의 질적 개선을 위한 대화와 협상의 중요성을 인정하는 것이다. 남북관계 개선은 기본적으로 민족문제 해결의 정당성 탓에 어떤 강대국도 반대하기 어려우며, 종내에는 한반도 문제와 직결된 동북아질서의 변화로 귀결될 수밖에 없다.

미·중을 비롯하여 지역질서의 불안정을 배태한 한반도에서 새로운 상황이 전개되면, 동북아 지역질서에 미치는 영향이 결코 적지 않을 것이다. 한반도에서 복잡한 이해관계를 서로 교차하는 강대국들은 어떠한 형태로든 대안모색을 하지 않을 수 없게 될 것이기 때문이다. 이는 '서울프로세스'가 모델로 삼고 있는 '헬싱키프로세스'에서 이미 입증되었다. 헬싱키프로세스의 탄생배경에는 1960년대 말/1970년대 초 유럽에서 발생한 긴장 완화의 분위기가 중요한 역할을 했다. 그러나 그 분위기만으로 범유럽국가가 참여하는 '헬싱키선언'이 채택될 수 있었던 것은 결코 아니다. 긴장완화 분위기가 '헬싱키선언'으로 진행되는 과정(헬싱키 프로세스)은 '동서독 기본조약'의 체결로부터 본격적으로 시작되었으며, 기본조약은 서독정부의 파격적인 독일정책 및 동방정책 덕분에 가능했다는[30] 사실에 주목할 필요가 있다. 물론 당시 유럽과 현재 동북아의 국제환경은 차이가 있다. 그럼에도 불구하고 중요한 것은 변화의

---

30) Norbert Ropers and Peter Schlotter, "Regimeanalyse in KSZE-Proze β", eate Kohler-Koch, hrsg., *Regime in Den Internationalen Beziehungen,* BBaden-Baden: Nomos Verlag, 1989, pp.324~325.

소용돌이에 이미 들어가 있는 동북아에서 보다 능동적으로 그 변화에 대처함으로써 심각한 동맥경화 상태에 있는 한반도 문제의 연계적 순환구조에 피돌기가 가능하도록 만드는 것이다. 특히 강대국들이 자국의 이익 탓에 주저하는 현실에서 우리는 이를 기꺼이 감당할 각오와 용기를 가져야 할 것이다.

이상과 같은 실천 방향에도 불구하고, 한반도 신뢰프로세스의 과제가 현 정부의 임기 내에 괄목할 만한 성과를 거둘 수 있을 것으로 낙관하기는 힘들다. 북한체제에 급변 사태가 발생하지 않는 한, 한반도 문제의 복잡성 탓에 단기적으로 해결될 수 있는 과제는 그리 많지 않다. 따라서 현 정부는 신뢰프로세스를 중장기적 정책프로그램의 구상으로 삼고, 임기 내 그 방향을 정확하게 제시하는 한편, 주춧돌을 놓는다는 생각으로 정책을 추진한다면, 머지않은 장래에 그 열매를 얻을 수 있을 것이다.

V. 맺음말

냉전 종식 이후 역대 우리 정부의 대북·통일정책은 실제 추진 과정에서 국내외적으로 비판 내지 도전을 받아 왔다. 북한의 도전은 충분히 이해될 수 있으나, 심지어 동맹국인 미국과도 정책 추진 과정에서 엇박자가 드러난 적이 드물지 않았다. 대외관계에서는 상대가 있기 때문에 정책 추진에는 항상 도전이 있기 마련이며, 이를 극복하기 위해 적절한 역량으로 충전된 대외전략의 신중한 추진이 항상 요구된다. 이를 위해서는 국내 정치적 지지가 중요한 필수조건이다. 그러나 우리 정부의 대북·통일정책은 그동안 남남갈등으로 인한 국내적 비판에 직면하여 실질적 추진력을 얻기 힘들었다.

일반적으로 자유민주주의체제의 선진적 산업사회에서는 사회적 분화가 가속되기 때문에 사회갈등의 잠재력이 증대한다. 따라서 서구의 선진 산업국가는 이미 의사소통을 통한 갈등의 평화적 해결을 주요 정치적 과제로 삼고 있다. 이에 비해 보혁대결의 성격을 띠는 우리 사회의 남남갈등은 정치적 동원

목적으로 활용되는 경향이 적지 않았으며, 그 결과 선입견과 감정적 대립을 심화시켜 왔다. 이러한 남남갈등을 넘어서기 위해서는 의사소통이 반드시 필요하다. 특히 대북·통일정책처럼 이데올로기적 색채가 덧씌워지기 쉬운 주제에 있어서는 소통의 중요성은 더욱 커진다.

따라서 본 논문은 한반도 신뢰프로세스 정책을 둘러싸고 합리적인 의사소통이 어떻게 전개될 수 있을지를 보여주는 데 주안점을 두었다. 특히 이 정책에서 발견되는 두 가지 핵심 개념인 신뢰와 균형을 중심으로 경험과 이론에 기대어 의사소통을 가능케 할 수 있는 논점들을 찾고자 했다. 한반도 신뢰프로세스 정책이 과거 정부들의 시행착오, 즉 포용과 원칙을 균형 있게 추진하겠다는 의지를 표명한 만큼 보혁세력 간 의사소통이 어떤 구체적인 논점을 기반으로 전개될 수 있을지를 보여주는 것이 중요하다고 판단했기 때문이다. 뿐만 아니라 가치를 함축한 신뢰라는 개념이 사용됨에 따라, 전략이 중시되는 정책에 그러한 개념이 어떻게 적용될 수 있을지, 그리고 신뢰가 실제로 어떻게 형성되는지를 이론적으로 검토해 봄으로써 정책 추진 방향을 둘러싼 상이한 견해 사이의 간극을 조금이나마 좁힐 수 있는 길을 찾고자 했기 때문이다.

이러한 의도하에 논의되었던 앞 절의 내용들은 우리 정부가 당면한 주요 현안들의 해결, 예컨대 북한의 4차 핵실험 억제 또는 4차 핵실험 감행에 대한 즉각적이고 효율적인 대응책 마련에 직접적인 도움을 주기에는 부족할 수 있다. 그렇지만 이념적 시각들에 대한 불충분한 지식이 초래한 오해들을 교정하거나, 상이한 시각들이 현실 정책에 투영되었을 경우에 예상되는 강·약점을 가늠해 봄으로써 상호 이해의 기반을 마련하는 데는 최소한의 도움을 줄수는 있을 것이다. 그리고 이러한 방식의 논의들이 확산된다면, 한반도 신뢰프로세스 정책을 포함하여 향후 우리 정부의 대북·통일정책은 더욱 큰 추진력을 가질 수 있을 것이다.

【참고문헌】

김학성, 「대북·통일정책의 변증법적 대안 모색: '통일대비'와 '분단관리'의 대립을 넘어서」, 『정치·정보연구』 제15권 제1호, 2012.

김학성, 「증오와 화해의 국제정치: 한·일간 화해의 이론적 탐색」, 『국제정치논총』 제51집 제1호, 2011.

김학성, 『한반도 평화체제에 대한 이론적 접근: 현실주의, 자유주의, 구성주의의 비교』, 서울: 통일연구원, 2000.

박인휘, 「한반도 신뢰프로세스의 이론적 접근 및 국제화 방안」, 『통일정책연구』 제22권 제1호, 2013.

이상신, 「우리는 북한을 신뢰할 수 있는가? 여론조사 데이터로 본 한반도 신뢰프로세스.」, 『한국정치학회보』 제47집 제4호, 2013.

이성우, 「한반도 신뢰프로세스의 본질, 현상, 그리고 전망: 게임이론을 통해 본 북한 핵문제」, 『국제지역연구』 제17권 제2호, 2013.

정대성, 「하버마스 철학에서 상호주관성 개념의 의미」, 『해석학연구』 제17집, 2006.

통일부, 『1998 통일백서』, 서울: 통일부, 1999.

통일부, 『2005 통일백서』, 서울: 통일부, 2005.

통일부, 『한반도 신뢰프로세스』, 서울: 통일부, 2013.

통일연구원, 『이명박 정부 대북정책은 이렇습니다』, 서울: 통일연구원, 2008.

한용섭, 「〈한반도 신뢰프로세스〉를 통한 안보와 북핵문제 해결 방안」, 『통일정책연구』 제22권 제1호, 2013.

황병덕 외, 『신동방정책과 대북포용정책』, 서울: 두리, 2000.

Arie Nadler and Tamar Saguy, "Reconciliation Between Nations: Overcoming Emotional Deterrents to Ending Conflicts Between Groups", H. Langholtz and C. E. Stout eds., *The Psychology of Diplomacy,* Westport, Connecticut: Praeger Publishers, 2004.

Arthur Stein, "Coordination and Collaboration: Regimes in Anarchic World", Stephen D. Krasner (ed.), *International Regimes,* Ithaca: Cornell University Press, 1983.

Duncan Snidal, "Coordination versus Prisoner's Dilemma: Implications for International Cooperation and Regimes", *APSR* Vol.79, 1985.

Friedrich Kratochwil and John G. Ruggie, "International Organization: a State of the Art on Art of the State", *International Organization* Vol.40 No.4, 1986.

Fritz W. Scharpf, *Games Real Actors Play: Actor-Centered Institutionalism in Policy Research,* Boulder, Colo.: Westview Press, 1997.

Geun-hye Park, "A New Kind of Korea: Building Trust Between Seoul and Pyongyang", *Foreign Affairs* Vol.90 No.5, 2011.

J. M. Grieco, "Anarchy and The Limits of Cooperation: A Realist Critique of The Newest Liberal Institutionalism", David A. Baldwin (ed.), *Neorealism and Neoliberalism: The Contemporary Debate,* N.Y.: Columbia University Press, 1993.

Jürgen Habermas, *Theorie des kommunikativen Handelns, Bd. 1,* Frankfurt a. M.: Suhrkamp, 1981.

Karl Deutsch et al. (eds.), *Political Community and the North Atlantic Area,* Princeton: Princeton University Press, 1957.

Norbert Ropers and Peter Schlotter, "Regimeanalyse in KSZE-Proze β", eate Kohler-Koch, hrsg., *Regime in Den Internationalen Beziehungen,* BBaden-Baden: Nomos Verlag, 1989.

R. O. Keohane, *International Institutions and State Power: Essays in International Relations Theory,* Boulder, Co.: Westview Press, 1989.

Thomas Risse-Kappen, "Collective Identity in a Democratic Community: The Case of NATO", Peter J. Katzenstein, *The Culture of National Security,* N.Y.: Columbia University Press, 1996.

Thomas Risse-Kappen, *Cooperation Among Democracies: The European Influence on U.S. Foreign Policy,* Princeton: Princeton University Press, 1995.

Walter Bamberger, "Interpersonal Trust: Attempt of a Definition", TU München, 2010. http://www.ldv.ei.tum.de(검색일: 2013년 11월 16일).

Yaacov Bar-Siman-Tov, "Dialectics between Stable Peace and Reconciliation", Yaacov Bar-Siman-Tov (ed.), *From Conflict Resolution to Reconciliation,* Oxford: Oxford University Press, 2004.

제9장 동독의 사회구조 변화에 대한 이론적 논의와 실제*
: 북한 사회구조의 이해를 위한 시사점 모색

김학성(충남대학교)

Ⅰ. 문제제기

냉전 종식과 더불어 우리 학계에서도 정치 · 안보 · 이데올로기 차원을 넘어 북한의 사회현실을 객관적으로 분석하고 설명하려는 학술적 시도가 이루어지기 시작했다. 특히 사회주의권의 붕괴에도 불구하고 북한체제가 예상 외로 내구성을 보이면서 북한사회의 내적 갈등을 이해하기 위한 기반으로서 사회구조에 대한 연구가 본격화되었다.[1] 이들 연구는 무엇보다 객관적 자료의 확보문제 탓에 분석의 어려움에 봉착했다. 북한 당국은 1950년대까지 통계자료를 공개했으나, 사회주의체제 정착 시기 이후에는 객관적인 통계자료를 발표하고 있지 않기 때문이다. 냉전 종식 이후 북한사회의 급격한 변화와 관련해서도 북한정권의 공식적 대응이나 사회 변화를 보여줄 양석 자료를 확보하는

* 이 논문은 2011년도 정부재원(교육과학기술부 사회과학연구지원사업비)으로 한국연구재단의 지원을 받아 연구되었으며,『정치 · 정보연구』제16권 제1호(2013)에 게재되었음 (NRF-2011-330-B00020).

1) 서재진,『또 하나의 북한사회: 사회구조와 사회의식의 이중성 연구』, 서울: 나남, 1995; 서재진,『북한사회의 계급갈등 연구』, 서울: 민족통일연구원, 1996; 김귀옥 · 김채윤,「변혁기 북한의 계급과 계급정책」,『변혁기 사회주의와 계급 · 계층』, 서울: 서울대학교출판부, 1997; 김병로 · 김성철,『북한사회의 불평등구조와 정치사회적 함의』, 서울: 민족통일연구원, 1998.

데는 여전히 큰 어려움이 있다. 연구자들은 대안으로서 점증하는 북한이탈주민 대상의 면접조사에 의존하는 경향을 보인다.[2] 그러나 북한사회를 대표하기 어려운 북한이탈주민에 대한 면접조사는 충분한 신뢰성을 가질 수 없다. 단지 북한사회 변화의 단면들을 퍼즐처럼 맞춤으로써 사회구조의 변화모습을 추론하는 데 유용성을 가질 뿐이다.

북한과 같은 폐쇄사회의 안을 들여다보려는 시도에서 어려움은 비단 자료의 부족에만 있는 것이 아니다. 북한에 대한 연구자의 인식과 이에 따르는 방법론적 차이는 더욱 큰 문젯거리로 대두된다. 이는 1988년 송두율이 "북한사회를 제대로 인식하기 위한 정당한 방법론"의 필요성을 제기한[3] 이후 1990년대 북한연구학계를 휩쓸었던 소위 '내재적 · 비판적 접근법'을 둘러싼 논쟁에서 이미 드러났다. '내재적 · 비판적 접근법'에 관한 불충분한 소개와 이에 따른 오해[4] 탓에 논쟁의 열기만큼 커다란 성과가 나오지는 못했지만, 최소한 북한체제의 역사적 특수성과 현실사회주의의 보편성이 균형과 조화를 갖추어야 한다는 공감대가 마련될 수는 있었다.

이처럼 북한 자료의 부족과 북한연구방법론이라는 두 문제를 당장 해결할 수 있는 적절한 대안이 없는 현실에서, 독일 사례는 우리에게 여러 가지 생각할 거리를 제공한다. 1970년대 사회주의체제 발전의 시기에 동독정권이 사회구조 변화와 내적 갈등에 대해 어떻게 인식하고 대응했는지, 또 서독학자들은

---

2) 이승훈 · 홍두승,『북한의 사회경제적 변화: 비공식부문의 대두와 계층구조의 변화』, 서울: 서울대학교 출판부, 2003; 최봉대, 「계층구조와 주민의식 변화」, 2005; 조정아 외,『북한주민의 일상생활』, 서울: 통일연구원, 2008; 김병로, 「탈북자 면접조사를 통해 본 북한사회의 변화」,『현대북한연구』제15권 제1호, 2012; 박영자, 「체제변동기 북한의 계층 · 세대 · 지역 균열: 행위자 모형에 기반한 상황과 구조」,『한국정치학회보』제46집 제5호, 2012.

3) 송두율, 「북한사회를 어떻게 볼 것인가」,『사회와 사상』12월호, 1988.

4) 이와 관련, 현재까지 우리 학계에서 루츠(P. C. Ludz)의 생각을 인식론적 차원에서 제대로 정리한 논문으로, 이국영, 「독일 내재적 접근의 한국적 수용과 오해: 북한연구에 대한 함의」,『통일문제연구』통권 50호, 2008을 들 수 있다. 다만 이 논문은 '내재적 · 비판적 접근법'의 적용과 관련하여 실천 방법이나 문제점 등 접근 방식으로서의 연구 과제 및 전략을 구체적으로 다루고 있지 않다.

동독 사회 변화를 설명하기 위해 어떻게 접근했고 그 연구 결과가 어떠했는지를 정리해 봄으로써, 북한 내부의 현실을 유추하고 우리의 북한사회 연구를 위한 방법론적 과제와 전략을 모색하는 데 도움을 얻을 가능성이 있기 때문이다.

물론 북한과 동독을 단순 비교할 수는 없다. 양국은 역사 및 문화를 비롯하여 여러 측면에서 각각의 특수성을 가지고 있다. 그렇지만 사회주의 혁명, 체제의 기반 확립, 그리고 체제 발전 및 유지 과정에서 양국이 공유한 체제 이데올로기와 현실 경험은 비교의 가능성을 보여준다. 예컨대 북한이 1980년대부터 당규약에 마르크스 · 레닌주의를 대신하여 주체사상을 전면에 내세우고 있지만, 북한은 동독과 마찬가지로 현실사회주의국가이다. 물론 현실사회주의체제의 발전 정도 측면에서 차이를 보이지만,[5] 사회구조 분석을 위한 핵심적인 개념인 계급 및 계층에 대하여 기본적으로 동독과 북한 사이에는 큰 차이가 없다. 즉 양국 모두 사회주의사회에서도 계급과 계층의 존재를 인정한다. 착취와 피착취의 계급대립으로 특징되는 자본주의사회의 계급과는 다르지만 생산수단의 사회적 소유에 의해 발생하는 노동계급과 농민계급의 존재를 수용하며, 독자적 계급을 형성하지 못하는 지식인과 같은 사람들의 집단을 계층으로 설명하고 있다.[6] 나아가 양국에 공통된 분단 상황은 사회주의체제 발전(내지 변화) 과정에 영향을 미친 주요한 환경 변수가 아닐 수 없다.

이 맥락에서 동독 연구를 위한 서독학자들의 방법론적 논의와 연구 경험은 북한 사회구조를 연역적으로 바라볼 수 있는 기반을 제공할 수 있으며, 이를

---

5) 바이메(K. V. Beyme)에 따르면, 사회주의는 다양하게 표방되고 있으나, 현실사회주의국가, 즉 (공산주의로의) 이행기 사회주의 국가는 생산 영역, 분배 영역, 정당성 영역에서 공통성을 갖는다. 이 점에서 동독과 북한은 모두 현실사회주의국가이며, 다만 동독은 '현실사회주의적 선진국'을 경험했던 데 반해 북한은 아직도 '현실사회주의적 발전도상국'에 머물러 있다. Klaus von Beyme, *Ökonomie und Politik im Sozialismus: Ein Vergleich der Entwicklung in den sozialistischen Ländern*, München: R. Piper & Co, 1977, pp.18~21.

6) 동독에서 계급 · 계층 개념은 아래의 제3장을 참조하고, 북한의 경우는 다음 책 참조;『조선대백과사전』제3권, 2000, 388쪽;『조선대백과사전』제13권, 209~210쪽.

통해 북한사회에 대한 단편적 정보와 자료의 활용도를 제고할 수 있다는 판
단아래 본 논문은 먼저 1970년대 서독에서 일정한 결실을 맺었던 비교사회주
의 연구 방법(또는 내재적·비판적 접근법)의 기본 시각을 루츠와 바이메의
생각을 중심으로 소개할 것이다. 그리고 동독정권이 사회주의 발전 과정에서
나타낸 사회구조 변화에 대한 대응방식을 정리하고 동독내부의 평가와 비교
사회주의 연구 방법에 입각한 서독학자들의 분석을 정리해봄으로써 북한 사
회구조 연구를 위한 시사점을 찾아볼 것이다.

II. 서독의 사회주의 연구 방법: 루츠와 바이메를 중심으로

서독에서의 동독 연구는 1960년대 후반부터 사회과학적 방법론을 수용하면
서 기존의 전체주의적인 시각에 도전하기 시작했다. 서독의 젊은 사회과학자
들은 보다 객관적으로 동독의 정치·사회체제를 관찰하기 위해서 접근가능한
자료를 중심으로 제도, 조직, 구조적·기능성 연관성, 법적 규범, 경제 및 정
치적 발전 등에 대한 연구 조사를 본격화했다. 당시 서독학계에서 제기된 논
의의 초점은 전체주의적 시각에 내포된 이데올로기적 편향성을 극복함으로
써 내독관계의 갈등 속에서도 정치적으로 올바른 방향설정을 가능케 하는 과
학적 인식태도를 확립하는 것이었다. 이러한 시도는 한편으로 전체주의적 시
각을 고수하는 연구자들과 한바탕 인식론 논쟁을 치르기도 했으나, 다른 한편
으로는 논쟁을 통해 동독 연구의 학문적 체계를 구축하는 성과를 거두었다.
즉 '동·서독 비교 연구'라는 연구 분야가 새로이 개척되었으며, 비교사회주의
연구 방법을 동독 연구에 적용하기 시작함으로써 동독 연구의 학문적 정체성
이 확보될 수 있다.[7]

7) 1967년 처음으로 서독의 동독 연구자들이 자신들만의 학술회의를 개최했다. 이 회의를
   통해 동독 연구 발전의 전환점이 마련되었다. 참가한 전문가들은 동독 연구와 정치의
   관계에 대해 집중 논의했으며, 보다 체계적인 동독 연구를 위한 대안을 모색했다. 이
   와 관련, 각 대학에 동독관련 연구소의 설립, 동독에 관한 교과목 개설, 동독 연구를

1. 루츠의 '내재적·비판적 접근법'

루츠는 기존 동독 연구의 과학이론 및 방법론적 결핍을 극복하는 데 앞장 선 대표적 학자였다. 1968년 그는 「동독공산당 엘리트의 변화」라는 저술을 통해 동독사회 역시 근대적·산업사회적 성격을 띠며 변화하고 있음을 실증적으로 설명했다.[8] 루츠가 당면한 일차적 과제는 전체주의적 시각의 극복이었다. 그렇지만 이에 머물지 않고 새로운 동독 연구의 패러다임을 정립하는 과정에서 서구적 규범과 가치지향성을 기반으로 하는 경험적인 사회과학 연구방법의 한계도 동시에 넘어서는 대안적인 비교사회주의 연구방법론을 모색하고자 했다.[9] 이러한 탓에 그의 이론적 작업은 '메타이론'(metatheory: 이론들에 관한 이론)의 성격을 강하게 띨 수밖에 없었다.[10]

루츠는 경험적(실증주의적) 사회 연구에 치중하는 사회주의 연구방법론의 문제를 지식사회학 및 해석학의 전통과 연계를 통해 해결하고자 했다. 그에 따르면, 복잡한 현대산업사회와 그 변화를 설명하기 위해 이론적·방법론적 사고 및 경험적 지식에 관한 관심이 고조될 수밖에 없는 현실에서는 단순히 경험적인 것뿐만 아니라 정치적·역사적·사회적 연관성을 고려함으로써 올바른 연구가 가능하다는 것이다. 이 맥락에서 그는 자신의 방법론을 "이론형성의 역사적·사회적 조건들에 대한 논제(These)를 과거 지식사

위한 전문학술지 창간 등이 제시되기도 했다. 이를 계기로 동독 연구의 대표적인 전문학술지인 *Deutschland Archiv*가 창간되었다. Rüdiger Thomas, "Reflexionen zur DDR-und vergleichenden Deutschlandforschung", *Deutschland Archiv* Nr.12, 1987, p.1060.

[8] Peter C. Ludz, *Parteielite im Wandel,* Opladen: Westdeutscher Verlag, 1968.

[9] 이와 관련, 그는 다음 세 부류의 태도를 견지하는 당시 서독의 동독 연구자를 '공상적 전문가'라고 명명했다. 즉 ① 일부 좌파 학자들의 연구 경향으로서 마르크스 및 사회주의 고전을 신봉하는 자들의 개념과 진술을 가감 없이 현실사회주의국가인 동독을 설명하는 데 적용시키는 태도, ② 좌·우파 연구자에 공통적으로 해당되는 것으로서 동독 및 사회주의 국가의 체제 선전을 사실로 받아들이는 태도, 그리고 ③ 객관적이라는 미명하에 대개의 경우 서구사회와 비교 불가능한 통계 및 기타 자료들을 단순히 축적하는 태도이다. Peter C. Ludz, 1977, pp.31~32.

[10] Peter C. Ludz, *Ideologiebegriff und marxistische Theorie: Ansätze zu einer immanenten Kritik,* Opladen: Westdeutscher Verlag, 1976.

회학에서보다 세밀하게 정립하고, 실증적 연구를 통해서 역사적 의식을 새롭게 마련하려는 시도인 동시에, 사회과학에 아직도 존재하는 규범적 · 처방적 연구 방법과 경험적 · 서술적 연구 방법 간의 간극을 메우려는 시도"라고 규정했다.[11]

이러한 문제의식을 가진 루츠는 동독을 연구하는 과정에서 동독사회와 사회주의적 이데올로기 체계가 불가분의 관계를 맺고 있으며, 이 관계 틀 속에서 양자는 상호 영향을 주고받으면서 함께 변화한다는 사실에 주목하고, 동독체제의 성과와 표방된 이데올로기 간의 상관성을 과학적으로 분석하고자 했다. 이를 위해 개발한 자신의 방법론을 '내재적 · 비판적 접근법'이라고 이름 붙였다. 처음부터 그렇게 불렀던 것은 아니다. 실증주의와 해석학을 접목시키려는 문제의식에 걸맞게 1960년대 후반에는 '비판적 · 경험적' 또는 '비판적 · 실증적'이라고 불렀으며, 1970년대에 들어와 이를 '내재적 · 비판적'이라고 수정했다.[12] '경험적' 또는 '실증적'이라는 말 대신에 '내재적'이라는 용어를 사용한 배경은 1969년 사민당의 집권 이후「민족적 상황에 관한 보고자료 (Materialien zum Bericht zur Lage der Nation)」를 작성하는 위원회의 장으로서 동서독 사회를 비교하는 작업을 지휘한 경험과 깊은 연관이 있다.[13] 그는 이 경험에서 동독체제를 자체의 성과로 측정해야 한다는 것, 그리고 이것이 곧 경험적이고 실증적이라는 점을 확신하게 되었다. 즉 동독체제가 나쁘다는 것을 증명하는 것보다 실제로 어떻게 운용되고 있으며, 어떤 문제에 직면하고 있는지, 또 내외적 압력에 어떻게 적응 내지 반응하는지를 설명해야 한다는 것이다. 이러한 주장은 그의 의도와 달리, '현실사회주의국가들이 표방하는

11) Peter C. Ludz, *Ideologiebegriff und marxistische Theorie: Ansätze zu einer immanenten Kritik*, Opladen: Westdeutscher Verlag, 1976.

12) Peter C. Ludz, *Parteielite im Wandel*, Opladen: Westdeutscher Verlag, 1968, pp.22~24; Peter C. Ludz, "Die soziologische Analyse der DDR-Gesellschaft", *Wissenschaft und Gesellschaft in der DDR*, München: Carl Hanser Verlag, 1971, p.13.

13) 이 경험은 논문으로 정리되었고, 한참 뒤에 유고작으로 게재되었다. Peter C. Ludz, "Comparative Analysis of Divided Germany: Some Problems and Findings in Theory and Methodology", *Studies in Comparative Communism* Vol.12 Nos.2 & 3, 1979a.

이데올로기 체계를 진실로 받아들여야 한다는 의미를 지닌 마르크스주의자들의 내재성(Immanenz)에 대한 강조와 뒤섞여 받아들여짐으로써 사상적 의심을 받기도 했다. 그러나 그는 마르크스주의자가 아니었으며, 오히려 그러한 태도를 비판했다.

그는 1978년 사망하기까지 공산당 엘리트 연구를 비롯하여 이데올로기 연구, 사회 변화 및 모순 연구 등 동독에 관한 많은 경험적 연구를 수행했다. 그렇지만 스스로 인정했듯이 양적·질적으로 제한된 동독자료를 분석 및 해석하기 위한 방법론적인 도구의 개발과 관련하여 충분한 개념화가 이루어지지 못함으로써,[14] 애초 그가 목표로 삼았던 것처럼 시민사회체제나 사회주의체제 어디에나 적용될 수 있는 분석 모델 또는 분석틀이 구체적으로 제시되지는 못했다. 그럼에도 불구하고 메타이론적 차원에서 인식론 및 방법론적 기반은 물론이고 다양한 경험 연구의 성과는 바이메의 비교사회주의 연구를 위한 개념틀이 형성되는 데 직·간접적으로 기여했다.

2. 바이메의 비교사회주의 연구방법론

바이메는 자신의 연구방법론을 '내재적·비판적 접근법'이라고 스스로 말한 적은 없다. 그렇지만 사회주의체제의 비교 연구를 위해 그가 제시한 방법론적 구상은 루츠의 문제의식과 크게 다르지 않다. 예를 들면, "사회주의체제의 발전 수준을 경험적으로 찾기 위해서 사회과학적 연구는 사회주의의 목표를 수용해야 하며, 특히 그 체제의 정치적 산출에 초점을 맞춰야 한다"든지, "사회주의체제의 비교 연구는 일반화된 지식을 추구해야만 하지만, 이와 동시에 개별적 사회주의 형성 과정에서 역사적 특수성을 고려해야만 한

---

14) Peter C. Ludz, *Die DDR zwischen Ost und West: Politische Analysen 1961 bis 1976*, München: Verlag C.H.Beck, 1977, pp.35~36.

다"는 생각에서[15] 공통된 문제의식을 발견할 수 있다. 뿐만 아니라 그는 루츠와 유사하게 비교사회주의 연구의 두 가지 극단적 접근방법을 경계했다. 즉 각각의 사회주의체제 발전에 대해 순수한 내재적 해석을 선호하는 신역사주의적 접근과 어떤 사회주의적 모델의 공통성을 성급하게 일반화하는 접근이 바로 그것이다.[16] 요컨대 바이메가 목표했던 것은 체제의 차이에 초점을 맞추어서 기능적 비교를 함으로써 자본주의나 사회주의의 각 역사적 특수성 속에서 선택된 체제 유지 및 발전을 위한 다양한 제도와 그 기능의 실행을 분석할 수 있는 과학적 접근법과 이에 상응하는 분석 모델 내지 분석틀을 만드는 것이었다.

바이메는 과학적 비교사회주의 연구를 위한 구체적인 모델 및 분석틀의 개발을 위한 출발점으로서 세 가지 핵심 영역—생산 영역, 분배 영역, 정당성 영역—을 제시했다. 이는 〈표 1〉에서 보듯이 사회의 기능을 중심으로 어떠한 종류의 사회(자본주의와 사회주의)에서나 사회형성에 공통적으로 요구되는 것이다.

〈표 1〉 자본주의와 사회주의 사회의 비교

자본주의		사회 분야	사회주의	
사회형성	지배 원칙		지배 원칙	사회형성
사적 생산수단의 소유에 중점	교환	생산 영역	계획	사회화된 생산수단의 소유에 중점
시장을 통한 사후적 통제				계획을 통한 사전적 통제
물질적 매력을 통한 개별적인 동기 부여				사회주의적 의식, 물질적 매력의 소멸 등에 호소함으로써 개별적인 동기 부여

---

15) Klaus von Beyme, *Ökonomie und Politik im Sozialismus: Ein Vergleich der Entwicklung in den sozialistischen Ländern*, München: R. Piper & Co, 1977, p.16.

16) Ibid., p.24.

소득과 기회의 커다란 불균형	협상	분배 영역	중앙주도적 분배	소득과 기회의 더 큰 평등성
조직화된 개별적 이익의 높은 자율성과 갈등 잠재력				자율의 위축 및 개별 이익의 갈등 능력 감소
강력한 기회 균등하에 성과 원칙에 따른 분배				노동의 질을 의도적으로 더욱 강하게 고려하는, 노동업적의 분배/ 필요성의 원칙에 따라 분배를 점차 파편화
이데올로기는 주로 상황적 강요의 모습/ 생산 영역에서의 체제 기반에 대한 근본적 동의하에 이데올로기의 다양성	수단(보상, 조 직, 강요, 이데 올로기의 순서 에 띠리)을 통 한 통합	정당성 및 안전 영역	수단(이데올 로기, 강요, 조 직, 보상의 순 서에 따라)을 통한 통합	이데올로기의 우선/ 정당성 영역의 세계관적인 주변부에서 가장 먼저 반발이 발생
시민적 연합의 헤게모니하에 당과 집단의 다양성				노동계급의 조직적 표현으로서 공산당의 헤게모니
경제의 우선				정치의 우선

※ 출처: Beyme, 1977, p.18.

   하나의 이념형(ideal type)으로 제시된 〈표 1〉을 통하여 바이메는 먼저 자본주의와 사회주의체제는 사회적 지배 원칙과 기능 측면에서 전혀 다르다는 것, 그리고 다양한 사회주의체제의 유형이 존재하지만 공산주의로 나아가는 이행기 사회체제로 규정되는 현실사회주의에는 공통점이 있다는 것을 보여준다. 바이메는 사회주의체제 유형이 다양한 이유를 단지 사회주의 국가들의 역사적 특수성뿐만 아니라 자본주의체제와 경쟁 및 교류 과정에서 각자 타협의 필요성 차이와 공산주의로의 이행 과정에서 우선적으로 필요한 조치들에 대한 사회주의 국가들 상호 간의 합의부재에서 찾는다.[17]

   유형의 차이에도 불구하고 모든 현실사회주의국가들은 사회주의 혁명 이

<hr>

17) Ibid., 1977, p.21.

후 공산당 프로그램을 통해 이데올로기적 목표 달성을 추진한다는 점에서 공통점을 가진다. 바이메는 이 과정에서 체제 모순이 발생한다고 말한다. 즉 왈라스(Anthony Wallace)의 '목표 문화'와 '전이 문화'의 구분과 유사한 맥락에서 사회주의국가의 목표 달성을 위한 정책 추진이 사회주의체제의 발전 내지 변화를 초래함으로써 체제 모순이 노정된다는 것이다. 이와 관련하여 그는 사회주의체제의 발전을 네 단계로 구분한다. 사회주의 발전 수준에 따라 이데올로기적 목표 규정의 명확성은 차이를 보이기는 하지만, 대체로 혁명 초기에는 체제 변혁을 위한 재분배 목표를, 이 목표가 어느 정도 실현되면 효율성 목표를, 그리고 효율성 목표의 결과를 기반으로 마르크스주의의 인간적 목표인 보호와 참여를 다음 목표로 추구한다는 것이다(〈표 2〉 참조). 이러한 정책목표들은 사회주의 엘리트들의 행위 가이드라인을 제공하기도 한다.

〈표 2〉 사회주의체제의 발전 과정에서 정책목표 및 내용

	목표 분야	사회 분야	정책들
사회주의 혁명 초기 ↓ 사회주의체제의 발전	재분배	생산 영역	재분배정책(사회화, 집단화)
		분배 영역	소득정책, 물가정책, 세금정책, 사회정책, 소비 재생산정책, 교육정책
		정당성 영역	간부정책(Kadarpolitik)
	효율성	생산 영역	성장정책, 안정정책
		분배 영역	사회정책, 하부구조정책
		정당성 영역	대중동원정책, 사회적 통제
	보호	생산 영역	노동보호정책
		분배 영역	보건의료정책, 사회정책, 주택건설정책, 환경정책
		정당성 영역	법치정책
	참여	생산 영역	동참정책
		분배 영역	경영참여정책
		정당성 영역	조직정책

※ 출처: Klaus von Beyme, 1977, pp.38~39.

바이메에 따르면, 〈표 2〉와 같은 정책목표가 국내적 정당성을 확보할 수 있도록 하기 위해 현실사회주의국가는 이데올로기(사회화), 조직, 강요, 보상의 수단을 사용한다. 그렇지만 이들 수단은 각 국가의 특성은 물론이고 체제 발전의 각 단계에 따라 서로 다르게 조합된다. 예를 들면, 혁명 과정에서 내전 경험 유무를 비롯하여 사회주의 정권 초기 대중적 지지도 정도, 그리고 사회주의 발전 과정에서 목표 의식의 확산 및 체제 하부의 자발성 정도에 따라 다를 뿐만 아니라, 각 단계별로 초기에는 위로부터의 강력한 대중동원이, 효율성의 목표 단계에서는 보상과 이데올로기적 자극이 상대적으로 강조된다.[18] 이러한 목표 실현과 수단 설정의 최적 및 역기능적 혼합관계를 경험적인 조사를 통해 찾아내는 것이 비교사회주의 연구의 주요 과제들 중의 하나이다.

어쨌든 〈표 2〉의 정책목표들이 추진됨에 따라 현실사회주의국가에서는 일정한 성과가 나타나는 한편, 사회 모순도 발생한다. 일반적으로 사회주의자들이 말하는 사회 모순은 자본주의에 존재하는 자본과 노동의 갈등이다. 그러나 사회주의체제에서 그러한 모순은 존재하지 않으며, 공산혁명 이후 재분배의 단계를 거친 1960년대 초에 이르러 체제 발전 및 확산의 결과로서 자본주의와는 다른 사회 모순들이 노정되었다. 1971년 제24차 소련 공산당대회에서 브레즈네프(Brezhnev) 서기장은 사회주의 내부에 모순이 존재한다는 사실을 처음으로 고백했으며, 이후 동유럽 사회주의권에서는 사회주의체제 모순이 무엇인지에 대한 활발한 논쟁이 있었다.[19] 사회주의권의 학자들은 사회주의적 모순이 자본주의의 계급투쟁과 같은 구조적인 것이라기보다 사회주의체제의 이행기적 성격과 관련된 '발생학적 원인'과 '외부로부터 사회주의체제로이전된 원인들'로 구분한다.[20]

---

18) Ibid., 1977, p.40.
19) Peter C. Ludz, "Widerspruchstheorie und entwickelte sozialistische Gesellschaft", *Deutschland Archiv* Nr.5, 1973, pp.507~510.

그러나 바이메는 현실사회주의의 사회 모순에도 구조적 원인이 있다고 주장하면서 사회 모순의 발생 원인을 자세하게 분석하고 있다.[21] 즉 구조적 원인은 사회주의체제의 성과를 측정하는 지표를 찾거나 성과의 체제 연관성을 규명하기 위한 변수를 모색하는 과정에서 자연스럽게 도출되며, 크게 세 가지로 분류 가능하다. 첫째, 정책목표들 사이에 내재하는 부분적 불일치성이다. 예컨대 생산 영역에서 재분배는 사회주의체제 발전을 위한 하나의 수단적 성격을 띠고 있으나 그 결과로서 효율성의 저하를 초래한다. 또한 효율성은 사회주의적 목표 달성의 수단적 의미를 가지나 부의 증대가 목적화됨으로써 불균등을 배태하고 있다. 이에 비해 보호는 사회동력을 감소시켜 결과적으로 효율성을 저하한다. 나아가 재분배 과정에서 일상화된 대중동원은 효율성의 증대가 요구되는 시기에도 (사이비) 참여의 방식으로 고착된다. 이렇듯 목표들 사이의 불일치성에 기인하는 문제는 자본주의체제와 경쟁하는 상황에서 더욱 확대된다. 둘째, 사회주의 목표와 특정 실현 수단 사이의 몇 가지 불일치로 인한 것이다. 예컨대 재분배와 경제체제의 효율성 확보를 위해 필요한 억압적 수단은 보호나 참여 목표에는 역작용의 결과를 초래한다. 또한 이데올로기에 맞게 보상을 비물질적인 것에 제한하는 것도 물질적 보상을 통해 평등의 성과를 해치는 것과 마찬가지로 역기능을 한다. 셋째, 상이한 목표들을 실현하기 위해 채택된 여러 수단들 사이의 모

---

[20] 동독의 저명한 학자인 쿠진스키(Kuczynski)는 마르크스와 엥겔스, 그리고 레닌도 사회적 갈등을 발전의 동력 또는 살아있는 삶과 동일시함으로써 기본적으로 모순에 대한 긍정적 태도를 취했다는 점을 내세우면서 사회주의에도 사회 모순들이 존재하며, 다른 체제보다 더 빠른 해결이 필요하다고 강조했다. 또한 대립적 모순과 비대립적 모순이라는 모택동의 구분을 바탕으로 계급 간 대립과 관계가 없는 수많은 대립적 및 비대립적 사회 모순들이 있다고 주장했다. 여기서 사회 모순들은 계급 모순과 마찬가지로 사회의 경제적 기반에 기인하고 있다는 것을 그도 인정했다. Jürgen Kuczynski, "Gesellschaftliche Widersprüche", *Deutsche Zeitschrift für Philosophie* Heft10, 1972, pp.1269~1279; Peter C. Ludz, "Widerspruchstheorie und entwickelte sozialistische Gesellschaft", *Deutschland Archiv* Nr.5, 1973, p.512에서 재인용.

[21] Klaus von Beyme, 1977, pp.320~329.

순이다. 자본주의와 비교하여 사회주의에서 수단의 선택은 더욱 유연하다. 디플레이션이나 실업률 증대보다 인플레이션 압력을 감수하는 수단을 선택하는 것이나, 생산의 저하보다 산재의 증대나 노동생산성의 저하를 선택하는 것 등은 대표적인 예이다.

발생학적 내지 외부 역사적 원인은 개개인에 대한 동기 부여를 방해하는 것으로서 크게 세 가지로 분류된다. 첫째, 세계체제에서 자본주의의 지배적 우위가 지속되는 상황으로 인하여 동기 부여가 방해된다. 사회주의국가들은 자본주의의 경제제재 정책을 비롯한 경제전쟁방식에 스스로 허점을 보이지 않기 위해 서방국가의 자본투자를 허용하지 않는다. 둘째, 사회주의 인간의 사고 속에 남아 있는 시민적 잔재에 연원하는 것으로서 사회주의 혁명 직후 재분배 단계부터 재산몰수에 대한 저항, 암시장, 여성 차별, 직업구조에서 신분적 구조의 유지 등이 대표적이다. 셋째, 사회주의 이데올로기의 어떤 부분이 사회주의 국가의 발전 과정에서 특정한 현실과 불일치할 경우에 사회주의 이데올로기 자체가 동기 부여 측면에서 잘못된 발전의 원인이 된다. 계획을 달성하기 위한 기업 간 거래에서 발생하는 사회주의적 부패가 그러한 예이다.

이렇듯 사회주의 정책의 목표와 수단에서 흔히 발견되는 모순들의 관계를 바이메는 자신이 제시한 세 가지 사회 영역과 네 가지 사회정책의 목표를 상호 연관시켜서 〈표 3〉과 같이 도식화했다. 여기서 중요한 것은 각 정책수단이 상호 복잡한 인과적 연계성을 가지고 있다는 점이다. 예컨대 생산 영역의 각 정책목표에서 채택된 정책수단들은 다른 정책목표의 수단들에 영향을 직접 미치고, 분배 영역 중에서 보호 목표의 수단들에도 영향을 준다. 뿐만 아니라 정당성 영역의 효율성 목표에서 선택되는 수단들은 임금과 간접적 재분배는 물론이고, 계층의 붕괴와 재구조화에 직접적인 영향을 끼치기도 한다.

〈표 3〉 사회주의 정책의 목표와 수단 부문에서 자주 나타나는 모순 관계 도식

	생산	분배		정당성
재분배	집단화 농업	임금정책		정당과두제
		개인적 소비	사회적 소비	
	텃밭소유　　기계화	계층의 붕괴		엽관제
	산업의 사회화 집중화	도시/농촌 | 지식/육체노동 | 남자/여자 | 지역적 차이 | 직업 분류 | 지위와 신분		
	도시화　　기계화	간접적 재분배		엘리트 충원
		가격정책 | 세금정책 | 사회정책 | 교육정책		
효율성	성장	소비		이데올로기
	산출			
	노동생산성			계획
	안정성			
	성장　고용　가격			억압
	자율성과 혁신			물질적 보상
보호	실업	보건정책		법률정책
	산재	사회정책		
	노동시간-여가시간	주택정책		
	직업 선택과 작업장 선택			
	노조의 기능	환경정책		
참여	일인지배	동참		조직
				대중집회
	작업장에서의 참여			아노미적 참여

　※ 출처: Klaus von Beyme, 1977, p.330.

　이렇듯 사회주의체제의 발전 내지 변화 과정에서 정책목표와 수단 부문에서 나타나는 모순들을 경험적으로 규명할 뿐만 아니라 사회주의 국가들 사이에 비교가 가능하도록 하기 위해서는 적절한 자료의 확보가 요구된다. 바이메는 이와 관련하여 크게 세 가지 방법으로 자료의 표준화 및 계량화가 가능하다고 주장한다. 첫째, 유형들(Typologien)로서 데이터 수집의 기준을 제공한다. 둘째, 주로 비정치적 분야에 집중된 통계자료 등 각종 객관적 데이터이다. 셋째, 면접조사 자료로서 이탈주민, 사회주의 국가내부 전문가, 외국의 전문가들로부터 얻는 주관적 자료이다.[22)]

그러나 이러한 자료는 대체로 불확실 내지 부정확하다. 첫째로 유형과 관련하여 자본주의체제를 측정하기 위해 개발된 지표를 사회주의체제에 그대로 사용하기는 어렵다. 따라서 유형화를 통해 적절한 지표를 개발하는 것이 필요하다.[23] 둘째, 사회주의 통계에는 상당한 문제점이 내재한다. 무엇보다 통계학적으로 저발전상태에 있기 때문에 의미있는 통계자료를 얻기 힘들다. 또한 발표되는 자료 역시 홍보적 목적으로 조작되는 경우가 대부분이다. 설령 데이터조작이 없더라도 원천 내지 기초 데이터가 잘못되어 있다. 계획실천과 관련하여 최하단위의 기관들은 계획성취압력이 강하면 강할수록 틀린 숫자를 보고하는 경향이 매우 높다. 더욱이 사회주의 국가에서는 성과를 아직 종료되지 않는 것으로 간주되기 때문에 과거 통계를 활용하여 현재의 추세를 미래까지 연장하는 '추세외삽법'(trend extrapolation)이 사용되는 현실에서 통계적 자료의 정확성을 신뢰할 수 없다.[24] 셋째, 객관적 자료의 부정확함은 주관적 자료에 의해 보완될 수 있다. 특히 주민들의 체제 만족도와 관련하여 정당성의 영역에서는 면접조사 자료의 필요성이 더욱 크다. 사회주의체제에서 면접조사는 자본주의에서와 달리 주로 생산 영역에 집중되는 경향이 있다. 자본주의에서는 대체로 분배 영역에서 사회적 일탈이 발생하는 반면, 사회주의에서는 생산 영역의 통제기제에서 관료에 의한 부패가 비일비재하기 때문이다.[25] 그러나 동독주민을 대상으로 하는 면접조사 자료는 풍부하지도 않을 뿐만 아니라 신뢰성도 높지 않았다. 동독 당국이 생산한 면접조사 자료는 현실을 제대로 파악하기 위한 것이라기보다 체제 선전 등 정책적 특정 목표를 위한 것이었기 때문이다. 더욱이 이탈주민들에 대한 면접조사 자료 역

22) Klaus von Beyme, 1977, p.25; Peter C. Ludz, "Comparative Analysis of Divided Germany: Some Problems and Findings in Theory and Methodology", *Studies in Comparative Communism* Vol.12 Nos.2 & 3, 1979a.
23) 이와 관련하여 루츠는 동서독 체제 비교를 위한 문제점을 잘 정리하고 있다. Peter C. Ludz, "Comparative Analysis of Divided Germany: Some Problems and Findings in Theory and Methodology", *Studies in Comparative Communism* Vol.12 Nos.2 & 3, 1979a.
24) Klaus von Beyme, 1977, pp.25~29.
25) Ibid., pp.30~31.

시 문화적인 것이든 아니든 간에, '의미들의 비교가능성'이란 맥락에서 커다란 문제를 안고 있다.[26] 이러한 문제점들을 염두에 두면, 양적·질적인 자료의 혼용과 경우에 따라 해석의 필요성은 당연한 것이 아닐 수 없다.

3. 사회구조 분석 모델의 모색

이상과 같이 현실사회주의의 발전 과정과 그 성과, 그리고 사회 모순에 관한 이론적 분석틀은 현실사회주의의 사회구조를 이해하는 데 큰 도움을 준다. 일반적으로 사회구조란 여러 차원에서 유사성과 상이성에 따라 전체사회의 관계를 이것저것으로 묶어 분류하는 것을 말하며, 일시적이거나 외형적인 것이 아니라 지속적이고 근본적으로 개인들을 결속할 뿐만 아니라 개별적이거나 집단적인 행위가능성을 증진하거나 제한하기도 한다. 사회구조의 분석 모델은 다양하다. 문화인류학적으로는 주로 가족과 친척질서가, 구조기능주의에서는 사회적 역할구조가, 인구학적으로는 세대·교육·소득과 같은 수평적 계층이, 마르크스주의에서는 수직적 계층으로서 계급이 각각 분석의 핵심 대상이며 계층사회학에서는 계층이 곧 구조를 의미한다.

이러한 다양한 모델이 모두 현실사회주의에 적용되기는 어렵다. 대개의 경우, 자본주의 및 자유주의체제에 적합한 것이기 때문이다. 그렇다고 마르크스주의적 모델을 적용하기도 어렵다. 계급투쟁에 초점을 맞춘 마르크스의 계급 개념은 공산주의로의 이행 과정에 있는 현실사회주의에서는 시민계급이 부재한 탓에 그대로 적용될 수 없기 때문이다. 그러나 사회적 불평등의 문제는 현실사회주의에서도 여전히 유효하다. 이미 앞에서 언급되었듯이 사회주의체제의 발전 과정에서 생성되는 사회 모순들은 사회구조의 분화를 촉진함으로써 소위 사회적 중심인 노동자계급 내부의 계층화를 초래했다. 그 결과로

---

26) Peter C. Ludz, "Comparative Analysis of Divided Germany: Some Problems and Findings in Theory and Methodology", *Studies in Comparative Communism* Vol.12 Nos.2 & 3, 1979a, pp.153~154; Peter C. Ludz, "Sozialwissenschaftliche Befragungen im Dienst der SED", *Deutschland Archiv* Nr.8, 1979b, p.863.

서 직업적 층위와 세대, 성별, 지역, 학력의 차이가 발생함에 따라 불평등과 이에 따르는 사회 모순이 부각된다.

마르크스의 계급 개념이 적용되기 어려운 현실에서 베버(M. Weber)의 계층 및 계급 개념은 대안으로서 유용하게 활용될 수 있다. 베버는 계급개념을 마르크스보다 다양하게 규정하고, 계급지위와 더불어 신분지위를 기반으로 계층을 구분했기 때문이다.[27] 특히 베버의 사회계급과 직업, 출신, 정치적 위상에 따른 신분지위 개념은 현실사회주의국가들이 인정했던 계급 및 계층 내부의 차별화를 설명하는 데 적절성을 보인다. 즉 계급 및 신분지위를 결정하는 요소(위신, 지위, 권력 등)의 다양성을 고려하여 사회계층을 구분하는 베버의 방법은 현실사회주의에도 적용가능하다. 또한 현실사회주의체제에서 산업화와 사회계급 및 계층의 분화는 자본주의체제와 마찬가지로 사회문화적 변화를 동반한다. 사회문화적 변화를 측정하는 방법론적 제약이 있기 때문에 입증의 어려움이 있지만, 외부세계의 영향뿐만 아니라 사회구조의 분화에 따른 계층 갈등 및 이질화가 계층 간 사회문화적 차이를 초래할 것이라는 사실은 충분히 추론 가능하다.

물론 '선진적' 현실사회주의국가와 '발전도상'의 현실사회주의국가 사이에는 역사적 특수성이나 체제의 이데올로기적 정당성의 확보 방식 차이 — 예컨대 당의 관료적 지배 또는 일인 독재지배 — 탓에 사회구조의 분화 과정이 다를 수 있다는 점을 간과하지 말아야 한다. 그렇지만 생산수단의 사회화와 당의 지도적 역할을 기반으로 이데올로기적 목표인 공산사회 건설을 지향하는 한, 분화 과정의 범위 및 시간 변수의 상이함에도 불구하고 분화 과정에서 공통성이 있다는 것 역시 묵과될 수는 없다. 예컨대 재분배 목표가 어느 정도 충족되면, 권력과 경제를 동시에 장악하는 사회주의 특권층이 확립될 뿐만 아니라 계층 간 이동성이 저하되는 것은 공통적 현상이다. 이에 따라 불만이 증폭되는 중하위층에는 공적 영역과 사적 영역에서 괴리가 발생함으

---

27) Max Weber, *Wirtschaft und Gesellschaft: Grundriβ der verstehenden Soziologie,* Tübingen: J.C.B. Mohr, 1980, pp.177~180.

로써 사회적 '틈새'가 증가한다.

그렇다면, 현실사회주의에서 계층의 구분에 의미 있는 지표를 찾아내는 것이 필요하다. 앞에서 언급되었던 이론적 논의와 아래의 경험적 연구 결과에서는 대체로 학력, 직업, 성별, 지역, 출신 성분 등이 지표로서 의미를 가진다. 물론 현실사회주의체제에서 학력 및 직업과 소득수준이 항상 긴밀한 연관성을 가지는 않는다. 그럼에도 불구하고 직업별 분류는 동독사회에 대한 경험적 연구에서 사회계층의 분류와 상관성을 보인다.[28] 어쨌든 현실사회주의의 사회구조 분석 모델을 마련하기 위해서는 계층이나 계급을 구분할 수 있는 구체적이고 의미 있는 지표를 찾고, 이에 적합한 자료를 확보하는 것이 일차적 과제이다.

III. 동독 사회구조의 변화와 특징

동독은 1945년 종전 직후 소련의 점령 시기를 거치면서 반파쇼·민주혁명 과정을 경험했으며, 1949년 정부수립 이후 1961년까지 사회주의의 기반을 창출하는 재분배 단계를 일단 완결했다. 소련 점령 시기 동안 일차적으로 농장과 공장의 소유관계의 급변을 비롯하여 토지개혁과 산업의 부분 국유화와 자본계급의 청산이 이루어졌다.[29] 이를 바탕으로 1960년대 중반 동독공산당 (SED) 서기장이었던 울브리히트(Ulbricht)는 동독에서 사회주의적 생산관계가 승리했다고 확언하고 '사회주의적 인간공동체'[30] 건설에 매진할 것을 선

---

28) Siegfried Grundmann, *Die Sozialstruktur der DDR: Versuch einer Rekonstruktion auf der Basis einer 1987 durchgeführten soziologischen Untersuchung*, Wissenschaftszentrum Berlin für Sozialforschung (Juni), 1997, pp.12~13.

29) 1948년에는 국민소유기업의 사장들 중에 50% 이상이 이전의 노동자 출신이었다. 소유구조의 변화는 1955년 국가기업 형성과 수공업 생산조합의 건설을 통해 지속되었다. 1945년 토지개혁에서 전 토지의 1/3 정도가 소유권 박탈을 경험했고, 이는 대부분 동유럽으로부터의 탈출자 및 추방자, 이전의 소작농들에게 귀속되었다. 이후 토지개혁은 1959/60년 집단화로 종결되었다. Katharina Belwe, "Sozialstruktur und gesellschaftlicher Wandel in der DDR", Hrsg. von Werner Weidenfeld and Hartmut Zimmermann, *Deutschland Handbuch. Eine doppelte Bilanz 1949-1989*, München: Carl Hanser Verlag, 1989, pp.126~127.

언했다. 그 결과 동독사회에는 심층적으로 사회구조적 변화가 발생했다. 1945년 구 동독지역에서는 근로자의 70.1%가 노동자 및 회사원, 30%가 자영업(농민 포함)이었으나, 1965년에는 4.2%가 자영업, 13.3%가 생산조합의 소속원, 82.5%가 노동자 및 회사원이었다.[31]

1960년대 초반부터 동독은 효율성을 주요 정책목표로 삼았다. 당시 동유럽 공산권의 경제개혁(NÖS; 신경제체제)의 소용돌이 속에서 경제정책결정의 탈중심화를 시도하는 등 산업화를 위한 효율성에 치중했다. 탈중심화 개혁은 결국 실패했으나, 노동법, 청소년법, 가족법, 형법 등 법질서가 정착되는 계기가 마련되었다. 또한 질적 수준을 지속적으로 제고하는 차원에서 1965년 '통일적 사회주의 교육체계에 관한 법'을 통해 교육체제의 개선과 구축이 시도되었다. 1960년대 산업화 과정에서 당지도부는 '사회주의적 인간공동체' 건설을 위해 사회와 개인의 이익을 일치시킬 필요성을 강조했다. 이를 위해서 정확한 분석과 과학적으로 근거를 가진 결정이 필요했고, 또한 가장 합리적이고 효과적인 사회적 지도를 할 수 있어야 했다. 이는 동독에서 사회과학의 부흥을 이끌었고, 1968년에는 당 정치국의 결정으로 '마르크스·레닌주의적 조직과학기구'(MLO)가 설립되었다.[32]

---

[30] 동독공산화 초기의 재분배 과정에서 새로운 사회구조와 새로운 사회관계뿐만 아니라 사회주의 인간을 형성하는 것이 주요 목표였다. 사회주의적 인간에 있어서 사유 및 행동양식의 중심적 특성은 '사회주의적 집단주의'였다. 이 맥락에서 울브리히트는 동독 사회주의를 통일된 사회적 유기체와 발전된 사회체계로 만드는 목표 아래 '사회주의적 인간공동체'의 실현을 강조했다. Horst Laatz, *Klassenstruktur und soziales Verhalten: Zur Entstehung der empirischen Sozialstrukturforschung in der DDR*, Köln: Verlag Wissenschaft und Politik, 1990, p.11.

[31] Horst Laatz, *Klassenstruktur und soziales Verhalten: Zur Entstehung der empirischen Sozialstrukturforschung in der DDR*, Köln: Verlag Wissenschaft und Politik, 1990, p.9.

[32] 이 기관은 당연히 공산당에 예속되어 있었다. 이 기관의 연구 계획에 따르면, "사회과학의 내용적, 정치적, 이데올로기적 수행은 당지도부에 의해 확정된 중점의 기반 위에 이루어져야 하며, 당은 내용적 중점 위에서 어떻게 그 중점들이 당의 의결로부터 도출되는지 지시하고, 중심적 연구 집단, 주도기관 및 조직의 지도를 위해 적절한 당관료를 투입하는 것을 비롯하여 취사선택, 확산 및 질적 고양을 확보한다"고 규정되어 있다. Horst Laatz, *Klassenstruktur und soziales Verhalten: Zur Entstehung der empirischen Sozialstrukturforschung in der DDR*, Köln: Verlag Wissenschaft und Politik, 1990, p.12.

1970년 동독공산당 중앙위원회 14차 회의에서 경제개혁의 중단이 결정되고 1971년 5월 16차 회의에서 울브리히트가 호네커(Honecker)에 의해 교체되면서 동독에는 새로운 시대가 열렸다. 신임 서기장 호네커는 1971년 8차 당대회를 통해 현실주의적 정책을 채택했다. 즉 울브리히트가 이상적으로 추구했던 '사회주의적 인간공동체' 건설은 포기되고 대신에 '사회주의사회의 노동자계급' 형성이 강조되기 시작했다. 1971년 브레즈네프가 사회주의체제 내에도 사회 모순이 존재함을 고백한 이후 호네커의 동독공산당도 계급과 계층에서 사회적 차별화가 존재한다고 인정했다. 이에 따라 '마르크스 · 레닌주의적 조직 과학기구'는 경험적 조사를 위해 계급과 계층의 새로운 개념화 작업을 시작했다. 동독공산당은 레닌이 말했던 계급의 기능적 측면, 즉 "사회적 조직에서 노동의 역할"을 전면에 내세움으로써 계급은 더 이상 혁명의 기반이 아니라 사회체계의 일부분으로 간주되었다. 그 결과, "2개 계급과 1계층 모델"이 제시되었다. 즉 계급은 노동자 계급과 협동농장농부로 구분되고, 계층에는 지식인계층을 비롯하여 부분적으로 사회주의적 변화 과정에서 새롭게 생성되거나 부분적으로 혁명 이전의 잔재로 계속 존재하는 다른 집단 및 계층이 하나로 포함되었다.[33]

사회구조를 "재생산 과정에서 사회적 분업을 통해 생성된 사회적 집단들 간의 상대적 관계 사이에 나타나는 비교적 안정적인 구조"로 규정한 동독공산당은 계급과 계층의 분류 기준을 "전체 체계를 위한 기능적인 적합성"에서 찾고 있다. 주요 체계 기능의 실현 과정에서 계급과 계층의 차별적 역할은 다음과 같은 '기본기능들'에 따라 결정된다. 첫째, 노동자, 그리고 과학 기술 발전의 덕분으로 도입된 생산수단이라는 생산력의 발전 기능. 둘째, 복잡한 분업체계를 야기하는 사회화된 생산 과정의 통제 기능(특히 계획과 지도의 맥락에서). 셋째, 협동소유를 비사회적 소유의 폐지로 발전시킴으로써 생산수단의 전체사회적 소유를 확립하는 기능. 넷째, 대내외적으로 사회주의적

---

33) Ibid., p.48.

국가권력의 확립 기능이다.[34]

이처럼 동독사회학자들은 노동자계급을 생산노동자의 총체로 파악하지 않고, "계급내재적 기능집단의 체계"로 이해했으며, 네 가지 주요 집단으로 구성되어 있다고 주장했다. 첫째, 물질적 재생산 과정에서 일차적 기능집단으로서 생산노동자, 서비스 분야 노동자, 정보기술 및 경제특화 및 국가정보 분야 종사자(지도자 제외), 지도적 기능을 갖지 않는 무장조직의 종사자이다. 둘째, 사회적 지도체계에서의 기능집단으로서 당과 사회조직의 주요 정치적 행정 기능인력, 경제와 경영 및 행정의 지도급, 과학 · 기술, 정치 · 이데올로기 분야의 종사자, 대학 및 전체사회적 결정지위(무장기관 포함)에서 노동자계급의 지도적 간부(Kader) 등이다. 셋째, 전체사회적 결정지위의 지도자, 위원회의 참모와 그들의 과학, 기술, 정치적 협력자연구소 종사자이다. 지식인으로 분류될 수 있는 두 번째 집단과 부분적으로 세 번째의 집단은 '새로운 노동자계급'으로 분류되었다. 넷째, 협동농장농부계급으로서 농업종사자, 농업생산조합 가입자가 속하며, 내적 기능집단으로서 특별한 자질과 기술을 가졌거나 정보화 및 지도기능의 집단도 포함되었다. '마르크스 · 레닌주의적 조직과학기구'의 개념화 작업에는 노동자계급의 계급외재적 기능집단에 관한 규정도 있었다. 여기에는 기술 · 자연과학 종사자로서 전문교육을 받은 자, 대학이외 교육종사자, 문화 부분 피고용자, 연구에 종사하지 않는 의학 지식인, 다른 정당 및 사회조직의 정치적 업무를 주업으로 하는 관료 등 계급내재적 기능집단으로 분류되지 않는 자가 속했다.[35]

이에 비해 계층의 특징은 과거 시민 · 자본주의적 소유와 밀접한 관계를 맺고 있으며, 점차 사회주의적 생산관계 및 기능에 다가가는 변화의 과정을 거치고 있는 것으로 이해되었다. 계층에 속하는 자로는 수공업 생산조합의 구성원, (피고용자가 전혀 없거나 한두 명 정도 규모의) 소량 물품생산자, 소유자 및 가족이 운영하는 서비스 업체, 개별 상인, 공증 · 건축 · 예술 · 문필가 등

---

34) Ibid., p.49.
35) Ibid., pp.54~56.

자유직업에 종사하는 지식인, 국가의 위임을 받아 사업을 수행하는 위원장 보조자(대규모 영업직, 숙박업자 등), 사적 자본주의적 기업의 소유자나 가족 종사자를 들 수 있다.[36]

　이러한 개념화 작업을 참조하여 동독공산당의 여러 사회구조 조사들을 취합하면, 동독 사회구조는 〈표 4〉와 같이 변화했음을 알 수 있다. 즉 분단 이후 노동계급의 비율은 별로 변화가 없었으나, 시간이 지나면서 지식인의 수는 배가되었고, 협동농장농부의 비율은 등락이 심하게 나타난다. 이러한 특징은 일차적으로 교육정책의 변화 탓이다. 노동자계급의 자녀가 대학입학에서 우선권을 얻었던 결과, 1960년대 초반까지 대학생의 50.3%가 노동자계급의 자녀였다. 1963년 경제개혁 이후 입학허가 방식이 변화하면서 노동자계급의 자녀 비율은 감소한 반면, 지식인계층의 자녀 입학 비율이 증가했다. 어쨌든 1970년대 초반까지 전체 대학생 수는 꾸준히 증가했다. 그러나 1972년 전문노동자의 부족에 따라 교육정책이 수정되어 입학허가 비율이 급격하게 감소하면서 대학생 정원이 줄어들었고, 1976년 이래 일정한 수준을 유지했다. 이후 교육정책은 계급 및 계층 내부의 안정적 재생산에 기여했다.[37] 또한 1950/60년대 산업화정책 역시 인구이동을 초래함으로써 사회구조 변화에 직접적인 영향을 끼쳤다. 대체로 농촌지역에서 도시로 많은 인구이동이 있었다. 1950/60년대에는 경제적·사회적으로 낙후된 지역으로 많은 이주가 이루어졌으나, 1970년대 이후에는 주로 지역(Bezirk) 내에서 인구이동이 발생하는 경향을 보였다. 특히 각 지역의 중심도시로의 인구집중 현상이 나타나면서 읍·면 단위에는 노년층만 남게 되었다. 그 결과 1971년에서 1980년까지 동독 전체 인구는 1.8% 감소한 데 비해, 도시인구는 1.3% 증가했으며, 농촌은 11%나 감소했다. 이에 수반하여 협동농장농부의 수는 2.1% 감소했다.

---

36) Ibid., p.57.
37) Katharina Belwe, "Sozialstruktur und gesellschaftlicher Wandel in der DDR", Hrsg. von Werner Weidenfeld and Hartmut Zimmermann, *Deutschland Handbuch, Eine doppelte Bilanz 1949-1989*, München: Carl Hanser Verlag, 1989, pp.130~131, p.136.

또한 농촌지역의 인구 중 1/3만이 농업에 종사했으며, 2/3은 노동자나 지식인, 자영업자 등으로 구성되었다.[38]

〈표 4〉 동독 근로자의 계급 및 계층 구조(1945~1985)

단위: 년, %

	1945	1952	1961	1964	1970	1982	1985
노동자계급(노동자와 사무근로자)	70.2	73.0	77.5	76.6	77.2	75.0	75.0
협동농장농부	-	0.5	12.2	10.9.	8.6	6.5	6.8
지식인	-	3.8	4.8	6.6	8.0	15.0	15.0
조합수공업자	-	-	1.0	1.8	3.1	1.8	1.8
사적 자영업자와 수공업자, 농부(노동 참여 가족 포함)	29.8	22.7	4.5	4.0	3.1	1.7	1.7

※ 출처: Katharina Belwe, 1989, p.131.

동독의 사회구조는 1980년을 즈음하여 커다란 변화가 있었으며, 가장 눈에 띠는 것은 노동자계급과 지식인계층의 변화였다. 지식인의 비율이 약 2배 증가한 것과 달리 노동자 비율에는 큰 차이가 없어 보이지만, 내부의 질적 변화는 매우 컸다. 이는 평등과 효율성 목표 사이의 갈등에서 동독사회가 점차 효율성에 더 기울게 된 귀결이었다. 당시 동독사회학자들 가운데 국민경제성과를 증대시키기 위해 더욱 강한 사회구조적 차별화를 옹호하는 목소리가 높아지기 시작했으며, 차별화의 불가피성은 결국 인정을 받게 되었다.[39]

차별화는 모든 계층과 계급에서 발생했다. 지식인 계층에서의 차별화는

38) Ibid., pp.131~132.
39) 동독 사회구조학자인 뢰치(Manfred Lötsch)는 1981년 「사회적 차이의 추동적 기능에 관한 테제」라는 글을 발표했으며, 여기서 사회적 차이, 차별화와 특수화가 과학기술적 진보의 추동력을 발휘할 수 있기 때문에 발전된 사회주의의 사회구조 구성은 더 이상 기존의 점진적 동일화의 과정으로 이해되지 말아야 한다고 주장했다. 뢰치의 주장은 논란을 불러일으켰으나, 결국에는 동독에서 그의 주장은 관철되었다. 즉 평등 목표는 선언적인 의미에서 포기되지 않았으나, 평등과 효율성의 목표 기준이 서로 모순될 수 있다는 것이 확인되었다. Katharina Belwe, "Sozialstruktur und gesellschaftlicher Wandel in der DDR", Hrsg. von Werner Weidenfeld and Hartmut Zimmermann, *Deutschland Handbuch. Eine doppelte Bilanz 1949-1989*, München: Carl Hanser Verlag, 1989, pp.135~136.

1980년대 초반부터 시작되었다. 이는 효율성에 대한 강조와 더불어 동독사회에서 재능이나 실적이 중요해졌고, 이는 전문가와 엘리트의 확대로 이어진 결과였다. 이 과정에서 지식인 계층도 크게 세 계층으로 구분되었다.[40] 최상층에는 주로 연구와 개발에 종사하는 과학자들이 속했다. 1985년 동독통계에 따르면 총 근로자의 20% 정도에 달하는 지식인들(약 163만 명) 가운데 12만 2천 명 정도이다. 이 중에서도 창의적인 핵심이거나 과학적 지식의 최고 업적을 내는 과학적 엘리트의 수는 약 2만에서 3만 명 정도로 추산되며 이들은 총 근로자의 약 1.4% 정도였다. 차상층은 지식인계층에 속하는 대학졸업 집단 중에 자신의 직업지위가 요구하는 자질을 온전히 충족시키지 못한 지식인들로서 이들은 실행작업이나 일상적 업무에 배치 받았으며, 결정 권한을 거의 부여받지 못했다. 하위층은 대학 및 전문학교 졸업자 중 평균적 성적을 보인 계층으로서 생산에 가까운 일에 만족해야만 했다. 이들의 월급이나 생활조건은 과학기술 지식의 주변부에 적합했으나, 많은 점에서 특정 노동자집단과 유사했다.

노동자계급 내부의 차별화는 크게 두 가지로 구분될 수 있다.[41] 첫째는 '새로운 생산노동자 유형'이다. 여기에 속하는 자들은 대규모 산업복합(콤비나트)에서 합리적 조정 부서에 종사하는 높은 자질의 노동자로서 높은 업적과 동기의식을 보여주었다. 1985년 통계에 따르면 약 10만 명 정도가 여기에 해당되며 근로자 총수의 약 1.1%였다. 이들은 지식인계층 가운데 하위층에 속하는 엔지니어와 동일한 수준으로 인정받으며, 평균적 노동자보다 높은 임금은 물론이고 기업이나 콤비나트에서 존경을 받았고 더 많은 발언 기회를 가졌다. 둘째는 '새로운 프롤레타리아' 계급으로서 직업교육을 받지 못한 노동자, 부분적 전문노동자, 구식의 기술만을 갖춘 전문노동자들로 구성되었다. 이들은 전문노동자들 중 20~25%, 마이스터 중 22%에 달하며, 특히 이들의 18%가 직업교육을 받지 못했다. 주로 현대화되고 자동화된 곳에서 일하는 이

---

40) Ibid., p.136.
41) Ibid., pp.137~138.

들 노동자는 낮은 지식을 보유했으며, 단순 작업에 종사했다.

이상과 같은 차별화로 인해 직업은 물론이고 사회적인 양극화가 발생하는 가운데 부분적으로 새로운 사회구조가 형성되었다. 지식인계층의 최상 수준과 노동자계급의 최하위 수준 사이에는 격차가 더욱 확대되었다. 이에 따라 사회적 불평등이 증가하면서 위와 아래로 수직적 이동성이 확대되었으며, 지식인계층이나 노동자계급 사이의 수평적 이동도 가능하게 되었다. 또한 더 이상 생산이나 순수한 지식노동에 종사하지 않는 새로운 집단이 발생했던 바, 이는 대규모 생산시설 또는 콤비나트에서 생산을 합리적으로 조정하는 전문 노동자나 생산에 가까운 일을 하는 지식인으로 구성되었다.[42]

독일통일 이후 동독이 생산한 자료를 바탕으로 동독 사회구조를 보다 객관적으로 재구성한 연구들이 있다.[43] 특히 호프만의 연구에서는 단순히 사회적 지위뿐만 아니라 가치정향을 포함하여 사회환경 중심의 사회구조 분석이 이루어졌다. 사회적 지위는 상·중·하의 3개 계층 모델이, 가치정향으로는 '전통적 가치,' '현대적 가치,' '탈현대적 가치'가 기준으로 제시되었다. 이 기준에 따라 1960년과 1989년의 결과가 각각 〈표 5〉와 〈표 6〉으로 정리되고 있다. 〈표 5〉에 사용된 자료는 동독의 조사 결과를 재가공한 것이며, 〈표 6〉은 동독의 체제 변혁기 서독의 여론조사기관이 SINUS가 직접 조사한 것이다. 두 결과의 비교를 통해 혁명 이후 재분배 단계를 끝낸 동독사회가 산업화를 통해 얼마나 사회구조적 변화를 겪었는지를 단적으로 알 수 있다.

〈표 5〉는 동독 공산화 이후 과거의 엘리트들이 박해받거나 서독으로 탈출함에 따라 상층부는 격감했으며, 1950/60년대 사회주의 교육개혁을 통해 새로운 엘리트를 배출하기 시작했음으로 보여준다. 이들은 소위 '사회주의적 특권층'을 이루었다. 특권층에 속하기 위해서는 당 및 국가의 관료가 되

---

42) Ibid., p.139.

43) Siegfried Grundmann, *Die Sozialstruktur der DDR: Versuch einer Rekonstruktion auf der Basis einer 1987 durchgeführten soziologischen Untersuchung,* Wissenschaftszentrum Berlin für Sozialforschung (Juni), 1997; Michael Hofmann, "Soziale Strukturen in der DDR und in Ostdeutschland", *Bundeszentrale für politische Bildung,* März 30, 2010.

거나, 기술을 습득하여 사회주의 산업의 경영자가 되든지, 그리고 문화 및 교육을 담당하는 교사·과학자·문화예술가가 되는 길이 있었다. 이에 비해 전통적 전문노동자나 소시민적 생활세계를 가진 사무직이나 소규모 자영민은 사회적 신분상승을 위한 어떠한 정치적 상황에도 적응하기 힘들었다. 물론 1960년 초반 재분배 시기가 마무리될 때까지 동독의 사회적 삶은 여전히 대부분 전통적이고 프롤레타리아적이며 소시민적인 사회문화의 성격을 유지했다.[44]

〈표 5〉 1960년 동독의 사회구조

가치정향 사회지위	전통적 가치 (가치전형: 보존)	현대적 가치 (가치전형: 소유)			탈현대적 가치 (가치전형: 존재)
상층		사회주의적 특권층(21%)			
		문화적 신분상승자 (12%)	기술적 신분상승자 (4%)	정치적 신분상승자 (5%)	
중층	과거 학자 (3%)	과거의 기업가와 기술자(4%)			
	노동자, 사무직, 그리고 소시민적 배경을 가진 수공업자(26%)				
하층		전통적 전문노동가들(36%)			
		무학력 내지 저학력자(10%)			

※ 출처: Michael Hofmann, 2010, p.1.

1960년대 중반 동독의 교육개혁이 끝난 이후 사회주의적 특권층은 자체 충원이 이루어지기 시작했다. 즉 지속적인 대규모 신분상승은 더 이상 가능하지 않게 되었고, 1970/80년대 동독의 사회적 이동성은 매우 감소했다. 그럼에도 불구하고 1970년대 동서독 관계정상화를 기점으로 동독은 국제사회로부터 국가로 인정받았고, 서독언론과 방송이 유입되었으며, 호네커식의 사회정책

44) Michael Hofmann, "Soziale Strukturen in der DDR und in Ostdeutschland", *Bundeszentrale für politische Bildung*, März 30, 2010, pp.1~2.

이 전개됨에 따라 제한적이나마 현대적 삶의 방식을 수용하게 되었으며 대중 소비에 노출되었다. 특히 동독주민들은 비록 형제국가에 제한되었으나, 해외 여행과 서방의 대중문화 및 음악을 접할 수 있었기 때문에 〈표 6〉에서 보듯이 새로운 사회적 환경들이 어렵게나마 생성되고 자리 잡을 수 있었다. 그러나 서양 대중음악이나 교육지향적 내지 하부문화적 삶의 방식은 동독체제와 잘 연결되기는 어려웠다. 따라서 사적 관계에 기초한 '틈새'(niche)에서 그들의 취향을 누리거나, 또는 동독사회에 좌파 대안적 저항환경을 조성하려는 시도가 확산되었으며, 이는 때때로 교회의 비호를 받기도 했다. 뿐만 아니라 사회적 핵심 구성원인 사회주의적 특권층 주변에서는 좌파대안적 생활세계를 추구 하는 자들이 나타났으며, 여기에서는 현대화된 환경과 젊은 전문노동자 및 대 안적 지식인들의 하부문화가 형성되기도 했다.[45]

〈표 6〉 1989년 동독의 사회(환경)구조

가치정향 / 사회지위	전통적 가치 (가치전형: 보존)	현대적 가치 (가치전형: 소유)			탈현대적 가치 (가치전형: 존재)
상층		사회주의적 특권층(24%)			
		인본주의적 환경(10%)	기술관료적 환경(6%)	지위지향적 환경(8%)	
		소시민적 환경(23%)			
중층		전통적인 노동자 환경(27%)			
			향락주의적 노동자 환경(5%)		좌파대안적 환경(7%)
하층		기회지향적 노동자 환경(8%)		하부문화적 환경(5%)	

※ 출처: Michael Hofmann, 2010, p.4.

〈표 6〉은 1989년 동독의 평화혁명이 분출된 배경을 이해하는 데 도움을 준 다. 동독이 몰락하기 직전에 9개의 상이한 사회적 환경이 있었고, 이는 사회 적 특권층, 전통적 생활세계(전문노동자와 소시민), 새롭게 억압된 사회적 환 경(하위문화, 좌파대안적 및 향락적 노동자)이라는 세 가지 사회집단으로 구

45) Ibid., p.3.

분되었다. 동독의 평화혁명의 중심 행위자들은 그 가운데 마지막의 새롭게 억압된 사회적 환경에서 나왔다. 특히 향락적인 노동자 환경은 동독에서 서독으로 이주를 희망하는 자들 중 가장 큰 부분을 차지했다. 또한 좌파대안적 환경에서는 시민권을 요구하는 자들이 나왔다. 나아가 1980년대 동독산업의 하락분위기 속에서 노동자와 사무직들의 전통적인 사회집단들도 체제에 대한 거부감을 가졌으며, 심지어 사회적 특권층에서 개혁자를 자처하는 자가 나오기도 했다.[46]

IV. 시사점

전술한 비교사회주의 연구 방법에 관한 논의와 동독의 사회구조 분석 사례는 여러 측면에서 현재 북한의 사회 모순이나 사회구조를 더욱 잘 이해하는데 도움이 되는 시사점을 던져준다. 특히 인식론적 · 방법론적 문제의식과 상상력이 요구되는 북한사회 연구의 현실을 고려하면, 독일 사례는 우리에게 더욱 귀중하게 활용될 수 있다. 중요한 시사점을 중심으로 간략하게 정리하면 다음과 같다.

첫째, 북한의 사회 모순과 사회구조에 대한 우리 학계의 연구들이 북한체제의 발전 내지 변화에 관한 체계적 이해를 바탕으로 전개되고 있는지 생각해볼 필요가 있다. 특정 유형의 현실사회주의체제로서 북한체제가 실제로 어떻게 운용되고 있으며, 어떤 문제에 직면하고 있는지, 또 국내외적 압력에 어떻게 적응 내지 반응하는지를 제대로 이해하지 못하면, 북한의 사회 모순과 사회구조의 변화를 올바로 설명하기 어렵기 때문이다. 북한체제를 체계적 이해할 수 있기 위해서는 북한사회의 특수성뿐만 아니라 현실사회주의의 일반적 발전 과정이 충분히 고려되어야 할 것이다.

---

[46] Ibid., pp.4~5.

근래 우리의 북한 연구는 경험적 자료의 결핍 내지 부족에도 불구하고 그러한 체계적 이해를 위해 많은 노력을 기울이고 있다. 그러나 북한체제를 일반론적 맥락에서 재해석하고 이를 체계적으로 정리하는 작업은 아직도 갈 길이 멀어 보인다. 예를 들면, 바이메의 분류에 따른 목표의 네 단계를 북한에 적용시킬 수 있을지 여부에 대한 논의의 필요성이다. 없다면, 그 이유를, 있다면 시기분류와 단계별 특성을 설명해야 할 것이다. 후자의 경우라면, 아마도 재분배단계는 대체로 1961년 9월 조선노동당 제4차 대회를 전후하여 끝났으며, 1961년부터 시작된 제1차 7개년 경제계획은 효율성 단계의 진입을 알리는 것이었다는 점에는 별 이의가 없을 듯하다. 또한 참여와 보호 단계에의 본격적 진입은 동유럽의 선진 현실사회주의체제에서도 이루어지지 못했으며, 북한도 예외가 아닐 것이다. 그렇다면 효율성 단계에서 북한정권이 이룬 성과를 중심으로 사회 모순을 밝히고 이것이 1960년대 정착된 사회주의적 사회구조를 어떻게 변화시켰는지에 대한 설명이 필요하다. 특히 1970년대 전반기 북한이 세계시장 진입에 실패하고 채무불이행국으로 전락함으로써 야기된 사회 모순과 사회구조 변화에 대한 설명 없이 1990년을 전후한 탈냉전이 북한사회에 끼친 영향을 제대로 규명하기 힘들다. 다시 말해서 탈냉전 시기 북한의 고립이 초래한 사회 모순과 사회구조 변화의 기준점에 대한 보다 명확한 분석이 요구된다는 것이다.

 이러한 문제의식의 연장선상에서 둘째로 사회구조는 정치·경제·사회적 상황변화와 더불어 변화를 하는 것임에 분명하지만, 일시적인 것이 아니라 지속성, 특히 관성을 가지고 있다는 점에 주목해야 한다. 사회구조의 관성력을 염두에 두면, 탈냉전 시기 시장화가 확대되는 등 북한의 사회경제적 질서가 동요함에 따라 등장하는 경제적 계층의 변동이 과연 전체 사회구조에 어떠한 변인으로 작용하는지에 대한 분석 및 설명이 필요하다. 그러나 근래 북한사회의 불평등, 균열, 모순 등에 주목하는 논문들에서는 탈냉전을 단절의 계기로 간주하는 듯하다. 이는 기존의 정치적 계층과 새로운 경제적 계층분화를 연결하여 설명하지 않는 경향[47)]에서 유추할 수 있다. 근본적인 문제는 아마도 북한의 계급정책에 대한 기존 연구들에 내재해 있는 듯하다. 일반적으로 북한의 계층에 관한 연구는 출신 성분에 따른 북한 당국의 구분('핵심군중', '기본군중', '복잡군중')을 기본으로 하고 있다. 이러한 계층 구분은 재분배단계에서 필요했던 것이지만, 효율성 단계에서는 사실상 그 의미를 상실하는 것이 일반적이다.[48] 출신 성분에 따른 정치적 신분질서가 이미 확정된 효율성 단계에서 중요한 것은 3대혁명(사상·기술·문화)에 입각한 교육정책과 산업화의 결과로 계층분화가 어떻게 나타났고, 계층분화가 전체 사회구조를 어떻게 변화시켰으며, 또 그 결과 특정한 지위나 사회적 정체성이 생성될 수 있었는지에 관한 실증적 연구이다. 이러한 것이 매우 부족한 상황에서 근래 제한된 북한이탈주민 대상의 면접조사를 근거로 북한의 경제적 계층분화 분석에 주력하는 작업들은 자칫하면 사회 모순 및 사회구조 변화의 실상을 왜곡할 수 있다.

셋째, 북한의 사회구조 변화를 야기하는 사회 모순의 발생과 관련, 동유럽 사회주의국가들의 그것과 비교하여 상대적으로 대외적 변수의 비중이 매우 높다는 북한의 특수성에 주목할 필요가 있다. 분단국가였던 동독의 경우에는 다자적 동맹기구들 사이의 세력 균형이 이루어져 있었다는 점에서 북한보다 대외변수의 비중은 상대적으로 훨씬 낮았다. 이는 최근 북한이 식량난·경제난 속에서도 국제적 제재를 감내하고 대량살상무기를 개발하면서 '경제·핵무력 건설 병진정책'을 부르짖는 사실에서 잘 드러난다. 물론 이러한 북한의 태도는 비단 어제 오늘의 일이 아니며, 이미 1960년대 초반에도

---

[47] 이와 관련하여 문제의식은 있으나, 실증적 연구가 뒷받침되고 있지 못하다. 예를 들면, 최봉대는 정치적 신분체계와는 별개로 경제적 불평등체계 자체가 주민들의 사회적 정체성의 재형성에 어느 정도 효과를 미치고 있는지의 문제를 검토해야 하며, 주민들의 행위에 영향을 미칠 수 있는 새로운 실천적 가치체계가 경제적 계층분화 과정에서 생성되었는지를 확인할 필요가 있다고 주장하지만, 정치적 계층과 새로운 경제적 계층분화의 연계관계에 대해서는 설명하고 있지 못하다. 최봉대, 「계층구조와 주민의식 변화」, 정영철 외, 『1990년대 이후 북한사회 변화』, 서울: 한국방송공사, 2005, 9쪽.

[48] 실제로 북한문헌에서 출신 성분은 1960년대에 매우 강조되었고, 1970년대에도 종종 사용되었으나, 1980년대에는 거의 찾아볼 수 없다. 김병로·김성철, 『북한사회의 불평등구조와 정치사회적 함의』, 서울: 민족통일연구원, 1998, 86쪽.

그러했다. 1962년 12월 당 중앙위원회 제4기 제5차 전원회의에서 공식적으로 제기된 소위 '국방과 경제의 병진노선'은 오늘날에도 여전히 유효하다. 이처럼 대외적 변수의 비중을 염두에 두고, 효율성 목표에 관한 북한의 특수성을 반영함으로써 북한 사회 모순이나 사회구조적 성격을 보다 정확하게 규명할 수 있다.

마지막으로 북한에 관한 자료의 결핍 내지 부족으로 인해 발생하는 문제이다. 북한 당국은 1963년 이래 공식적인 통계수치를 발표하고 있지 않다. 이에 따라 북한 연구자들은 북한의 정기간행물과 선전책자의 내용을 분석하고 재구성하는 작업을 비롯하여, 유엔 등 국제기구의 자료, 대한무역진흥공사(KOTRA)의 각국 무역통계를 기반으로 산출한 북한의 대외무역 자료, 이상의 모든 통계자료를 바탕으로 산정된 추정치—소위 거울통계(mirror statistics)—에 입각한 한국은행과 통계청의 자료를 활용한다. 또한 주관적인 자료로서는 북한 소설을 통해 사회문화적 현실을 해석하며, 또 해외 및 국내의 북한이탈주민들 대상의 면접조사 결과를 활용한다. 동독보다 훨씬 심한 북한의 폐쇄성을 감안할 때, 자료의 객관성 문제를 극복할 수 있는 길은 당분간 없어 보인다. 그렇지만 현재 통용되고 있는 북한통계에 대한 보다 면밀한 재검토가 필요하다. 추정치의 근거가 전혀 알려져 있지 않은 채 결과만 나와 있는 통계자료는 현실을 왜곡할 가능성이 높기 때문이다. 이러한 열악한 상황에서 면접조사의 결과들이 일종의 탈출구로 여겨지는 경향이 있다. 면접조사방식은 제한적이나마 이탈주민들에 의존해서 현실에 다가갈 수 있는 거의 유일한 길이라는 사실은 분명하지만, 이들이 지역적으로나 계층적으로나 표본집단이 아니라는 점은 잘 알려진 약점이다. 이외에도 정치·경제·사회문화적으로 다른 삶을 살아온 대상에 대한 면접조사의 방법론적인 문제도 있다. 즉 조사자나 피조사자가 상대의 체제 및 문화를 제대로 이해하지 못함으로써 발생하는 오해의 문제가 바로 그것이다. 따라서 면접조사 자료의 경우에 그러한 현실적 한계를 명확하게 인식해야 할 것이다.

이외에도 연구의 주제에 따라 더욱 구체적인 시사점을 발견할 수 있을 것이다. 어쨌든 북한 연구에 있어서 잘 알려진 제약을 극복하기 위해 다양한 우회로를 찾을 필요가 있기 때문에 동독 연구 및 동독 사례를 통해 상상력을 키우고 이론적 방법론의 중요성을 재발견하는 것은 계속되어야 할 것이다.

【참고문헌】

과학백과사전출판사, 『조선대백과사전』 제3권, 평양: 백과사전출판사.

김귀옥·김채윤, 「변혁기 북한의 계급과 계급정책」, 『변혁기 사회주의와 계급·계층』, 서울: 서울대학교출판부, 1997.

김병로, 「탈북자 면접조사를 통해 본 북한사회의 변화」, 『현대북한연구』 제15권 제1호, 2012.

김병로·김성철, 『북한사회의 불평등구조와 정치사회적 함의』, 서울: 민족통일연구원, 1998.

박영자, 「체제변동기 북한의 계층·세대·지역 균열: 행위자 모형에 기반한 상황과 구조」, 『한국정치학회보』 제46집 제5호, 2012.

서재진, 『또 하나의 북한사회: 사회구조와 사회의식의 이중성 연구』, 서울: 나남, 1995.

서재진, 『북한사회의 계급갈등 연구』, 서울: 민족통일연구원, 1996.

송두율, 「북한사회를 어떻게 볼 것인가」, 『사회와 사상』 12월호, 1988.

이국영, 「독일 내재적 접근의 한국적 수용과 오해: 북한연구에 대한 함의」, 『통일문제연구』 통권 50호, 2008.

이승훈·홍두승, 『북한의 사회경제적 변화: 비공식부문의 대두와 계층구조의 변화』, 서울: 서울대학교 출판부, 2003.

전현준, 『북한의 사회통제기구 고찰: 인민보안성을 중심으로』, 서울: 통일연구원, 2003.

조정아 외, 『북한주민의 일상생활』, 서울: 통일연구원, 2008.

최봉대, 「계층구조와 주민의식 변화」, 정영철 외, 『1990년대 이후 북한사회 변화』, 서울: 한국방송공사, 2005.

Horst Laatz, *Klassenstruktur und soziales Verhalten: Zur Entstehung der empirischen Sozialstrukturforschung in der DDR*, Köln: Verlag Wissenschaft und Politik, 1990.

Jürgen Kuczynski, "Gesellschaftliche Widersprüche", *Deutsche Zeitschrift für Philosophie* Heft10, 1972.

Katharina Belwe, "Sozialstruktur und gesellschaftlicher Wandel in der DDR", Hrsg. von Werner Weidenfeld and Hartmut Zimmermann, *Deutschland Handbuch. Eine doppelte Bilanz 1949-1989*, München: Carl Hanser Verlag, 1989.

Klaus von Beyme, *Ökonomie und Politik im Sozialismus: Ein Vergleich der Entwicklung in den sozialistischen Ländern*, München: R. Piper & Co, 1977.

Max Weber, *Wirtschaft und Gesellschaft: Grundriβ der verstehenden Soziologie*, Tübingen: J.C.B. Mohr, 1980.

Michael Hofmann, "Soziale Strukturen in der DDR und in Ostdeutschland", *Bundeszentrale für politische Bildung*, März 30, 2010. http://www.bpb.de(검색일: 2012년 12월 20일).

Peter C. Ludz, "Comparative Analysis of Divided Germany: Some Problems and Findings in Theory and Methodology", *Studies in Comparative Communism* Vol.12 Nos.2 & 3, 1979a.

Peter C. Ludz, "Die soziologische Analyse der DDR-Gesellschaft", *Wissenschaft und Gesellschaft in der DDR*, München: Carl Hanser Verlag, 1971.

Peter C. Ludz, "Sozialwissenschaftliche Befragungen im Dienst der SED", *Deutschland Archiv* Nr.8, 1979b.

Peter C. Ludz, "Widerspruchstheorie und entwickelte sozialistische Gesellschaft", *Deutschland Archiv* Nr.5, 1973.

Peter C. Ludz, *Die DDR zwischen Ost und West: Politische Analysen 1961 bis 1976*, München: Verlag C.H.Beck, 1977.

Peter C. Ludz, *Ideologiebegriff und marxistische Theorie: Ansätze zu einer immanenten Kritik*, Opladen: Westdeutscher Verlag, 1976.

Peter C. Ludz, *Parteielite im Wandel*, Opladen: Westdeutscher Verlag, 1968.

Rüdiger Thomas, "Reflexionen zur DDR-und vergleichenden Deutschlandforschung", *Deutschland Archiv* Nr.12, 1987.

Siegfried Grundmann, *Die Sozialstruktur der DDR: Versuch einer Rekonstruktion auf der Basis einer 1987 durchgeführten soziologischen Untersuchung*, Wissenschaftszentrum Berlin für Sozialforschung (Juni), 1997.

미·중관계의 변화 전망과
북한의 '자주적 생존 전략'의 미래*

김학성(충남대학교)

Ⅰ. 문제제기

2013년 2월 북한은 제3차 핵실험을 강행했다. 2012년 12월 광명성 3호의 성
공적 발사에 이어 북한은 군사력을 대외에 과시할 수 있었으나, 정치·경제적
으로는 엄청난 대가를 치르고 있다. 즉 대내적으로는 국방력의 강화에 많은
예산을 지출함으로써 북한내부의 경제난 극복에 필요한 재정을 낭비하고 있
으며, 대외적으로도 핵·미사일 개발 및 시험은 유엔의 대북제재 결의와 미국
과 서방의 강도 높은 추가제재는 물론이고 중국의 갓 출범한 시진핑체제로부
터도 지지를 얻어내지 못함으로써, 만성적인 공급문제를 중국에 의지하여 최
소한이나마 해소해왔던 것마저도 위태롭게 하고 있다.

김정은정권은 핵실험이 북한 경제를 지탱하기 위해 필수적인 식량, 생필
품, 에너지의 지원 내지 도입마저 어렵게 할 것이라는 점을 분명히 알고 있
었다. 이전의 핵·미사일실험에 대한 미국과 서방, 심지어 중국의 반응을
충분하게 경험했기 때문이다. 그럼에도 불구하고 북한 당국이 군사적 모험

* 이 논문은 2011년도 정부재원(교육과학기술부 사회과학연구지원사업비)으로 한국연구재
단의 지원을 받아 연구되었으며, 『세계지역연구논총』 제31권 제1호(2013)에 게재되었음
(NRF-2011-330-B00020).

을 강행한 것은 북한체제의 특성이 반영된 전략적 행위의 결과라고 판단할 수 있다. 북한은 이미 6·25전쟁 이후 자주성을 북한체제의 주요 이데올로기로 만들어 왔다. 냉전 종식으로 고립된 북한이 정치·경제·사회의 모든 면에서 체제 유지의 어려움에 처했지만 자주성은 결코 포기하지 않고 있다. 오히려 자주성을 토대로 생존의 길을 모색하는 데 골몰해왔다. 1990년대 심각한 식량위기 속에서도 대량살상무기를 개발해 온 것이 바로 그 증거이다. 필자는 북한정권의 그러한 태도를 '자주적 생존 전략'으로 명명하고자 한다.

북한정권이 강조하는 자주적 생존의 당위성은 과거 여러 형식으로 표출되었지만, 3차 핵실험에 대한 유엔안보리의 대북제재 결의안(제2094호)을 비난한 북한 외무성의 3월 9일자 성명에서 확연하게 드러난다. 즉 대북제재는 미국이 북한체제를 와해시키려는 시도의 산물이기 때문에 북한정권은 핵억제력을 "자주권과 생존권을 수호하는 강력한 담보"로 삼아 절대로 포기하지 않겠다는 것이다.[1] 그렇다면 체제 생존을 위협하는 경제난에는 어떻게 접근할 것인지? 북한은 2013년 신년사에서 경제강국 건설을 제일 먼저 언급하고 있다. 물론 경제강국 건설의 방법으로서 '자립적 민족경제'와 '우리식 사회주의 경제제도의 고수'를 강조하고 있다.[2]

북한 당국이 경제문제의 중요성을 인식하고 있다는 점을 감안하면, 경제적으로 큰 비용을 감내하고 대량살상무기를 개발하는 북한의 행태에는 나름대로 의도 및 전략 구상이 있을 것으로 유추할 수 있다. 지난 20여 년간의 경험에 따르면, 북한이 전략의 기본 목표를 체제 생존에 두고 있다는 것은 분명하다. 체제 내적 모순으로 인해 외부로부터의 경제적 도움이 불가피하지만 체제 생존에 불확실성을 초래할 수 있는 타협보다는 경제적 고통을 감내하겠다는 것이다. 물론 경제난의 고통을 견디기 위해서 대내적으로 선군정치와 같은 정치적 억압구조의 유지·강화가 당연히 필요하다.

---

1) 『연합뉴스』, 2013년 3월 9일, http://www.yonhapnews.co.kr(검색일: 2013년 3월 9일).
2) 전성훈 외, 「2013년 북한 신년사 집중분석」, 『통일정세분석』, 2013-1 참조.

경제와 안보가 밀접하게 연계되어 있는 체제 생존의 문제에 대해 북한은 핵·미사일 개발에서 해결의 돌파구를 찾았다. 핵·미사일 개발은 재정난 탓에 군비증강이 어려운 상황에서 가장 저렴한 국방력강화의 방법이었을 뿐만 아니라, 미국과의 대화 및 협상테이블로 끌고 나올 수 있는 강력한 수단이었기 때문이다. 북·미관계 개선은 정치·안보 차원에서 대내외적으로 정권의 정당성을 보장할 뿐더러 경제적 차원에서도 경제난 극복에 필수적인 해외자본, 원자재, 기술, 그리고 해외상품시장을 확보하기 위한 교두보를 마련해준다는 점에서 북한에게 매우 중요하다. 뿐만 아니라 북·미관계 개선은 남한으로부터 경제적 지원은 받으면서도 북한정권을 압박하는 흡수통일의 위협을 감소시키는 효과를 거둘 수 있다. 더욱이 세계 및 동북아지역 차원에서 구조적으로 미국과 경쟁관계에 있는 중국으로 하여금 북한에 대한 지지와 지원을 강화하도록 만들 수 있다. 이러한 맥락에서 자주적 생존 전략의 궁극적 목표는 핵·미사일 개발 카드를 활용하여 '우리식 사회주의'를 지탱할 수 있도록 정치적 안정과 경제난 극복을 위한 대내외적 환경과 경제적 지원을 지속적으로 확보 및 확대해 나가는 것이다.

이러한 북한의 전략은 동북아지역에서 미국과 중국의 끊임없는 경쟁이 지속되는 가운데 동북아질서가 복잡하고 긴장국면과 완화국면을 반복할 때 성공가능성이 높다. 냉전 시기 중·소 분쟁의 사이에서 그랬듯이 북한은 강대국 간 줄타기 외교 전략에 능하다. 비록 첨예한 미·중갈등이 발생할 가능성이 현실적으로 그리 높지 않으나, 현존하고 있는 미·중경쟁 및 동북아 지역의 세력 균형 구조는 탈냉전기 북한의 전략적 가치를 보장해줌으로써 체제 생존을 위한 자양분을 공급해주고 있는 것도 부인할 수 없다. 만약 미국과 중국이 협조를 강화하게 된다면, 북한과 같은 실패한 국가의 핵무장은 협상을 통한 보상은커녕 오히려 강력한 경제적·군사적 제재를 초래할 것이다. 따라서 북한은 핵·미사일 개발 및 실험을 비롯하여 국지적인 대남 군사도발을 통해 동북아질서를 흔들고 미·중경쟁을 자극하려 한다.

자주적 생존 전략의 목표가 성공할 수 있을지는 근본적으로 북한정권이 시장경제 도입, 개방 등과 같은 체제 개혁을 시도할 것인지의 여부와 직접적인 상관성을 갖는다. 다만 북한정권이 근본적인 체제 개혁의 의지를 갖고 있지 않은 상황에서 미·중경쟁 구조 유지를 비롯하여 한반도에서의 적절한 긴장을 조성하려는 전략이 얼마나 성과를 거둘 수 있을지는 실제로 북한의 능력 및 노력보다는 오히려 세계 및 지역 차원에서 미국과 중국의 관계가 어떻게 변해 나갈 것인지에 좌우될 것으로 보인다. 이러한 맥락에서 본 논문은 탈냉전기 미·중관계의 흐름을 개괄적으로 살펴보고, 미·중관계 변화와 양 강대국의 한반도정책을 전망함으로써 자주적 생존 전략의 미래를 예측하고자 한다. 미·중관계를 전망하는 데 다양한 이론적 시각이 적용될 수 있으나, 본 논문은 '수정 신현실주의' 시각을 따를 것이다.

II. 탈냉전기 미·중관계의 발전 과정과 향후 변화 전망

미·중관계의 변화를 전망해보기 위해서 일차적으로 냉전 종식 이후 초강대국인 미국과 이에 대한 도전세력으로 간주되는 중국의 관계가 어떻게 전개되었는지를 요약적으로 일별하는 것이 필요하다. 향후 변화 과정은 어떤 중대한 계기가 발생하지 않는 한, 경로의존성을 보일 수밖에 없기 때문이다. 탈냉전 시기는 미국이 초강대국의 지위를 가지고 시작되었기 때문에, 여태껏 양국관계는 미국의 능동적 태도와 중국의 수동적 대응의 성격을 보여 왔다. 따라서 미국의 대중국정책이 양국관계를 결정하는 데 상대적으로 더욱 중요한 변수였다.

1. 탈냉전기 미국의 대중국정책과 미·중관계의 전개 현황

냉전 종식 이후 대체로 경제, 기술, 군사 부문에서 어떠한 다른 강대국의 추종을 불허하는 미국이 유일 초강대국으로서 지위를 한동안 유지할 것으로 예상되었다. 이에 반해 일각에서는 머지않아 미국의 패권이 중국에 의해 도전받을 것이라는 중국위협론이 대두하기도 했다.[3] 1990년대 미국의 클린턴 행정부는 지역안정자로서 동아시아에 포괄적으로 관여(engagement)하는 정책을 추진했다. 이는 중국을 미국 패권의 국제질서에 순응시키려는 의도의 산물이었다. 그러나 공화당을 중심으로 보수학자 및 관료들 사이에 중국이 장차 미국의 핵심적 이익을 위협하게 될 것이라는 시각이 더욱 강화되었고, 1990년대 말부터 미국 내에서는 중국의 미래와 동아시아의 미래질서를 둘러싼 논쟁이 격화되기 시작했다. 미국이 탈냉전의 개막과 함께 자국의 핵심적 이익을 아태지역에서 찾기 시작했기 때문에 그 논쟁은 더욱 중요한 의미를 지녔다.

미·중관계의 미래와 이에 따른 동아시아의 새로운 질서에 관한 다양한 전망[4]에 따르면, 현실주의자들은 세력전이이론과 양자 및 다자균형이론을 기반으로 미·중 간 군사대결의 잠재력을 내세우며 비관적인 입장을 취하는 반면, 자유주의자들은 경제적 상호 의존에 기초하여 미·중 간 협력의 불가피성을 내세운다. 특히 후자는 상호 의존을 통해 중국이 점차 미국이 주도하는 질서에 편입하게 될 것이라는 낙관적 견해를 보였다. 이들 사이의 치열한 논쟁 끝에 공화당의 부시 행정부는 중국과 '고위급 전략대화'를 선택했다. 미국정부는 중국의 부상을 받아들일 수밖에 없는 현실에서 중국을 봉쇄하는 정책을 추진하는 것이 실현가능하지 않으며, 더욱이 중국의 향후 대외정책이 불확실

---

3) 신현실주의의 창시자인 왈츠는 이론적으로 그러한 견해를 뒷받침한다. 단극체제는 기본적으로 불안정하며, 시간이 지나면 새로운 강대국의 등장으로 양극세력 균형이 이루어질 것이라는 점에서 그러하다. 왈츠는 이미 동북아 역학구조가 미국과 중국의 양극의 성격을 띤다고 평가했다. 그 이유로서 미국은 세계적인 초강대국이지만, 지역 패권국이 아니라는 점을 내세운다. Kenneth N. Waltz, "Structural Realism after the Cold War", *International Security* Vol.25 No.1, 2000, pp.32~38; Robert S. Ross, "The Geography of the Peace: East Asia in the Twenty-first Century", *International Security* Vol.23 No.4, 1999, p.82 참조.

4) G. John Ikenberry and Michael Mastanduno (eds.), *International Relations Theory and the Asia-Pacific*, New York: Columbia University Press, 2003, pp.4~19, pp.423~429; 전재성·주재우, 「미·중관계의 변화와 한국의 미래 외교과제」, 『EAI 국가안보패널 보고서: 2020 한국외교 10대 과제』, 2012, 5~9쪽.

하기 때문에 적극적 대중국 관여정책을 통해 중국이 국제사회의 규범을 준수하는 행위자로 발돋움하도록 유도하는 것이 바람직하다고 판단하고 중국을 지역적 이해상관자(stake-holder)로 인정했다.[5]

2009년 출범한 오바마 행정부는 대외정책적 최우선순위를 아태지역에 두겠다는 공언과 함께 그 중점 대상인 중국에 대해서도 한걸음 더 나아간 관여정책을 추진했다. 이전의 전략대화를 전략·경제대화로 확대하는 한편, 중국의 위상을 동아시아를 넘어 세계 차원에서 수용했다. 특히 2008년 미국발 금융위기로 인해 세계경제가 어려움에 처하면서 미국은 중국을 경제문제 해결의 책임 있는 파트너로 치켜세우고, G2의 반열에 올려놓고자 했다. 이 맥락에서 2009년 11월 오바마 미 대통령은 중국 방문을 통해 양국 간 상호 협력을 강조했다.

그러나 2010년에 들어와 미국이 대만에 방어용 무기 판매 결정을 계기로 중국은 화평굴기(和平崛起) 내지 적극적인 유소작위(有所作爲)를 의식하게 하는 대미 강경책을 취했다. 대미 군사적 교류의 부분적 중지를 선언했을 뿐만 아니라, 댜오위다오 분쟁에 대해서도 강경 대응, 미국의 금융정책에 대한 비판과 달러기축통화에 대한 견제, 이란에 대한 유엔제재안 거부 등 공세적 외교를 전개했다. 이에 대해 미국도 재균형(rebalancing)의 필요성을 언급하며 대중국 견제를 시작했다. 동아시아에서의 전통적 동맹관계를 강화하고 나아가 인도, 베트남, 싱가포르, 말레이시아, 인도네시아 등 지역의 파트너 국가들과 긴밀한 협력을 모색하는 '전진배치 외교전략'을 추진함으로써 마치 중국을 봉쇄하는 모양새를 갖추었다. 미국의 대중 경각심과 경계심이 고조되자 중국 지도부는 미국과의 갈등이 자국의 경제성장과 정치 안정에 도움이 되지 않는다는 판단을 내렸고, 2011년 1월 후진타오의 미국 방문을 통해 협력을 강조함으로써 고조된 갈등을 완화하고자 했다.[6]

5) 김흥규, 「제4차 미·중 전략·경제대화와 진화하는 미·중관계」, 『코리아연구원 현안진단』 제217호, 2012, 2쪽 참조.

6) 이지용, 「미·중 정상회담 이후 한반도 안보정세」, 『주요국제문제분석』, 2011년 3월 30일.

중국의 정책 선회에 상응하여 미국 역시 중국을 봉쇄하거나 고립시킬 의도가 없다는 점을 강조하며, 경제협력의 중요성을 내세웠다. 이는 미·중 간 갈등에도 불구하고 금년 5월까지 4차례 개최된 전략·경제대화를 통해 양국이 적극적인 공통 이익을 추구하고 있는 사실에서 입증된다. 그러나 경제적 어려움을 겪는 패권국가인 미국은 현실주의적 관점에서 대중 경계심을 결코 버리지 않고 있다. 미국은 아세안+3 체제에서 날로 영향력을 높이는 중국을 견제하기 위해 환태평양경제동반자협정(TPP)에 주도적으로 참여하고, 2012년 1월에는 새로운 방위전략지침[7]과 합동작전 접근개념(Joint Operation Access Concept)을 내놓음으로써 경제와 군사 안보의 측면에서 대중국 견제 의도를 분명히 드러내었다.

미국은 새로운 방위전략지침을 통해 9·11 이후 중점을 두었던 대테러전이나 비정규전보다 잠재적 경쟁국을 대상으로 미래전력을 강화하겠다는 의지를 표명했다. 그리고 군사력의 구조와 투자를 아태지역과 중동으로 재조정하고, 특히 2020년까지 전체 해군전력의 60%를 아태지역에 배치한다고 밝히고 있다. 아태지역에서 잠재적 경쟁국으로는 중국을 염두에 둔 것이다. 특히 합동작전 접근개념을 통해 새로이 제시된 공·해전투(AirSea Battle) 개념은 다분히 중국의 방위전략에 대응하는 것이었다. 즉 21세기에 들어오면서 중국이 연안 방어를 넘어 근해에 외국 군사력의 접근을 저지하는 반접근/접근저지전략(Anti-Access/Area Denial)을 추구하고 있는 데 대한 대응전략의 성격을 띠고 있다.[8] 문제는 미국이 막대한 국가부채 탓에 국방비를 향후 10년간 상당 부분 삭감할 수밖에 없는 상황에서 과거와 같은 전력 수준을 유지하기는 어렵다는 사실이다. 그럼에도 불구하고 선택과 집중을 통해 영토문제를 비롯하여 중국의 군사력 증강에 위협을 느끼는 동아시아의 동맹국들에게 신

---

7) Department of Defense, "Sustaining U.S. Global Leadership: Priorities For 21st Century Defense", 2012.01.

8) 최우선, 「미국의 새로운 방위전략과 아시아 안보」, 『주요국제문제분석』, 2012년 6월 12일 참조.

뢰를 잃지 않으려 한다.

미국의 새로운 방위전략에 대해 중국은 자국을 겨냥하는 봉쇄전략을 분명하게 의식하고 있다. 미·중경쟁이 강화되고 있는 상황에서 중국은 미국과의 신냉전은 바람직하지 않지만 동아시아에서 미국에게 일방적으로 안보의 권리를 박탈당하지 말아야 한다고 주장하며, 경제부흥을 통해 미국을 경제적으로 압도하는 전략을 통해 중국의 힘을 보여주는 것이 필요하다고 말한다.[9] 물론 중국의 이러한 입장은 경제적으로나 군사적으로 아직 미국과 커다란 차이를 보이는 현실(2011년 기준으로 중국 대비 미국의 국방비는 약 6배, GDP는 약 2배 수준)에서 중국은 2010년에 보여주었던 돌돌핍인(咄咄逼人)의 기세등등한 태도를 계속 견지하기는 어려웠다. 그러나 2020년 국내총생산에서 중국이 미국을 추월할 것으로 예상되는 것은 물론이고, 근래 항공모함, 핵잠수함, 젠-20 스텔스기, 동펑-21 대함요격미사일 개발 배치에서 보듯이 중국의 부국강병 의지는 분명하다. 특히 2011년 신형대국전략(新型大國戰略)을 제시하면서 미국과 중국관계의 구조적 재정비를 시도하고 있다.[10] 동시에 중국지도부는 긴 안목으로 경제발전, 국가 간 평등 및 상호 신뢰, 대화와 협력, 그리고 상호 이익을 통한 안보를 수시로 강조한다.[11] 어쨌든 미·중 간의 현실적 국력 차이를 고려하면, 중국정부가 당분간 미국에 대해 직접적인 도전이나 균형을 꾀할 것으로 보이지는 않지만, 시진핑의 새로운 지도부가 신형대국전략의 토대 위에 중장기적으로 어떠한 대미정책을 추진할 것인지는 아직도 열려있다.

2008년 미국 및 세계 금융위기 이래 현실주의자들은 미국의 쇠퇴와 중국

---

[9] 전재성·주재우, 앞의 글, 2012, 16쪽에서 재인용.

[10] 중국은 신형대국전략을 모든 대국과의 관계에 있어서 이들의 전략적 의도를 객관적이고 이성적으로 이해할 것이며, 각자의 이익을 존중하고 중요한 국제 및 지역문제에 대해 협력을 강구하는 것이라고 설명하고 있다. 주재우, 「시진핑 체제의 대외전략과 남북관계」, 『차기정부의 대북정책 방향과 과제』, 민주평통-화정평화재단 제9차 남북관계 전문가 초청대 토론회, 2012년 11월 16일, 45쪽 참조.

[11] 주재우, 위의 글, 2012, 8~49쪽.

의 상대적 부상에 주목하면서 미국의 대중전략적 선택지를 다양하게 제시한다. 즉 세력전이의 과정에서 방어적 현실주의자들과 공세적 현실주의자들은 각각 다른 정책선택을 예측하며, 대전략(Grand Strategy)의 측면에서는 향후 축소(retrenchment)전략과 선택적 관여의 가능성도 전망되고 있다.[12] 이러한 논의의 이면에는 아직 패권국의 지위를 유지하는 미국의 전략선택이 향후 미·중관계의 추이를 결정하는 데 매우 중요한 요인이 될 것이라는 생각이 숨겨져 있다. 미국이 어떠한 전략을 선택할 것인가를 예상하는 데 있어서 국방력을 핵심적 선택 기준으로 간주하던 신현실주의 시각은 많이 약화되었다. 탈냉전 시기 국방력 이외에도 경제, 자원, 기술, 지리 등이 권력의 주요 원천으로 부각되고 있는 배경에는 바로 그러한 시각 변화가 내재되어 있다.

탈냉전의 개막 이래 미국과 중국은 비록 잠재적인 군사경쟁을 의식했으나, 경제적 번영을 위한 상호 의존적 협력을 꾸준히 추진해왔다. 이에 따라 안보 차원에서는 여전히 양자주의가 지배적이지만, 점차 다자주의가 생성되고 확산되는 분위기를 보여 왔다. 즉 미국은 탈냉전에도 불구하고 여전히 동아시아에서 자전거바퀴살(hub and spoke)전략을 기본으로 삼았으며, 경우에 따라 이슈별로 다자주의적 해결에 적극성을 띠기도 했다.[13] 특히 9·11 이후 미국

---

12) 공세적 현실주의자에 논리로서 도전국의 급부상에 대한 두려움이 패권국으로 하여금 예방전쟁을 벌이는 '예방전쟁전략'; 방어적 현실주의자의 논리로서 패권국이 자국의 쇠퇴를 저지하고 도전국의 부상을 방지하기 위해 외부적으로는 동맹 강화와 내부적으로 국력증강을 하는 '역량동원전략'; 경제적 한계에 직면하여 패권국이 역외균형자(off-shore balancer)로 남아 스스로 전략적 관여나 국제적 역할을 감축하는 '축소전략'; 그리고 최후에는 패권국이 도전국의 요구에 양보하는 유화정책 내지 근본적 문제 해결 없이 긴장완화를 꾀하는 '타협전략'이 선택지로 제시된다. 김관옥, 「쇠퇴하는 패권국의 부상하는 도전국 정책연구」,『한국동북아논총』제63호, 2012, 83~84쪽; 이수형, 「제2기 오바마 행정부의 동아시아전략과 미·중관계 전망」,『미국의 대통령선거와 동북아 지역협력』, 서울대 통일평화연구원-평화재단 평화연구원 공동포럼 , 2012년 11월 8일, 10쪽 참조.

13) 아이켄베리는 이를 'bilateral arrangement plus'라고 부르며, 양자주의에서 다자주의로 이전되는 과도기적 현상으로 파악한다. G. John Ikenberry and Michael Mastanduno, op. cit., 2003, p.436.

의 다자주의적 접근은 확산되고 있으며, 2008년 금융위기 이후 아시아로 중심축을 이전(pivot to Asia)하겠다는 미국의 의지 표명을 계기로 다자주의의 확산은 더욱 명확해지고 있다. 미국과 중국이 지역국가들과 FTA를 체결하는 데 열중할 뿐만 아니라 아시아태평양경제협력체(APEC), ASEAN+3, 아세안지역안보포럼(ARF), 동아시아정상회의(EAS), 상하이협력기구(SCO), 환태평양경제동반자협정 등에서 보듯이 다자주의에 점점 더 적극성을 보이는 것은 결코 우연이 아니다.

저성장이나 경제침체가 지배하는 시기에는 갈등 잠재력으로 인해 안보문제가 더욱 크게 보인다. 2010년 이후 전개된 미·중관계의 이면에는 미국의 경제적 쇠락과 중국의 상대적 부흥과 같은 경제문제가 매우 중요한 원인을 제공하고 있다. 이를 염두에 두면, 향후 미·중관계 및 동북아질서의 향배를 전망하기 위해서는 변화된 권력정치의 모습을 제대로 이해할 필요가 있다. 최악의 경우를 대비하여 생존을 위한 군사력에 초점을 맞추었던 신현실주의적 시각이 현실을 설명하는 데 있어서 보여준 한계를 극복하려는 '수정 신현실주의'가 바로 그러한 맥락에서 미래전망을 위한 대안적 시각이 될 수 있다.

2. 미·중관계 및 동북아질서 변화 전망: 수정 신현실주의적 시각

지난 대선 과정에서 중국을 "적이자 잠재적 파트너"로 지칭했던 오바마미 대통령과 5세대 지도자로서 공산당 총서기와 중앙군사위원회 주석에 취임하면서 "중화민족의 부흥"을 외쳤던 시진핑이 미·중관계와 동북아질서를 어떠한 방향으로 이끌어 갈 것인지 또 이에 따라 동북아질서가 어떻게 변모해나갈지를 전망하기 위해 먼저 이론적 시각을 밝힐 필요가 있다. 여러 이론적 시각들은 상이한 전망들을 도출하고, 이들은 상호 경쟁하고 있기 때문에 더욱 그러하다. 본 논문은 국제정치학자들의 압도적 다수가 선호하는 현실주의에 내재된 한계를 인정하는 '수정 신현실주의'의 시각을 따를 것이다.

1) 수정 신현실주의의 시각

신현실주의의 이론적 한계를 보완하려는 의도를 가진 수정 신현실주의는 신현실주의와 차별되는 세 가지 특징을 가진다.[14] 첫째, 정치의 가장 기본적 문제가 사회적·경제적 변화를 뒤따르는 정치적 제도 발전의 지체에 있다고 보고, 과거 어느 때보다 강하며 국제안보 분야에까지 확대되고 있는 국제레짐과 제도에 대한 설명 요구를 충족시켜야 한다고 주장한다. 여기서 신자유제도주의와의 친화성이 두드러진다. 둘째, 수정 신현실주의자들도 권력정치의 중요성을 강조하지만, 권력정치는 국가의 권력지위가 허락하는 범위 내에서만 이루어진다는 점에서 최악의 상황을 전제로 권력정치를 바라보는 신현실주의와 분명한 차이를 보인다. 셋째, 권력의 원천을 국가생존과 관련된 군사적 능력배분의 차이에서만 찾았던 왈츠(K. N. Walz)와 달리 수정 신현실주의자들은 안보를 위협하는 변수들을 다양하게 규정하고 있다. 예컨대 기술, 지리, 경제적 요인 등은 국가 간 상대적 권력지위에 영향을 주는 주요

---

14) 이미 1980년대 키오헨(R. O. Keohane)은 신현실주의자들 가운데 크래스너(S. D. Krasner)와 같이 제도와 규칙의 역할에 큰 관심을 쏟는 경향이 있음을 발견하고 이를 '수정된 구조적 현실주의'라고 명명했다. R. O. Keohane, "Theory of World Politics: Structural Realism and Beyond", R. O. Keohane, *Neorealism and Its Critics*, N.Y.: Columbia University Press, 1983, p.194 참조; 여기서 말하는 '수정 신현실주의'도 기본적으로 같은 맥락에 있다. 다만 탈냉전을 계기로 과거보다 더욱 제도에 관심을 두고 있다는 의미에서 명칭을 바꾸었다. 브룩스(S. G. Brooks)는 이들을 '후기고전적 현실주의(post-classical realist)라고도 말한다. 스나이더(J. Snyder), 판 에브라(S. Van Evra), 호프(T. Hopf), 그리에코(J. Grieco) 등이 여기에 속한다. Randall L. Schweller and David Priess, "A Tale of Two Realisms: Expanding the Institutions Debate", *Mershon International Studies Review* Vol.41, 1997, p.9; Stephen G. Brooks, "Dueling Realisms", *International Organization* Vol.51 No.3, 1997, pp.445~477; 김학성, 『한반도 평화체제에 대한 이론적 접근: 현실주의, 자유주의, 구성주의의 비교』, 서울: 통일연구원, 2000, 55~59쪽 참조.

변수로 간주된다.

이상의 특징을 종합하면, 수정 신현실주의는 국가가 생존과 관련된 심각한 안보 위협 속에서는 신현실주의의 주장처럼 총체적으로 권력을 동원하는 방식의 권력정치를 추구하지만, 안보 위협이 비교적 약할 때에는 제도 내에서 자국의 권력지위에 적합한 수단을 사용하여 권력정치를 추구한다고 말한다. 권력지위를 고려한 권력정치에서 권력은 두 가지 방식으로 추구된다. 베버 (M. Weber)의 권력 개념에 따라 자율성과 영향력 확보 투쟁이 그것이다. 즉 관계적 맥락에서 상대방으로부터 자신의 자율성을 확대하는 것과 상대방에 대한 영향력을 확대하는 방식으로 추구된다.[15] 이에 따르면, 국가의 권력지위는 자율성 및 영향력의 수준에 따라 달라지며, 국가가 참여하는 국제제도의 성격에 따라 권력정치의 모습도 달라진다.

물론 국제제도는 고정불변한 것이 아니다. 제도의 변화에는 여러 요인이 작용하지만, 현실주의 시각에서는 강대국의 권력정치가 가장 중요한 변수이다. 특히 패권국가의 경우에 그 역할은 지대하다. 일반적으로 패권국이나 강대국은 양자주의적 제도를 선호한다. 이를 통해 권력지위를 증대시킬 수 있기 때문이다. 만약 어떤 이슈가 지역 및 세계 차원의 것으로서 많은 국가가 참여해야 할 경우에는 이들 국가도 비용을 고려하여 다자주의를 선택할 수 있으나, 자국의 권력지위를 약화시키는 경우에는 다자적 제도로부터 탈퇴하거나 그 자체를 변경시키려 할 것이다. 이에 비해 상대적 약소국은 대체로 대국의 영향력을 억제하고 자국의 자율성을 높일 수 있는 다자주의적 제도를 선호한다.

국가가 자율성과 영향력 중 어떤 것을 더 중시하는가는 그 국가가 놓여있는 안보 상황에 달려있다.[16] 즉 심각한 안보 위협을 받는 국가에게는 자

---

15) Rainer Baumann, Volker Rittberger and Wolfgang Wagner, "Power and Power Politics: Neorealist Foreign Policy Theory and Expectations about German Foreign Policy since Unification", *Tübingen Working Paper* No.30a, 1998, pp.10~11 참조.

16) Ibid., 1998, pp.16~17 참조.

율성의 손실은 매우 치명적인 한편, 영향력의 확대는 부차적인 중요성을 가진다. 이 상황에서는 생존을 위한 군사적 자구능력을 중시하는 신현실주의의 주장이 유효하다. 다만 약소국의 경우에는 안보 위협을 억제하기 위해 강대국과 동맹을 체결함으로써 다른 차원에서 스스로 자율성의 손실을 감수하는 예외적 상황이 발생하기도 한다. 이에 반해 국가가 심각한 위협에 노출되어 있지 않을 경우에는 영향력 확대가 매우 중요하며, 자율성의 손실에는 그리 민감하지 않다. 이 경우에는 군사력 이외에 다양한 권력수단을 사용하여 자율성보다 영향력 확대에 우선권을 둔다. 강대국의 다자적 제도 참여는 자율성의 약화를 감수하는 대신에 영향력을 키우려는 행위로 이해될 수 있다.

자율성과 영향력 확대 및 손실에 대한 평가와 관련하여 튀빙겐 학파는 다음 몇 가지 주요 기준을 제시한다.[17] 첫째, 국가에 부과된 국제적 의무들 중에서 물질적 의무가 절차적 의무보다 더 중요하다. 둘째, 상대적으로 강한 국가에 대한 영향력 확대가 상대적으로 약한 국가에 대한 그것보다 더욱 중요하다. 셋째, 자국이 회원국으로 참여하는 국제기구나 조직에 의해 부과된 의무 탓에 발생하는 자율성 손실은 참여하지 않은 국제기구에 의해 부과된 의무 탓에 발생하는 자율성 손실보다 적다. 넷째, 비토권을 가지는 국제기구나 조직에 의해 부과된 의무 탓에 발생하는 자율성 손실은 비토권을 갖지 못한 상황에서 부과된 의무 탓에 발생하는 자율성 손실보다 적다. 다섯째, 조약의 체결에 따른 의무 탓에 발생하는 자율성 손실은, 그것에 대한 해석이 독립된 사법기구에 위임된 경우보다 각국에 있는 경우에 더 적다.

이상의 논의를 바탕으로 국가의 권력정치 추구 과정에서 나타나는 대외전략 선택을 보다 구체화하면, 〈표 1〉과 같이 정리할 수 있다.

---

17) Ibid., 1998, p.17.

〈표 1〉 국가의 대외전략 선택

	영향력 확대	영향력 유지	영향력 손실
자율성 확대	상대적 약소국과의 관계 양자화	초국가적(supranational) 제도의 약화	참가국에게만 결정이 구속력을 갖는 국제기구 내지 단체로부터 탈퇴
		스스로 부과한 의무의 약화	다자적 기반에 입각한 행위에 불참
자율성 유지	참가국 외에도 결정이 구속력을 갖는 국제기구 내지 조직에 참여	(현상 유지 지속)	참가국 외에도 결정이 구속력을 갖는 국제기구 내지 조직으로부터 탈퇴
	조직 내부의 자원에 대한 자신의 지분 증가		조직 내부의 자원에 대한 자신의 지분 감소
	적극적/소극적 제재의 도구화 강화		적극적/소극적 제재의 도구화 약화
자율성 손실	자국이 참여한 국제기구 및 조직의 강화	초국가적 제도의 강화	상대적 약소국들과의 관계를 다자화
	다자적 기반 위에 결정된 행위에 참여	스스로 부과한 의무의 강화	

※ 출처: Rainer Baumann et al., "Power and Power Politics: Neorealist Foreign Policy Theory and Expectations about German Foreign Policy since Unification", *Tübingen Working Paper*, No.30a, 1998, p.13.

2) 수정 신현실주의 시각에서 미·중관계의 변화 전망

앞 절에서 살펴보았듯이 냉전 종식 이후 미국과 중국은 상호 심각한 안보 위협에 직면해 있지는 않다. 그리고 유럽과 비교해서 낮은 수준이지만 동아시아지역에도 다자협력의 제도화가 정착되기 시작했다. 물론 양국 간에 안보적 대결 잠재력이 높은 것은 분명하지만, 현재의 국력을 비교하면 당분간 중국의 도발적인 대미 군사정책을 예상하기란 어렵다. 미국 보수진영의 중국위협인식에도 불구하고, 냉전 종식 이후 현재에 이르기까지 미국과 중국은 갈등보다는 협력에 상대적으로 큰 비중을 두고 상호 의존도를 높여왔다. 2011년 미·중 간 무역총액이 4,400억 달러였다는 점은 그러한 사실을 보여주기에 부족하지 않다. 이를 감안하면, 미국과 중국의 권력정치가 앞으로 어떻게 전개될 것인지를 전망하는 데 있어서 수정 신현실주의적 설명은 적실성을 가진다.

먼저 패권국인 미국의 권력정치는 재정적 어려움 속에서 군사력 증강을 통해 자율성을 확대하기란 현실적으로 어렵다. 당장 미국은 기존의 자율성을 유지하는 것으로 만족해야 하는 상황이다. 미국이 중국의 군사대국화 잠재력에 대응하여 동아시아 지역에서 군사력을 증강할 수 있음을 내비치고 있으나, 실제로는 그러한 방식으로 자율성을 확대하기 어려운 이유는 비단 국방비 삭감 때문만 아니다. 이라크에서 철군과 2014년 예정된 아프카니스탄에서의 철군에도 불구하고 근래 가자지구의 군사적 충돌에서 보듯이 중동의 안보는 매우 불안하다. 국방비의 제약 탓에 양 지역 동시적 전쟁수행이 어렵기 때문에 아시아로의 회귀에도 불구하고 유사시 동아시아에 대한 미국의 선택은 제한적일 수밖에 없다. 그러므로 동아시아의 재균형에 대한 오바마 행정부의 강조는 말뿐이며 실천능력이 없는 과거 정책의 재포장일 뿐이라는 미국 내 일각의 비판도 있다.[18]

미국은 자율성 확대보다 2008년 금융위기 이래 약화된 대외 영향력을 회복하는 것이 더 급선무로 보인다. 요컨대 미국의 대외정책은 한동안 자율성의 유지와 영향력의 회복을 꾀할 것으로 전망된다. 〈표 1〉에서 정리되어 있듯이 자율성의 유지와 영향력의 확대를 원하는 국가는 다자주의에 더욱 관심을 기울이게 된다. 실제로 미국은 과거 양자주의에 기반을 두었던 아태정책을 조금씩 다자주의적 방향으로 확대하고 있다. 경제발전을 통해 국제적 발언권이 강화된 동북아 국가들의 권력지위가 상승한 만큼 미국도 과거와 같이 양자적 관계를 통해 영향력을 확대하기는 어려워진 탓도 없지 않다. 최근 미국의 동아시아정상회의 참여는 다자적 협력에 대한 미국 태도 변화의 대표적 사례이다. 미국이 2011년 처음으로 동아시아정상회의에 참가했고, 오마바 대통령의 재선 승리 직후 첫 외국 순방에 제6차 동아시아정상회의 참석이 포함되었다는 점은 시사하는 바가 크다.

---

18) 『연합뉴스』, 2012년 11월 12일.

지난 몇 년간 아태지역에서 미국의 전략적 선택, 즉 전통적인 양자동맹의 강화를 기반으로 지역의 파트너 국가들과 다자적 방식으로 긴밀한 협력을 모색하는 '전진배치 외교전략'은 전형적으로 중국의 잠재적 도전으로부터 자율성을 유지하는 동시에 영향력을 확대하기 위한 선택이었고, 이러한 정책방향은 당분간 지속될 것으로 보인다. 경제 분야에서 공정무역과 환율조작을 내세우며 세계무역기구 등 다자적 차원에서 중국을 압박하는 태도 역시 자율성 유지 및 영향력 확대 전략의 일환으로 읽을 수 있다. 미국은 중국이 미국채의 최대 보유국이며, 또한 북한과 이란의 핵문제, 비핵확산조약, 도하아젠다, 기후협약 등의 난제를 해결하기 위해서 중국의 협조가 필요한 만큼 자신의 권력지위를 최대한으로 이용하는 대중 압박전략을 더욱 필요로 한다.

약화된 영향력을 회복하는 방법과 관련하여 미국은 강성권력에만 의존하지 않고, 연성권력에 점점 더 관심을 보인다. 이와 관련하여 패권국으로서 미국이 발휘해 왔던 리더십이 주목을 받는다. 유럽과의 관계에서는 공유문화 덕분에 평화로운 질서유지가 쉬웠으나, 아태지역에서는 공유문화가 아직 제대로 구성되지 못한 상황이기 때문에 어려움이 적지 않다. 따라서 미국은 중국에 대해 건설적 관여정책을 통해 아태지역에서 평화와 안정에 대한 공유문화가 형성될 수 있도록 양자 및 다자적 수준에서 리더십을 유지해야 한다는 점이 강조되기도 한다.[19] 아마도 오바마 행정부의 2기 대외전략은 그러한 방향에서 추진될 개연성이 매우 높다. 다만 자율성 유지 및 영향력 확대 전략이 제대로 추진되지 못할 가능성도 비록 미미하나마 완전히 배제할 수는 없다. 미국이 내부적으로 재정위기로 제대로 관리하지 못하는 상황이 전개될 경우에는 공세적 현실주의의 시각이 득세하거나, 아니면 패권의 포기로 향하는, 즉 자율성과 영향력 약화를 감수하는 대외전략을 선택할

---

[19] Ralph A. Cossa and Brad Glosserman, "Power and Leadership: Recognizing and Appreciating the Difference", *PacNet* No.67, Oct.30, 2012, http://www/pacforum.org(검색일: 2012년 11월 12일).

수 있다. 그러나 이러한 상황은 아마도 중·단기적으로는 발생하지 않을 것으로 전망된다.

시진핑을 지도자로 결정했던 중국공산당 제18차 전국대표대회에서 중국은 언제나처럼 패권추구를 하지 않을 것이며, 평화발전의 길을 걷겠다고 강조한 반면, 어떠한 외부적 압력에도 굴하지 않고 주권, 안보, 발전과 같은 국가이익을 수호할 것이며, 이를 위해 위상에 걸맞게 강한 군대를 건설할 것이라고 천명했다.[20] 그럼에도 불구하고 안보딜레마를 초래할 수 있는 정도의 군사력 증강을 추구하기에는 부담을 안고 있다. 물론 미국과의 군사적 격차가 매우 큰 상황에서 어느 정도의 군사력 증대에 대한 유혹은 상존한다. 미국의 '전진배치 외교전략'이나 '대중봉쇄전략'과 직접적으로 충돌하지 않는 범위 내에서, 그리고 온건한 유소작위가 가능한 수준에서 중국은 군사력 증강을 추진할 것이다. 이는 이미 강조된 신형대국전략에도 암시되고 있다. 그러나 미·중군사력의 상대적 차이를 고려하면, 중국의 군사력이 일정수준에서 증대한다고 미국에 대한 자율성이 확대될 것으로 판단하기란 어렵다. 미국의 대중봉쇄전략에 대해서 중국은 자국의 군사력뿐만 아니라 상하이협력기구와 같은 다자협력을 활용함으로써 오히려 현 수준의 자율성을 유지하는 데 급급하고 있다.

현재 중국이 국제적으로 당면한 핵심 문제는, 세계 및 동아시아의 질서를 새롭게 짜고 있는 미국의 전략에 대한 대응책을 강구하는 것이다. 중국이 원하는 질서를 주도적으로 구축해나갈 수 있는 충분한 영향력을 갖지 못한 상황에서 중국의 선택이 자율성 확대보다는 일단 유지에 우선을 두고 영향력을 확대하는 데 초점을 맞추는 것은 당연하다. 시진핑 지도하의 중국은 국내적으로 양적·질적 경제성장의 문제를 해결해야 하는 과제를 안고 있기 때문에 대외전략도 이와 동떨어질 수 없다. 정치체제나 영토문제와 같은 소위 핵심이익에 대해서 중국은 단호한 입장을 취할 것으로 보이나, 경제발전을 위해

---

20) 이기현, 「중국 공산당 18차 전국대표대회와 신지도부의 등장-의미와 전망」, 통일연구원 Online Series CO 12-40, 통일연구원, 2012, 4쪽.

미국과의 협력은 절대적으로 필요하다.

시진핑의 영향력 확대 정책은 대상 국가의 상황에 맞게 다양한 모습으로 나타날 것이다. 즉 전략적 동반자나 선린우호와 같은 양자관계를 비롯하여 다자협력의 방식이 혼용될 것이다. 특히 경제발전과 관련하여 자원확보와 자유무역지대 확대를 위한 적극적인 외교적 공세를 전개할 것이다. 이는 미국의 대중봉쇄를 저지하는 노력과도 상통한다. 안보적으로 상하이협력기구 위상의 증대를 비롯하여 아세안+3, 아세안지역포럼, 한중 및 한중일 자유무역협정[21] 추진, 2013년부터 교섭이 시작될 역내 포괄적 경제동반자협정(RCEP)[22]에 대한 영향력 확대를 모색함으로써 중국은 아태지역에서 미국과의 직간접적 경쟁에 뛰어드는 데 주저하지 않을 것이다.

이상과 같이 미·중의 대외전략은 서로 경쟁적으로 보이지만, 〈표 1〉의 전략적 행위 측면에서 보면 유사한 선택을 하고 있다. 양국 모두 자율성 유지와 영향력 확대를 추구하고 있다는 점에서 그러하다. 이를 통해 미·중은 군사적 경쟁에도 불구하고 상호 이익의 증대를 위해 협력을 할 것이라는 전망이 가능하다. 특히 미·중 경제관계는 복잡한 상호 의존관계를 맺고 있기 때문에 더욱 그러하다. 예컨대 중국이 보유한 막대한 미국채는 미국의 자율성을 약화시키는 동시에 중국의 영향력을 확대시키는 것이며, 중국의 높은 대미수출 의존도는 중국의 자율성을 약화시키는 것인 동시에 미국의 영향력을 확대시킬 수 있는 요인이다. 물론 상대적으로 약한 국가인 중국의 영향력 확대가 미국의 영향력 확대보다 더 크게 보일 수는 있다.

뿐만 아니라 양국은 지역국가들과 양자적 관계는 물론이고, 점차 다자적 관계를 확대할 것이다. 전통적으로 중국에 상대적으로 가까웠던 미얀마나 인도네시아에 대한 미국의 관계 개선 노력이나, 중국과 경쟁하는 인도에 대한

---

21) 한·중·일 무역은 동아시아 역내 무역의 63%를 차지하고 있으며, 2011년도 명목 GDP 기준으로 14조 3천억 달러에 달함으로써 NAFTA의 18조 달러, EU의 17조 6천억 달러에 이어 3위의 반열에 있다. 『연합뉴스』, 2012년 11월 19일.

22) 여기에는 아세안 10개국을 비롯하여 아세안과 FTA를 체결한 6개국, 즉 한국, 중국, 일본, 호주, 뉴질랜드, 인도가 포함된다.

미국의 적극적 접근은 양자적 관계 확장의 대표적 사례이다. 또한 양국은 단순한 다자주의적 접근의 확대뿐만 아니라, 다자제도 속에서 각자 비토권을 가지려 노력할 것이다. 이는 다자제도 참여로 인한 자율성 손실을 최소화하고 국제기구 및 조직에서 영향력을 확대하려는 의도와 일맥상통한다. 특히 미국은 중국에 대한 건설적 관여를 통해 다자제도 속에 중국을 가두려는 시도를 멈추지 않을 것이며, 이에 따라 양국이 모두 속한 다자제도 속에서 상호 경쟁이 점점 치열해질 것이다. 또한 각자가 주도하는 다자제도를 활용한 상호 경쟁도 예상된다. 상하이협력기구나 환태평양경제동반자협정은 대표적 사례이다. 이러한 전략의 당연한 귀결로서 동아시아에서는 점차 다자주의적 협력이 증대할 것이다.

〈그림 1〉미국과 중국의 대외전략 및 동북아질서 변화 추이 및 전망

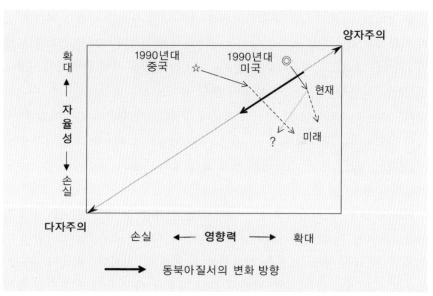

〈그림 1〉은 이상의 논의를 종합하여 향후 미국과 중국의 대외전략적 변화 추이와 그 연장선상에서의 미래 전망을 간략하게 도식화한 것이다. 이러한

상황에서 대체로 미·중 간에 직접적으로 부딪히는 큰 갈등은 가까운 장래에 예상하기 어렵다. 다만 각자 영향력 확대의 노력이 서로 맞부딪히는 곳에서 발생하는 갈등이 예기치 못하게 증폭될 여지는 있다. 예컨대 남중국해의 영토문제, 대만문제, 그리고 한반도 문제가 대표적인 예이다. 특히 한반도는 기본적으로 미·중 협력이 잘 될 경우에는 전략적 가치는 상대적으로 낮으나, 갈등이 심각해질 경우에는 전략적 가치가 매우 높아질 수 있다.

III. 미·중의 한반도정책 전망

세계 및 지역 차원에서 점증하는 다자주의와 복합 상호 의존을 기반으로 이루어지는 미·중 간의 협조적 경쟁 구도는 한반도에도 그 영향을 더욱 크게 미칠 것이다. 기본적으로 양 강대국은 한반도 현상 유지를 강하게 바라고 있기 때문에 각자가 한반도에서 누리는 영향력과 자율성에 어떠한 변화를 원하지 않는다. 그러므로 핵·미사일 개발과 국지적 도발을 통해 한반도의 긴장을 조성하는 북한의 행위는, 양 대국이 현상 유지를 포기하지 않는 한, 어떠한 방식으로든 억제되어야 할 것이기 때문에 양 대국 간 협조적 경쟁의 흐름 속에서 타협점이 모색되지 않을 수 없다. 이와 관련하여 미·중 간 합의가 어떻게 전개될 것인지는 양 강대국의 세계 및 지역적 차원의 협조 수준에 좌우될 가능성이 높다.

미국의 경우, 일차적으로 한국은 중국을 견제할 수 있는 미국의 전통적 동맹국으로서 큰 의미를 가진다.[23] 따라서 미국은 전시작전권이 반환된 이후에도 한·미동맹의 기반을 훼손하지 않으려 할 것이다. 미국이 한국의 방위에 대한 약속을 제대로 지키지 못할 경우에 한국에 대한 중국의 영향

---

23) 2010년 6월 캐나다 G20 정상회담 후 오바마 대통령은 한·미동맹을 양국은 물론이고 태평양의 안보에 있어서 린치핀(linchpin)이라고 언급한 것도 이 맥락에서 이해될 수 있다. 린치핀이란 용어는 과거 미일동맹만 언급되던 것으로서 한·미동맹에는 처음으로 적용되었다. 『세계일보』, 2010년 10월 30일.

력이 점증할 가능성이 있기 때문에 더욱 그러하다. 미국의 방위공약 준수는 한국의 주한미군 주둔부담금 증액, 대량살상무기확산방지구상(PSI) 참여, 미사일방어(MD)체계 편입 등의 방식으로 대가지불이 뒤따를 것이다. 그렇지만 과거와 달리 미국은 한국에 자국의 정책을 강요하기보다 상대의 전략이익에 대해 관심을 기울이면서 이에 대응하는 논리를 개발하고 설득과 타협의 시간을 충분히 가질 것이다.[24] 향후 한·미 간에는 원자력협정 개정과 전시작전권 전환에 따른 연합지휘체계 구축 등을 둘러싼 논의에서 그러한 경향이 더욱 확연하게 나타날 것이다. 이는 상대적으로 미국의 패권이 약화되고, 한국의 동맹지위가 높아진 결과이다. 만약, 그러할 가능성은 높지 않지만, 미·중관계에서 갈등이 증대하면, 한국의 동맹지위는 더욱 더 높이 평가될 것이다.

북한에 대한 미국의 기본적 정책목표는 핵·미사일 개발의 포기 내지 억제에 있다. 북한에 대한 효율적인 제재수단을 갖고 있지 못한 미국은 9·11 이후 북핵문제나 북한의 도발적 행위를 중국이 통제해주기를 원해왔다. 미국은 그동안 북한과의 직접 협상 및 타협에서 성과를 거두지 못했던 부담 탓에 한반도의 안정을 당분간 중국의 역할에 맡기는 수밖에 없었다. 6자회담은 대표적인 사례이다. 그러나 북한의 핵·미사일 실험이 이어지는 상황에서 미국은 북한에게 대량살상무기 개발을 위한 시간을 벌어주는 협상, 특히 중국이 주도하는 6자회담에 큰 흥미를 가지고 있지 못한 것도 사실이다. 이러한 상황에서 미국은 북한의 핵개발을 완전히 포기시키지 못하면, 일단 현 수준에서 동결하고 비확산을 단기 목표로 설정하는 것도 대안으로 생각하고 있는 듯하다. 북한의 2차 핵실험이 성공적으로 판명된 이래 미국의 고위정책담당자들은 직·간접적으로 북한의 핵무기 보유를 기정사실로 받아들이는 태도를 보여 왔다는 점에서 그러하다.[25] 금년 초 제3차 북핵실험 이후 미국은 중국의 협조를

---

[24] 대표적인 사례로서 2006년 제1차 한·미 전략대화에서 합의된 '전략적 유연성'을 들 수 있다. 우리는 전략적 유연성에 동의하는 대신, 주한미군이 우리의 의사에 반해서 동북아 지역분쟁에 개입하지 않는다고 미국이 약속했다.

얻어 유엔안보리는 물론 개별적 차원에서 강력한 대북제재 조치를 마련했으나, 중국이 어느 정도의 수준에서 대북제재를 실천할지는 여전히 불투명하다. 이러한 상황에서 북한의 핵개발을 바라만 보고 있을 수 없는 미국은 대북제재가 소기의 효과를 발휘하지 못하면, 외교적 협상이나 무력시위 등의 수단을 병행적으로 사용하지 않을 수 없다. 만약 외교적 협상이 재개된다면, 북한 핵동결은 하나의 옵션으로 간주될 여지가 충분히 있다. '선 비확산, 후 비핵화'의 정책은 세계정치적 후유증을 남길 뿐만 아니라 한국정부의 강력한 항의를 유발할 수 있기 때문에 미국이 양자협상을 통해 북한 핵을 인정하는 것은 매우 힘든 일이다. 그러나 '핵무기 없는 세상'이 당장 실현되기는 어려우며, 특히 북한 핵무기가 제3국으로 전파될 가능성을 고려하면 '선 비확산'에 대한 현실적 유혹을 떨쳐버리기는 쉽지 않다.

어쨌든 3차 북핵실험 이후 긴장을 고조시키는 북한과 이에 대한 한국과 미국의 강력한 군사적 대응 과정을 거치면서 북·미 간 협상을 향한 기반이 마련될 가능성이 높다. 이 과정에서 미국은 중국의 역할을 확인시켜줄 것이며, 한국에 대해서는 동맹의 결속력을 보여줌으로써 어떠한 북·미 협상의 결과에 대해서도 한국과 중국을 안심시키려 할 것이다. 미국이 적극적인 대북협상에 응하게 되는 계기는 크게 두 가지의 경우에 마련될 것으로 예측된다. 첫째는 단기적으로 중국이 북핵문제 해결에 적극적으로 나서지 않고 북한의 대량살상무기 개발이 지속되며 제3국으로의 전파 가능성이 제기될 경우이다. 둘째는 중·장기적으로 세계적 차원에서 미·중의 협조적 경쟁관계가 갈등으

---

25) 이와 관련하여 여러 증언과 미 고위정책당국자의 직·간접적인 표명이 있었다. 대표적인 예로서 김학송 당시 국회 국방위원장은 2006년 10월 중순 버시바우 전 주한 미국대사가 한나라당 대표를 찾아와 북핵 관련 협조를 구하면서 북한 핵실험 이전까지는 미국의 대북정책이 '비핵화'에 맞춰졌지만 이후 '비확산'으로 변경됐다는 사실을 알려줬다고 밝혔다. 「미, 3년전 북핵 비확산정책 전환」, 『세계일보』, 2009년 2월 6일; 뿐만 아니라 2010년부터 클린턴 미국무장관과 케이츠 국방장관은 미국 언론을 통해 북한이 이미 핵무기를 보유하고 있다고 발언하면서 이것이 확산될 가능성을 우려했다. 「클린턴 미국무, 북핵보유 또 언급」, 『노컷뉴스』, 2010년 4월 12일, http://www.nocutnews.co.kr(검색일: 2013년 4월 11일).

로 치닫게 될 경우이다. 이 상황에서 미국은 북한에 대한 영향력을 확대함으로써 중국을 견제하는 카드로 활용할 것이다.

미국의 대북정책은 중국의 한반도 정책과도 긴밀한 상관관계를 띠고 있다. 중국은 한반도 문제 해결을 위한 일차적 전략을 북·중 정치적 신뢰 및 경협관계 강화를 통한 대북영향력 확보에서 찾고 있다. 북한의 자주적 생존 전략 탓에 과거 중국의 대북영향력이 상대적으로 축소된 감이 있기 때문이다. 중국은 그러한 바탕 위에 북·미대화 추진을 통한 북한 국제환경 개선노력, 북한 개혁·개방 독려 및 지원, 북한의 한반도 비핵화 실현을 통해 북한체제를 연착륙시킨다면, 한반도 평화와 안정이 가능하다고 믿고 있다. 그러므로 중국은 경제협력 관계 강화를 북한체제의 개혁·개방의 수단으로 간주하고 있다.[26] 2008년 6자회담이 중단되고, 남북관계가 침체에 빠지기 시작한 이래 북·중 경제관계는 급격하게 발전했다. 2011년 북·중 무역총액은 2007년대비 285% 증가, 2008년도 중국의 대북 신규투자는 전년대비 124% 증가했다. 이는 중국의 대북한 지하자원 개발 및 인프라 투자 급증 덕분에 가능한 것이었다. 김정은 권력승계 이후에도 북·중경협은 확대일로에 있다. 2012년 상반기 북·중 무역액은 전년 동기대비 21.7% 증가했다.[27] 이러한 통계에서 보듯이 북·중관계는 지난 4년 이래 새로운 협력관계를 구축하고 있으며, 이는 중국의 대북전략 변화와 직결되어 있다.

미·중관계가 협조적인 상황에서는 중국의 대북 영향력 확대는 한반도 안정이라는 미국의 한반도 정책목표에도 부합한다. 이러한 현실은 2011년 1월 미·중 정상회담에서 공유된 한반도 문제에 대한 언급에서 잘 나타난다. 당시 양국 정상은 한반도의 평화와 안정 유지의 중요성을 강조하고, 남북 간의 진지하고 건설적인 대화가 필수적이며, 한반도 비핵화 및 2005년 9·19 공동성명의 이행 촉구와 6자회담 조기재개 필요성에 공감했다.[28] 3차

26) 윤승연, 「북한의 개혁개방촉진을 위한 중국의 역할」, 『통일경제』 제2호, 2012, 84쪽.
27) 윤승연, 위의 글, 2012, 82~83쪽, 88쪽.
28) 김현욱, 「미·중관계와 한반도 정세분석」, 『주요국제문제분석』, 2011년 5월 18일, 7쪽.

북핵실험 이후 중국이 대북제재 결의안에 동의한 이유는 그러한 큰 기조 속에서 북한의 행위를 언제까지나 옹호할 수 없었기 때문이기도 하다. 다만 중국의 대북정책에서 대외 명분과 실제의 차이가 항상 존재하는 것은 부인할 수 없다.

현재까지 미·중 간에는 한반도 문제에 대해 평화 및 안정이라는 일차적 목표 추구에 이견이 없으나, 지역전략 차원에서 한반도의 지정학적 의미를 비롯하여 한반도 문제 해결을 위한 전략적 우선순위나 북핵문제 해결 방법에 대해서는 분명한 차이가 있다. 예컨대 미국이 한국을 국제 미사일방어체계에 가담시키려는 의지에 대해 중국은 자국 견제로 인식하고 커다란 거부감을 표방한다.[29] 또한 6자회담의 재개에 대한 동의에도 불구하고 양국 간에는 북한 우라늄농축문제에 대해서는 이견을 보인다. 미국은 양자협상을 통해, 중국은 6자회담 내에서 논의하자는 입장이다. 나아가 한국과 중국이 일본과의 영토분쟁으로 일본에 대한 공동전선을 전개하는 상황은 미국의 입장에서는 중국 봉쇄에 필요한 한·미·일의 결속을 방해하는 것으로서 미국과 중국의 한반도 정책 추진 과정에 영향을 미치는 외부 변수가 될 수 있다.

미·중 간의 그러한 차이에도 불구하고, 한반도 평화와 안정이라는 큰 목표가 포기되거나 후순위로 밀려날 정도로 양국 갈등이 심화될 가능성은 당분간 예상하기 어렵다. 물론 세계 내지 지역 차원에서 양국의 패권경쟁이 치열하게 전개되는 경우에는 한반도의 평화와 안정이 희생될 가능성은 여전히 남아 있다. 뿐만 아니라 미·중협력의 구조 속에 순응하길 거부하는 북한이 예기치 않게 전략적 도발을 한다면, 미·중 간 전략적 우선순위 내지 핵심 이익의 차이가 평화나 안정보다 더 크게 보일 가능성도 있다.

---

[29] 예컨대 작년 말 미국방장관 리언 패네타가 북한의 위협에 대응하기 위해 미국의 국제 미사일방어체계에 한국의 가담을 공개적으로 요구한 데 대해 중국은 매우 민감하게 반응했다. 『환구시보』, 2012년 10월 26일; 외교통상부, 『e-중국이슈』 제15호, 2012년 11월 12일에서 재인용.

Ⅳ. 북한의 자주적 생존 전략의 미래

북한의 자주적 생존 전략이 향후 성공적으로 추진되고 소기의 성과를 거둘 수 있을지, 아니면 실패를 포함하여 의도치 않은 결과를 초래할지는 다음 세 가지 질문에 대해 생각해 봄으로써 답을 모색할 수 있을 것이다. 첫째, 앞에서 충분히 분석했듯이 향후 미·중관계가 북한이 바라듯이 경쟁 및 갈등구조를 유지해갈 것인지? 둘째, 북한의 전략적 도발이 미·중관계는 물론이고 양 강대국의 한반도정책에서 갈등을 지속 내지 증폭시키는 촉매제로서 얼마나 위력을 발휘할 수 있을지? 셋째, 자주적 생존 전략에 의해 확보한 외부로부터의 지원이 과연 북한정권이 간절히 추구하는 체제 생존을 위해 충분할 것인지, 그리고 설령 충분한 지원을 확보하더라도 현 체제를 언제까지나 고수할 수 있을지?

첫째 질문은 앞에서 살펴본 미·중관계의 변화 전망을 간략하게 요약하면 비교적 명료한 답을 얻을 수 있다. 미국과 중국의 군사적·경제적 상호 경쟁은 지속될 것이 분명하다. 다만 과거 냉전 시대처럼 양극체제의 형태를 띠는 것이 아니라 다자주의적 기반 위에서 경쟁구조를 형성해 나갈 것이다. 또한 군사적 경쟁이 우선적 지위를 가지기보다 복합 상호 의존의 특성을 띠게 됨 따라 양국 간 갈등이 군사적인 수단보다 타협과 조정을 통해 해소될 가능성이 높다. 특히 미국과 중국이 자신의 위상을 제고하고 상대에 대한 압박을 증대하기 위해 다자주의를 활용하는 추세를 강화하는 상황에서 서로 중첩되는 양국의 협력국가들과의 이해관계가 충돌할 수 있는 군사적 경쟁에 우위를 두는 선택은 현실적으로 생각하기 어렵다. 더욱이 미국의 재정적 어려움을 고려하면 안보딜레마가 증대할 가능성은 낮다.

이러한 형태로 미·중 간 협조적 경쟁 구도가 전개되는 것은 북한이 원하는 방향이 아니다. 협조적 경쟁은 양 강대국에 대해 북한이 자신의 전략적 가치를 유지하는 것은 몰라도 더 이상 제고할 수는 없게 만들기 때문이다. 이는 곧 북한이 외부의 경제적 지원에 대한 대가로 정치적·사회적 영향력을 수용할 수밖에 없는 가능성을 증대시킨다. 그러므로 북한은 스스로 군사적 긴장을 고조시키는 선택을 통해 동북아질서에 충격을 주고 있다. 이는 바로 두 번째 질문으로 연결된다.

둘째 질문은 북한의 대량살상무기 개발이 한반도를 둘러싸고 미국과 중국의 갈등을 더욱 부추김으로써 북한의 전략적 가치를 높이는 데 얼마나 성공적일 수 있는가에 관한 것이다. 냉전 종식 이후 2차 핵실험까지는 어느 정도 성과를 거두었다고 말할 수 있다. 그러나 천안함 폭침과 연평포격 이후 3차 핵실험에 이르기까지 북한의 도발은 미·중갈등의 증폭보다 양국 간 합의의 필요성을 더욱 크게 만드는 결과를 초래했다. 세계적 차원에서 미·중 간 협력분위기 조성의 필요성뿐만 아니라, 미국의 대북 대응이 동북아지역에서 양국 간 안보딜레마를 조성하지 않는 수준으로 묶어두기 위해서라도 중국은 미국의 대북제재에 어느 정도 협조하지 않을 수 없다. 서해안에서의 도발은 결국 미국의 태평양함대 주력함정이 서해로 진입하도록 함으로써 중국의 안보에 손상을 초래했으며, 북한 핵·미사일 기술의 발전은 동북아에서 핵확산의 계기를 만들어주거나 그렇게 되지는 않더라도 최소한 미국의 핵전략이 동아시아로 확장되는 명분을 줄 수 있기 때문이다.

이렇듯 북한의 군사도발에 대해 중국이 미국의 입장에 동조하는 것은 북한으로 하여금 자주적 생존 전략을 보다 강하게 밀어붙이는 결과를 낳았다. 북한은 3월 정전협정 무효를 기치로 1호 전투근무태세 발령 등 한반도에서 군사적 긴장을 점증시킴으로써 미국과 남한에 대해 대북제재 및 군사방어훈련을 경고하는 동시에 중국에 대해서도 간접적으로 압박을 가했다. 즉 향후 북한의 대남도발은 그 범위가 어떠하더라도 한반도에서 미·중 간 군사적 현상 유지가 중국에게 불리한 방향으로 변경될 가능성이 높기 때문에 중국이 미국에 동조함으로써 오히려 손해를 볼 수 있다는 중국에 대한 경고가 담겨 있다.

물론 중국에게 북한은 여전히 중요한 지정학적 가치를 지니고 있기 때문에 북한의 도발에 대해 전적으로 미국에 협조할 수는 없다. 중국은 북한의 가치가 자국에 미치는 손실보다 작다고 판단하기 이전까지는 북한의 생존에 필요한 최소한의 지원을 유지하지 않을 수 없다. 3차 핵실험에 대한 제재와 관련하여 미국이 독자적 제재리스트에 올린 조선무역은행에 대한 유엔 안전보장이사회 차원의 제재를 중국이 반대한 것[30]은 바로 그러한 맥락에서 이해될수 있다. 어쨌든 북한의 자주적 생존 전략 차원에서 대량살상무기 실험을 지속하거나, 국지적 도발 위협 등으로 긴장을 고조시키는 행위는 소기의 성과를 거두지 못할 것이다. 오히려 북한에 대한 외부(중국, 남한, 일본, 서방)의 지원 및 투자 기회를 스스로 막는 결과를 초래할 것이다. 단지 지난 20여 년간 그러했듯이 중국의 최소한 지원만이 만성 결핍적 상황에 처한 북한체제를 가까스로 지탱시켜주는 동력원이 될 뿐이다. 이는 세 번째 질문으로 자연스럽게 연결된다.

셋째 질문은 바로 위에서 지적했듯이 자주적 생존 전략의 추진으로부터 외부의 충분한 지원을 받기 어려울 것이라는 점에서 비교적 명확한 답을 구할수 있다. 즉 지난 1년 남짓 경험했듯이 김정은정권 역시 김정일 시대와 마찬가지로 경제문제로 초래될 것으로 예상되는 내부불안 요인을 최대로 억제하는 데 매진할 것이다. 이를 위해 북한정권은 외부로부터 최소한의 자본 및 물자 조달을 통해 일단 만성적인 결핍경제를 연명해 나가는 도리밖에 없다. 더욱 구체적으로는 선군정치를 통해 대내적으로는 식량난·경제난에 대한 주민불만을 억누르는 한편, 대외적으로는 대량살상무기 개발을 최대한 활용하려노력할 것이다. 여기에는 유엔제재 탓에 한층 어려워졌지만, 미사일 기술 및 군수품 수출 판로 모색, 특권 기관의 외화벌이(광산자원 수출 확대 등), 남북한 교류·협력을 통한 경제적 이익 추구(예: 개성공단, 황금평, 훈춘, 나선 등)등이 포함될 수 있을 것이다.

다만 예기치 못하는 상황이 발생하여 전략적 성과를 거둠으로써 향후 북한이 충분한 지원을 확보하게 될 경우, 현재 북한의 전략적 목표가 어떠한 결과를 낳을 수 있는가에 대해 생각해볼 필요가 있다. 이와 관련하여 제기될 수

---

30) 『연합뉴스』, 2013년 3월 26일.

있는 문제는 과연 북한체제가 자원만 확보된다면 우리식 사회주의를 성공적
으로 실현할 능력을 가지고 있는지에 관한 것이다. 과거 소련공산권 국가들
의 경험은 제한된 체제 개혁은 성공하지 못하며, 지연된 개혁의 결과는 내적
붕괴로 이어질 수밖에 없다는 시사점을 준다.[31] 물론 중국이나 베트남과 같
은 개혁사회주의의 길이 있지만, 이는 외부의 도움은 물론이고 스스로의 변화
를 통해 이룬 것이다. 방법과 절차적 성격을 넘어 내용상의 자주, 즉 김일성
가문의 독재통치를 전제로 하는 우리식 사회주의는 구소련공산권의 1960년대
개혁시도와 유사한 결과를 낳을 개연성이 높다. 요컨대 최소한의 변화만을
허용하려는 북한정권의 노력에도 불구하고 풍부한 자원을 바탕으로 경제에
활력을 불어넣으려는 시도는 정치사회적으로 의도치 않은 결과를 초래할 수
있다. 물론 정치사회적 파급효과가 축적되기 위해서는 적지 않은 시간이 필
요할 것이다. 그러나 일단 변화의 불씨가 만들어지게 된다면, 변혁의 불길이
생각보다 빨리 타오를 수 있다. 1960년대 동유럽에서 발생한 내부로부터의 혁
명은 소련에 의해 억눌려졌지만, 현 시대에는 내부의 불길을 외부의 어떠한
국가도 막을 수 없다.

이상에서 살펴보았듯이 북한의 자주적 생존 전략은 그 근본 목표에서는 물
론이고 이를 실현하기 위한 전제조건의 차원에서 소기의 성과를 거두기 어려

---

[31] 냉전 시대 공산권에서 경험했듯이 사회주의체제 내부의 모순 탓에 어떠한 제한된 사회
주의 경제개혁도 성공한 적이 없었다. 1971년 제24차 소련 공산당대회에서 브레즈네프
서기장이 사회주의 내부에 모순이 존재하고 있다고 발언한 이후 동유럽 사회주의권에서
는 사회주의체제 모순이 무엇인지에 대한 활발한 논쟁이 있었다. 사회주의권의 학자들
은 사회주의적 모순이 자본주의의 계급투쟁과 같은 구조적인 것이라기보다 사회주의체
제의 과도기적 성격과 관련된 발생학적 원인과 외부로부터 사회주의체제로 이전된 원인
들로 구분한다. 그러나 서구의 비교사회주의 연구들에서는 발생학적 원인뿐만 아니라
사회주의체제 내부에 존재하는 다양한 구조적 원인이 존재하고 있다는 사실이 규명되
고 있다. 이러한 모순은 결국 사회주의권의 몰락 원인으로 작용했다. Peter C. Ludz,
"Widerspruchstheorie und eintwickelte sozialistische Gesellschaft", *Deutschland Archiv* Nr.5,
1973, pp.507~510; Jürgen Kuczynski, "Gesellschaftliche Widersprüche", *Deutsche Zeitschrift
für Philosophie*, Heft10, 1972, pp.1269~1279; Klaus von Beyme, *Ökonomie und Politik im
Sozialismus: Ein Vergleich der Entwicklung in den sozialistischen Ländern*, München: R. Piper
& Co., 1977, pp.320~330 참조.

울 것으로 예상된다. 물론 시간 변수에 따라 성과의 기준이 약간 달라질 수 있지만, 궁극적으로 체제 변화의 의지가 없는 생존 전략은 성공할 수 없다. 이 맥락에서 최근 북한의 당중앙위 전원회의에서 채택된 "경제와 핵무력 병진노선"은 성과를 기대하기가 거의 불가능한 정책이 아닐 수 없다. 오히려 자주성을 위한 핵무력의 확보에 투입된 재정 소요 탓에 현재 북한체제의 모순과 정치사회적 균열이 가속화됨으로써 체제 동요의 조건들이 더 많이 갖춰지는 등 시간이 흐를수록 의도치 않았던 결과들이 가시화 될 것이다.

【참고문헌】

김관옥, 「쇠퇴하는 패권국의 부상하는 도전국 정책연구」, 『한국동북아논총』 제63호, 2012.

김학성, 『한반도 평화체제에 대한 이론적 접근: 현실주의, 자유주의, 구성주의의 비교』, 서울: 통일연구원, 2000.

김현욱, 「미·중관계와 한반도 정세분석」, 『주요국제문제분석』, 2011.

김흥규, 「제4차 미·중 전략·경제대화와 진화하는 미·중관계」, 『코리아연구원 현안진단』 제217호, 2012.

외교통상부, 『e-중국이슈』 제15호, 2012년 11월 12일.

윤승연, 「북한의 개혁개방촉진을 위한 중국의 역할」, 『통일경제』 제2호, 2012.

이기현, 「중국 공산당 18차 전국대표대회와 신지도부의 등장-의미와 전망」, 통일연구원 Online Series CO 13-24, 통일연구원, 2012.

이수형, 「제2기 오바마 행정부의 동아시아전략과 미·중관계 전망」, 『미국의 대통령선거와 동북아 지역협력』, 서울대 통일평화연구원-평화재단 평화연구원 공동포럼, 2012년 11월 8일.

이지용, 「미·중 정상회담 이후 한반도 안보정세」, 『주요국제문제분석』, 2011년 3월 30일.

전성훈 외, 「2013년 북한 신년사 집중분석」, 『통일정세분석』 2013-1, 2013.

전재성·주재우, 「미·중관계의 변화와 한국의 미래 외교과제」, 『EAI 국가안보패널 보고서: 2020 한국외교 10대 과제』, 2012.

주재우, 「시진핑 체제의 대외전략과 남북관계」, 『차기정부의 대북정책 방향과 과제』, 민주평통-화정평화재단 제9차 남북관계 전문가 초청대 토론회, 2012년 11월 16일.

최우선, 「미국의 새로운 방위전략과 아시아 안보」, 『주요국제문제분석』, 2012년 6월 12일.

통일부, 『주간 북한동향』 제1115호, 2012년 8월 25~31일.

Department of Defense, "Sustaining U.S. Global Leadership: Priorities For 21st Century Defense", 2012.01.

G. John Ikenberry and Michael Mastanduno (eds.), *International Relations Theory and the Asia-Pacific,* New York: Columbia University Press, 2003.

Jürgen Kuczynski, "Gesellschaftliche Widersprüche." *Deutsche Zeitschrift für Philosophie.* Heft10, 1972.

Kenneth N. Waltz, "Structural Realism after the Cold War", *International Security* Vol.25 No.1, 2000.

Klaus von Beyme, *Ökonomie und Politik im Sozialismus: Ein Vergleich der Entwicklung in den sozialistischen Ländern,* München: R. Piper & Co., 1977.

Peter C. Ludz, "Widerspruchstheorie und eintwickelte sozialistische Gesellschaft", *Deutschland Archiv* No.5, 1973.

R. O. Keohane, "Theory of World Politics: Structural Realism and Beyond", R. O. Keohane (ed.), *Neorealism and Its Critics,* N.Y.: Columbia University Press, 1983.

Rainer Baumann, Volker Rittberger and Wolfgang Wagner, "Power and Power Politics: Neorealist Foreign Policy Theory and Expectations about German Foreign Policy since Unification", *Tübingen Working Paper,* No.30a, 1998.

Ralph A. Cossa and Brad Glosserman, "Power and Leadership: Recognizing and Appreciating the Difference", *PacNet,* No.67, 2012.10.30. http://www.pacforum.org(검색일: 2012년 11월 12일).

Randall L. Schweller and David Priess, "A Tale of Two Realisms: Expanding the Institutions Debate", *Mershon International Studies Review* Vol.41, 1997.

Robert S. Ross, "The Geography of the Peace: East Asia in the Twenty-first Century", *International Security* Vol.23 No.4, 1999.

Stephen G. Brooks, "Dueling Realisms" *International Organization,* Vol.51, No.3, 1997.

**필자
소개**

가나다순

▼ 김학성 | 충남대학교 교수

독일 뮌헨대학교(LMU) 사회과학부 정치학과 졸업(Dr.Phil.)
대표 저서 및 논문으로는『남북한 관계의 제도적 발전: 이론과 실제』(2002),『한반도 평
화체제에 대한 이론적 접근: 현실주의, 자유주의, 구성주의의 비교』(2000),「증오와 화
해의 국제정치: 한·일간 화해의 이론적 탐색」(2011),「통일연구 방법론 소고: 동향, 쟁
점 그리고 과제」(2008),「유럽 안보협력제도의 이론적 쟁점과 실제」(2007) 등이 있다.

▼ 박영자 | 통일연구원 연구위원

성균관대학교 정치학 박사
대표 저서 및 논문으로는『김정은시대의 정치와 외교: 선군인가 선경인가』(2014),『북한
변화 촉진 및 남북친화성 증진』(2014),『김정은 정권의 대남 긴장조성』(2014),『시장화
및 빈곤감소형 경제질서 수립』(2013),『통일 이후 통합을 위한 갈등해소 방안』(2013),
『북한의 권력과 일상생활』(2013),『북한 부패 실태와 반부패 전략』(공저,2012),『북한주
민의 삶의 질: 실태와 인식』(2011),『북한 시장 진화에 관한 복잡계 시뮬레이션』(2010),
「다문화시대 한반도 통일·통합의 가치 및 정책방향」(2012),「북한 경제시스템의 복잡
계 현상」(2010) 등이 있다.

▎ 박형중 | 통일연구원 선임연구위원

독일 마부륵대학교(Phillips-Universitaet zu Marburg) 정치학 박사

대표 저서 및 논문으로는『김정은시대의 정치와 외교: 선군인가 선경인가』(2014),『북한에서 국가재정의 분열과 조세 및 재정체계』(2013),『북한 부패 실태와 반부패 전략』(2012),『북한'변화'의 재검토와 대북정책 방향』(2010),「김정은 시대 북한의 정치와 경제의 동학」(2014),「김정은 정권의 핵 및 대남 정책 방향 진단」(2014),「북한은 왜 붕괴도 개혁개방도 하지 않았을까?」(2013),「북한의 '새로운 경제관리체계'(6 · 28방침)의 내용과 실행 실태」(2013) 등이 있다.

▎ 장인숙 | 이화여자대학교 통일학연구원 연구위원

이화여자대학교 북한학 박사

대표 저서 및 논문으로는『김정은시대의 정치와 외교: 선군인가 선경인가』(2014),『북한 인구의 동태적 및 정태적 특징과 사회경제적 함의』(2011),「김정은 시대 정치사회 변화와 북한주민 의식」(2014),「1970년대 북한의 발전위기와 대중운동노선 재정립」(2011),「북한의 대남 협상전술과 주요 협상가」(2007),「여성 통일교육 활성화를 위한 실증적 방안」(2000),「북한의 여성교육과 여성상」(2000) 등이 있다.

▎ 최대석 | 이화여자대학교 북한학과 교수

클래어먼트대학교(Claremont Graduate University) 정치학 박사

대표 저서 및 논문으로는『김정은시대의 정치와 외교: 선군인가 선경인가』(2014),『남북한관계론』(2009),『현대북한체제론』(2000),「김정은 시대 정치사회 변화와 북한주민 의식」(2014),「북한내 비사회주의적 요소 확산실태 및 주민의식조사」(2010),「주체사상의 재인식: 형성과 확립, 그리고 쇠퇴」(2007),「북한의 대남 협상전술과 주요 협상가」(2007) 등이 있다.